BIBLIOTHEK DES 18. JAHRHUNDERTS

Der sympathetische Arzt

Texte zur Medizin im 18. Jahrhundert

Herausgegeben von
Heinz Schott

Verlag C. H. Beck München

Für Elisabeth

Mit 26 Abbildungen im Text

ISBN 3 406 44184 X

Umschlag, Einband und Titelblatt gestaltet von
Juergen Seuss, Niddatal
Gesamtherstellung: Kösel, Kempten
Gedruckt auf säurefreiem, alterungsbeständigem Papier
(hergestellt aus chlorfrei gebleichtem Zellstoff)
Printed in Germany

Vorwort des Herausgebers

Die vorliegende Anthologie ist Ergebnis einer ausgedehnten Lektüre: Der Herausgeber hat einschlägige Schriften aus dem 18. Jahrhundert nach geeigneten Textpassagen durchstöbert und sich dabei keineswegs nur vom Kanon medizinhistorischer «Meilensteine» oder «Klassiker» leiten lassen. Vielmehr waren ihm gerade auch Funde willkommen, die von der Medizingeschichtsschreibung bisher kaum beachtet wurden. Die Gliederung des Stoffes fiel mir nicht leicht. Die Zuordnung des Textmaterials zu einer überschaubaren Anzahl von Schlüsselbegriffen erschien mir als ein geeigneter Weg, um den Leser möglichst direkt auf die historischen Quellen einzustimmen. Die kurze Einführung zu den jeweiligen Schlüsselbegriffen sowie die Fußnoten zu den Textauszügen beschränken sich auf notwendige Informationen zum inhaltlichen Verständnis des dargebotenen Stoffes. Zumindest manche Texte mögen auf den ersten Blick in Form und Inhalt unzugänglich erscheinen, mit Hilfe der Erläuterungen sollte die Lektüre jedoch keine größeren Probleme aufwerfen.

Wiedergegeben werden in diesem Band nur deutschsprachige Originaltexte sowie bereits vorliegende zeitgenössische Übersetzungen ins Deutsche, welche – von wenigen Ausnahmen abgesehen – im 18. Jahrhundert erschienen sind. Die betreffenden Textpassagen werden unverändert wiedergegeben. Kurze biographische Notizen zu den Autoren bzw. im Text genannten Personen sowie knappe Erläuterungen sind als Fußnoten angefügt. Als Herausgeber hätte ich grundsätzlich einen Abdruck ohne Anmerkungen vorgezogen. Die sprachlichen, vor allem aber die ideengeschichtlichen bzw. wissenschaftshistorischen Eigenheiten der mindestens 200 Jahre alten Texte erfordern eine – wenn auch möglichst knapp gehaltene – Kommentierung zum besseren Verständnis. Gleichwohl sind viele Texte über weite Strecken auch heute noch ohne Hilfsmittel verständlich.

Die Textsammlung erhebt nicht den Anspruch, die Medizin des 18. Jahrhunderts systematisch darzustellen oder gar vollständig widerzuspiegeln. So sind meine Schlüsselbegriffe reine Vehikel, die ich dem Leser zur groben Orientierung an die Hand geben möchte. Ein anderer Herausgeber hätte dabei wahrscheinlich auch andere Akzente gesetzt. Mir kam es in erster Linie darauf an, das Spannungsfeld medizinischen Denkens und Handelns in seiner Vielfalt und Widersprüchlichkeit sichtbar zu machen. Die «Medizin der Aufklärung», wie das 18. Jahrhundert in der Medizinhistoriographie gerne überschrieben wird, ist offensichtlich ein nachträgliches Konstrukt, das der heterogen zusammengewürfelten Welt der Medizin jener Zeit kaum gerecht werden kann. Das Hereinragen von Traditionen, wie z.B. Magie und Alchimie, die scheinbar nichts mit «Aufklärung» zu tun haben, macht die Zeit zwischen Barock und Französischer Revolution für uns heute besonders interessant.

Bei aller Vielfalt der von mir ausgewählten Schlüsselbegriffe und Texte bleibe ich als Medizinhistoriker doch «bei meinem Leisten»: Ich verwende in der Hauptsache Schriften ärztlicher Autoren bzw. solche, in denen die medizinische Problematik im Vordergrund steht. Sicherlich wäre es wünschenswert, wenn diese Perspektive durch andere ergänzt würde: z.B. Medizingeschichte aus der Sicht von Patienten, im Kontext von Literatur und Kunst oder in Briefwechseln. Vielleich kann der vorliegende Band zu entsprechenden Studien und Textsammlungen anregen.

Ich danke dem Beck Verlag und insbesondere Herrn Ernst-Peter Wieckenberg für die freundliche und konstruktive Zusammenarbeit. Möge das Buch seinen Lesern nicht nur alte Texte und die von ihnen widergespiegelte Lebenswelt vergegenwärtigen, sondern ihnen beim Lesen auch Vergnügen bereiten.

Bonn, im Oktober 1997 *Heinz Schott*

Inhaltsverzeichnis

6 Prophylaxe und Erziehung: sozialmedizinische Aspekte

7 Zur Kehrseite der «Medizin der Aufklärung»

Anhang

Herausgeber und Verlag danken den folgenden Bibliotheken dafür, daß sie die Bildvorlagen zur Verfügung gestellt haben: Bayerische Staatsbibliothek, München; Herzog August Bibliothek, Wolfenbüttel; Universitätsbibliothek, Freiburg im Breisgau.

Erster Teil
Zum Menschenbild der Medizin

Lebenskraft

Die natürliche Heilkraft im menschlichen Organismus

Der Topos von der Heilkraft der Natur im Menschen wurde in der abendländischen Tradition zunächst von der hippokratischen Medizin geprägt. Der griechische Begriff *physis* bzw. der lateinische *natura* bezeichneten den «inwendigen Arzt» (Paracelsus) als Triebfeder für Gesundung und Gesunderhaltung des menschlichen Organismus. Diese Theorie von einer zentralen Kraftquelle, welche die Körpervorgänge energetisch speist und nach naturgesetzlichen Regeln lenkt, gehört zu den wichtigsten Leitideen der Medizin. Im 18. Jahrhundert ... gilt weiterhin die galenistische Säfte- bzw. Temperamentenlehre, wonach diese Lebenskraft Unausgewogenheiten der Säfte bzw. des Temperaments (*intemperies*) im menschlichen Körper ausgleicht und von außen drohende Gefahren für die Gesundheit abwehrt. Daneben tritt um 1700 die Theorie vom *Phlogiston*, einem hypothetischen chemischen Lebensstoff, der sowohl mit physikalischen als auch seelisch-geistigen Vorstellungen von der Lebenskraft des Organismus in Beziehung gesetzt wurde. Angeregt durch die →*elektrische Medizin* und die →*experimentelle Medizin* sowie die Lehre von den →*Nervenkrankheiten* rückt nun das Nervensystem in den Mittelpunkt der Betrachtung. Die Nervenkraft («Nervenfluidum», «Nervenspiritus», «Nervengeist» etc.) erschien als *Lebenskraft* schlechthin, welche im Organismus nun eine Schlüsselrolle einnahm. Vor allem der Hallenser Arzt und Naturforscher Johann Christian Reil (1759–1813) führte diese Begriffe um 1800 in die medizinische Theoriebildung ein und prägte damit den sog. *Vitalismus.* Dieser steht im Kontext zeitgenössischer Neuansätze, wie z.B. →*animalischer Magnetismus* und →*Galvanismus* sowie (psycho)physiologischer Grundsatzdebatten, wie z.B. über das →*Seelenorgan* und die →*Sympathie.* Erst mit dem Siegeszug der naturwissenschaftlichen Medizin in der zweiten Hälfte des 19. Jahrhunderts macht die schillernde Begrifflichkeit der

Lebenskraft physikalischen, biochemischen und biologischen Modellvorstellungen Platz, während sie in Naturheilkunde und «Alternativmedizin» bis heute weiterlebt.

Literatur: Neuburger, 1926; Schott, 1987.

Heilkräfte im Menschen

Indeß ist es der Mühe werth die in dem Menschen selbst liegende[n] Kräfte zu kennen, durch die er diesen zahlreichen Ursachen der Krankheiten zu widerstreben hoft. Diese Kräfte liegen in der Wiederherstellung des verlornen, in der Verbindung und Befestigung des zerrissenen und zerbrochenen, in der Abscheidung des fehlerhaften und besonders in der Eiterung, in dem Auswurf des schädlichen durch die gewohnten und ungewohnten Gänge, zuweilen in dem Fieber, in der Beyhülfe der mitleidenden Theile, in der Lebensart, der Gewohnheit, in der Stärke des Temperaments[1], in gewissen Seltsamkeiten der Natur[2], und in der Gewalt der Seele über den Körper. ... [776]

Vermittelst der angebornen Stärke des Temperamentes werden zuweilen die sonst sehr schädliche[n] Einflüsse äusserlicher Dinge unschädlich. Bey sehr starken Menschen halten die Werkzeuge der Lebensverrichtungen die Schweislöcher der kalten oder feuchten Luft ungeachtet offen; nur bey schwachen werden sie geschlossen. Ich kenne einen charakterisirten Mann, der sein Temperament für das schwächste in der Welt hält. Er hatte am Ende des Wintermonats im vorigen Jahre, bey einer kalten und sehr feuchten Witterung das fast überall in der Schweitz ausgebrochene Flußfieber[3]. Mitten in der Nacht da er in einem grossen Schweise lage ward er sehr durstig, stund auf, suchte Wasser, und fand keines. Seine Wohlehrwürden eilten daher ohne Strümpfe über die Strasse zu einem von dero Hause zimlich entfernten Brunnen, tranken mitten in dero Schweise so viel Wasser als ihr Magen fassen konnte, und füllten noch ein Geschirr das sie nach ihrer Rückkehr ebenfalls leerten. Hierauf legten sie sich zu Bette, und stunden des Morgens munter, flink, und von dero Flußfieber befreyet auf.

Quelle: Zimmermann, 1777b, S. 764–776; Johann Georg Z. (1728 bis 1795), berühmter schweizerischer Arzt. 1 Temperament bedeutet ursprünglich «die richtige Mischung (der Körpersäfte)», ab etwa dem 18. Jh.

zunehmend auch «Lebhaftigkeit» im heutigen Verständnis. 2 Natur hier als «physis», Lebenskraft. – 3 D. h. fieberhafter Katarrh [= Fluß].

Vier Arten der Lebenskräfte

Die erste, und allgemeinste dieser Kräfte, die unter den übrigen den niedrigsten Rang behauptet, ist die *Zusammenziehbarkeit*, oder das Bestreben sich zusammenzuziehen. Diese Kraft scheint mir ihren Sitz vorzüglich im Zellgewebe zu haben, und ist daher, wie das Zellgewebe selbst, über den ganzen Körper verbreitet. Vielleicht könnte man diese Kraft ganz schicklich die Kraft des Zellgewebes[1] nennen.

Die zweyte Art der Lebenskräfte ist die *Hallerische Reitzbarkeit*[2], die eine besondere Eigenschaft der Muskelfaser ist, und daher auch die *Muskelkraft* heißt. Sie äußert sich durch eine besonders schwingende, und gleichsam bebende Bewegung; von der einfachen Zusammenziehung unterscheidet sie sich hinlänglich dadurch, daß sie von [28] einem jeden schärfern Reitz leicht wieder erweckt wird.

Die dritte Art ist die *Empfindlichkeit*, die auch, weil sie ein Vorrecht des mit dem Gehirn verbundenen Nervenmarkes ist, die *Nervenkraft* heißt, von der es herrührt, daß die empfindlichen Theile, wenn sie auf irgend eine Weise gereitzt werden, die Empfindung dem Gehirn mittheilen.

Diese drey Arten könnte man die *gemeinschaftlichen* Lebenskräfte nennen, da sie in allen *gleichartigen* Theilen unseres Körpers, sich mehr oder weniger äußern.

Aber außer diesen kommt noch eine vierte Lebenskraft in Betrachtung, nämlich das *besondere Leben*, worunter ich diejenigen Kräfte befasse, die man an einzelnen, zu einzelnen Verrichtungen bestimmten Organen wahrnimmt ... [29] Hierher gehört z.B. die Bewegung des Augensterns[3]; das Steifwerden der Brustwarzen; die Bewegung der fallopischen Gänge[4], die Trennung der Nachgeburt; und das Geschäft der Gebährmutter bei der Geburt; das Heruntersinken der Hoden in dem ungebohrnen Kinde; und wenn ich mich nicht irre, fast das ganze Absonderungsgeschäft der thierischen Säfte[5].

Quelle: Blumenbach, 1789, S. 27–29; Johann Friedrich B. (1752–1840), vergleichender Anatom und Begründer der physischen Anthropologie in Göttingen. 1 Gemeint ist die Kontraktilität des «unempfindlichen» Gewebes ohne Nervenfasern. 2 Albrecht von Hallers (1708–1777) tierexperimentell begründetes Gesetz von «Sensibilität» und «Irritabilität», seine kategoriale Unterscheidung von empfindlichen und reizbaren Teilen des Körpers (Nerven- versus Muskelfasern), wurde bereits 1752 formuliert. 3 Pupillenreaktion. 4 Eileiter (Tuba uterina Fallopii). 5 Insbesondere die Produktion der Verdauungssäfte; «thierisch» bedeutet hier physiologisch. Hier zeichnet sich bereits das moderne Konzept vom «autonomen Nervensystem» ab, das um 1800 – insbesondere durch den Einfluß des französischen Naturforschers Marie François Bichat (1771–1802) – Gestalt annimmt.

Das «Phlogiston» als feiner Lebensstoff

Man entdeckt am Schweisse, an dem zum Waschen gebrauchten Wasser, am Anhauchen eines Spiegels, immer eine klebrige Fettigkeit. Diese Fettigkeit enthält das reinere Phlogiston[1], welches hier mit Schleime, Säure und Wasser vermischet ist. Wenn nun durch Reiben oder Wärme die erhöhete Materie des Phlogistons reiner, dichter, und trockener aus dem Leibe dünstet: so wird sie leuchtend erscheinen können. Man hat daher dergleichen Erscheinungen nur an trockenen und hitzigen Thieren wahrgenommen. ... [25]

Eine Menge dergleichen Ausdünstungen aus Erden, Blumen, Pflanzen, Thieren, können die Luft zu einer Lebensspeise bringen. Eingeschlossene verdorbene Luft, faulende Theilchen, welche das Phlogiston zernichten, u. d. g. können die Luft wieder unnütz zum Leben machen.

Alles also, was das Phlogiston unseres Körpers vermehrt, könnte zur Munterkeit des Lebens bey tragen. Daher hat *van Swieten*[2] den Eisenschwefel der menschlichen Natur so angenehm und ermunternd gehalten, weil er etwa das abgehende Phlogiston, als den Hauptheil einer reizbaren Zaser[3], ersetzen kann. Vielleicht rührt eben daher, daß nahrhafte gute Speisen, geistige[4] und hitzige Mittel die Wirksamkeit der Zasern vermehren, daß sie munterer und aufgeweckter machen. Es muß dieses auch von riechenden Sachen gelten. Welche [26] Herzstärkung und Munterkeit kann man oft von bloßem Geruche erhalten!

Quelle: «Arzt», 2. Stück, 1775, S. 24–26. 1 Vor der Entdeckung des Sauerstoffs durch Lavoisier 1775 galt das «Phlogiston» als Substanz, welche u.a. bei Verbrennung und Atmung entweicht.

Die Phlogistontheorie wurde 1697 von dem Hallenser Medizinprofessor Georg Ernst Stahl (1659–1734) begründet und war bis zu Lavoisiers Entdeckung allgemein anerkannt. 2 Gerhard van Swieten (1700 bis 1772), Leibarzt Maria Theresias und Begründer der reformierten Wiener Medizinischen Fakultät. 3 Faser. 4 Alkoholische.

Das «Phlogiston» als quasi elektrische Lebenskraft

Welche electrische Kraft kann man von dem wohlriechenden Othem eines in der Wärme küssenden Mädchens[1] fühlen! Der Brunnengeist ermuntert und stärket, weil er aus Phlogiston und Luft besteht, und also electrischer Art ist. Die electrische Materie hat *Crantz*[2] unter die besten herzstärkenden Nervenmitteln gesetzt.

Ich sage nun, ein Phlogiston in dem Baue unserer Zasern[3] kann sich der elecktrischen Art mehr oder weniger nähern. Es kann uns auswärts beygebracht werden, oder wieder aus dem Körper verloren gehen, wenn es electrisch geworden war. Das erstere muß uns Munterkeit und Stärke geben, das andere wird uns matt und zerschlagen machen. Es würde also die Lebhaftigkeit und Reizbarkeit der Zasern mit dem Vorrathe oder Beschaffenheit der electrischen Materie in einem Verhältnisse stehen. ... [28]

Aus der geschwinderen oder spätern Verrauchung des Phlogistons oder der electrischen Materie läßt sich auch begreifen, warum der Zehrende oder am hitzigen Fieber Sterbende einen geschwinden oder sanften Tod erleidet, da hingegen oft andere mehrere [29] Tage in Zügen liegen. Es mag sich hieraus erklären lassen, was man von einigen Weibern sagt, daß sie ein zäheres Leben, als die Männer, haben.

Es muß also die Menge der electrischen oder feineren phlogistischen Materie geringer bey gelähmten und vielleicht fast gar keine in erstorbenen Theilen seyn: oder sobald der feinste Theil derselben bey Sterbenden verrauchet war, ist der übrige Theil im Todtenkörper, vielleicht auch aus Mangel der Wärme und Bewegung der Säfte, unwirksam geworden, und liegt in trägem, unwirksamem Schleime verwickelt.

Quelle: «Arzt», 2. Stück, 1775, S. 27–29. 1 Dies erinnert an die «Gerokomik», siehe folgender Text. 2 Heinrich Johann Nepomuk Crantz (1722–1799), Mitglied der Wiener Medizinischen Fakultät. 3 (Muskel-)Fasern.

Die «Gerokomik» als Übertragung von Lebenskräften

Eine sonderbare Methode, das Leben im Alter zu verlängern, die sich ebenfalls aus den frühesten Zeiten herschreibt, war die *Gerocomic*[1], die Gewohnheit, einen alten abgelebten Körper durch die nahe Atmosphäre frischer aufblühender Jugend zu verjüngen und zu erhalten. Das bekannteste Beispiel enthält die Geschichte des König *David*, aber man findet in den Schriften der Aerzte mehrere Spuren, dass es damals eine sehr gewöhnliche und beliebte Hülfe des Alters war. Selbst in neuern Zeiten ist dieser Rath mit Nutzen befolgt worden; der grosse *Boerhaave*[2] liess einen alten Amsterdamer Bürgermeister zwischen zwey jungen Leuten schlafen, und versichert, der Alte habe dadurch sichtbar an Munterkeit und Kräften zugenommen. Und gewiss wenn man bedenkt, was der Lebensdunst[3] frisch auf[11]geschnittener Thiere auf gelähmte Glieder, was das Auflegen lebendiger Thiere auf schmerzhafte Uebel vermag, so scheint diese Methode nicht verwerflich zu seyn.

Quelle: Hufeland 1797b, S. 10f.; Christoph Wilhelm H. (1762–1836), berühmter Arzt der Goethezeit, Wegbereiter der Naturheilkunde. 1 Nach dem Lexikon von Zedler (1735, Sp. 1158) leitet sich der Begriff von gr. *geron* = alt und gr. *komeo* = sorgen ab und bezeichnet «das Theil der Hygieniae, oder Arzteney-Kunst, welche zeiget die Gesundheit derer alten Leute zu unterhalten». 2 Herman Boerhaave (1668–1738), berühmter Leidener Medizinprofessor. 3 «Lebensdunst» als schillernde Umschreibung der kaum faßbaren «Lebenskraft».

Seelenorgan

Das Gehirn als Sitz der Seele

Im Laufe der Geschichte haben Ärzte und Naturforscher bestimmte Zentralorgane zum Wohnsitz der Seele erklärt, wie etwa Zwerchfell (gr. *phrenes*) oder Herz. Doch bereits in der griechischen Medizin (Galen, 2. Jh. n. Chr.) lokalisierte man die Seele in die Hirnhöhlen, eine Lehre, die in der scholastischen Medizin des Mittelalters zur «Dreikammer-Theorie» ausgebaut wurde, wonach sinnliche Einbildung in die erste, die Denkkraft in die zweite und das Gedächtnis in die dritte Kammer (Hirnhöhle) verlegt wurde. Noch Ende des 18. Jahrhunderts gab es so hervorragende Hirnforscher wie Samuel Thomas Soemmerring (1755–1830), die an der traditionellen Kammertheorie anknüpften und die Seele in die Hirnhöhlen plazierten. Erst die Gallsche Schädellehre (Kraniologie, Organologie, Phrenologie) schaffte ungeachtet ihres spekulativen Charakters um 1800 den Durchbruch zur modernen Hirnforschung: Die seelischen Anlagen saßen gemäß Galls «Organologie» auf der Oberfläche des Gehirns in unterschiedlichen «Organen» und drückten sich direkt je nach Mangel oder Stärke im knöchernen Schädel aus. Das Seelenorgan erschien als Mittelpunkt der →*Lebenskraft*, als Umschlagplatz psychosomatischer Wechselwirkungen im Sinne der →*Sympathie*. Dabei fällt heute auf, wie wenig gegen Ende des 18. Jahrhunderts die einzelnen Disziplinen voneinander abgrenzbar waren: (Natur-)Philosophie, vergleichende Hirnanatomie, experimentelle Physiologie, medizinische Psychologie und klinische Medizin.

Literatur: Clarke/Dewhurst, 1972; Hagner, 1993; Schott, 1988.

Die Nerven reizen, das Seelenorgan empfindet

Vorzüglich sind die Nerventätigkeiten spezifische Reize:

1. Für die willkürlichen Muskeln, welche sich im natürlichen Zustande nicht anders zusammenziehen, als wenn sie durch die Wirkung ihres Nerven gereizt werden.

2. Sind die Nervenwirkungen Reize für das Seelenorgan. Die Nerven der Sinnesorgane und die übrigen Nerven, die dem Gemeingefühl[1] angehören, reizen, wenn sie wirken, das Seelenorgan und die erregte eigentümliche Tätigkeit des Seelenorgans ist erst mit Vorstellungen verknüpft.

Außerdem mögen die Nerven noch verschiedene, teils bekannte, teils unbekannte Geschäfte im tierischen Körper haben, den übrigen Organen feine Stoffe mitteilen[2], oder sie von ihnen annehmen, sie sämtlich in einen harmonischen Zusammenhang bringen usw.

Die Nerven empfinden also nicht, sondern nur das Seelenorgan empfindet allein. Man kann ihnen daher auch im eigentlichen Sinne keine Empfindlichkeit zuschreiben. Nerventätigkeit ist nur die äußere Ursache, durch welche die eigentümliche Aktion des Seelenorgans, mit welcher allein Vorstellung verknüpft ist, erregt wird. So erregen die Nervenwirkungen die Kontraktion der willkürlichen Muskeln durch Reiz, ohne daß man deswegen die Nerven als das direkte Organ der Muskel-Zusammenziehung ansehen kann. Wir nehmen an den Nerven eine Progression der Reize [88] wahr; sie werden durch äußere Ursachen in Tätigkeit gesetzt, und ihre Tätigkeit reizt wieder das Gehirn und die Muskeln zur Tätigkeit.[3]

Daß das Seelenorgan (das Gehirn) und nicht die Nerven das eigentümliche Werkzeug der Vorstellungen sei, ist wohl unleugbar. An Tieren, die bloße Nerven haben, nehmen wir keine Spur von Vorstellungen wahr. In solchen Teilen eines Tieres, die man vom Kopfe abschneidet, hören die Vorstellungen auf.[4] Oft sind die Sinnesorgane vollkommen gesund, und doch fehlen alle sinnlichen Vorstellungen, weil das Gehirn krank ist. Mit der allmählichen Ausbildung des Gehirns in dem Tierreiche nimmt auch die Vollkommenheit der Vorstellungen zu. Selbst dem Gehirne wollen einige nicht einmal Empfindungskraft beilegen. Vorstellungen, sagen sie, sind etwas Inneres, die nie Objekte des äußeren Sinnes sein und nie an der Materie erkannt werden können.[5]

Quelle: Reil, 1795, S. 87–89 (zit. n. Ausgabe Leipzig 1910, S. 48–49); Johann Christian R. (1759–1813), vielseitiger Medizinprofessor und Stadtphysikus in Halle, ab 1910 in Berlin. Er begründete den medizinischen «Vitalismus» und beschäftigte sich u. a. mit Fragen der Hirnanatomie und Psychiatrie. 1 Reil folgt hier der traditionellen Idee vom «Senseorium commune», ohne über dessen anatomische Lokalisation zu spekulieren, wie dies Soemmerring getan hat (siehe unten). 2 Reil antizipiert hier neurohormonale Modellvorstellungen. 3 Die u. a. von Descartes formulierte Idee vom Reflexbogen wird angesprochen. 4 Diese Einschätzung wird in der Debatte über die Enthauptung als Hinrichtungsart in bezug auf den Menschen bestritten. Siehe →*experimentelle Physiologie.* 5 Der klassische Einwand Kants gegen Soemmerrings Theorie vom Seelenorgan (siehe unten; vgl. hierzu Schott, 1988).

Seelenorgan sitzt in der «Feuchtigkeit der Hirnhöhlen»

[Es sei erwiesen] 1) Daß die Nerven der vier von dem allgemeinen Sinne des Gefühles (*Tactus*) specifisch unterschiedenen ..., auf sehr kleine Theile unseres Körpers beschränktern Sinne, nämlich des Geschmacks, des Geruchs, des Gehörs, und des Gesichts, welche ausschließlich das endliche Resultat aller Verrichtungen ihrer Sinnwerkzeuge ins Hirn überbringen, mit ihren Hirnendigungen sich der Feuchtigkeit der Hirnhöhlen ganz offenbar und sogar sichtlich darbieten; – folglich, daß auch alle durch die Nerven dieser vier Sinne nach dem Hirne zu erfolgende[n] Bewegungen, falls sie sich weiter als die Wände der Hirnhöhlen erstrecken, in die Feuchtigkeit der Hirnhöhlen übergehen.

2) Daß auch die Nerven des Gefühls, welche vom Fünften Hirnnervenpaare stammen; – die Nerven des Schlundkopfes; – die Nerven der Stimmwerkzeuge; – die Nerven der Augenbewegungen – sich der Flüssigkeit der Hirnhöhlen offenbar sichtlich darbieten; folglich, daß auch alle durch diese Nerven des Gefühls, ohne welches kein Thier bestehen kann ... [31] nach dem Hirne zu erfolgende Bewegungen, daferne sie sich weiter als die Wände der Hirnhöhlen erstrecken, in die Flüssigkeit der Hirnhöhlen übergehen.[1] ...

Nehmen wir als ausgemacht an, daß es eine Gemeinschaftliche Empfindungsstelle (*Sensorium commune*) giebt; und daß solche sich im Hirne findet: so – glaube ich – läßt sich wahrscheinlich [32] machen, wo nicht beweisen: Daß dies *Sensorium commune* in der Feuchtigkeit der Hirnhöhlen (*Aqua Ventriculorum Cerebri*) bestehe, oder in der Feuchtigkeit der Hirnhöhlen sich finde, oder wenigstens in der Feuchtigkeit der Hirnhöhlen gesucht werden müsse; kurz: daß die Flüssigkeit der Hirnhöhlen das Organ desselben sey. ... [36]

Soll ferner das Gemeinschaftliche Sensorium im Hirne *da* sich finden, *wo* alle Nerven zusammen kommen: so sind es die Wände der [37] Hirnhöhlen, wo wirklich die Nerven mit ihren wahren Endigungen zusammen kommen; und mittelst der hier befindlichen Flüssigkeit, als eines einfachen, zusammenhängenden, ihnen gemeinschaftlichen Mitteldinges, wirklich verbunden oder vereinigt werden.

Das vereinigende Mittelding (Medium uniens) *wäre folglich die Flüssigkeit der Hirnhöhlen.*

Quelle: Soemmerring [urspr. auch Sömmerring], 1796, S. 30–37; Samuel Thomas S. (1755–1830), Pionier der anatomischen und paläontologischen Forschung, Professor von 1784 bis 1797 in Mainz. 1 Dies entspricht der traditionellen Kammerlehre, wonach in der ersten Hirnkammer (*cellula phantastica*) die sinnliche Einbildung statthat. Soemmerring begnügt sich freilich in seinem Reflexmodell mit einer einheitlichen «Flüssigkeit» der Hirnhöhle als «Mittelding», ohne deren Morphologie weiter zu differenzieren.

Die Wechselwirkung von Seelenorgan und Nerven

Concentriren sich aber alle mittelst der Nerven gegen's Hirn zu geschehende Bewegungen in der Flüssigkeit der Hirnhöhlen: so entstehen auch alle aus dem Hirne kommende Bewegungen in der nämlichen Feuchtigkeit der Hirnhöhlen. Oder mit andern Worten: – Zwischen der Feuchtigkeit der Hirnhöhlen und der[1] Hirnendigungen der Nerven findet Wechselwirkung Statt.

Wäre dieses richtig: so – dünkt mich – ließen sich auch manche Erscheinungen bei der Rückwirkung (*Reactio*) des Hirns durch die Spontaneität der Seelenkraft näher erläutern.[2] [60]

Die auf die Feuchtigkeit der Hirnhöhlen nämlich geschehene, vermöge der Natur dieser Feuchtigkeit nothwendig abgeänderte, Originalwirkung wird, wenn sie fortfährt, eine Rückwirkung auf die soliden Hirntheile erzeugen; die nach der Stelle, und nach der Schnelligkeit, Dauer, und selbst der Art der in der Feuchtigkeit der Hirnhöhlen angebrachten Originalbewegung, sich sehr verschieden im Körper äußern muß.

Quelle: Soemmerring, 1796, S. 59f. 1 Wahrscheinlich Druckfehler anstelle von «den». 2 Diese Modellvorstellung entspricht dem «psychischen Apparat» bei Sigmund Freud um 1900, der allerdings im zeitgenössischen Kontext der Neuronen- und Reflexlehre zu sehen ist.

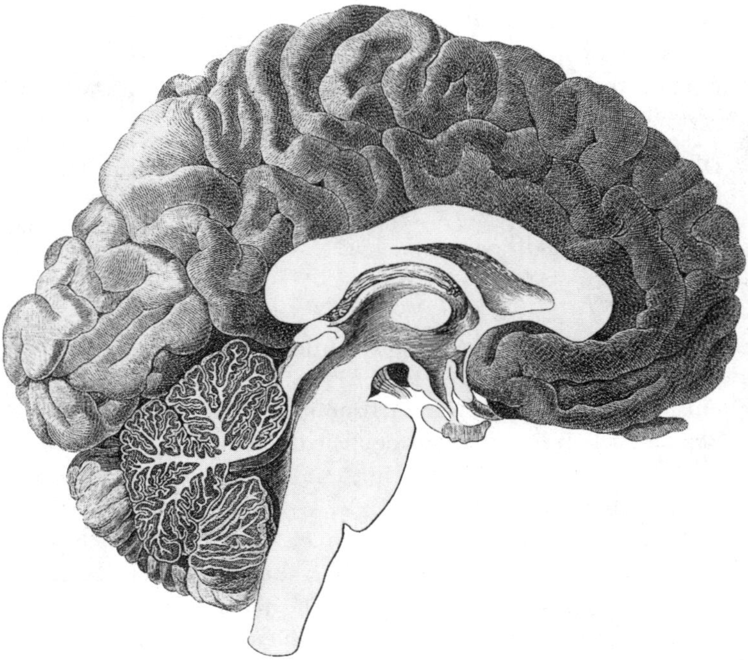

1. Querschnitt eines Gehirns
Soemmerring, 1796, Tab. 1

Galls Programm: Seelenanlagen in voneinander unabhängigen Hirnorganen[1]

Im ganzen geht mein Zweck dahin: *die Verrichtungen des Hirns überhaupt, und seiner Bestandtheile insbesondere zu bestimmen; dass man in der That mehrere Fähigkeiten und Neigungen aus Erhabenheiten und Vertiefungen am Kopfe oder Schedel erkennen kann, und die wichtigsten Wahrheiten und Folgerungen, welche sich hieraus für die Arzneywissenschaft, für die Sittenlehre, Erziehung, Gesetzgebung u. s. w. und überhaupt für die nähere Menschenkenntniss ergeben, einleuchtend vorzutragen.* ... [54]

Vor allem müssen da die Mittel angegeben und geprüft werden, durch welche man den Sitz der Organe entdeckt. Unter diesen führe ich an: 1. Die Entdeckung bestimmter Erhabenheiten und Vertiefungen bey bestimmten Eigenschaften. ... 2. Bestimmte Eigenschaften bey bestimmten Erhabenheiten. 3. Eine Sammlung von Gypsabdrücken. 4. Schedelsammlung. [55] ... Unglücklicherweise halten alle Menschen so viel auf sich selbst, dass jeder überzeugt ist, ich laure auf seinen Kopf als einen der wichtigsten Beyträge in meine Sammlung; und doch habe ich seit drey Jahren höchstens 20 zusammengebracht, wenn ich die ausnehme, die ich von Spitälern und dem Tollhause genommen habe. ...

Sehr angenehm wäre mir's, wenn mir Köpfe von Thieren zugeschickt würden, deren Karakter man genauer beobachtet hätte z.B. von einem Hunde, der nichts frass, was er nicht gestohlen hatte, der sich von einer weiten Strecke zu seinem Herrn zurückfand – von Affen, Papageien oder andern seltenen Thieren mit Lebensgeschichten...

Könnten Sie[2] es endlich zur Mode machen, dass mich in der Folge jede Art von Genie zum Erben seines Kopfes einsetzte, o so stünde ich Ihnen mit meinem Kopf dafür, dass in 10 Jahren ein herrliches Gebäude dastünde, wozu ich einstweilen blos Materialien liefere.

Quelle: Gall, 1798, zit. Gall, 1979, S. 47–55; Franz Joseph G. (1758 bis 1828), (vergleichender) Hirnanatom, Begründer einer «Schädellehre» (Kraniologie, Phrenologie), zunächst in Wien, ab 1809 in Paris ansässig.

1 Es handelt sich hier um Franz Joseph Galls erste programmatische

Darstellung seiner «Schedellehre» in Form eines Briefes vom 1. Oktober 1798, der im «Neuen Teutschen Merkur» im Dezember desselben Jahres veröffentlicht wurde. Galls Lehre wurde von der obrigkeitlichen Zensur am Wiener Hof verboten, erlangte jedoch international in den folgenden Jahrzehnten größte wissenschaftliche Beachtung und Popularität; vgl. Lesky in Gall, 1979. 2 Briefadressat ist der Wiener Schriftsteller Joseph Friedrich Freiherr von Retzer.

Sympathie

Wechselwirkungen der natürlichen Magie

Der Begriff der Sympathie (gr. *sympathea*, lat. *consensus*) taucht erstmals in der hippokratischen Schrift «Über die Nahrung» auf, wo er ein funktionales Zusammenwirken aller Teile des menschlichen Körpers bezeichnet. Der griechische Arzt Galen (2. Jh. n. Chr.) definierte dann die Sympathie im Kontext der Säftelehre (Humoralpathologie) als Erkrankung eines Organs, die durch die Erkrankung eines anderen verursacht würde. Diesem physiologischen Verständnis der Sympathie steht bereits in der Antike – vor allem bei den Stoikern – ein kosmobiologisches gegenüber: Durch die einheitsstiftende Kraft des *Pneuma* sei jeder Einzelkörper mit dem Kosmos als lebendigem Organismus («Weltseele») verbunden. Die Idee einer Wechselwirkung von Mikrokosmos und Makrokosmos lebte in der alchimistisch-magischen Tradition bis zur frühen Neuzeit fort. Die «natürliche Magie» (*Magia naturalis*) mit ihren →*magischen Künsten* – namentlich des «Sympathiezaubers» in der Volksmedizin – hatte auch im Zeitalter der Aufklärung ungeachtet naturwissenschaftlicher Forschungen weiterhin Konjunktur, wie das illustre Beispiel des →*tierischen (animalischen) Magnetismus* zeigt. Im Sympathiebegriff um 1800 mischten sich abgesehen von literarischen Motiven naturphilosophische, mystisch-religiöse, (neuro)-physiologische, psychosomatische und tiefenpsychologische Elemente. Erst die Konzepte der naturwissenschaftlichen Medizin ab der zweiten Hälfte des 19. Jahrhunderts, wie z.B. die Reflexlehre, brachten diesen Schlüsselbegriff der neuzeitlichen Medizin zum Verschwinden.

Literatur: Riedel, 1984; Scheler, 1926; Schott, 1992.

Die «wunderbare Sympathie» zwischen Seele und Körper

Nun ist das, was von Uebertragung der geistigen Empfindungen auf thierische[1] gesagt worden, auch vom umgekehrten Fall, von [30] Uebertragung der thierischen auf die geistige gültig.[2] Krankheiten des Körpers, mehrentheils die natürlichen Folgen der Unmäßigkeit strafen an sich schon durch sinnlichen Schmerz, aber auch hier mußte die Seele in ihrem Grundwesen angegriffen werden, daß der gedoppelte Schmerz ihr die Einschränkung der Begierden desto dringender einschärfe. Eben so mußte zu dem sinnlichen Wohlgefühl der körperlichen Gesundheit auch die feinere Empfindung einer geistigen Realverbesserung treten, daß der Mensch um so mehr gespornet werde seinen Körper im guten Zustande zu erhalten. So ist es also ein zweites Gesez der gemischten Naturen, daß *mit der freien Thätigkeit der Organe auch ein freier Fluß der Empfindungen und Ideen, daß mit der Zerrüttung*[3] *derselbigen auch eine Zerrüttung des Denkens und Empfindens sollte verbunden seyn. Also kürzer: daß die allgemeine Empfindung thierischer Harmonie die Quelle geistiger Lust, und die thierische Unlust die Quelle geistiger Unlust seyn sollte.*

Man kann in diesen verschiedenen Rüksichten Seele und Körper nicht gar unrecht zweien gleichgestimmten Saiteninstrumenten vergleichen, die neben einander gestellt sind. Wenn man eine Saite auf dem einen rühret, und einen gewissen Ton angibt, so wird auf dem andern eben diese Saite freiwillig anschlagen, und eben diesen Ton nur etwas schwächer angeben. So wekt, Vergleichungsweise zu reden, die fröhliche Saite des Körpers die fröhliche in der Seele, so der traurige Ton des ersten den traurigen in der zweiten.[4] Diß ist die wunderbare und merkwürdige Sympathie, die die heterogenen Principien des Menschen gleichsam zu Einem Wesen macht, der Mensch ist nicht Seele und Körper, der Mensch ist die innigste Vermischung dieser beiden Substanzen.

Quelle: Schiller, 1780, S. 29f.; es handelt sich hier um die dritte medizinische Dissertation Friedrich Schillers (1759–1805), die schließlich die Druckerlaubnis erhielt; vgl. u.a. Riedel, 1984, S. 100–151. 1 «Thierisch» bedeutet hier somatisch, «geistig» bedeutet psychisch. 2 Schiller drückte dieses «Gesez» zuvor folgendermaßen aus: «Geistige Lust hat jederzeit eine thierische Lust, geistige Unlust jederzeit eine thierische Unlust zur Begleiterin»; S. 22. 3 Zerrüttung ist ein Synonym für Krankheit; «Geisteszerrüttung» bedeutete noch bis weit ins 19. Jahrhundert hinein allgemein Geisteskrankheit. 4 Die Musik gilt traditionell als Medium der Sympathie («Sphärenklänge»), etwa bei Mesmer als «Verstärkungsmittel» für den →*animalischen Magnetismus.*

Die «wunderbare Übereinstimmung» von Körper und Seele

Die wunderbare Uebereinstimmung, in welcher die Seele mit dem Körper in wechselseitiger Verbindung stehet, ist bey dem Menschen die erste und unsere ganze Aufmerksamkeit auf sich ziehende betrachtungswürdige Erscheinung von jener Mitleidenheit, oder Sympathie, die wir hier ausführlich behandeln wollen.

Gleichwie bey der grösten Verschiedenheit der Theile des menschlichen Körpers, die man an ihnen [2] und unter ihnen antrifft und bemerket, die schönste, beste Ordnung, Zierlichkeit, und angenehmste Schönheit herrschen, so, daß die Theile eines jedweden lebendigen Körpers in den Verrichtungen ihrer Geschäfte sich untereinander gemeinschaftlich beystehen, einer den andern reizet, durch die Vereinigung ihrer gesammten Kräfte die Gesundheit (*integritas*) eines jeden Einzelnen erhalten, und der zugefügte Schaden und Nachtheil von allen und jeden gleichsam als Bundesvereinigten bekrieget und angegriffen wird; ... so sind endlich auch der Leib und die Seele, ihrem Wesen nach zwar sehr verschiedene und ungleiche Dinge, in und bey einem Menschen vereint, durch ein so enges, genaues und geheimes Band[1] mit einander so verbunden, und sich gleichsam wechselsweise einander lösen, daß, so lange das Leben dauret[2], die Seele allenthalben sey, wo der Körper ist, und der Körper aller Orten sey, wo die Seele ist. Es ist auch an dem ganzen Menschen fast kein Theilchen zu finden, in dem nicht auch etwas von der Seele, und dem Körper, und mithin ein Mengsel von Beyden angetroffen werde.

Quelle: Rahn, 1790, S. 1 f.; Johann Heinrich R. (1749–1822), bekannter Arzt in Zürich. 1 Die Metaphorik des Sympathiebegriffes ist vielfältig, wobei die Metapher des «geheimen Bandes» recht beliebt war. 2 Dauert.

Empfindsame Körperteile haben «Sympathie» mit dem ganzen Körper

Wenn man kalt Wasser, auf einen Theil unsers Körpers, der warm ist, es sey auch welcher es wolle, gießet, so ziehen sich die Gefäße und Schweislöcher der Haut zusammen, und hierdurch werden öfters kleine Blutflüsse gestillet. – Der Geruch gewisser Körper ertheilet im Augenblick dem ganzen Leibe neues Leben und Kraft, da andere Arten vom Geruch bey zärtlichen[1] Frauenzimmern Ohnmachten und Zuckungen hervorbringen. – Verschiedene Töne in der Musik können unterschiedene Leidenschaften erregen und stillen, und man sagt, daß man bisweilen Krankheiten vermittelst ihrer geheilet.[2] ... [10]

Nichts aber setzet diese Materie in ein helleres Licht ... als die Wirkungen des Mohnsaftes. Da man eine Auflösung dieses Körpers in die dicken Gedärme eines Hundes eingesprützt, so wurden seine hintern Füße nach wenig Augenblicken gelähmt, er wurde fühllos und bekam Zuckungen. Das man nach einigen Tagen eine gleiche Auflösung in den hohlen Leib dieses nämlichen Hundes, indem man die Decken desselben durchstochen, gebracht, so wurde derselbe fast in dem nämlichen Augenblick gelähmt, und starb nach kurzer Zeit.[3]

Quelle: Whytt, 1766, S. 8–10; Robert W. (1714–1766), berühmter schottischer Arzt und Physiologe. 1 D.h. «zarten». 2 Die Musiktherapie war auch im 18. Jh. durchaus ein wissenschaftliches Thema der Medizin; siehe hierzu Kümmel, 1977; vgl. z.B. die Diss. des schottischen Arztes David Campbell von 1777: «De musices effectu in doloribus ...» 3 Die Zuordnung eines solchen toxikologischen Tierexperiments zum Sympathiebegriff zeigt dessen große Spannweite.

Sympathie der Geschlechtsteile mit dem ganzen Körper

Zu der Zeit, wenn man mannbar wird, verändert sich nicht allein die Stimme, sondern auch der ganze Körper merklich, welche Veränderung vermuthlich durch den Reiz des Saamens auf die Nerven der Zeugungstheile verursachet wird ... [21] Die Saamenbehältnisse (*vesiculae seminales*) werden durch ihre Sympathie mit der Eichel des männlichen Gliedes zur Zeit des Beyschlafes zusammengezogen, und wenn die Haut, welche den untern Theil der Harnröhre bekleidet, von dem Saamen gereizt wird, so gerathen die *acceleratores vrinae* in zuckende Bewegung. ...

Die große Verschiedenheit derer Zufälle, die sich bey der Mutterbeschwerung[1] befinden, hat verursachet, daß man der Mutter[2] eine mehr ausgedehnte Sympathie, als allen andern Theilen, das Gehirn ausgenommen, zugeschrieben. Obgleich aber diese Symptomen nicht so oft von der Mutter herkommen, als man sich gemeiniglich einbildet; so geben doch das Brechen, welches sich gemeiniglich bey einer Entzündung dieses Theils befindet, der Ekel und in Unordnung gerathene Appetit nach der Empfängniß, die heftige Zusammenziehung des Zwergfells und der Bauchmuskeln in der Geburt, der Kopfschmerzen, die Hitze und Schmerz im Rücken und Gedärmen zu der Zeit der monathlichen Reinigung[3], genugsame Proben von der Uebereinstimmung, die die Mutter mit verschiedenen andern Theilen des Körpers hat, ab. Kein Theil wird aber mehr bey den verschiedenen Veränderungen der Bärmutter angegriffen, als die Brüste, die, so oft die monathliche Reinigung kömmt, aufschwellen [22], und nach solcher wieder kleiner werden.[4]

Quelle: Whytt, 1766, S. 20–22. 1 D.h. Gebärmutterleiden. 2 Seit dem 16. Jh. geläufiger Ausdruck für Gebärmutter. 3 Menstruation. 4 Solche Wirkungen der «Sympathie» werden im 19. und 20. Jh. als Reflexvorgänge bzw. biochemisch-humorale Regelkreise begriffen.

Imagination

Die Macht der Einbildung als psychosomatischer Akt

In Renaissance und früher Neuzeit spielte der Begriff der Einbildungskraft (lat. *imaginatio*) eine wichtige Rolle im Diskurs der Medizin. Im Unterschied zur →*Sympathie*, bei welcher insbesondere die Wechselwirkungen von Körperteilen untereinander bzw. diejenigen von Seele und Körper thematisiert wurden, bedeutete die «Ein-Bildung», daß ein Bild, eine Idee einen materiellen Eindruck (lat. *impressio*) im Körper des Menschen bewirken könne. Die Imaginationslehre löste die →Dämonologie als eine Theorie der Krankheitsentstehung weitgehend ab. Paracelsus (1493/94–1541) etwa definierte die *imaginatio* als unsichtbaren Werkmeister im Menschen, der u.a. Muttermale am werdenden Kind oder Seuchen bei Erwachsenen hervorbringen könne. In der →*Gerichtlichen Medizin* wurde bei Vaterschaftsprozessen noch im 18. Jahrhundert die Frage diskutiert, ob eine weiße Mutter, die mit einem weißen Mann verheiratet ist, alleine aufgrund ihrer Imagination ein schwarzes Kind gebären könne. Die Lehre von der Imagination als Macht des Geistes über den Körper antizipierte zugleich die Suggestionslehre der modernen medizinischen Psychologie und Psychosomatik, wie sie in der zweiten Hälfte des 19. Jahrhunderts im Kontext des Hypnotismus entwickelt wurde.

Literatur: Fischer-Homberger, 1979 u. 1983; Rosenmeyer, 1986.

Hunde und Esel von Weibern nach pathogenem Beischlaf geboren

Ein versoffner liederlicher Kerl nötigte seine Frau zu einer gantz unmenschlichen viehischen Beywohnung von hinten zu/ ja der Bösewicht sagte/ er wolle junge Hunde zeugen. Welcher verfluchte Beyschlaf dem guten Weib dermassen tief zu Hertzen gieng/ daß sies ja nicht vergessen konte/ wodurch denn endlich geschehn/ daß sie einen vollständigen lebendigen Hund/ aber ohne Haar/ in der Größe des kleinen Fingers *Anno* 1677, den 21. *Sept.* zur Welt brachte/ wie solchen die Hebamme *Elisabeth Tomboy*/ als er noch warm war/ gleich alsofort Hern [238] *Johann Stalpart van der Wiel*[1]/ *Professorn* zum Haag brachte/ bey dem ihn sehr viele gesehen haben. Vierzehn Wochen hernach kriegte das arme Weib noch einen frischen wohlgestalten Sohn darzu. Eines Gold-Arbeiters Frau zu Messana gebahr den 26. *Decembr.* 1635 ein *Monstrum*[2] in Gestalt eines Hundes/ da sie das Jahr zuvor ein anders in Form eines Esels zur Welt gebracht hatte. Die Uhrsach des letzten war/ alß sie einst am Fenster liegend einen Esel mit seiner Eselin buhlen sah/ und aus Vorwitz dem Handel allzugenau nachgaffte/ kam aus verwirrter Einbildung endlich eine dergleichen ähnliche Geburt hervor.

Quelle: Paullini, 1700, S. 238f.; Christian Franz. P. (1643–1712), ab

1689 Stadtphysikus in Eisenach. 1 Stadtarzt, Anatom und Chirurg in Den Haag, lebte von 1639 bis 1683. 2 Von lat. *monstrum* = Ungeheuer, Scheusal, noch in der frühen Neuzeit als (göttliches) «Mahnzeichen», zumeist Vorzeichen herannahenden Unheils, (z.B. Pest, Krieg) verstanden. «Monströse», d.h. mißgebildete Neugeborene erregten deshalb allgemeines Aufsehen und wurden insbesondere im 16. Jh. in unzähligen Flugblättern vorgestellt.

Mütterliche Einbildung kann zu Mißgeburten führen

Es läßt sich nicht nur aus der Erfahrung sondern auch aus andern Gründen mit vollkommener Gewißheit erweisen, daß die Einbildungskraft schwangerer Frauenspersonen Misgeburthen hervorbringen könne.[1] Das Kind ist, so lange es im Mutterleibe ist, ein Theil der Mutter und stehet mit derselben in einer genauen Vereinigung. Das Blut beweget sich von der Mutter zu dem Kinde und von dem Kinde wieder zur Mutter hin. ... [92] Da sich nun das Blut von der Mutter zu dem Kinde hin beweget und die Bewegung des Bluts in dem Kinde sich nach der Bewegung des Bluts in der Mutter richtet, so kan auch diese unordentliche Bewegung des Bluts in der Mutter[2], welche die Einbildungskraft [93] verursachet, bis zu dem Kinde fortgesetzet werden.[3] Nun aber sind die organischen Theile des Kindes im Mutterleibe ungemein weich und zart. Derowegen muß die unordentliche Bewegung des Bluts in der Mutter, welche bis zu dem Kinde hin fortgesetzet wird, zumahl, wenn sie nur etwas starck ist, nothwendig eine ausserordentliche und wiedernatürliche Veränderung in den flüßigen und festen Theilen des Kindes hervorbringen. ... Folglich kan auf diese Weise die ordentliche Gestalt des Kindes in[4] Mutterleibe verändert und in eine ausserordentliche verwandelt werden.

Quelle: Nicolai, 1751, S. 91 f.; Ernst Anton N. (1722–1802), Schüler Friedrich Hoffmanns in Halle, ab 1758 Medizinprofessor in Jena. 1 Dies entspricht der traditionellen Auffassung, die im 16. und 17. Jh. von den medizinischen Autoritäten allgemein vertreten wird. 2 Hervorgerufen durch deren Affekte. 3 Vermutlich spiegeln sich in dieser Erklärung der Imagination durch die Blutübertragung auch Erfahrungen mit eindrucksvollen Versuchen einer Bluttransfusion ab den 1660er Jahren wider (z.B. «Schafmelancholie»); vgl. Schott, 1993b, S. 188f. 4 D.h. «im».

«Der Geburtsschwindel der Maria Toft» – Von William Hogarth[1] (1726)

Der langperückte Untersucher, der das in heftiger Wehentätigkeit liegende Weib gynäkologisch untersucht, ist Sir Richard Manningham[2] (B), der die Worte ausstößt: Es wölbt sich, es schwillt, es öffnet sich, es kommt! Hogarth bezeichnet ihn als dunklen Philosophen[3], weil er in der Tiefe des Dings nachforsche. Im Vordergrund steht Doktor St. André[4] (A), der die [206] Worte von sich gibt: O! welch große Geburt! Hogarth zeichnet diesen Nathanial St. André in tanzender Pose, eine Geige unter dem Arme, da er als guter Musiker und glänzender Tänzer bekannt war. An der Tür steht der Wundarzt Howard (D) aus Guilford, der in dem Verdachte stand, mit der Karnickelträchtigen unter einer Decke zu stecken. Hogarth läßt ihn jedenfalls an der Tür einen Bauern, der in seinem Rocke ein Kaninchen trägt, mit den Worten abweisen: Es ist schon zu groß. Am Boden hüpft eine große Anzahl Kaninchen herum, ungefähr so viel Stück, wie Geburten vor sich gingen.

Quelle: Holländer, 1905, S. 205f. 1 William Hogarth (1697–1764), englischer Maler u. Kupferstecher, Begründer der englischen Karikatur. Zunächst gingen auch die gelehrten Ärzte der Schwindlerin aus Guilford auf den Leim. 2 Richard Manningham (1690–1759), berühmter Londoner Geburtshelfer. 3 D.h. Naturforscher, Arzt. 4 François Saint-André, lebte um 1700, Leibarzt Louis IV., veröffentlichte über diesen aufsehenerregenden Fall einen «Court récit...» (London 1727).

Die Wirkung der Einbildungskraft auf die Leibesfrucht ein «Hirngespinst»

Wir verwerfen dieses Hirngespinst[1] älterer Aerzte und Naturforscher, aus folgenden Gründen:

1) Findet keine wechselseitige Verbindung zwischen der Seele der Mutter und des Kindes statt;
2) ist der Uebergang eines Localfelers (*vitium topicum*) von der Mutter auf das Kind physisch unmöglich;
3) ist die Wirkung des Schrekens weit minder heftig und allgemein, als man glaubt; und

2. *Der Geburtsschwindel in der zeitgenössischen Karikatur*
Holländer, 1905, S. 203

4) lassen sich die Muttermäler und Unvollkommenheiten im Bau des Körpers aus pathologischen [87] Gründen erklären, die uns ungleich näher liegen[2] ... [88]

Allein daß die bloße Einbildungskraft der Mutter auf das Kind nicht wirken könne, ist aus den kürzlich angegebenen Gründen mehr, als zu gewiß. Um nur in möglichster Kürze jedem davon etwas zu Erklärung zu geben, so merken wir zum ersten an, daß eine Verbindung von Nerven statt finden müßte, wenn sich von der Seele der [89] Mutter Eindrüke auf ihre Leibesfrucht fortpflanzen sollten, und wir zu diesem Behuf in der Nabelschnur einen Nerven antreffen müßten, welchen aber auch die gespannteste Aufmerksamkeit der Zergliederer noch nicht hat entdeken können.[3] ... Könnte nun, läßt sich schliessen, die Einbildungskraft so wirken, wie die ältere Theorie hierüber glaubt, so müßte, wenn z. E.[4] die Idee einer Maulbeere, eines Fisches u.s.w. einen lebhaften Eindruk gemacht hätte, das ganze Kind zur Maulbeere, oder zum Fische werden können; auch folgte hieraus, daß die Weiber, wenn sie sich einen Sohn wünschten, allemals und unausbleiblich, einen statt einer Tochter bekommen müßten, wogegen die tägliche Erfahrung herzhaft streitet. ... [90] Mit zwei Worten zu sagen, worauf es bei der ganzen Sache ankömmt, so käuen die Weiber, wenn sie ein Kind mit Abweichungen von der natürlichen Bildung zur Welt gebracht haben, in Gedanken alles wieder, was ihnen etwa die Zeit ihrer Schwangerschaft über begegnet seyn mochte.[5]

Quelle: Haller, 1782, S. 86–90; Albrecht von H. (1708–1777), schweizerischer Naturforscher und Universalgelehrter. 1 Nämlich die Wirkung der Einbildungskraft auf die Gestaltung der Leibesfrucht. 2 Z. B. als «ein ursprünglicher Fehler in der organischen Einrichtung des Knochengebäudes» im Falle der Hasenscharte; vgl. Haller, 1782, S. 90. 3 Das Nervensystem rückt im ausgehenden 18. Jahrhundert in den Mittelpunkt der medizinischen Anthropologie. 4 Zum Exempel. 5 Haller entlarvt die traditionelle Imaginationslehre als eine psychologische Projektion.

Veränderungen der Körperfunktionen durch Affekte

Kein Affect entsteht in der Seele, da dabey nicht zugleich Veränderungen im Körper vorgehen solten, ja bey einem Affecte ereignen sich solche Veränderungen im Körper, welche diesem

Affecte besonders [43] eigen sind. ... Wenn einer erschrickt, so wird das Gesicht nebst den andern äusserlichen Theilen blaß und kalt, die Brust beklemmt, der Athem kurtz und schwer, das Hertz zittert und klopfet gewaltig, es entstehet eine Angst und Bangigkeit um die Brust, die Glieder zittern beben und erstarren, und es überfält wohl gar den erschrockenen die schwere Noth oder eine Ohnmacht. Das macht, die Pulsadern ziehen sich krampfhaft zusammen, das Blut kan sich weder in gnugsamer Menge noch mit gehöriger Geschwindigkeit in und durch die Pulsadern der äusserlichen Glieder bewegen, daher müssen die äusserlichen Theile kalt und blaß werden ... Wenn jemand in heftigen Zorn geräth, so schläget das Hertz nebst den Pulsadern gewaltig, und das Blut wird mit grosser Heftigkeit durch die Adern hindurchgetrieben.[1]

Quelle: Nicolai, 1751, S. 42f. 1 Hier wird recht anschaulich die Symptomatik des «Allgemeinen Adaptiationssyndroms» geschildert, welches dem Streßmodell Hans Selyes (1907–1982) zugrunde liegt.

Krankmachende versus heilsame Affekte durch die Einbildungskraft

Die Einbildungskraft kan Affecten[1] erregen. Die Affecten verursachen Veränderungen in dem menschlichen Körper. Folglich kan auch die Einbildungskraft Veränderungen in dem menschlichen Körper verursachen. Ferner kan die Einbildungskraft diejenigen Affecten, die schon einmahl in uns entstanden, wieder in uns erregen und zwar entweder eben so und in gleichstarcken Grade, wie zuerst, da sie entstanden, oder [50] stärcker oder schwächer als zuerst. ... Weiter, da die Affecten nach ihrer Verschiedenheit auch verschiedene Veränderungen in dem Körper bey sich führen, so folgt, daß auch die Einbildungskraft, nachdem sie diesen oder jenen Affect erreget, verschiedene Veränderungen in dem Körper verursachen müsse, ... so muß auch die Einbildungskraft dergestalt in den menschlichen Körper würcken können, [51] daß die Veränderungen, welche sie in demselben hervorbringet, entweder der Gesundheit nachtheilig sind und Kranckheiten verursachen, oder zur Erhaltung und Wiederherstellung der Gesundheit dienen. Kurtz, die Einbildungskraft kan so wohl Krankheiten erregen als auch zur Erhaltung der Gesundheit und Cur der Kranckheiten sehr vieles beytragen.[2]

Quelle: Nicolai, 1751, S. 49–51. 1 «Affekt» wird zeitgenössisch zumeist als (heftige) Gemütsbewegung verstanden, wobei das lateinische Verb *afficere* (= hinzutun, einwirken) auf die psycho-physiologische Einwirkung verweist. 2 Die «Einbildungskraft» antizipiert hier den späteren Suggestionsbegriff von Bernheim, der ab den 1880er Jahren grundsätzlich pathogene und heilsame Suggestionen voneinander unterschied; vgl. Schott, 1984.

Einbildungskraft erregt Heimwehkrankheit bei Schweizern

Bey manchen Personen, die in der Fremde leben und von ihrem Vaterlande entfernt sind, erreget diese Entfernung eine Melancholie und diese wird das Heimweh[1] genannt. ... [72] Das macht, die Einbildungskraft stellet solchen Personen nunmehro, da sie in der Fremde sind, alles das angenehme, so sie zu Hause empfunden, vor, weil sie sich aber alles dessen in der Fremde beraubet sehen, so kan es nicht anders seyn, [73] sie müssen sich hierüber sehr betrüben, zumahl, wenn es ihnen noch dazu in der Fremde nicht so gehet, wie sie es wünschen ... Man giebet der Schweitzerischen Nation Schuld, daß sie vor andern mit dem Heimweh geplaget sey ... So viel aber versichern doch die Geschicht[s]schreiber, daß ehemals in Franckreich die alten Schweitzer, welche daselbst als Soldaten gedienet, und das Leben in der Fremde schon gewohnt gewesen, in der Mode gehabt haben, ihren neuangeworbenen Landsleuten einen gewissen Gesang, welchen sie den Kühereyen nennen, vorzusingen, um in ihnen dadurch das Heimweh zu erregen, und die Erfahrung hat auch gelehret, daß viele von ihren neuangekommenen Landsleuten, wenn sie diesen Gesang gehöret haben, das Heimweh bekommen haben, davon die Ursache hiervon sehr leicht aus dem vorhergehenden herzuleiten ist. [74] ... so hat man sich nachher genöthiget gesehen, durch einen öffentlichen Befehl das Singen dieses Gesanges zu verbiethen.

Quelle: Nicolai, 1751, S. 71–74. 1 «Heimweh» (lat. *nostalgia*, ab 1688 als wissenschaftliche Bezeichnung) war um 1700 zunächst eine Krankheitsbezeichnung, die in der Schweiz entstanden sein soll und gegen Ende des 18. Jh.s ihre ursprünglich medizinische Bedeutung verlor; vgl. Etymologisches Wörterbuch, 1993, S. 525 u. 931 f.

Pollution durch Einbildungskraft

Es begegnet jungen Mannspersonen, insonderheit denen, so verliebt sind, sehr ofte, daß ihnen im Schlafe der Saame fortgehet und nicht anders zu Muthe ist, als wenn sie würcklich bey einem Frauenzimmer schliefen. Man soll sagen, wie dieses zugehet. Meines Erachtens hat es damit folgende Beschaffenheit. Diejenigen, welchen dieses wiederfähret, befinden sich allemahl in einem Traume, welcher in ihnen den Affect der Liebe rege macht. Die Einbildungskraft stellet ihnen [168] alsdenn dasjenige vor, was sie sonst in dergleichen Fällen vorgenommen haben, und gleichwie ein jeder Affect eine besondere Bewegung der festen und flüßigen Theile und des Bluts bey sich führet, also ist auch mit dem Affect der Liebe ein stärckerer Zufluß des Bluts und Nervensafts nach den Geburthsgliedern[1] verknüpft. Dadurch schwilt dasjenige Glied, wodurch man das männliche Geschlecht von dem weiblichen zu unterscheiden pfleget, auf, die Nerven werden stärcker gespannt und empfindlicher gemacht, bis endlich die Empfindung an diesem Theile durch die dabey unternommene willkührliche Bewegungen so starck vermehret wird, daß sich die musculöse Haut der Saamenbläsgen zusammenziehet und den Saamen heraustreibet.[2]

Quelle: Nicolai, 1751, S. 167f. 1 Synonym für Geschlechtsteile. 2 Als besondere Ursache für solche Pollutionen wird die «Schärfe der Säfte» angegeben, welche die Geschlechtsteile aufreizen. Möglicherweise ist hiervon der Ausdruck «scharf» in seiner Bedeutung von wollüstig abzuleiten.

Nachtwandeln als «nicht bewußte» Seelenwirkung

Die Artzneygelehrten halten eine starcke Einbildungskraft für die unmittelbare Ursache des Nachtwandelns[1] und es ist auch nicht zu leugnen, daß dasselbe von dieser Ursache herrühre, indessen aber lassen sich doch daher die übrigen Begebenheiten, welche das Nachtwandeln begleiten, nicht auflösen. So viel ist gewiß, daß eine starcke Einbildungskraft einem Nachtwanderer diejenigen Gegenstände, womit er sich den Tag über beschäftiget, sehr lebhaft wieder im Schlafe vorstellen kan, ja, es können auch in dem Körper solche Bewegungen erfolgen, welche den Einbildungen gemäß sind, alleine wie gehet es zu, daß der Nachtwanderer von allem dem nichts weiß, was er vornimmt, und daß er auch solche Handlungen ohne Schaden verrichtet, [204][2] die er im Wachen nicht ohne Schaden würde unternommen haben? Ich will lieber in diesem Stücke meine Unwissenheit und Ungewißheit bekennen als bloße Muthmassungen und ungegründete Meinungen hiervon anführen ... Indessen erhellet hieraus offenbar, daß die Seele etwas thun könne, ohne, daß sie sich dessen bewust ist.[3] Diesen Satz mögen sich insonderheit diejenigen mechanischen Aertzte wohl mercken, welche behaupten, daß keine Würckung von der Seele herrühren könne, deren sie sich nicht bewust seyn solte.

Quelle: Nicolai, 1751, S. 203f. 1 Um 1800 setzt sich hierfür der Terminus «Somnambulismus» durch, der im Kontext des Mesmerismus entweder einen spontanen «magnetischen» Zustand oder eine durch magnetische Manipulation hervorgerufene Bewußtseinsveränderung («künstlicher Somnambulismus») bezeichnet. 2 In Vorlage falsche Seitenzahl 202, hier von mir korrigiert. 3 Somnambulismus wird vor allem in der «romantischen» Psychologie des frühen 19. Jh.s als «nicht bewußte» Seelentätigkeit und Ausdruck des «Unbewußten» gedeutet.

Katalepsie und Ekstase durch Einbildung

Es giebet eine gewisse Kranckheit, in welcher alle äusserliche Empfindungen und willkürliche Bewegungen aufhören. Sie wird von den Artzneygelehrten Catalepsis genennt, und diejenigen, welche von dieser Kranckheit überfallen werden, behalten diejenige Lage und Positur, die sie vorher gehabt haben. Werden sie in Sitzen oder liegen von dieser Kranckheit überfallen, so bleiben sie sitzen oder liegen. Sind die Augen offen gewesen, so bleiben sie offen, aber sie sehen nichts. Die Glieder lassen sich zwar hin und her biegen und bewegen, wie man nur will, allein sie behalten diejenige Positur und Lage, die man ihnen giebt.[1] Sie sehen, hören und fühlen nichts, und man mag sie rütteln und schütteln und mit ihnen vornehmen, was man will, so kommen sie nicht wider zu sich selbst. Der Puls und das Athemholen dauren indessen beständig fort und, nachdem sie eine Zeitlang in diesen Zustande so geblieben, so kommen sie endlich wieder zu sich selbst. [130] Haben nun diejenigen, welche von dieser Kranckheit befallen werden, eine starcke Einbildungskraft und sind gewohnt ihren Einbildungen starck nachzuhängen, so verfallen sie in eine Entzückung, indem alsdenn alle die Umstände da sind, welche zu einer Entzückung erfordert werden...

Quelle: Nicolai, 1751, S. 128–130. 1 Im Märchen vom Dornröschen (Dornröschen-Schlaf) kommt es zu einem kataleptischen Anfall einer ganzen Schloßgesellschaft. In der jahrmarktmäßig betriebenen Schauhypnose ab dem ausgehenden 19. Jh. fungiert die «kataleptische Brücke» – der steife Körper eines Hypnotisierten wird an Fersen und Nacken auf zwei Stuhllehnen gelegt – als beliebte Demonstration.

Kataleptische Anfälle einer Frau

Eine Frau hiesiges Orts gerieth über eine Sache in einen so heftigen Zorn, und ärgerte sich darüber so starck, daß sie gantz starr und steif wurde, und todt zur Erden niederfiel, wenigstens verlor sie alsdenn den Gebrauch ihrer Sinne. Dieses geschahe des Mittewochens des Abends um 6. Uhr. So ofte nun der Mittewochen und die sechste Stunde des Abends wieder kam, so ofte wurde sie gantz starr und steif, fiel zur Erden nieder und verlor den Gebrauch ihrer Sinne. Das machte, die Einbildungskraft erregte in ihr, wenn der Mittewochen und die sechste Stunde des Abends wiederkam, den vorigen [55] Affect wieder, und daher musten auch die damit verknüpft gewesene Bewegungen im Körper erfolgen.[1]

Quelle, Nicolai, 1751, S. 54f. 1 Dies erinnert an jene typischen «hysterischen» Anfälle, wie sie im ausgehenden 19. Jh. im Kontext des «Hypnotismus» von Charcot bis Freud diskutiert wurden.

Geschlecht

Unterschied der Geschlechter, Herrschaft und Sexualität

In der Kulturgeschichte des Abendlandes erscheint das Männliche als aktive formgebende Schöpferkraft, das Weibliche als passiver fruchtbringender Mutterboden. Gerade in der frühen Neuzeit trat dieser allumfassende Unterschied der Geschlechter unter dem Einfluß von Alchimie, Magie und Naturphilosophie in der Medizin besonders in den Vordergrund. Wurde der Frau im antiken humoralpathologischen Schema die Qualitäten dunkel, feucht und kalt zugeschrieben, so trat sie in der frühen Neuzeit als eine Repräsentantin der irdisch-vergänglichen «Matrix» (Paracelsus) dem himmlisch-ewigen Geist gegenüber. Die Lehre von der natur- bzw. gottgegebenen Minderwertigkeit der Frau zieht sich im Kern ungebrochen durch die gesamte Medizingeschichte, von der antiken Säftelehre bis zur modernen Psychiatrie, welche noch im 20. Jahrhundert über den «physiologischen Schwachsinn des Weibes» (Möbius) stritt. Im 18. Jahrhundert setzte vor allem die Problematik der →*Weiberkrankheiten* diese Traditionslinie fort. Gleichwohl wurde das Verhältnis von Herrschaft und Sexualität neu diskutiert. So wurden Vergewaltigung und sexueller Mißbrauch von Kindern von der →*gerichtlichen Medizin* begutachtet, und die fehlgeleitete Sexualität, vor allem →*Onanie und Hurerei* erschienen als wichtige Krankheitsursachen. Hier werden zunächst einige Texte zum Geschlechterverhältnis zitiert, dessen medizinische Aspekte unter den oben genannten Schlüsselbegriffen im einzelnen beleuchtet werden.

Literatur: Fischer-Homberger, 1983; Fout (Hrsg.), 1992; Geyer-Kordesch/Kuhn, 1986; Leibbrand, 1972.

Rousseau über die Herrschaft des «schwachen Geschlechts»

Wenn das Weib gemacht ist, zu gefallen und überwältigt zu werden; so muß sie sich [11] dem Manne angenehm machen, anstatt ihn herauszufordern: Ihre Gewaltsamkeit liegt in ihren Reizen; durch diese muß sie ihn zwingen, seine Stärke zu finden und ihrer zu gebrauchen. Die sicherste Kunst, diese Stärke zu beleben, ist, sie durch den Widerstand nothwendig zu machen. Alsdann vereinigt sich die Eigenliebe mit der Begierde, und die eine triumphirt über den Sieg, den die andere sie davon tragen läßt. Daher entsteht der Angrif und die Vertheidigung, die Kühnheit des einen Geschlechts und die Furchtsamkeit des andern, kurz die Sittsamkeit und die Scham, womit die Natur die Schwache bewaffnete, um den Starken zu bezwingen.[1] … [16]

Hier ist also eine … Folge aus der Beschaffenheit der Geschlechter; daß das stärkste dem Anscheine nach der Herr sey, in der That aber von dem Schwächern abhänge; und das, nicht zufolge einer eitlen Galanteriegewohnheit, noch vermöge einer stolz großmüthigen Vergünstigung eines Beschützers; sondern vermöge eines unwandelbaren Naturgesetzes, welches, da es der Frau mehr Leichtigkeit giebt, die Begierden zu erwecken, als dem Manne, sie zu befriedigen, diesen also, er mag wollen oder nicht, von dem Belieben des Weibes abhängen läßt, und ihn zwingt, seiner Seits auch zu gefallen zu suchen, damit er ihre Einwilligung erhalte, daß sie ihn den Stärksten sein lasse. Alsdann ist über das, was für den Mann in seinem Siege am süßesten ist, zu zweifeln, ob es Schwachheit [17] sey, die der Stärke weicht, oder ob es der Wille sey, der sich ergiebt; und die gewöhnliche List des Weibes ist, stets diesen Zweifel zwischen sich und ihm obwalten zu lassen. ... sie bereiten sich von weitem Entschuldigungen vor, und mitteln sich das Recht aus, im Nothfalle schwach zu seyn. [Kritische Fußnote des Herausgebers Campe[2]:] So planmäßig listig handelt allenfalls die Buhlerin, nicht das Weib wie es von Natur ist. Dieses schämt sich keinesweges stark zu seyn, wie man an jeder raschen Landdirne und an jeder wackern Hausmutter nach alter Sitte sehen kann. ... [18] Wir wissen aus seinen[3] Bekenntnissen, zu welchen Thorheiten ihn Weiberliebe manchmal verleitete, und welchen Beschämungen er sich aussetzte. Dadurch scheint ein Groll gegen das ganze Geschlecht in seiner Seele entstanden zu seyn, der ihm, ohne daß ers wußte und wollte, an dieser Stelle wie an mehrern die Feder geführt hat.

Quelle: Rousseau, 1791, S. 10–17; Jean-Jacques R. (1712–1778), franz. Philosoph. 1 Diese Dialektik von Herrschaft und Knechtschaft erinnert an Hegels Denkfigur und vor allem an den «nervösen Charakter» nach Alfred Adler, der die Hinterlist der Schwächeren auf deren verborgenes Machtstreben zurückführte, ihren «Minderwertigkeitskomplex». 2 Joachim Heinrich Campe (1746–1818), Vertreter der Aufklärungspädagogik in Deutschland. 3 D.h. Rousseaus.

Ärztliche Begutachtung der Jungfernschaft

Es bestehen diese Zeichen[1] darin, wenn die *labia vaginae*[2] rundlich erhoben, wenn sie zusammenschließend fest und nicht erschlappt sind, wenn die *nymphae*[3] nicht sehr stark herfürstehen, ... wenn das [272] *praeputium clitoridis*[4] nicht zurückgezogen;

wenn die *Vagina* sehr enge, wenn sie sich leicht zusammenziehet und inwendig voller Runzeln ist, und, wenn diese Runzeln von einer besonderen Stärke und Festigkeit sind, wenn das *hymen* mit dem *frenulo* annoch würklich vorhanden, oder an dessen Stelle ein *circulus membranaceus semilunaris*[5] sich vorfindet, oder, wenn ... ein fleischiger papillöser Cirkel die Stelle vertritt, ... welcher beym Hereinbringen des kleinen Fingers, denselben nicht so sehr einzwänget, als bey dem *circulo membranaceo.*

Wenn diese Zeichen sämmtlich vorhanden, so kann man alsdann mit völliger und zuverläßiger Gewißheit behaupten, daß die Person annoch eine reine Jungfer[6] gewesen seyn müßte. ... [274]

Bey dieser anzustellenden Untersuchung ist es aber hauptsächlich nöthig, daß dieselbe durch einen klugen, [275] geschickten und der Sache kundigen Arzt und Accoucheur[7] und zugleich durch eine sehr geschickte und erfahrne Hebamme vorgenommen werde. Man hat hierbey auf die Constitution, auf das Temperament und die Lebensart der Person mit zu sehen, imgleichen, ob die Person durch einen Stoß oder Fall an ihren Geburtheilen schaden gelitten, ob sie mit dem *fluxore albo*[8] oder mit sonstigen Geschwüren an ihren *partibus genitalibus*[9] behaftet; indem auch diese Untersuchung nicht zur Zeit des *fluxus mentrui*[10], sondern in der Mitte dieser Zeit vorgenommen werden müßte.

Quelle: Pyl (Hrsg.), 1783–1793, 7. Samml., S. 272–275; Johann Theodor P. (1749–1794), Berliner Stadtphysikus. 1 Die ärztliche Begutachtung der «Zeichen der Jungfernschaft» spielen in der Medizin der Neuzeit im Bereich des Ehe- und Scheidungsrechts sowie des Strafrechts eine erhebliche Rolle; vgl. u.a. Fischer-Homberger, 1983. 2 Große Schamlippen. 3 Kleine Schamlippen. 4 Haut-Halbschleimhaut-Falte, welche die Klitoris umgibt. 5 Halbkreisförmige (narbige) Haut. 6 D.h. eine Person, welche noch keinen «würklichen *coitum* mit einer Mannsperson celebriret habe» (S. 272). 7 Geburtshelfer. 8 Weißer Ausfluß. 9 Geschlechtsteilen. 10 Menstruation.

Ein Fall vorgeschützter Unfähigkeit zum Beischlaf

*A. C. R****, eine ledige Weibsperson, welche so schon eben nicht im besten Ruf steht, wird schwanger, und gebiehrt ein vollkommenes und gesundes Kind. Zum Vater deselben giebt sie den

*J. C. S***, einen verheyratheten Mann, auch den Ort und die Zeit an, wo und wenn der Beyschlaf geschehen, mit welcher letztern die Geburt harmoniret. Der *S*** gesteht zwar manchmal mit der Klägerin, welche sehr wild gewesen und ihm allenthalben nachgegangen wäre, da sie noch in einem Hause zusammen gedient hätten, geschäkert, auch wohl einige verliebte Manövres mit unter gemacht zu haben, läugnet aber den angeschuldigten Beyschlaf gänzlich und betheuert aufs heiligste, daß er sich nie mit dieser Person fleischlich vermischt habe. [225] ... ob er gleich vordem sehr gut als Mann beschaffen gewesen, auch mit seiner ersten Frau zwey Kinder gezeugt und seine jetzige Frau auch vor sechs Jahren geschwängert habe, so sey er doch seit anderthalb Jahren ... gänzlich zum Beyschlaf untüchtig und habe auch seit der Zeit seiner Frau nicht einmahl beywohnen können, auch besonders Morgens im warmen Bette sein männlich Glied steif werde, sobald er sich aber seiner Frau nähere und es in ihre Theile bringen wolle, so werde es sogleich wieder schlapp ... [227]

Bey der Besichtigung[1] selbst habe ich nichts fehlerhaftes oder sonst etwas besonderes äußerlich an seinen Geschlechtstheilen gefunden, was den *S*** zum Beyschlafe untüchtig machen könnte, vielmehr waren seine äußern Geschlechtstheile in natürlichem gesundem Zustande ... [231]

Da aber eine dergleichen Untauglichkeit zum Beyschlaf ... oft nur relativ und temporaire ist, so geschieht es auch zuweilen, daß schwächliche, nicht sehr lebhafte Männer, welche mit ihren Frauen nicht die angenehmste Ehe führen, entweder aus Abneigung für diese, oder Mangel an gehöriger Aufmunterung und Zärtlichkeit, gar keinen Beyschlaf mit denselben haben vollbringen können, nachher bey andern Weibspersonen, die ihnen entweder reitzender geschienen oder durch mehr Zärtlichkeit und liebreicheres Begegnen besser das halberloschene Feuer und die schwachen Begierden anzufachen, ... ziemlich gut damit fertig geworden sind.[2]

Quelle: Pyl (Hrsg.), 1. Samml., S. 224–231. 1 Des Gliedes. 2 Von Pyl unterzeichnet und auf «Berlin, den 2ten October, 1781» datiert.

Impotenz durch Bezauberung? Eine ärztliche Begutachtung (1784)

Aus den Akten erhellet nun so viel, daß der Bl.., welcher sechs und vierzig Jahr alt ist, sich über seine sieben und funfzigjährige Frau beklaget, daß sie ihm [187] durch eine fremde Weibsperson Nahmens E. T. Br.. mittelst zauberischer Künste, so diese an einem seiner Hemden und einem Paar seiner Strümpfe, welche er nachher anziehen müssen, gemacht, um seine Mannheit gebracht habe, so daß er seit einiger Zeit nicht die geringste wollüstige Empfindung an seinen Zeugungstheilen, keine *erectiones &c.* mehr verspüre, vielmehr sein *penis* ganz wie zusammengeschrumpft und in den Leib herein gegangen wäre.

Die Frau sowohl, als die Br. läugnen dieses gänzlich und es kann nichts weiter erwiesen werden, als daß die verehelichte Bl.. sich von der Br.. Karten legen lassen, um daraus zu ersehen, ob ihr Mann fremden Weibsleuten nachgehe oder nicht ... [188]

Neigung zum Beyschlaf habe er stets viel gehabt, aber zu seiner Frau nicht viel, weil sie so böse und wunderlich sey, deshalb er ihr auch lange her schon nicht mehr beywohnen können, sondern wenn er sich ihr zum Beyschlaf genähert, und sein Glied noch so steif gewesen, so sey ein solcher Wiederwille gegen sie bey ihm entstanden, daß solches sogleich erschlafft sey ... [190]

Ich habe hierauf seine Zeugungstheile untersucht und besichtiget, aber daran nicht den geringsten Fehler, oder sonst etwas gefunden, was ihn zum Beyschlaf untüchtig machen könnte, vielmehr ist alles bey ihm in so gutem Stande, daß daher an seiner Tüchtigkeit zum Beyschlaf gar kein Zweifel ist. ... [193]

Hätte er mit einem jüngern Frauenzimmer zu thun, das seine Begierden mehr erregen, seinen Wünschen liebreicher zuvor zu kommen und ihm besser zu begegnen wüste und wollte, er würde gewiß schon Vergnügen verspüren, gewiß nicht *ante consummatum coitum*[1] unverrichteter [194] Sachen abziehen müssen.[2]

Quelle: Pyl, 1783–1793, 3. Samml., S. 186–194. 1 Vor genossenem Beischlaf. 2 Dieser Bericht ist von Pyl selbst unterzeichnet und auf den

16. Februar 1784 datiert. Der Arzt erklärt diesen Fall von magischem Aberglauben mit einer sozialpsychologischen Argumentation. Die Theorie der (psychologisch verstandenen) «Einbildungskraft» spielt in der Medizin der Aufklärung bei der Entzauberung naturphilosophisch-magischer Konzepte eine große Rolle, wie das Beispiel des →*animalischen Magnetismus* zeigt – analog zur Theorie der «Suggestion» im ausgehenden 19. Jahrhundert.

Physisches Wohl durch den Ehestand

1. Der Ehestand ist das einzige Mittel, um dem Geschlechtstrieb Ordnung und Bestimmung zu geben. Er schützt eben so sehr für[1] schwächender Verschwendung, als für unnatürlicher und kältender Zurückhaltung. ... [541]

2. Er mässigt und regulirt den Genuss. Eben das, was den Wollüstling [542] vom Ehestand abschreckt, das Einerley, ist sehr heilsam und nothwendig; denn es verhütet die durch ewige Abwechselung der Gegenstände immer erneuerte und desto schwächendere Reizung. ...

3. Die Erfahrung sagt uns: *Alle, die ein ausgezeichnet hohes Alter erreichten, waren verheyrathet.*

4. Der Ehestand gewährt die reinste, gleichförmigste, am wenigsten aufreibende Freude, *die häusliche.* Sie ist zuverlässig diejenige, die der physischen und moralischen Gesundheit am angemessensten ist, und das Gemüth am gewissesten in jenem glücklichen Mittelton erhalten kann, der zur Verlängerung des Lebens der vortheilhafteste ist.[2]

Quelle: Hufeland, 1797b, S. 541–542. 1 Vor. 2 Sexualität wird von Hufeland in traditioneller Perspektive als diätetisches Problem der mittelmäßigen harmonischen Lebensführung begriffen, eingekleidet in die bürgerliche Moral um 1800.

Vergewaltigung in der Ehe ärztlich begutachtet (1784)

Klägerin E. S. gebohrne G*. ist eine untersetzte Person, eher klein als groß zu nennen, wenn sie gleich eine lange Zeit krank gewesen seyn will, so kann man doch nicht sagen, daß sie schwächlich aussähe, obgleich sie an Stärke und Kräften dem Manne lange nicht gleich kommt. Sie sagte auf Befragen: sie sey ohngefähr dreissig Jahr alt, seit sieben Jahren mit dem Beklagten verheirathet und seine dritte Frau; dessen zweyte Frau sey ihre ältere Schwester gewesen. Die Ursache, weshalb sie gegen ihren Mann [habe] klagbar werden müsssen, sey unter andern die, daß sie von seiner viehischen Geilheit gar zu viel an ihrer Gesundheit leiden müssen; ... daß seine Begierden zum Beyschlaf unersättlich und seine Art sie zu befriedigen wiedernatürlich und so wie seine Zeugungstheile von der Art wären, daß sie ihr jedesmahl die heftigsten Schmer[142]zen und übelsten Empfindungen verursachten. Jedesmahl, wenn er ihr beygewohnet, welches in den letzten Jahren täglich zwey, oder auch wohl drey und mehrere Mahle gewöhnlich in allerhand Stellungen geschehen, habe sie so während, als nach dem Beyschlaf, ein Schringen in ihren Geburtstheilen[1], einen heftigen drückenden Schmerz nach hinten zu in der Tiefe, und so eine Empfindung im Leibe verspüret, als ob ihr das Herz heraus springen wolle; sie sey dabey oft ganz wund und verschwollen gewesen, wie solches ein beygebrachtes Attest einer Hebamme aus Oranienburg bekunden würde; sie habe dann weder sitzen noch liegen, weder stehen noch gehen können, ohne immer die grösten Schmerzen zu erleiden ... [145]

Wie ... aus der bey der Besichtigung gefundenen Beschaffenheit beiderseitiger Geschlechtstheile, als ihres übrigen körperlichen Verhältnisses gegen einander erhellet, so ist würklich fast eine zu grosse Disproportion unter ihnen, und also sehr wahrscheinlich, daß würklich die Frau während dem Beyschlafe wegen zu grosser Länge des männlichen Gliedes und der impetuösen Wuht, mit welcher der Man solchen mit ihr vorgenommen, statt Wollust, Schmerzen und die von ihr angeführten Zufälle[2] empfunden und erlitten habe, und also sehr zu befürchten, daß, wenn dieser fernerhin sein viehisches Wesen fortsetzen und sie so oft und auf die forcirte Art zum Beyschlaf [146] brauchen würde, sehr leicht schlimmere Zufälle entstehen und ihre Gesundheit dadurch sehr ruiniret werden könnte. Denn ... von dem zu heftigen Anstossen eines zu langen und starken *penis* an das *orificium uteri*[3] [können] die gefährlichen Zufälle, epileptische Zukkungen, Entzündungen und Blutflüsse entstehen.

Quelle: Pyl, 1783–1793, 3. Samml., S. 141–145. 1 Stechen in den Geschlechtsteilen. 2 Beschwerden, Krankheitssymptome. 3 Muttermund.

Ärztliche Begutachtung des sexuellen Mißbrauchs eines Mädchens (1782)

Um uns zu belehren, ob an diesem gemißhandelten Kinde[1] ein wirkliches *Stuprum*[2] verübet worden, sagte die Mutter, nachdem sie die Tochter über dasjenige, was sie nicht selbst wußte, befragte, auf die vorgelegte Fragen aus: daß sie ihr Kind bey dem Schulhalter M.S** in der Schule gehabt, da dieser selbiges gemishandelt, indem er dem Kinde die Geburtstheile nicht allein betastet, sondern auch den Finger selbst in das Geburtsgliede[3] gesteckt, das männliche [136] Glied habe er aber nicht in des Kindes Geburt gebracht, sondern habe ihre selbiges nur in die Hand gegeben, und wäre auch nach der Johanna Aussage ihr Hemde ganz naß gewesen, wo er vermuthlich dechargiret[4] haben möchte. Wenn er mit dem Finger zu dem Kinde gegriffen, habe es dem Kinde wehe gethan, das Geburtsglied wäre dem Kinde, wenn er die Finger hineingesteckt habe, niemals blutig oder naß gewesen ... Sie, als Mutter, habe bemerkt, daß ihr Kind durch diese Zeit, als sie so gemishandelt worden, immer schlecht ausgesehen, vom Fleische gefallen und sich ganz abgezehrt hätte, ohne zu wissen, wo es herkäme. Wir[5] nahmen hierauf die Besichtigung der äußern Geburtstheile dieser Johanna S** vor und fanden

1) die Schaamlefzen[6] gut an einander passend und die Schaam völlig geschlossen.
2) Die Wasserlefzen[7] in ihrer gehörigen Form, Farbe und nicht schlaff.
3) Das *orificium vaginae* enge.
4) Das *hymen* oder Jungfernhäutchen war nicht vorhanden. [137]
5) Die myrthenförmigen Karunkeln waren da ... [139].

Aus dieser geschehenen Besichtigung erhellet, daß ... diesen Kindern[8] nicht allzugroße Gewalt an ein ihren Geburtstheilen wiederfahren, obschon

a) kein hymen oder Jungfernhäutchen zugegen, und

b) dagegen die myrthenförmigen Karunkeln gegenwärtig waren, so findet man dieses *hymen* oder Jungfernhäutchen bey wenig (?)[9] unverheiratheten Personen weiblichen Geschlechts, und können die Schmerzen, welche diese Kinder während dieser Zeit sowohl, als auch nachhher empfunden [140], nur durch Ausdehnung, welche durch den eingebrachten Finger entstanden, hergerühret haben, zumal, da diese gemishandelte Kinder niemals etwas verspüret, daß das Geburtsglied blutig oder naß gewesen.[10]

Quelle: Pyl, 1783–1793, 6. Samml., S. 135–140. 1 Es handelt sich um eine Johanna, die 9jährige Tochter eines Sattlermeisters. 2 Notzucht, Schändung. 3 «Geburtsglied» und «Geburt» bedeuten in diesem Kontext Vagina. 4 Ejakuliert. 5 Die beiden Unterzeichner des Berichtes sind der Kreisphysikus C. H. Petsch und der «chirurgus juratus» M. La-Rose aus Gröbning. 6 Lefze: altes oberdeutsches Wort für Lippe. 7 Kleine Schamlippen. 8 Es wurde zuvor noch ein weiterer Fall von sexuellem Mißbrauch durch denselben Schulmeister an einem elfjährigen Mädchen geschildert. 9 So im Original. 10 Datiert auf den 28. August 1782.

Rasse

Menschenrassen zwischen Europäern und Affen

Der Begriff *Race* in der französischen Schreibweise des 18. Jahrhunderts tauchte erst in der Neuzeit auf. Er bedeutete im 17. Jahrhundert allgemein «Geschlecht, Abstammung, Gattung, Art». Etymologisch ist er wahrscheinlich aus lat. *ratio* (Berechnung, Vernunft) und ital. *razza* (Geschlecht) abzuleiten. Unter dem Eindruck der reichhaltigen ethnologischen Materialien, welche Naturforscher auf ihren Entdeckungsreisen sammelten, wurde die Unterscheidung der Menschenrassen zunehmend zu einer wissenschaftlichen Frage der physischen Anthropologie. Obwohl zunächst die objektive Klassifizierung des Menschengeschlechts – nach dem Paradigma von Linné – als naturwissenschaftlich-deskriptive Aufgabe im Vordergrund stand, zeigte sich von Anfang an, daß es zugleich um eine Bewertung, eine naturkundliche Einordnung der Rassen ging – zwischen dem Gipfel, auf dem der Europäer («europäischer Held») stand, und der Talsohle, in welcher der Affe («Tiermensch») vegetierte. Dabei schienen anatomische Merkmale der betreffenden Rasse zugleich deren Kulturfähigkeit und Moralität auszudrücken und somit die Herrschaft des «gebildeten» über den «rohen Menschen» zu legitimieren. Bereits gegen Ende des 18. Jahrhunderts wird das Verhältnis von Gehirngröße und Intelligenz oder die «Gesichtslinie» als Rassenfrage diskutiert. Für die spätere Gallsche Schädellehre mit ihrem differenzierten Versuch einer Lokalisation seelischer Anlagen auf der Hirnoberfläche stand die Rassenfrage ursprünglich nicht im Vordergrund (siehe →*Seelenorgan*). Mit dem Aufblühen von Nationalismus und Imperialismus im 19. Jahrhundert wurde «Rasse» zunehmend mit «Volk» gleichgesetzt und zum Gegenstand der später so unheilvollen «Rassenhygiene».

Literatur: Hannaford, 1996; Mann/Dumont, 1990.

Zur «Unzucht» indianischer bzw. afrikanischer Männer

Nun ist bekannt, daß die Indianer eine gar unmäßige und rechte viehische Wollust besitzen mithin kann es nicht anders seyn, als daß dadurch dieses Uebel[1] immer weiter fortgepflantzet werde. Denn die Manns-Leute scheuen sich daselbst nicht auch mit denenjenigen Weibs-Personen ihre Unzucht zu treiben, welche eben die monathliche Reinigung haben ... [34]

In Africa wird die Unzucht noch ärger und ohne Unterscheid [sic!] getrieben, niemand hat daselbst sein Ehe-Weib, und denen Kindern die gezeuget werden, wird der Vater nach der Aehnlichkeit zuerkannt; wo aber eine Eheverbindung ist da muß die Braut die erste Nacht einem jedweden beyschlaffen [sic!] lassen, der nur Geschencke bringt. Also werden die Weibs-Personen durch den unreinen Saamen derer Männer, diese hingegen durch das mit einer grossen Unreinigkeit, und Schärffe versehene Geblüth, welches durch die monathliche Reinigung weggehet, unrein gemacht und angestecket.[2]

Quelle: Schaarschmidt, 1750, S. 33f.; Samuel S. (1709–1747), Chirurg, ab 1736 Professor am Berliner «Collegium medico-chirurgicum». 1 Gemeint ist die Syphilis. 2 «Viehische Wollust» und Unzuchttreiben erscheinen als typische und biologisch verankerte Verhaltensweisen der «Wilden», die sich als Stereotypien des Rassismus bis ins 20. Jh. hinein erhalten haben.

Zum Unterschied von Mensch und Affe

Zwar mögten[1] viele glauben, der Unterschied des Menschen und Affen sey wie Tag und Nacht. Allein laßt sie eine Vergleichung zwischen dem größten Europäischen Helden, und dem Hottentotten auf dem Vorgebürge der guten Hofnung anstellen: so werden sie eben so schwer zu überreden seyn, daß beyde von einerley Ursprung sind; oder wenn sie eine geputzte artige Hofdame mit einem im Wald sich selbst überlassenen Menschen vergleiche: so werden sie kaum absehen können, daß jene und dieser zu einerley Gattung gehören. Der rohe Mensch, der keine Erziehung erhalten hat, macht mit dem gebildeten Menschen in seinen Sitten einen größeren Abstand, als der Holzapfel mit seinen Stacheln und herben Früchten, von dem Obstbaum, der umgraben im Garten anmuthsvoll grünet.[2]

Quelle: Linné, 1776, S. 58; Carl von L. (1707–1778), schwedischer Arzt und Naturforscher, Begründer der modernen biologischen Systematik, insbesondere der botanischen Klassifikation. 1 Möchten. 2 Linné deutet hier den gemeinsamen Ursprung der Menschenrassen an, trotz aller ins Auge fallenden Unterschiede zwischen dem «rohen» und dem «gebildeten Menschen».

Beispiel eines «Thiermenschen»

Dieser Pygmäe[1] weichet etwas weit von uns ab. *Edward*[2] hat ... ein sauberes Gemählde von ihm geliefert, welches von einem Pygmäe, der in dem *Sloanischen* Kabinet[3] zu London zu sehen ist, gezeichnet worden, und von welchem *D. Edward* dem Ritter *Linné* ein Exemplar geschenkt hat. Dieser Londnische Pygmäe war noch in den Jünglingsjahren und nur 5 Spannen hoch. Seine Hinderbacken sind nicht kahl; oder vielmehr so, wie bey andern Affen gestaltet. Auch hat er einen runden Kopf, wie der Mensch, und eine plattgedrückte Nase, nach Art der Hottentotten. Die Haare auf dem Haupt über dem Scheitel stehen nach der Stirne zu, und ragen also vorwärts vor den Ohren hervor. ... Durchaus ist dieser Affe von rothbrauner Farbe, wie ein wohlgebrannter Ziegel, und wohnt in Africa, ohne daß uns seine Lebensart und Gewohnheiten im geringsten bekannt sind. Aus seinem [sic!] hinderen Händen oder seinen Beinen, welche mit den unsrigen viele Aehnlichkeit haben, erhellet, daß er mehr mit dem Affen, als mit uns übereinkomme.

Quelle: Linné, 1776, S. 62 (zu Abb. 2. Tafel, 4. Figur) 1 «Pygmäen» sind seit der griechischen Antike (Homer) Gegenstand zahlreicher Darstellungen in Literatur und Kunst. Als Zwergenvolk spielen sie eine bedeutende Rolle in Fabeln und Märchen. Noch Paracelsus ordnet sie – zusammen mit «Sylphen», «Gnomen» und «Bergmännlein» – den «Erdgeistern» (*spiritus terrae*, einer Hauptgruppe der Elementargeister) zu. 2 Es handelt sich hier wahrscheinlich um George Edwards [!] (1694–1773), den Bibliothekar des Royal College of Physicians. 3 Gemeint ist das Naturalienkabinett von Sir Hans Sloane (1660–1753), einem berühmten Arzt und Naturforscher, Fellow des Royal College of Physicians, ab 1727 als Nachfolger von Isaac Newton Präsident der Royal Society.

Blumenbachs Einteilung der Menschenrassen

Es gibt nur *eine Gattung* im Menschengeschlecht; und die Menschen aller Zeiten und aller Himmelsstriche können von Adam abstammen. Die Verschiedenheiten in Bildung und Farbe des menschlichen Körpers werden blos durch Clima, Nahrung, Lebensart u. s. w. bewirkt, da der Mensch kein Privilegium hat, warum er nicht auch, wie jeder andere organisirte Körper, ... wie eine Taube oder wie eine Tulpe, ausarten[1] sollte? So brennt die Sonnenhitze die Mohren schwarz, und macht sie kraushaarigt; so wie hingegen die Kälte in Nordischen Zonen weisse Farbe und kleine Statur hervorbringt. Alle diese Verschiedenheiten fliessen aber so unvermerkt zusammen, daß sich keine andre als sehr willkührliche Grenzen zwischen ihnen fest setzen lassen; doch haben wir das ganze Menschengeschlecht am füglichsten unter folgende fünf Varietäten zu bringen geglaubt; [60]

1. Die ursprüngliche und größte Raçe[2] begreift erstens *alle Europäer*, die Lappen mit eingeschlossen ... , sodann die *Asiaten*, die *disseits des Obi*[3], *des Caspischen Mehres, des Gebürges Imaus*[4] *und des Ganges* wohnen: ferner die *Nordafrikaner*, und endlich die *Grönländer* und *Eskimos*, die gar sehr von den übrigen Amerikanern verschieden sind, und wahrscheinlich auch von den Finnen abstammen. Alle diese Völker sind mehrentheils von *weisser Farbe*, und nach unsern Begriffen von Schönheit die best gebildetsten Menschen.[5]

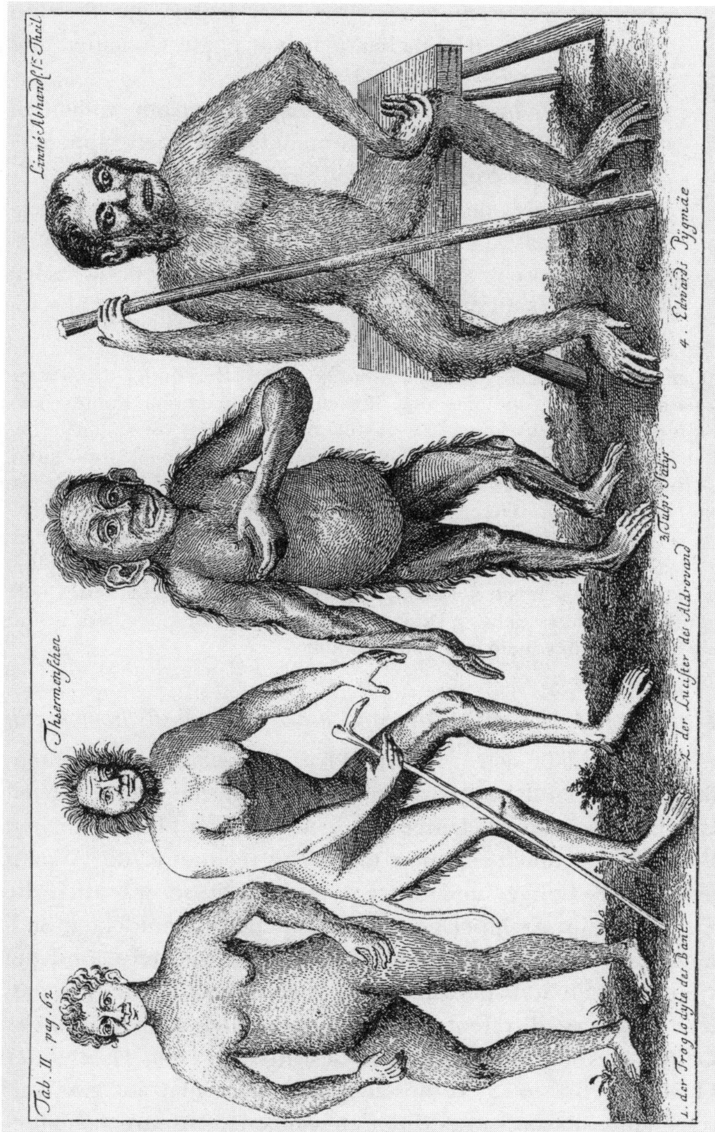

3. *«Thiermenschen»*
Linné, 1776, Tab. II

2. *Die übrigen Asiaten*, jenseits des Obi, Ganges etc. Sie sind meist *gelbbraun*, dünnbehaart, haben platte Gesichter und kleine Augen.
3. *Die übrigen Afrikaner*: von *schwarzer* Farbe, mit wollichten [sic!] Haar, stumpfen Nasen und aufgeworfenen Lippen.
4. *Die übrigen Amerikaner*: von *kupferrother* Farbe.
5. *Die Südländer* oder Australasiaten und Polynesen des fünften Welttheils; dazu man auch wol die Bewohner der Sundaischen Inseln, der Molukken, Philippinen u.s.w. zälen könnte. Sie sind meist *schwarz-braun*, breitnasicht, und stark behaart.

Quelle: Blumenbach, 1782, S. 59–60; B. gilt als Begründer der wissenschaftlichen Anthropologie und Rassenlehre. In diesem Kontext verweist er «Thiermenschen», «Zwergvölker» und andere Gestalten in das Reich der Fabeln und zeigt, daß z.B. «weiße Mohren» keine eigene Gattung (Rasse) darstellen und eher in die Pathologie als in die Naturgeschichte gehören. 1 «Ausarten» ist hier nicht als «degenerieren» zu verstehen, sondern eher als «sich anpassen» zu übersetzen. 2 Im 18. und 19. Jh. übliche französische Schreibweise. 3 Sibirischer Fluß. 4 Gebirge, das sich von der Nähe des Kaspischen Meeres bis zum Quellgebiet des Ganges zieht. 5 Deskription und Bewertung der Rassen sind auch hier kaum voneinander zu trennen.

Haller beruft sich auf Blumenbach bei Vaterschaftsproblematik

Ueberhaupt läßt sich ... Herrn Prof. *Blumenbach* beipflichten, der vier wesentliche Abänderungen im ganzen menschlichen Geschlecht annimmt. Unter die erste bringt er alle nördlichen Völker des Erdbodens; unter die zweite rechnet er die Asiaten jenseits des Ganges und unter dem Amurflusse, wie auch die Einwohner im Archipelagus, und die neuerlich entdekten Südländer; die dritte Classe füllt er mit den Africanern, und die vierte mit den Südamericanern aus. Bei diesen vier Menschenarten finden sich offenbar Verschiedenheiten der Haut, der Gestalt des Hirnschädels, der Gesichtszüge, der Haare, der Füsse, der Brüste ... Vermischen sich Menschen aus zwei verschiedenen Racen von den vier angegebenen, so wird sich allerdings, aus der Näherung der Aehnlichkeit an die unterscheidenden Charactere von einer dieser vier Menschenarten, rükwärts auf den Vater des Kindes schliessen lassen, und z. E. eine

Europäerin ihren europäischen Mann nicht bereden können, der Vater von einem Kinde zu seyn, welches die Spuren eines mit einem Asiaten, Africaner, u. d. gl.[1] begangenen Ehebruchs an sich trägt.

Quelle: Haller, 1782, S. 85. 1 Und dergleichen.

Der menschliche Schädel und seine Rassenmerkmale

Der Menschenschedel unterscheidet sich von aller andern Thiere ihren[1] durch eine doppelte Verschiedenheit, *erstens* nemlich durch den ausnehmend großen Umfang seiner Hirnschaale in Verhältnis gegen die Gesichtsknochen: und *zweytens* durch seine ziemlich senkrechte Gesichtslinie.

Das *Verhältnis* der Hirnschaale zu den Gesichtsknochen ist zwar nach Verschiedenheit des Alters und der Menschenraçen relativ: bey Kindern z.B. größer als bey Erwachsnen; bey Negern etwas kleiner als bey Europäern: doch durchgehends auffallend größer als bey irgend einer andern, auch noch so menschenä[h]nlichen Thiergattung.[2]

Auch in der Richtung der *Gesichtslinie* her[r]scht zwar, nach den scharfsinnigen Untersuchungen des Hern. Prof. Camper[3] viele Nationalverschiedenheit[4], vom Griechischen Profil bis zu der oben ... beschriebenen Negerbildung: – dennoch bleibt immer zwischen dieser letztern und dem Profil der Affen und andrer Thiere ein äußerst auffallender Abstand, der besonders in dem Mangel des *ossis intermaxiallaris* seinen Grund hat...

Quelle: Blumenbach, 1786, S. 94. 1 D.h. vom Schädel aller andern Tiere. 2 In einer Fußnote wird auf den «Orang-utang» verwiesen. 3 Siehe Text weiter unten in diesem Kapitel. 4 «National» bezeichnet hier sowohl die ethnische als auch kulturelle und politische Zusammengehörigkeit eines Volksstammes (lat. *natio*), wie es im medizinischen Diskurs um 1800 bei den Ausdrücken «Nationalcharakter», «Nationalschedel» (Gall) u.s.w. zum Ausdruck kommt. 5 Der Zwischenkieferknochen des Menschen war kurz zuvor von Goethe entdeckt worden (1784).

Über Europäer, Neger und Affen: Soemmerrings Arbeitshypothese

Wir Europäer scheinen beynah in allen Welttheilen und schon von sehr langen Zeiten her, ein zwar nicht öffentlich anerkanntes, desto mehr aber fast bis zur Kränkung der Menschheit in der Anwendung ausgedehntes, Vorrecht über die Negern [sic!] zu besitzen. ... [4]

Praktische Vorurtheile, die so allgemein im gemeinen Leben ausgebreitet sind, pflegen gewöhnlich doch einiges wahre und gegründete zur Stütze zu haben.[1] ... [5]

Wie wärs, wenn sich anatomisch darthun ließe, daß die Mohren weit näher als wir Europäer ans Affen-Geschlecht gränzen? und daß es nicht eingebildeter Stolz ist, der uns oft zu weit über die Mohren erhebt, sondern daß dasjenige worin wir Europäer unter einander selbst uns nachstehen, und warum wir Einigen aus uns Vorzüge willig einräumen, ich meyne, die auszeichnenden Organe des Verstandes, die unsern Abstand von den Thieren verursachen, den Mohren etwas hinter uns zurücklassen.[2]

Quelle: Soemmerring, 1784, S. 3–5. 1 Interessanterweise werden Vorurteile als Hinweis auf eine mögliche Wahrheit (bezüglich der rassischen Minderwertigkeit der Neger) ins Feld geführt. 2 Hier wird eine Stufenleiter konstruiert, die eine Höherentwicklung vom Affen bis zum Europäer impliziert.

Die «platte» Nase der Neger

Wenn man auch nicht läugnet, daß die Mohren nach ihren Begriffen von Schönheit, die Eindrückung der Nase an Säuglingen vornehmen ... so folgt doch deswegen gar nicht, daß diese Gewaltthätigkeit in allen Fällen Schuld an der platten Nase sey. ... Hr. *Camper*[1], mein großer Lehrer und gütigster Freund, untersuchte schon vor vielen Jahren in gleicher Absicht die Veränderungen an Mohrenköpfen, die das angebliche Eindrücken der Nasen verursachen sollte. Ob er nun gleich nichts besonderes an den Nasenknochen fand, so [8] lehrte ihn doch Vergleichung mit Schädeln anderer Menschen-Gattungen[2] verschiedene wichtige Sätze, und so auch die Wahrheit, daß die Nase, wenn alle Umstände sonst gleich blieben, flach, breit, stumpf, und weniger hervorragend werden muß, sobald die Kinnladen vorrücken. ... [9]

Wenn die Mohren durch Nase und Augen den Affen näher treten, so unterscheiden sie sich doch leicht von ihnen, durch ihre Lippen, ob sie gleich lang, groß, aufgeworfen, wülstig, dick und mehr bläulich als schmutzig [10] rosenfarben sind; denn der Mund der Affen hat keine Lippen, selbst der Orang Utang nicht, ob er gleich verschiedentlich mit Lippen abgebildet ist.

Quelle: Soemmerring, 1784, S.7–10. 1 Siehe den betreffenden Text weiter unten in diesem Kapitel. 2 Synonym von «Menschenrassen».

Kleinerer Hirnschädel der Neger

Schon der erste Blick verräth, auch dem Auge des Nichtkenners, daß der Theil des Mohren-Schädels der die gehirnfassende Höle bildet, im Vergleich mit dem der dem Gesichte und den äusseren Sinnen bestimmt scheinet, kleiner als irgend bey einem Europäer ist. ... Sollte man die Gesichtsknochen des Mohrens [sic!] als eine Basis annehmen, und auf ihnen nach dem Verhältniß europäischer Köpfe die knöcherne Schaale fürs Gehirn bilden, so würde zuverläßig der Raum der den Organen der Denkungskraft gewiedmet ist, grösser, als unter uns gewöhnlich, ausfallen.[1] ... [15]

Ich maß verschiedene Mohren- und fast alle meine Europäerschädel, um die Größe der Gehirnhölen zu vergleichen, und fand am Mohren ... [16] Die hauptsächlichsten Knochen aus denen die Gehirnhöle zusammengesetzt ist, haben, einzeln betrachtet, einen kleinern Umfang, das Stirn- Seiten- Hinterhaupts- und Keilbein sind augenscheinlich kleiner, wenn auch die Felsenknochen und das Siebbein größer scheinen sollten. [Es] Schien mir die Substanz der Hirnschaale fester, dichter, spröder und beynahe der von gemeinen Thieren ähnlicher.

Quelle: Soemmerring, 1784, S. 11–16. 1 Weil der Gesichtsschädel von Negern wegen deren «thierischer Kraft» – z.B. zur Zermalmung der Nahrung – größer sei als bei der «Klasse von Menschen» mit «Kultur und Verstand» (l.c., S. 11).

Gehirnfarbe der Neger ist nicht schwärzer als beim Europäer

Zwey der berühmtesten Anatomen, die jemals Berlin und unser Jahrhundert gesehen hat, Hr. *Meckel*[1] und *Walter*[2], widersprechen sich in ihren Beobachtungen über die Gehirnfarbe der Mohren. Hr. *Meckel* glaubte es seye dunkler an Farbe, besonders der markige Theil, und leitet sogar aus dieser besondern Beschaffenheit des Gehirns, selbst die verschiedene Farbe der Haut her, *Walter* und andere sahen nichts gleiches. Ich ward also überaus neugierig zu erfahren, welcher von beyden Recht hatte. Mit Sorgfalt zerlegte ich drey ganz frische Mohrengehirne, sah aber nicht den mindesten Unterschied in der [19] Farbe; weder im grauen noch markigen Theile zwischen einem Europäer und Mohren.

Weit entfernt es tiefer gefärbt zu finden, scheinet es mir vielmehr blässer. Hr. *Walter* hält jedoch die Farbe des grauen Theils für etwas weniges dunkler. Ich kann nicht sagen, daß er mir dunkler als in manchem Europäer geschienen hätte.

Quelle: Soemmerring, 1784, S. 18f. 1 Johann Friedrich Meckel (1724 bis 1774), berühmter Anatom und Schüler Albrecht von Hallers, ab 1751 Professor in Berlin. 2 Johann Gottlieb Walter (1734–1818), Schüler von J.F. Meckel, Begründer einer bedeutenden anatomischen Sammlung.

Soemmerring: Neger grenzen «doch in etwas näher ans Affengeschlecht»

Aus allem angeführten zusammengenommen scheint nun der Schluß nicht unbillig noch ungegründet. Daß im allgemeinen, im Durchschnitt, die afrikanischen Mohren doch in etwas näher ans Affengeschlecht, als die Europäer gränzen. Sie bleiben aber drum dennoch Menschen, und über jene Klasse wahrer vierfüßiger Thiere gar sehr erhaben, gar sehr auffallend von ihnen unterschieden und abgesondert. Auch unter den Schwarzen giebts einige, die ihren weißen Brüdern näher treten, und manche aus ihnen sogar an Verstande übertreffen. Doch durch welche Mittelgattung von Menschen die Negern in den Europäer allmählich übergehen, und ob es nicht andre Nationen[1] giebt, die noch thierischer als sie sind, würde mich jezt zu weit führen, da ich blos vom Mohren sprechen wollte.

Quelle: Soemmerring, 1784, S. 32. 1 Hier ein Synonym für Menschenrassen.

Campers «Gesichtslinie» bei Europäern, Negern und Affen

Zu *Oxford* zeichnete ich im Jahre 1786 den Schedel eines *Otaheitiers*[1] ab, welchen Capitain *King*[2] mitgebracht hat; bis itzt aber habe ich noch keinen Kopf eines eigentlichen *Amerikaners* erhalten können; auch nicht den eines *Englischen Amerikaners*, welche doch etwas Auszeichnendes haben, wie mir der berühmte Maler *West* erzählte, der, da er selbst in Pensylvanien geboren ist, dies besser [XV] beurtheilen konnte. Ihr Gesicht ist nämlich lang und schmal, die Augenhöhle liegt nahe ums Auge, so dass ihre obern Augenlieder nicht diejenige Grösse haben, welche dem Gesichte der meisten Europäischen Nationen so viel Gefallendes giebt.

Als ich zu dem *Negerkopfe* den Kopf eines *Kalmukken*[3] erhielt, diese beiden mit einem *Europäischen* verglich, und einen *Affenkopf* daneben stellte, sah ich, dass eine von der Stirn zur Oberlippe gezogene Linie den Unterschied zwischen den Gesichtern dieser Nationen angab und die Übereinkunft des *Negers* mit den *Affen* deutlich machte. Ich reihete einige dieser Gesichter auf eine Horizontallinie, und zog die Gesichtslinie unter verschiedenen Winkeln dazu. Liess ich nun die Gesichtslinie vorwärts herüber fallen, so erhielt ich ein antikes Gesicht; liess ich sie hinterwärts fallen, ein Negergesicht; neigte sie sich noch mehr zurück, so gab diese Linie einen Affen, einen Hund, eine Schnepfe.

Quelle: Camper, 1792, S.XIV f.; Petrus C. (1722–1789), sehr berühmter niederländischer Anatom, ab 1755 Professor in Amsterdam. 1 Begriff nicht zu identifizieren; möglicherweise ist hiermit ein Einwohner von Otavi (Ort in Südwestafrika) gemeint. 2 Nicht zu identifizieren. 3 Kalmücken: westmongolisches Volk auf dem Gebiet der ehemaligen UdSSR.

Affen, Neger und Kalmücken im Vergleich

Wahrscheinlich wird man sich wundern, auf der ersten Tafel zwei Gesichter von *Affen*, dann den Schedel eines *Negers*, und zuletzt den eines *Kalmukken* geordnet zu finden. Die bewundernswürdige Gleichheit zwischen den Affen und den schwarzen Menschen, besonders wenn man beide flüchtig ansieht, hat einige Philosophen zum Äussersten verleitet, nämlich zu der Behauptung: es sey nicht unmöglich, dass eine Vermischung zwischen Weissen Menschen und Orang-Utangs oder Pongos statt gefunden habe, aus welcher die Mohren ursprünglich herkämen; auch wohl, dass diese Ungeheuer[1] allmählich durch Erziehung verbessert, und endlich Menschen geworden seyn könnten. ... ich ... führe hier nur als erwiesen an, dass die Affen vom grössesten bis zum kleinsten wahre vierfüssige Thiere, schlechterdings nicht zum Aufrechtgehen geschickt und wegen des Baues ihrer Kehle zum Sprechen unfähig sind ... [18]

Die erste Figur der ersten Tafel zeigt das genaue Profil eines geschwänzten Affen ... zur Hälfte verkleinert. ... [19] Die zweite Figur ... stellt den kleinen Orang Utang zu einem Viertel verkleinert vor ... Die hohe Stirn giebt diesem Thiere etwas mehr Menschliches; die Augenhöhlen stehen weiter offen, wodurch die Augen selbst sich angenehmer zeigen. ... [20] Der Schedel des jungen Negers in der dritten Figur ... verräth sogleich eine menschliche Gestalt. ... Den Körper dieses Jungen zergliederte ich zu Amsterdam im Jahr 1758.[2] ... Die vierte Figur ... zeigt den Schedel eines Kalmukken. Die Zähne und den Unterkiefer, welche fehlten, habe ich [21] verhältnissmässig nach dem Kopfe des bejahrten Negers, den ich zergliedert hatte, ersetzt.

Quelle: Camper, 1792; Legende S. 16–21. 1 Im Begriff «Ungeheuer» schwingt die noch in der frühen Neuzeit höchst populäre Lehre von den «Monstren» (von lat. *monstrum*) mit, welche in sich religiöse, pathologische und sozialpsychologische Momente vereinte (vgl. oben, S. 30). 2 Camper war an der Universität in Amsterdam von 1755 bis 1761 als (vergleichender) Anatom tätig.

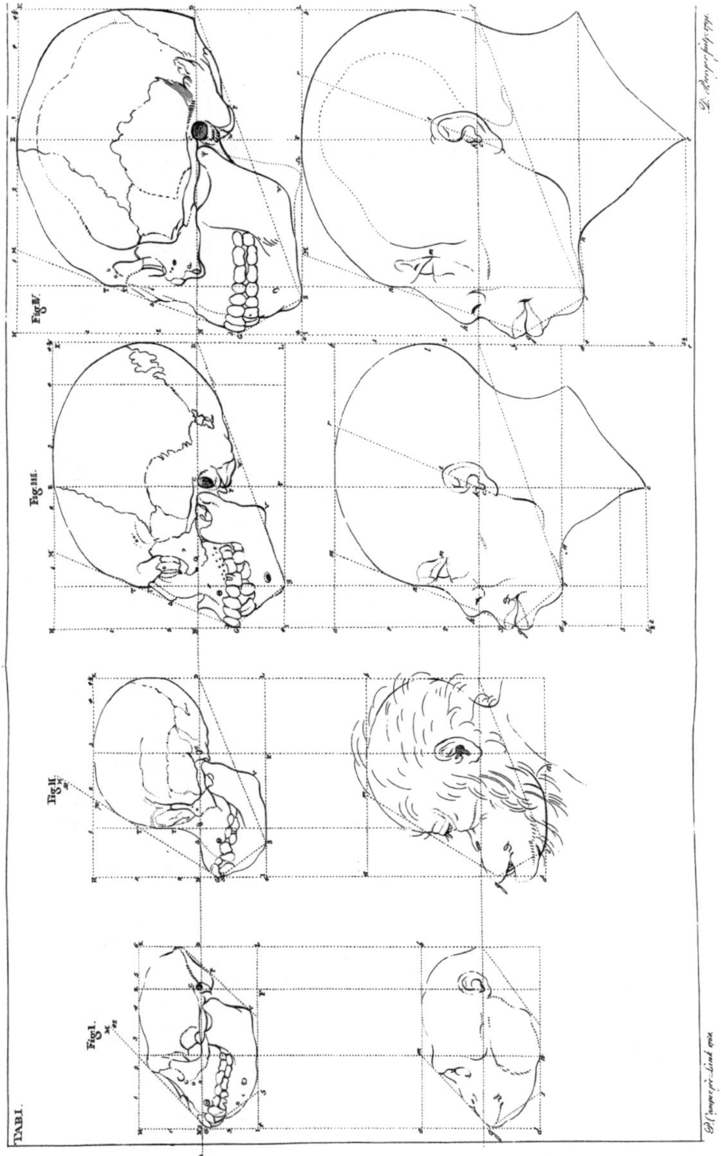

4. *«Gesichtslinie» beim Affen, Neger und Kalmücken*
Camper, 1792, Tab. I

Zweiter Teil
Fortschritte der Naturforschung

Anatomie

Aspekte der Zergliederungskunst

In Renaissance und früher Neuzeit wurde die Anatomie zur Leitwissenschaft der Medizin, wobei das Werk Andreas Vesals (1514–1564) paradigmatische Bedeutung erlangte. Das Aufblühen der Anatomie entsprach nicht nur dem zeitgenössischen Impuls zur empirischen Naturforschung, wie sie in der Medizin vor allem durch die →*experimentelle Physiologie* vorangetrieben wurde, sondern auch dem praktisch-therapeutischen Interesse der Heilkunde, insbesondere der →*Chirurgie*. So waren bis ins 18. Jahrhundert hinein Anatomen häufig auch als Chirurgen tätig. Lorenz Heister (1683–1758), dessen Lehrbücher ins Deutsche übersetzt wurden und große Beachtung fanden, ist als Schrittmacher der anatomischen Forschung und als Begründer der wissenschaftlichen Chirurgie im 18. Jahrhundert zu nennen. Die Etablierung zahlreicher «anatomischer Theater» – allein im deutschsprachigen Raum wurden im 18. Jahrhundert weit über 80 solcher Einrichtungen erbaut –, die Verfeinerung der Sezier- und Konservierungsmethoden (z.B. durch Gefäßinjektion) und die exakte bildliche Darstellung durch verbesserte Drucktechniken führten zu einem Aufschwung der Anatomie im Verein mit der Chirurgie und ihrer damaligen Spezialgebiete. Die Anatomie strahlte auf viele Bereiche der Naturforschung aus und beförderte so die Errichtung von →*Naturalienkabinetten*, die barocke Vorstufe von Naturkundemuseen, und die →*Mikroskopie* zur Erforschung anatomischer Feinstrukturen. Erst im 19. Jahrhundert lösten sich Physiologie, Pathologie und wissenschaftliche Chirurgie endgültig von der Anatomie und etablierten sich als eigenständige Fächer.

Literatur: Roberts/Tomlinson, 1992; Tasche, 1989; Wolf-Heidegger/Cetto, 1967.

Darstellung der Blutadern des männlichen Gliedes[1]

In diesem Jahr 1721 habe [ich] drey todte gesunde Körper (ohne andere) öffentlich auf der *Helmstädtischen Zergliederungs-Schaubühne*[2] zerlegt, und verschiedene [1107] Seltenheiten in selbigen angemerket, worunter die erste ist; die sonderbare Austheilung der Blut-Adern *durch das männliche Glied,* welche in einem dieser Leichnamen so schön, und vielleicht noch schöner gezeiget, als sie vorhin und hernach, so viel mir wißend ist, von andern jemahls gezeiget oder abgebildet worden sind. ...

Die 22ste Figur stellet vor das männliche Geburts-Glied nach seiner obern Fläche[3]; deßen Adern, welche das Geblüt zurück führen, nebst den aus lauter Höhlgen[4] bestehenden Theilen, auf eine besondere schöne Art von mir mit Quecksilber vollgefüllet, daß sie kenntlicher seyn, als ich selbige zuvor niemahls gesehen, oder abgebildet gefunden habe. Welches Glied ich noch itzo auf solche Art zubereitet, schon über 30 Jahr aufbehalten habe.[5]

Quelle: Heister, 1753, S. 1106f.; Lorenz H. (1683–1758), bedeutender Chirurg und Anatom, Professor in Altdorf, ab 1720 in Helmstedt. 1 «... schön mit Quecksilber bis auf die kleinste Aestgens vollgefüllet». 2 Ein treffender deutscher Ausdruck für «anatomisches Theater». 3 Identische Abbildung wie in der unten wiedergegebenen aus Heister, 1749. 4 Höhlchen. 5 Diese anatomische Injektionstechnik zur Haltbarmachung der Präparate erinnert an die unübertroffene zeitgenössische Konservierungskunst des Amsterdamer Anatomen Frederik Ruysch (1638–1731), der jedoch andere Injektionsmittel verwandte. Heister dürfte 1709 in Amsterdam Ruysch begegnet sein.

Eine «Mißgeburt» wird seziert

Ein Kind, dessen Eingeweide widernatürlich versetzet sind.

Bey dem gegenwärtigen Kinde sind die Brust und der Bauch offen, und da solchergestalt die darinn eingeschlossenen Eingeweide bloß liegen, so fällt ihre Versetzung deutlich in die Augen. Sie liegen aber folgender maßen. Die Spitze des Herzens (A) (132) ... kehret sich nach der rechten Seite, und das Fundament oder *Basis* (B) neiget sich nach der linken: die hintere Herzkammer (C) liegt an der Stelle der vordern, daher auch die Stämme der großen Adern von der einen Seite auf die andere

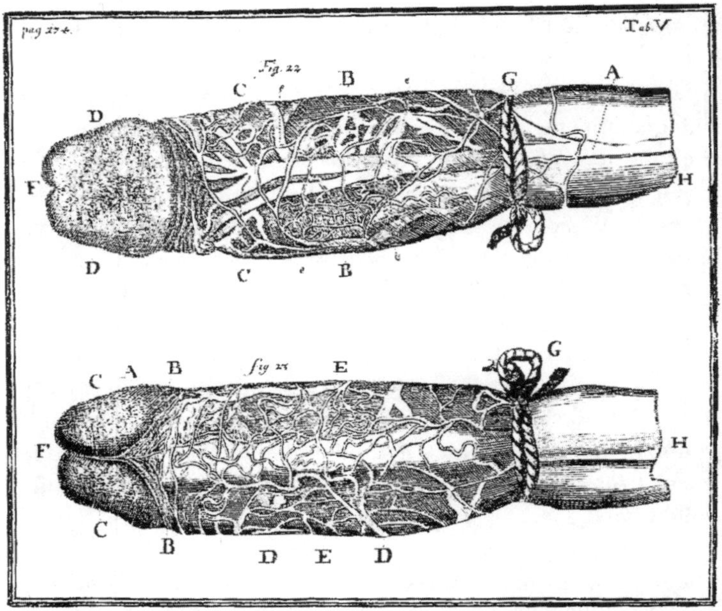

5. Gefäßdarstellung eines Penis
Heister, 1749, Tafel V

D.D.[1] *Der allerschönste, zu verwundernde, nicht auseinander zu scheidende Lauff, derer häuffigen, dünnesten, aus denen kleinsten Aesten entspringenden Gefässe, durch die gantze Fläche der Eichel, so nach ihren krummen und gebogenen Kreysen, welche sie machen, denen kleinen Gedärmen, oder Saamen-Gefässen in denen Gailen*[2] *gleichen, deren Anzahl so groß ist, daß die gantze Fläche der Eichel bloß aus denen kleinesten Gefäßgen zu bestehen scheinet.*

Quelle: Heister, 1749, S. 398. 1 Rückseite der Eichel. 2 D.h. Hoden; an analoger Stelle «Geilen» geschrieben (Heister, 1753, S. 1107).

versetzet sind. Solchergestalt lenket der Bogen der Aorte (D) sich nach der rechten Seite und der erste daraus hervorsteigende Ast ist die linke *Subclavia* oder Schlüsselpulsader (E). Der Schlund sitzt auf der rechten Seite. Die Theilung der Luftröhre in zween Hauptäste findet sich zur linken der Aorte, und die Lunge hat derselbigen Seite drey Lappen oder *Lobi*. Die Leber (F) sitzt an dem Orte, wo die Milz (G) sitzen sollte, welche dagegen auf der rechten Seite sitzt. (...)

Die Oeffnung dieser Misgeburt verrichtete Herr *Süe*[1] ... im Jahre 1742, und im Jahre 1744 that er der königlichen Akademie der Wissenschaften[2] Bericht von dem, was er dabey wahrgenommen, und ich eben itzt ausgeführet habe.

Quelle: Buffon, 1752, S. 131 f.; George Louis Leclerc, Graf von B. (1707–1788), französischer Naturforscher, seine 44bändige «Naturgeschichte» (Histoire naturelle, 1749–1804) gilt als wichtiges Dokument der Naturforschung im Zeitalter der Aufklärung. 1 Jean-Joseph Sue (1710–1792), französischer Chirurg und Anatom, Professor an der Pariser Charité, u.a. Mitglied der Pariser Académie Royale de Chirurgie und der Londoner Royal Society. 2 In Paris.

Knochenanatomie als Grundlage der Medizin

Die Zergliederungskunde[1] ist die Grundlage der ganzen übrigen Arzneywissenschaft; und es bedarf hoffentlich keines Beweises, daß man auch blos bei einem unbelebten, unendlich weniger kunstreichen Uhrwerke[2] als der menschliche Körper ist, erst den Bau desselben kennen müsse, bevor man seine Stockungen zu heben oder seine fehlerhaften Bewegungen in ihren bestimmten Gang zu bringen, unternehmen kan. [VI]

Unter den Theilen der Zergliederungskunde aber ist wiederum die Osteologie [Knochenkunde] die Basis aller übrigen, da es die Hauptbestimmung der Knochen ist, den weichen Theilen zur Anlage und Stütze zu dienen, und folglich die feste Grundlage des ganzen Körperbaues zu machen.

Ohne solide osteologische Kentnis kan daher gar keine gesunde Einsicht in die übrige Anatomie gedacht werden ... [XII]

Die Beschreibung der Knochen selbst aber habe ich einzig und allein ganz nach der Natur entworfen, und dieselben so

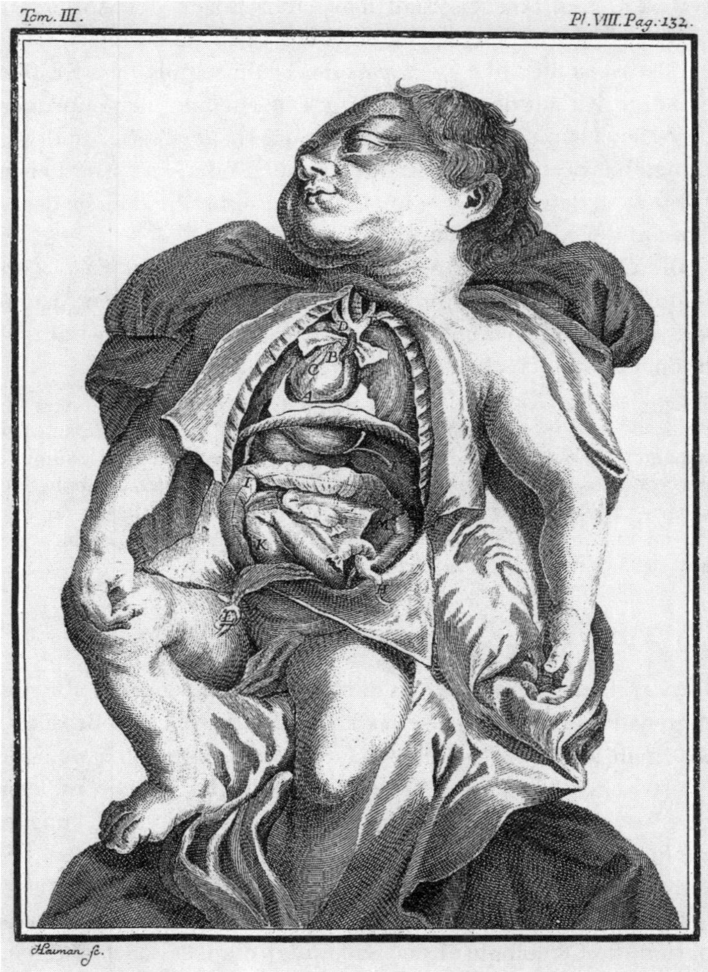

6. Bildliche Darstellung der geöffneten Kindsleiche
Buffon, 1752, Platte VIII (nach S. 132)

deutlich, und wo es nöthig war, gleichsam so malerisch zu schildern gesucht, als es mir immer möglich gewesen.

Blumenbach, 1786, S.V-XII. 1 Anatomie wird daneben auch als «Zergliederungskunst» bezeichnet. 2 Das Uhrwerk ist eine beliebte Metapher, um die mechanistische Vorstellung vom Funktionieren des menschlichen Körpers zu veranschaulichen.

Zur Sektion des Gehirns

Um zum Hirn zu kommen öffnet man den Kopf hauptsächlich auf drey Arten. 1) Man sägt nach zurückgelegten äußern Bedeutungen, rings um, so, daß der Schnitt hart über den Augenbrauenbogen, der Mitte der Schlafbeine[1] und des Hinterhaupts waagerecht fortläuft, reißt mit einem Hebel das obere Stück des Schädels von der festen Hirnhaut loß, legt diese feste Hirnhaut zurück, und untersucht nun die einzelnen Theile; oder man trennt das Hirn allgemach von seiner Verbindung mit dem Schädel auf seiner Grundfläche, die durch Venen, Arterien und Nerven geschieht. Oder 2) man lößt die untere Kinnlade ab, [27] nimmt das Fleisch weg und meißelt denn von untenher von den Knochen so viel fort, bis das Hirn frey genug in seiner festen Haut eingewickelt daliegt. ... Oder 3) man theilt vorsichtig die Haut des Gesichts senkrecht in der Mitte, und auf gleiche Weise über den Kopf, sägt alsdann die Knochen durch, und spaltet vorsichtig mit einem scharfen Messer das Hirn.

Quelle: Soemmerring, 1788, S. 26f. 1 Schläfenbein: lat. *Os temporale.*

Plädoyer für Leichenöffnungen

Seitdem mehrere Aufklärung[1] unter den Menschen die Aerzte in den Stand setzt, Verstorbene zu öffnen, um den Sitz und die Ursache ihres gehabten Uebels[2] zu entdecken, wie auch den innern Bau des Körpers genauer, als es den Alten möglich gewesen, zum unglaublichen Vortheile der Menschheit kennen und beurtheilen zu lernen, ist solches auch in gewisser Hinsicht Gegenstand der Policey[3] geworden. ... [78] Man hält in unsern Gegenden die Leichenöffnungen gewissermaßen für eine Art von Beleidigung, und daher sträubt sich fast Jedermann dagegen.

Jede Familie sollte auch schon um ihrer selbstwillen darauf bedacht seyn, an ihren verstorbenen Mitgliedern sorgfältige Lei-

Fig. 2.

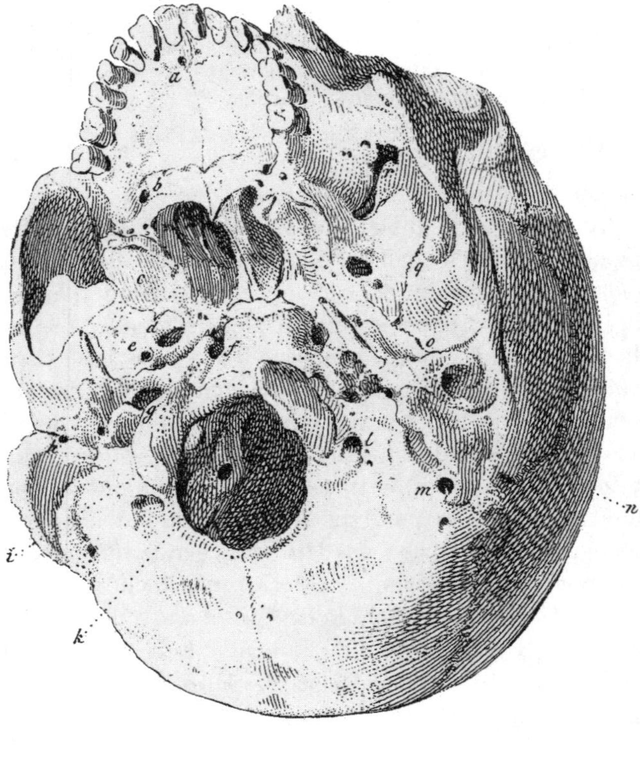

7. Schädelbasis
Blumenbach, 1786, Tab I

chenöffnungen anstellen zu lassen. Durch Aufbewahrung der Fundscheine würde in einer Reihe von Jahren sehr viel Licht über die Erblichkeit der Krankheiten überhaupt und einzelner Krankheiten in einzelnen Familien insbesondere, über die Entstehung und Verhütung der weitern Fortpflanzung derselben verbreitet werden können.[4]

Quelle: Köppen, Hrsg., 1800, S. 77f.; Autor dieses von Koeppen herausgegebenen Textes ist ein gewisser Flörke; die gängigen Nachschlagewerke geben zu beiden keine Hinweise. 1 Aufklärung hier verstanden als gesundheitspolitische Überzeugungsarbeit. 2 Hier spielt der Autor direkt auf den Klassiker der Organpathologie, Morgagnis «Über den Sitz und die Ursachen der Krankheiten» (1761) an. 3 Dies bezieht sich auf den sozialmedizinischen Impetus im Kontext des aufgeklärten Absolutismus, wie ihn Johann Peter Franks «System einer vollständigen medicinischen Polizey» (1779–1827) eindrucksvoll dokumentiert. 4 Dies erinnert an den Ansatz der sog. «genetischen Epidemiologie».

Ein Beispiel zur praktischen Anwendung der Anatomie[1]

Vorstellung des Falls von *Johann Heysham*, der den Freytag vor Ostern im Jahr 1721, da er sich bey seiner Arbeit zu stark anstrengte, einen Leistenbruch bekam, der auf keine Weise zurückgebracht werden konnte. Er wurde den Montag darauf ins St. Thomas Hospital[2] gebracht, ... nun machte ich die Operation, indem ich einen großen Schnitt in den untersten Theil des Unterleibes machte, worauf die Därme leicht zurück gebracht und zugleich beynahe ein Quartier Wasser aus dem Hodensack ausgeleert wurde. Es war hier ein Netzbruch vorher gegangen, und das Netz[3] war mit dem Hodensack und den Saamengefäßen verwachsen, ich stieß also eine Nadel mit einem doppelten Faden (wie man auf der Tafel sehen kann) unter den angewachsenen Theil so, daß ich die Saamengefäße nicht verletzte, hierauf schnitt ich die Nadel ab, und band den untern Theil des Netzes, und nun schnitt ich so viel davon weg, als hinderlich war. ... Drey Tage nach der Operation entstand ein Rothlauf[4], der sich über den ganzen Körper ausbreitete, das Oberhäutchen schälte sich überall ab, demungeachtet wurde er glücklich hergestellt, und befindet sich seit der Zeit wohl.

Quelle: Cheselden, S. 314f.; William C. (1688–1752), englischer Chirurg und Anatom, berühmt für seine operative Kunstfertigkeit. 1 Dieses

Beispiel einer chirurgischen Operationsanleitung ist einem klassischen Handbuch der Anatomie (engl. Erstausgabe 1713) entnommen, das bis 1784 in 12 Ausgaben erschien und zu dessen deutscher Übersetzung der berühmte Naturforscher Blumenbach ein lobendes Vorwort verfaßte. 2 In London. 3 Dünndarmgekröse. 4 «Rothlauf» bedeutet hier *Erysipel* (= Wundrose): flächenhafte Hautinfektion, die von einer Wunde ausgeht und – wie in diesem Falle – mit Symptomen einer Blutvergiftung (Sepsis) einhergeht. Die lebensgefährdende Wundinfektion war bis zum ausgehenden 19. Jh. eine reguläre Begleiterin chirurgischer Eingriffe.

Über die Sektion eines Hingerichteten in einem Ordensgebäude

Die hiesige medizinische Fakultät äußerte mir den Wunsch, den Cörper des am verflossenen Montag mit dem Strang hingerichteten Peter Müller, zu anatomischen Übungen zu erhalten. Da dieselbe sehr selten die Gelegenheit hat, ihren sowohl chirurgischen als medizinischen Schülern den unentbehrlichen demonstrativischen Unterricht auf dem menschlichen Cörper selbst zu geben, hatte ich keinen Anstand, zur Erreichung dieses lobenswürdigen Endzweckes das Meinige beizutragen... Ich erwirkte, daß der Cörper wirklich abgenommen und der medizinischen Fakultät zu oben bemeldeten [sic!] Endzweck übergeben würde, und gab den hiesigen Engelbrüdern[1] die Weisung, in ihrem ohnhin überflüssig geräumigen Gebäude zu dieser Operation ein Zimmer einzuräumen, wogegen aber dieselbe die ganz unerwartete und dumme Einwendung machten, wie daß sie es unanständig hielten, daß der Cörper eines Hingerichteten in ihr geistliches Haus gebracht und verschnitten würde.

Quelle: Aus einem Bericht des Statthalters des Kurfürsten von Trier an seinen Dienstherrn vom 7. Februar 1785; zit. n. Wolf-Heidegger/Cetto, 1967, S. 69f. 1 Volkstümlicher Ausdruck für die Alexianer-Brüder, einen katholischen (Laien-)Pflegeorden.

«3 Zimmer undt eine Küche» für die Anatomie gefordert

Das erste Zimmer muß geräumig groß seyn, welches zu denen Dissectionibus[1] bestimmt ist. Folgende seyndt die Requisita:

1. muß oder soll es mit einem Ofen versehen seyn, welcher bey höchster Kälte nur so vül eingefeuret wird, daß die arbeitenden ihre arbeit fortsetzen können.

2. wird in selbem Zimmer erfordert nebst verschiedenen kleinen Tischen: ein etwas langlichter, welcher mit Rollen versehen, womit selber leichter von ordt zu ordt geschoben werden könne. Dieser dienet, das anatomische Präparatum zu demonstrieren.
3. verschiedene Stühle.
4. auch allenfalls stufenweise erhabene Subsedia[2], in welchen die Kandidaten, die vom deme [sic!] Professore anatomico zu ertheilende demonstration ohne einen den andern zu hindern, auch der Professor nicht gehindert werde, leicht und genau bemerken zu können.
5. sind nothwendig einige Schränke in die Mauer anzubringen, in welchen derer Kandidaten anat. Kleidung und Instrumente aufbewahret werden können.

Zweytes Zimmer, welches mittelmäßig klein seyn kan, worin der Prosector, oder dessen Abgang selbst der Professor die zur täglichen Demonstration nothwendigen Theile, ... vor[3] sich ohngestöhrt verfertigen kan.

Drittes Zimmer dienete zur Aufbehaltung theils anatomischer Bücher, theils zu anatomischen injection nothwendiger *instrumenten*. ...

Eine Küche, mit einigem Geschirr versehen, welches dienete, Theile des Cadaveris, welche man zur Aufbehaltung[4] injicieren will, zu erwärmen.

Quelle: Moritz (um 1785), zit. n. Wolf-Heidegger/Cetto, 1967, S. 70f.; Markus Josef M. war Anatomieprofessor in Trier, der in dem zitierten Gutachten dem Kurfürsten die Errichtung eines «anatomischen Gebäudes» vorschlug. 1 Sektionen. 2 Podeste. 3 Für. 4 D.h. zur Konservierung von Leichenteilen.

Naturalienkabinett

Zwischen barocker Schaulust und modernem Naturkundemuseum

Gegen Ende des 17. Jahrhunderts werden von Universitätsprofessoren sowie von naturforschenden Adligen und Privatgelehrten Sammlungen von Naturobjekten angelegt. Solche «Naturalienkabinette» umfassen auch anatomische Schaustellungen von Kinderskeletten, Skeletten von Mißgebildeten, konservierte Organe etc. Eine der bekanntesten Sammlungen von menschlichen Organpräparaten hatte der Amsterdamer Anatom Frederik Ruysch (1638–1731) angelegt, die 1717 vom russischen Zaren Peter dem Großen gekauft und nach St. Petersburg gebracht wurde. Empirische Naturforschung und barocke Schaulust erzeugten – vom heutigen Betrachter aus gesehen – z. T. makaber anmutende Arrangements, die sich als Museumsstücke erhalten haben. «Monstra», mißgebildete Tiere und Menschen, erweckten wie in früheren Zeiten besondere Neugier. Gerade auch auf sie richtet sich die Sammelleidenschaft. Im Laufe des 18. Jahrhunderts tritt jedoch zunehmend die wissenschaftliche Systematisierung in den Vordergrund, so daß sich um 1800 bereits das moderne Naturkundemuseum abzeichnet. Die folgenden Texte dokumentieren das breite Spektrum solcher «Kabinette».

Literatur: Elshout, 1952; Hagner, 1995; Kämpf, 1988.

Buffon über die Kunst der Anordnung der Naturalien

Es giebt eine gewisse Kunst, Naturalienkammern wohl anzuordnen, und brauchts einer unaufhörlichen Sorgfalt und besondern Geschicklichkeit, um selbige in Ordnung zu stellen und in gutem Stande zu halten. Da ich nun bereits acht Jahre dieses Werk bey der Naturalienkammer des Königs[1] getrieben habe, so möchte ich wünschen, daß meine darauf gewandte Mühe denjenigen zu einigem Nutzen dienen könnte, die Sammlungen von Dingen machen, die zur Naturgeschichte gehören. ... (5)

Die Ordnung, welche dem Begriffe dieser Wissenschaft am

8. Arrangement eines Naturalienkabinetts

Ruysch, «Thesaurus anatomicus» (1701)

[aus: Schott, 1993, S. 195]

meisten zuträglich wäre, würde unstreitig diese seyn, da man nach der Lehrart, die in Unterrichtung gebrauchet wird, die Sachen, welche sie in sich fasset, in Classe, in Geschlechte und Arten eintheilet. Auf diese Weise müßten die Thiere, die Gewächse, und die Erdstoffe genau von einander abgesondert werden, und ein jegliches Naturreich müßte einen besondern Platz einnehmen. ... Die Aehnlichkeiten zeigen das Geschlecht an, die Unähnlichkeiten bedeuten die Art. Wenn denn diese Merkmaale, so, wie sie mehr oder weniger Aehnlichkeit und Unähnlichkeit haben, insgesammt mit einander verglichen werden, so stellen sie das Ebenbild der Natur dem Verstande vor, und drücken selbiges dem Gedächtnisse ein. Indem man solchergestalt diese in der Mannigfaltigkeit ihrer Geburten durchwandert, so geht man allmählich von einem Reiche zum andern über.[2] Und weil dieses stufenweise geschieht, so wird man dadurch allmählich zu solcher großen Veränderung vorbereitet, die nicht eher völlig erkannt wird, als bis man die beyden äußersten Enden mit einander vergleicht.

Quelle: Buffon, 1752, S. 4–5. 1 Der französische König Ludwig XV. (1715–1774). 2 Dabei wird die «Naturgeschichte des Menschen» (*Histoire naturelle de l'homme*) als höchste Stufe der *Histoire naturelle* begriffen. Zur Bedeutung Buffons für die Anthropologie in Deutschland vgl. Dougherty, 1990.

Das Naturalienkabinett als Einrichtung

Nun aber übersteigt es den Fleiß eines Menschen, wenn er auch noch so groß ist, die ganze Welt zu durchreisen, alle Orte zu untersuchen, jedes Object in Betrachtung zu ziehen, die Unterscheidungskennzeichen zu bemerken, und alles dieses im Gedächtnisse zu behalten: daher wird diese Wissenschaft, welche eine Kenntniß so vieler weit und breit zerstreueter Dinge voraussetzt, ungemein schwer. Um eben dieser Ursache willen, haben die Naturkündiger[1] der neueren Zeiten angefangen, Natursammlungen anzulegen, worinn man die von allen Orten her zusammengebrachten Wunder Gottes, gleichsam als in einem Schauplatze der ganzen Welt, betrachten könnte.[2] Und [11] eben hiedurch wird ein solcher, der sich mit der Ausbreitung der Wissenschaft beschäftigt, in den Stand gesetzt, sich solcher

Sammlungen mit Nutzen zu bedienen. ... indem derjenige, welcher in Durchreisung der ganzen Welt Zeit und Kräfte erschöpft hat, in dem engen Raum einer Naturalienkammer mehr Thiere, Pflanzen, Steine, und überhaupt viel mehreres zu sehen bekommen kann, als er, ohngeachtet seiner Reisen, Mühe, Gefahren und Kosten hat sehen können. ... [27]

Die natürlichen Körper müssen an ihren gehörigen Oertern, den Fenstern gegen über stehen, und werden aufbehalten

1) *an und vor sich*, d. i. ohne vorgängige Zubereitung.
2) *Getrocknet* und auf Papier geleimt.
3) *Ausgestopft.*
4) *In gläsernen Gefässen* in einem besondern Liquor.

Quelle: Abhandlung ... , 1771, S. 10–27; der Autor der lateinischen Ausgabe und der Übersetzer waren nicht zu ermitteln. 1 «Naturkündiger» ist ein interessanter Ausdruck für Naturkundiger, Naturforscher. Es geht um eine Kunde, die – mit religiösem Unterton – verkündigt werden soll. 2 Dies erinnert an den frühneuzeitlichen Topos von der «Bibel der Natur», in welcher der Naturforscher zu lesen habe. Freilich stellt eine Naturaliensammlung eine Art zweite, vom Menschen präsentierte Natur dar.

Die Konservierung der Tiere

Die kleinern vierfüßigen Thiere, als Mäuse, und die Embryonen der grössern, werden gemeiniglich in Flaschen, so mit Weingeist angefüllet worden, verwahret. Die grössern Thiere, als Elephanten, Nasenhörner, Kameele, Löwen, Affen, Waldesel, werden abgezogen, die Häute ausgestopft, unten zugenehet, und das Thier in die natürliche Stellung gebracht.

Die Hirnschädel der vierfüßigen Thiere, welche jedoch alle ihre Zähne haben, und bis zur Weisse gekocht[1] seyn müssen, werden ohne weitere Zubereitung in das Kabinett gesetzet; indem die Geschlechter dieser Thiere daraus ersehen, und ihre Geschlechtskennzeichen davon genommen werden. ... [33]

Die Vögel können verschiedentlich aufbehalten werden; gemeiniglich aber ausgestopft. Der Vogel wird nemlich, sobald er todt, und wo möglich, noch warm ist, der Länge nach zwischen den Schultern aufgeschnitten, und hernach die Haut mit dem Finger oder Federmesser von den Muskeln [34] abgesondert. ... Nach dieser[2] Präparation wird der Vogel in einen Backofen geschoben, wenn das Brod heraus ist, damit er austrockne. Also verfährt man mit den Raubvögeln, Spechtarten, Wasservögeln, Dickschnäbeln, ja auch einigermassen mit den Hühnern; die Schnepfenarten aber wollen behutsamer behandelt seyn, da ihre Haut zärter ist, und leichter zerreißt. Herr von Reaumur[3] pflegt den ganzen Vogel, dem er vorher eine natürliche Stellung gegeben hat, im Ofen zu trocknen, und in [35] wohlverschlossene Gläser zu thun, damit die Speckkäfer und Motten abgehalten werden; denn so bald diese in die Vögel kommen, so sind sie so gut als verdorben.

Quelle: Abhandlung..., 1771, S. 32–35. 1 Die Abkochung der Knochen ist eine alte Methode der anatomischen Skelettkonservierung. 2 Zuvor genauer beschriebenen. 3 René Antoine Ferchault de Reaumur (1683–1757), franz. Naturforscher, bekannt durch die nach ihm benannte Temperaturskala.

Georg Forster besucht das Bonner «Naturaliencabinet im Schloß» (1790)

In Bonn blieben wir eine Stunde, und besahen das Naturaliencabinet im Schloß. Es ist ziemlich groß, enthält auch viele schöne Cabinetstücke, aber es ist ohne Ordnung aufgestellt, mit sehr viel unnützen Spielereien verunstaltet und hat auch große Lücken, die man nur vergebens durch die Unordnung zu verdecken versucht hat. Das allermerkwürdigste Stück indessen, wovon ich Dir erzählen muß, was ich darin beobachtet habe, ist ein Menschenschädel, der ganz in einen braungelben Tuff von sehr dichtem, festem Bruch, woran keine Lamellen mehr zu erkennen sind, übergegangen ist. An einigen Stellen ist dieser Schädel zolldick, doch ist auf dem Schnitt durchaus keine Spur von Uebergang oder Incrustation zu erkennen. Es ist nämlich der halbe Oberkopf bis an die Augenbrauen und hinten bis auf die Hälfte des Hinterhaupts als ein Segment ausgeschnitten, so daß man es herausnehmen und inwendig alles besehen kann. ... [539] Der ganze Kopf ist von außen und innen glatt anzufühlen und wiegt sehr schwer. ... Ich habe Ursache zu vermuthen, daß der Sinter oder Tuff kalkig ist; allein ich hatte keine Säure, um mir Gewißheit zu verschaffen. Daß er am Stahl kein Feuer giebt, habe ich versucht. ... So viel bleibt jedoch gewiß, daß dieses

Stück für den Naturforscher äußerst merkwürdig und bis jetzt das einzige in seiner Art ist, welches ich noch irgend angetroffen habe. Wenn du einmal nach Bonn kommst, darfst Du es [sic!] nicht vorbeigehen.

Quelle: Forster, 1877, S. 538f.; Georg F. (1754–1794), Schriftsteller, Natur- und Völkerkundler, als Jakobiner für die «Mainzer Republik» (nach 1792) politisch aktiv. Die Textpassage stammt aus einem Brief an den Mainzer Anatomen Samuel Thomas Soemmerring vom 4. April 1790 aus Lüttich.

Mikroskopie

Die Entdeckung der Mikrostrukturen von Lebewesen

Vermutlich entstanden die ersten (zusammengesetzten) Mikroskope in den Niederlanden um 1600. Erst mit den Arbeiten des englischen Naturforschers Robert Hooke wurden sie in der zweiten Hälfte des 17. Jahrhunderts als Forschungsinstrumente eingesetzt. Bei den einfachen Mikroskopen, die Jahrzehnte nach Erfindung der zusammengesetzten auftauchten, handelte es sich um einfache Linsen mit sehr kurzer Brennweite, die schwierig zu handhaben waren. Mit solchen Instrumenten gelangen dem Delfter Tuchhändler und Autodidakten Antonie van Leewenhoek in der zweiten Hälfte des 17. Jahrhunderts – neben dem italienischen Anatomen Marcello Malpighi – bahnbrechende Entdeckungen. Ab der Mitte des 18. Jahrhunderts konnte das zusammengesetzte Mikroskop deutlich verbessert werden, so daß nun für die Naturforschung verschiedene Modelle zur Verfügung stehen. So kommt es gegen Ende des Jahrhunderts zur «Salonmikroskopie»: Goethe ist ein prominentes Beispiel, wie sich hierbei in der gesellschaftlichen Oberschicht Forscherdrang, Belustigung und Gesellschaftsspiel mischten.

Literatur: Bradbury, 1967; Turner, 1989.

Leeuwenhoek schildert seine Entdeckung der «Animalcula» (Samentierchen)

Hochgelehrter und berühmter Herr![1]
Ihren Brief vom 10. des letzten Monats, in dem Sie meine Arbeit, wie mir scheint weit über Verdienst besprochen haben, habe ich gleich nach Empfang mit dem hervorragenden Arzt unserer Stadt, Abraham Bleyswyk[2] besprochen. Dieser hat bald darauf in meinem Hause einen Kaninchenbock anatomisch teilseziert; was wir bei dieser Section beobachteten, wird er selbst Ihnen schreiben.

In Jhrem Briefe suchten Sie von mir zu erfahren, ob ich unter den Animalcula des tierischen Samens irgendwelche Größenunterschiede bemerkt hätte. Darauf kann ich Ihnen zunächst einmal antworten, daß ich noch in Gegenwart des Anatomen Van Bleyswyk Flüssigkeit aus dem aufgeschnittenen Nebenhoden entnommen und mikroskopiert habe. Dabei erblickten Herr... und der schon genannte Herr Van Bleyswyk eine unglaubliche Menge lebender «Tierchen».

Als diese Animalcula in ein Becherglas verbracht und dort gestorben[3] waren, habe ich sie mehrer Tage nacheinander häufig untersucht; dabei bemerkte ich keine Abweichung von der regelrechten Größe. Außerdem sah ich äußerst kleine, längliche Partikel, manche etwas größer als andere; soviel dem Auge erkennbar, ohne Schwanz. Ich nahm an, daß es sich bei diesen Partikeln um unreife Animalcula handelte.

Als ich einmal die Animalcula abhandelte, habe ich geäußert, ob sie wohl in den Testikeln[4] erzeugt würden. Dem würde ich jetzt zweifelsfrei zustimmen. Wenn wir nämlich die unendliche Anzahl an Samentierchen, welche ein rüstiges, leistungsfähiges Tier am Jahr abgiebt mit dem kleinen Volumen der Hoden vergleichen, erkennen wir, daß deren Kapazität diese keinesfalls fassen kann. Also müssen wir schließen, daß die Samentierchen im Hoden produziert[5] werden.

Quelle: Leeuwenhoek, 1718, Sendbrief 29 (Delft, 5.11.1716); aus dem Lat. übers. von Dr. Klaus Meyer (Soest 1996); ausnahmsweise mußte ich im Falle von Leeuwenhoek auf eine rezente Übersetzung zurückgreifen. 1 Briefadressat ist der berühmte Leidener Arzt Herman Boerhaave.

2 Nicht zu identifizieren. 3 D.h. unbeweglich geworden. Leeuwenhoeks mikroskopische Erforschung der Animalcula (auch als «Animalcules» oder «Animalculi» bezeichnet) reicht bis 1677 zurück, als ihm der Medizinstudent Johan Ham mitteilte, er habe kleine Tierchen im menschlichen Samen gesehen. Leeuwenhoek beschrieb daraufhin in den folgenden Jahrzehnten Spermatozoen im gesamten Tierreich; vgl. Heniger, 1973, S. 127. 4 Hoden. 5 Ergänze: und nicht etwa nur aufbewahrt.

Goethe über das Mikroskopieren in seinen Briefen

An F. H. Jacobi[1] am 12. Januar 1785:
In meiner Stube keimt *Arbor Dianae*[2] und andre metallische Vegetationen. Ein Mikroscop ist aufgestellt um die Versuche des v. Gleichen genannt Rußwurm[3] mit Frühlings Eintritt nachzubeobachten und zu kontrollieren. Ich mag und kann dir nicht vorerzählen worauf ich in allen Naturreichen ausgehe. Des stillen Chaos gar nicht zu gedenken das sich immer schöner sondert und im Werden reinigt.

An Charlotte von Stein am 1. September 1785:
Das Mikroscop ist ganz fürtrefflich, und so bequem als möglich, du kannst alles auf alle Weise drunter bringen und ich habe es noch wenig geübt. Die dunckeln Obieckte besonders freun mich mit ihren natürlichen lebhafften Farben. Es wird uns grose Freude machen.

An Charlotte von Stein am 3. Januar 1786:
Wie wäre es wenn meine liebe diesen Nachmittag gleich nach Tische zu mir käme? Es ist so schön Wetter und du köntest dich mit dem Mikroscop unterhalten. Auf den Abend lüd ich die Imhof und Herders[4].

An Charlotte von Stein am 16. März 1786:
Ich bitte um dein Mikroscop ich will es mit dem meinigen verbinden und einige Beobachtungen machen ich habe Infusions Thiergen von der schönsten Sorte. Heute Abend seh ich dich bey der Imhof. Ich gehe noch erst in die Commödie, halte sie aber nicht aus. Liebe mich.

Quelle: Goethes Werke, IV. Abt, 7. Bd. (1891), S. 8 bzw. S. 84, 156 u. 192. 1 Friedrich Heinrich Jacobi (1743–1819), Philosoph und Schriftsteller. 2 Auch Dianae-, Silber- oder Philosophischer Baum genannt, «ist ein Chymisches Kunst-Stück, aus Silber einen Baum in einem Glaß Wassers wachsen zu machen». (Zedler, Bd. 2, 1732, Sp. 1168) 3 Wilhelm Friedrich von Gleichen-Rußwurm (1717–1783), deutscher Privatgelehrter, bekannter Vertreter der «Salonmikroskopie» des Rokoko; veröffentlichte 1778 eine Studie u.a. über «Infusionsthierchen». 4 Johann Gottfried Herder (1744–1803), Philosoph und Theologe.

Experimentelle Physiologie

Der Tierversuch als Königsweg der Wissenschaft

Im Zusammenspiel von anatomischen, physiologischen und chemischen Ansätzen kam es im 17. Jahrhundert zu einem Aufschwung der empirischen Naturforschung. Als bahnbrechendes Ereignis ist hier die Entdeckung des (großen) Blutkreislaufes durch William Harvey im Jahr 1628 zu verzeichnen. Sie wurde durch seine anatomisch-physiologischen Beobachtungen, mathematischen Berechnungen, unblutigen Untersuchungen am Menschen und blutigen Tierexperimente möglich. Eine besondere Förderung erfuhr diese Naturforschung durch die 1660 gegründete Londoner Royal Society. Die experimentelle Physiologie mit ihren Demonstrationen an Versuchstieren nahm dabei eine Schlüsselstellung ein. Albrecht von Hallers Werk markierte eine neue Stufe der experimentellen Naturforschung, die sich – insbesondere tierexperimentell – nun vor allem dem Nervensystem zuwandte. Die Entdeckung der «tierischen Elektrizität» und der daran anschließende → *Galvanismus* eröffnen um 1800 eine neue Epoche der physiologischen Forschung. Die Einbeziehung der Tierwelt führte bei der vergleichenden → *Anatomie* und Embryologie zu neuen Erkenntnissen, ebenso bei den → *Zeugungslehren.*

Literatur: Brazier, 1984; Rothschuh, 1953.

Tierexperimente aus dem 17. Jahrhundert als Bezugspunkt

Der Doctor Croon[1], Professor bey dem Collegio von Gresham, erdrosselte in Gegenwart der königlichen Societät[2] ein junges Huhn, dergestalt daß es gar kein Zeichen des Lebens mehr von sich gab. Als er hierauf in die Luftröhre blies: so setzte er dadurch die Lungen so vollkommen wieder in Bewegung, daß das Huhn davon kam.

Der Doctor Walther Needham[3] hieng in Gegenwart des Herrn Boyle[4] und anderer einen Hund auf, und ließ ihn so lange hängen bis keine [617] Bewegung des Herzens mehr gespühret ward. Er eröffnete hierauf sehr geschwind den Unterleib des Hundes, und als er hierauf in den Brustgang (*canal thorachique*[5]) blies: so setzte er dadurch das Blut wieder in Bewegung. Gleich hierauf fieng das Herz wieder an zu schlagen und der Hund ward wieder lebendig.

Der Doktor Hook[6] zerschnitt in Gegenwart der königlichen Societät, die Rippen, das Zwergfell und den Herzbeutel an einem Hunde. Hierauf machte er oben in der Luftröhre einen Einschnitt, in welchen er die Röhre eines Blasebalgs hineinsteckte. Als er hierauf in die Lungen hineinblies: so ward der Hund wieder lebendig, und fiel in Ohnmacht, wenn er zu blasen aufhörete. Auf diese Art machte er ihn lange Zeit wechelsweise lebendig und todt, so oft es der Gesellschaft gefiel.[7]

Quelle: Bruhier, 1754, S. 616f.; Jean Jacques Bruhier d'Ablaincourt (gest. 1756), medizinischer Schriftsteller und Übersetzer von medizinischen Werken aus dem Lateinischen ins Französische. 1 William C. Croone (gest. 1684), Rhetorikprofessor und Arzt in London, Mitglied des Royal College of Physicians. 2 Royal Society London. 3 Walter Needham (1631[?]-1691), Arzt in London, Mitglied der Royal Society. 4 Robert Boyle (1626–1691), englischer Naturforscher, Mitbegründer der Royal Society, Wegbereiter der experimentellen Naturwissenschaft. Seine Vakuumversuche an Tieren mit Hilfe der Luftpumpe wurden sehr bekannt. 5 Wahrscheinlich ist hier der *Ductus thoracicus* (Brustmilchgang) gemeint. 6 Robert Hooke (1635–1703), englischer Naturforscher, bekannt als ein Pionier der Mikroskopie, der den Begriff der «Zelle» in die Wissenschaftssprache einführte.

Eine experimentelle Methode zur Erforschung der Verdauung

Es ist nicht schwer eine Erfindung zu machen, wodurch man die Zermalmung, und Auflösung des Futters entdecken könnte, die als Würkung der Muskeln, bey Thieren mit einem muskulösen Magen anzusehen sind. ... In der ersten dieser Abhandlungen, die 1752 der Akademie der Wissenschaften zu Paris vorgelegt worden, findet man, daß Reaumür[1] vielen Thieren mit muskulösen Magen, einige metallene Röhrgen, an beyden Enden offen, und mit Körnern, die diese Thiere zu fressen gewohnt waren, angefüllt, zu verschlingen gab: so daß Getraidekörner in den Röhren enthalten waren, wenn die Versuche an Hünervieh gemacht wurden. Nun mußten nothwendig diese Körner, nachdem sie eine gewisse Zeit in dem Magen der Thiere verschlossen gewesen waren, entweder aufgelöset, und zertheilt seyn: (welches aber nicht anders geschehen konnte, als durch einen [4] auflösenden Saft ...) oder die Körner, bleiben ganz, und unversehrt, und sodann wäre es ausgemacht, daß die Auflösung der Nahrung oder des Futters in diesen Thieren, nicht die Wirkung eines Dauungssaftes, sondern der Zusammenziehungs-Kraft oder mit einem Worte, der Action der Magen-Muskeln, seyn müsse. Dieser geschickte Naturforscher brachte verschiedne obgedachter Röhren, mit Gerste angefüllt, Hünern, Truthünern, und Enten bey, und nachdem er sie einige Stunden darauf geschlachtet, fand er die Körner in den Röhren bey dem Herausnehmen, vollkommen ganz, daraus er schloß, daß die Zermalmung der Körner nicht einem auflösenden Safte, sondern lediglich der Action der Magen-Muskeln, zuzuschreiben wäre. ... [5]

Ich habe mehr als einmal den Hünern Körner zu fressen gegeben,[2] wenn sie schon Röhren, mit dergleichen Futter bey sich hatten: nach wenig Stunden aber, traf ich diese gefreßnen Körner, in ihrem Magen zermalmt an, da indessen die in den Röhren, unversehrt geblieben waren.

Quelle: Spallanzani, 1785, S. 3–5; Lazarro S. (1729–1799), katholischer Geistlicher, vielseitiger italienischer Naturforscher, Mikroskopiker, Forschungsreisender. 1 Der französische Naturforscher Reaumur war vor allem ein Pionier der Verdauungsphysiologie. 2 Spallanzani schildert zuvor genau, wie er Reaumurs Versuche wiederholt.

Ein Experiment zur Verdauungskraft des Hundemagens

Ich füllte ... Röhren mit verschiednen kleinen Stückgen Knochen an, und gab sie einem Hunde zu verschlingen. Die Knochen waren von verschiedner Eigenschaft und Härte: ich steckte sie in zwey Röhren, die ich noch in Leinwandbeutel that, um zu verhüten, daß sie nicht abgehen möchten. Dieser Hund, der nun sehr wenig fraß, wurde sieben Tage in einer Kammer aufbehalten, und sodann getödtet, und ungeachtet der ziemlichen Größe meiner Röhren, war doch eine durch die untre Magenöffnung gegangen und ich fand sie in dem Blinddarme mitten in Exkrementen; die andre aber war noch im Magen geblieben, und beyde hatten auch noch ihre Knochen in sich, doch waren diese an Größe ... sehr vermindert worden ... Alle ihre Ecken, und Spitzen waren verschwunden, und die an [212] sich etwas weichen Knochen hatten noch mehr gelitten. ... Kurz, die Auflösung war so vollkommen geschehen, daß die aufgelößten Knochen auch durch die Leinwand gedrungen waren. Man muß hier schließen, 1) daß die Verdauungskraft sich im Hunde so gut auf die Knochen als auf das Fleisch, nur mit dem Unterschiede erstrecket, daß sie bei den Knochen nicht so geschwind würket. 2) Daß die Dauungskraft lediglich von der Würkung der Dauungssäfte abhängt.

Quelle: Spallanzani, 1785, S. 211 f.

Experimentelle Physiologie auf dem Wege zur Laborwissenschaft

Die Chymisten[1] haben Proben für die Güte ihrer Operationen, wann sie nehmlich mit dem[2] Produkten, die sie erhalten haben, den vorigen Körper, aus dem diese Produkte gezogen wurden, wiederherstellen können. Der Physiker[3] beweist auch seine Meynungen, und die Bündigkeit seiner Experimente, wenn er, so zu sagen, die Stelle der Natur vertritt, und das selbst auszurichten sucht, was die Natur gewöhnlicher Weise verrichtet. ... [336] Er[4] macht seine Versuche allemal in dem Magen lebendiger Thiere, und zu dem für die Verdauung zuträglichsten Zeitpunkt: er befragt die Natur selbst, und diese giebt ihm auch selbst die Antwort. Will er seine Maynung bestätigen, will er jedermann deren Wahrheit vor Augen legen, so stellt er seine Versuche nicht mehr in den Magen der Thiere und seinem eigenen Magen an, sondern bildet sich gleichsam einen Magen auf dem Tische,[5] wobei er dann die durch das Kauen zubereitete Nahrung legt, und sie in eine der Magenwärme ähnliche Temperatur bringt:

Allein dieses hat auch den Erfolg, daß er dabey sieht, was vor ihm noch niemand gesehen, ja was auch bisher noch niemand vermuthet hatte: daß nehmlich die Nahrungsmittel, auch außer dem Körper, sich im Magensafte auflösen, wie er es schon, durch seine Versuche, in dem Magen einer großen Anzahl von Thieren, und sogar in seinem eigenen, gesehn hatte. Nunmehro verschwinden alle Zweifel, und es weichen alle Schwierigkeiten: Man sieht hier mit Augen der Art und Weise zu, wie die Natur in der Verdauung würket, und jenes kleine gläserne Gefäße[6], worinne die erste künstliche Verdauung verrichtet worden ist, macht nunmehr die zahlreichen und ungeheuern Bände von Schriften völlig zu nichte...

Quelle: Senebier [«Senebiers Bemerkungen über die vorstehenden Versuche...»], in: Spallanzani, 1785, S.335f.; Jean S. (1742–1809), Genfer Naturforscher. 1 Hier ist die Forschungsmethode der «chemischen Medizin» gemeint, die aus der alchimistischen Tradition hervorgegangen und im 18.Jahrhundert zunehmend naturwissenschaftlichen Charakter erhält. 2 Muß wohl «den» heißen. 3 Der Begriff Physiker umfaßt im 18.Jh. ein weiteres Bedeutungsspektrum als im heutigen Sprachgebrauch: «Physicus» bedeutete soviel wie naturkundiger Arzt, und der «Physiker» als Arzt und Naturforscher widmete sich auch physiologischen Fragestellungen (u.a. Konzepte der «Iatrophysik» und «Iatromechanik»; vgl. Rothschuh, 1978, S.224–260). 4 D.h. Spallanzani. 5 Hier wird der Dreischritt der experimentellen Physiologie deutlich: Tierversuch, Selbstversuch, Laborexperiment. 6 Bereits die Alchimisten sahen in der Retorte einen Spiegel, ein Instrument der Durchleuchtung, um die verborgene Naturtätigkeit sichtbar zu machen. Diese Metaphorik ist im 18.Jh. durchaus präsent.

Rätselhafte Nervenkraft

Nerven sind empfindliche Stricke, welche ein markichtes Wesen enthalten, mit einer häutigen Hülse umgeben sind, und sich in den Werkzeugen der [45] Sääme[1] oder in den Theilen des Körpers verlieren. Sie kommen sämtlich aus dem markichten Theile des Gehirnes und Rückenmarkes: und jedes Thier, welches Nerven hat, besitzt auch Gehirne. Sie sind das Werkzeug oder die Leitfäden[2] des Gefühls und der Empfindungen. ...

Die Schwierigkeit, welche man findet, die Verrichtungen der Nerven zu erklären, machte, daß man in ihnen die unsichtbaren Nervengeister[3], als ein besonderes *Principium*, hat angenommen. Es ist dieses immer die Gewohnheit der Aerzte, Philosophen und Layen gewesen, daß sie ein geheimes *Principium* festsetzeten, so bald sie die wahrgenommenen Erscheinungen nicht aus natürlichen Grün[46]den erklären konnten. Der Pöbel verfiel hierdurch auf Gespenster, Hexen und Teufelskünste, der Philosoph auf *Archaeos*[4], Nervengeister, *Qualitates occultas*[5], u.s.w. ... [47] Man kann nicht annehmen, daß die electrische Materie[6] beym Menschen in Röhrchen laufe, da ihre [48] Wirkung, Verdünstung, ihr Gang u.s.w. sich so mannigfaltig verbreiten. Warum haben just Nervengeister in Nervenröhrchen laufen sollen?

Es ist freilich schwer zu erklären, auf welche Art die Bewegung der Zasern[7] geschehe. Es bleibt aber eben diese Dunkelheit, man mag Nervengeister annehmen oder nicht. Vielleicht wirkt die in den Zwischenräumchen verbundene phlogistische[8] oder electrische Materie durch eine Art von Ausdehnung in den Zasern, oder auf sonst eine uns noch verborgene Weise.

Quelle: «Arzt», 2. Stück, 1775, S. 44–48; Verfasser ist Melchior Adam Weikard (1742–1803), der sich im zitierten Werk als engagierter Arzt der Aufklärung zeigt. Er propagierte sehr wirkungsvoll in einem Lehrbuch von 1795 den →*Brownianismus* in Deutschland. 1 «Sääme» ist wohl nicht von «Samen» (lat. *semen*) abzuleiten, sondern ahd. *seim* = dickflüssiger Saft, Honig. Gemeint sind hier vermutlich die Organe der Körpersäfte, insbesondere der Blutzirkulation (?). 2 Die Metapher des «Fadens» (Leitfaden, Gefühlsfaden, Geduldsfaden) spielt beim Begriff der →*Sympathie* um 1800 generell eine Rolle. 3 Der Begriff des Nervengeistes läßt eine dämonologische Konnotation erkennen. 4 «Archeus» bedeutet in der alchimistischen Medizin der frühen Neuzeit (insbesondere bei Paracelsus und van Helmont) der Lebensgeist des Organismus. 5 «Okkult» erschien in der frühen Neuzeit die «natürliche Magie» als Ausgangspunkt der Naturforscher. 6 Der →*Galvanismus* mit seiner Theorie der «tierischen Elektrizität» trat erst später auf. 7 Fasern. 8 Zur Phlogistontheorie siehe →*Lebenskraft*

Haller: «Die Nerven sind ohne Reizbarkeit»

Ich habe oft gelesen, daß sich die Nerven in dem Spiele eines Muskels verkürzen sollen...

Doch es geschicht nichts von dergleichen an einem lebendigen Thiere, wenn man den Nerven durch ein Messer reizt. Denn, ob gleich die Muskeln, zu welchen sich dieser Nerve begiebt, insgesamt heftige Krämpfe leiden, so bleibt doch der Nerve selbst, ohne Bewegung und in Ruhe. Will man dieses auf eine neuere Art untersuchen, so darf man nur den Nerven quer über eine Linie legen, auf der man die kleinsten Abtheilungen mit Tinte gemacht, so wird man leicht sehen, auch, wenn man dabei ein Vergrößerungsglas zu Hülfe nimt, daß der Nerve in der Zeit, da sich der Muskel zusammen zieht, nicht den kleinsten Raum zurükke gelegt habe. Es können auch im Nerven keine Schwingungen hervor gebracht werden, indem dieses wesentliche Zeichen eines reizbaren Wesens[1] sind. Und wie könnte sich ein Nerve zusammen ziehen, da derselbe mit unzähligen Fäden, seiner ganzen Länge nach, an allen benachbarten [306] Körpern befestigt ist. Freilich zieht sich wol ein Muskel zusammen, es liegt dieser aber frei und er ziehet seine Enden und die an diesen Enden feste Knochen zugleich an sich.

Quelle: Haller, 1759–1776, 4. Bd., S. 305f. 1 Irritabilität wird den Muskeln, Sensibilität den Nerven zugesprochen.

Kritik der Lehre vom Nervensaft

Was mich betrift, so habe ich nie einen Saft, der genannt zu werden verdiente, in so vielen Versuchen, und in Nervenwunden, oder Unterbindungen[1], finden können. Ich will diesem noch eine chimische[2] Zerlegung der Nerven beifügen, damit ich nichts zu vergessen scheine, ob ich gleich ohne Mühe einsehe, daß man die besondere Natur der Nerven aus dieser gewaltsamen Bearbeitung nicht erlernen werde.

Quelle: Haller, 1759–1776, 4. Bd., S. 309. 1 So glaubte der Bologneser Anatom und Chirurg Pietro Molinelli (1702–1764), den Nervensaft durch Anschwellung der Nerven nach deren Unterbindung beweisen zu können. 2 Altertümlich für «chemische».

Argumente für ein Fortdauern des Bewußtseins beim Enthaupteten

Herr Sömmerring[1] hat seine Gründe, daß nach dem Enthaupten das Bewußtseyn noch einige Zeit fortwähre, gut zusammengestellt, und ist davon überzeugt, daß er es für gewiß hält, der abgehauene Kopf würde noch reden, wenn er nur nicht von den Athmungs-Werkzeugen getrennt wäre.

Ob ich nun gleich nicht die völlige Gewißheit von dem Daseyn des Bewußtseyns [10] nach der Trennung des Kopfes strenge behaupten will, so glaube ich doch, mich nicht zu irren, wenn ich die grosse Wahrscheinlichkeit von dem Daseyn des Bewußtseyns nach der Trennung des Kopfes als Physiolog durch mehr oder minder direkte Thatsachen bewogen, annehme. ... [15]

Durch einige Versuche glaubte ich mir das Ganze einigermassen aufklären zu können.

Ich schnitt einem Hunde die grossen Gefässe an dem Herzen ab; ... in kurzer Zeit war das Blut so ausgeleeret, daß die Wunde nach dem Abwischen trocken blieb, das Athemholen hörete entweder gänzlich auf, oder war mir nicht mehr bemerkbar, nichts desto weniger sahe sich der Hund mit hellen und freien Augen um, bemerkte die an ihn gebrachten Reize; erst nach ungefähr zehen Minuten starb er. ... [23]

Auch sind Fälle bekannt, daß Missethäter nach Verlust des Kopfs von dem Stuhl aufstunden.

Was beweisen denn aber auch die Verdrehungen der Augen, das Zucken der Gesichts-Muskeln, die Bewegung des Mundes, die Wiederholung dieser Bewegungen nach Reizungen des Rücken-Marks[2] anders, als Daseyn von Lebenskraft in dem Hirn, Rückwirkung des Hirns, denn die genannten Theile weden ja unmittelbar mit Nerven von dem Hirn versorgt. ... [25]

... die Lippen der enthaupteten Königin Maria von Schottland bewegten sich eine viertel Stunde.

Ist dieses nicht Wirkung des Lebens, Wirkung der Hirnthätigkeit? ... [27]

So lange die Möglichkeit eines Ueberrestes von Gefühlen, und der Einwirkung äusserer Reize, der Kälte, der Luft, des Windes in den noch lebenden Kopf *bei nicht angetastetem Hirn* nicht durch unumstößliche [29] Gründe geläugnet werden kann, so lange gebietet die Menschlichkeit, eine andere Form von Todes-Art zu erwählen, in welcher der Todes-Streich und die *gänzliche* Zerstörung von dem natürlichen Bau des Hirns – seye das Seelen-Organ[3] in physiologischer Hinsicht an einem Theil des Hirns, wo es wolle – zusammentreffen.

Quelle: Clossius [=Closs], 1797, S.9–25; Karl Friedrich C. (1768 bis

1797), Medizinprofessor in Tübingen, starb infolge einer Sektionsverletzung. 1 Samuel Thomas Soemmerring [übliche Schreibweise mit «oe»], von 1784 bis 1797 Anatom in Mainz, kritisierte 1795 die Hinrichtung durch die Guillotine. 2 Anspielung auf zeitgenössische elektrophysiologische Untersuchungen an Enthaupteten (Guillotinierten) während der Französischen Revolution. 3 Über die Lokalisierbarkeit des →*Seelenorgans* gingen die Meinungen auseinander. Soemmering verlegte es z.B. in die «Feuchtigkeit» der Hirnhöhlen.

Argumente gegen ein Fortdauern des Bewußtseins bei Enthaupteten

Prof. Cloßius ist mit Hrn. Sömmerring[1] der Meinung, daß bei einem Enthaupteten noch eine kurze Fortdauer des Bewußtseins statt finden könne, und Letzterer will sogar von Andern als ein *Paradoxon* geglaubt wissen, daß der Kopf noch sprechen würde, wenn ihm nicht der Athem fehlte...

Ich vereinige gern für die Materie dieser Abhandlung das menschenfreundliche Bestreben mit Andern, besonders da wir in einer Periode leben, wo man so leicht Gelegenheit hat, die *Locomotivität* der Köpfe und die *Permanenz* ihrer Maschinen zu erbliken.[2] ... [14]

Es ist wahr, der Kopf wird bei der Enthauptung aus den meisten seiner bisherigen Verhältnisse gerissen, diß kann aber seine schmerzhafte[n] Gefühle nicht vervielfältigen: denn eben dadurch, daß er aus so vielen Verhältnissen gerissen wird, sind nachher wenige mehr übrig, die er fühlen könnte. Der Schmerz ist ein Produkt eines die natürliche Mitte überschreitenden Reizes in ein Organ;[3] diß sind zwei nothwendige Faktoren, um einen Schmerzen hervorzubringen; um so viel also mit dem Rumpf Organe abgehen, um so viel ist die mögliche Summe der Schmerzen vermindert, und wenn im Kopf, vorausgesetzt daß das Bewußtsein noch fortdaure, irgend ein Gefühl in Rücksicht auf den Rumpf vorhanden seyn kann, so müßte es ein Gefühl von Leichtigkeit seyn, gleichsam als ob er von der beschwerlichen Last des Körpers losgeworden wäre. [19]

Die Bewegungen der Lippen, die Zukungen der Gesichtsmuskeln, die Wiederholungen dieser Bewegungen nach Reizungen des Rükenmarks erlauben den Schluß noch nicht, daß das Bewußtsein daran Antheil nehme, auf was es doch eigentlich ankommt, sondern der nemliche Reiz, der die Thätigkeit des See[20]lenorgans aufhebt, kann durch die Halsnerven und durch deren Anastomosen mit dem Antliznerven in die Gesichtsmuskeln fortgepflanzt, wol noch vor der gänzlichen Erstarrung derselben solche Verzerrungen hervorbringen. ... [21]

All diese Bewegungen, da sie ohne Bewußtsein der Seele vorgiengen, weil der Kopf abgehauen war, beweisen eine aus Uebung zurükgebliebene Fertigkeit und eine vorgängige zu dieser oder jener bestimmten Richtung blos mechanische Stimmung, und eben so gut als der Rumpf noch solcher seelenloser Bewegungen fähig ist, werden es auch jene von aussen gereizte Gesichtsmuskeln seyn, auch werden sie ohne Theilnahme der Seele noch eine Weile konvulsivisch bewegt werden können.[4]

Quelle: Eschenmayer, 1797, Vorrede, S. 14–21; Karl August von E. (1769–1852), promovierte 1794 in Tübingen, ab 1811 dort Professor für Medizin und Philosophie, setzte sich insbesondere mit naturphilosophischen und psychiatrischen Problemen auseinander. 1 Zu Closs und Soemmerring siehe Kommentar des vorhergehenden Textes. 2 Ironische Anspielung auf den exzessiven Einsatz der Guillotine während der Französischen Revolution. 3 Die Metapher der «Reizschwelle» deutet sich hier an, welche jedoch erst in der zweiten Hälfte des 19. Jh.s in der Neurophysiologie erforscht wurde. 4 Hiermit sind reflexartig ablaufende Zuckungen bzw. Krämpfe gemeint.

Zeugungslehren

Spekulationen über Fortpflanzung und organische Entwicklung

William Harvey, der Entdecker des großen Blutkreislaufes, postulierte 1651, daß sich alle Lebewesen, auch Säugetiere und Mensch, nach dem Vorbild eierlegender Tiere aus dem Ei entwickelten gemäß dem Leitsatz *omne vivum ex ovo* (alles Leben kommt aus dem Ei). Damit widersprach er der traditionellen Idee einer *Urzeugung*, wonach auch aus unbelebter Materie (zumindest kleine) Lebewesen entstehen könnten. Harvey nahm an, daß der Hahn nur indirekt durch Übertragung eines Befruchtungsfaktors auf die Henne zur Zeugung beitrage, was ebenso für die Zeugung bei Säugetieren gelte. Bis Mitte des 18. Jahrhunderts herrschte die Auffassung vor, daß der gesamte menschliche Organismus in der Ei- oder Samenzelle in verkleinerter Form vorgebildet (*präformiert*) sei. Erst der Anatom Caspar Friedrich Wolff konnte in seiner Dissertation von 1759 anhand mikroskopischer Studien, insbesondere am bebrüteten Hühnerei, nachweisen, daß sich die Organe in den Embryonen stufenweise ausdifferenzieren. Die Lehre von der *Epigenesis* konnte sich jedoch erst gegen Ende des Jahrhunderts gegen die vorherrschende Präformationstheorie durchsetzen, der auch Albrecht von Haller anhing. Freilich blieb auch im 18. Jahrhundert die biologische Funktion von Ei und Samenzelle ungeklärt: Die einen (*Ovulisten*) erblickten im Ei den entscheidenden Zeugungsfaktor, die anderen im «Samentierchen» (*Animalculisten*, siehe →*Mikroskopie*). Auch über die Möglichkeit der Urzeugung, welche der französische Naturforscher Buffon in seiner naturhistorischen Theorie vertrat, wurde weiter gestritten. Der italienische Naturforscher Spallanzani konnte jedoch – fast 100 Jahre vor Pasteur – experimentell nachweisen, daß auch Infusionstierchen aus Keimen entstehen.

Literatur: Rothschuh, 1953.

Haller argumentiert gegen Buffons Lehre von den «inneren Abdrücken»

Die bekannten Saamenthierchen des Hamms[1] oder des Hartsoekers[2], die man dem Leeuwenhoek[3] zuzuschreiben pflegt, weil er die meiste Mühe auf sie gewandt, und in den meisten Thieren sie beschrieben hat, sind nach dem Herrn v. Buffon nicht eigentliche Thiere, es sind gebildete Theile der zeugenden Materie, und man sieht sie aus den Knoten der Fäden im Saamen hervorquellen, sie ändern ihre Gestalt ... Sie sind endlich dem männlichen Geschlechte nicht eigen, und man findet sie in dem Safte der gelben Drüsen[4], die in dem Eyerstocke befruchteter Thiere gefunden werden, wiewohl in etwas geringerer Anzahl. Beyde Geschlechter haben also ihren Saamen, und in demselben gebildete bewegte Theilchen, aus deren Vereinigung die Leibesfrucht entsteht. ...

Diese Theilchen enthalten die Aehnlichkeit aller Theile des Vaters oder der Mutter. Sie sind von der erfahrnen Künstlerinn, der Natur[5], von den rohen und ungebildeten Theilen der menschlichen Säfte abgeschieden, und nach allen den Theilen des Leibes des Vaters (und der Mutter) abgedruckt[6] worden. Hieraus entsteht die Aehnlichkeit der Kinder mit den Aeltern. ... Fragt man, wie diese Theilchen den innern Bau des väterlichen Leibes annehmen können, da sie billig nur Abdrücke holer Gefäße seyn sollten, so antwortet der Hr. v. B.[7] wir kennen die Kräfte der Natur nicht alle, und sie hat mit Ausschließung ihrer Schüler, der Menschen, die Kunst sich vorbehalten, innere *Modelle und innere Abdrücke* zu machen, die des Modells ganze Dichtigkeit ausdrücken. ...

Kann man sich etwas dergleichen vorstellen? Ists möglich, daß die Natur aus einer zähen Materie die Aehnlichkeit eines Vaters in seinen Adern unendlich verjüngen kann. ... Ich will hier nicht anmerken, daß gegen die Beyspiele der ihren Aeltern ähnlichen Kinder eine weit größere Menge von andern vorhanden sind, die nichts kenntbares [!], nichts ähnliches von ihren Aeltern an sich haben. Mein Gedanke geht weiter. Kein Mensch ist in seinem innern Baue dem andern ähnlich, und folglich kein Kinde seinem Vater.

Die Zergliederung[8] hat mich von dieser sehr verdrießlichen Wahrheit belehret, die meine Arbeit vielfach verdoppelt hat. Wenn die Menschen einander ähnlich wären, so wäre eine Beschreibung und Abbildung der Schlagadern der Hand genugsam. Wenn sie einmal dem Urbilde ähnlich wäre, so würde sie es allemal bleiben. Aber von dieser bequemen Aehnlichkeit finden wir die Natur weit entfernt. Es sind niemals zween Menschen gesehen worden, in denen nicht alle Nerven, alle Schlagadern, alle zurückführende Adern und selbst die Muskeln und die Knochen unendlich von einander verschieden sind.

Quelle: Albrecht von Hallers Vorrede zu Buffon, 1752. Dieser wendet sich hier gegen Buffons Lehre von den «inneren Abdrücken» der Natur, da er die Annahme okkulter und wundersamer Naturkräfte ablehnt. Als Vertreter einer mechanistischen biologischen Forschung lehnte er die (zwischenzeitlich favorisierte) epigenetische Theorie ab und gab der Präformationstheorie den Vorzug. 1 Johan Ham (1650–1723), niederländischer Arzt und Naturforscher, erzählte 1677 Leeuwenhoek, er habe kleine Tierchen in der menschlichen Samenflüssigkeit entdeckt. Dieser wandte sich daraufhin der Erforschung der Spermatozoen zu (→*Mikroskopie*). 2 Nicolaas Hartsoeker (1656–1725), niederländischer →*Mikroskopiker.* 3 Siehe →*Mikroskopie.* 4 Gelbkörper = *Corpus luteum.* 5 Dieser Ausdruck erinnert noch an die in früher Neuzeit beliebte Metapher von der Natur als unsichtbarem Baumeister oder bildendem Künstler. 6 Die Vorstellung eines «Abdrucks» als Nachbildung erinnert an die Imaginationslehre im 16. und 17. Jh. («Ein-bildung»). 7 Herr von Buffon. 8 D. h. Anatomie.

Caspar Friedrich Wolff begründet die Epigenesis

Evolution also heist im generellen Verstande ein Phänomen, welches ... nicht durch natürliche Ursachen producirt, sondern vielmehr unmittelbahr von Gott, und zwar zur Zeit der Schöpfung schon erschaffen, die Zeit über, ehe es zum Vorschein gekommen, unsichtbar gewesen ... [44] Nun sage ich, ein dergleichen Ding gibt es in der ganzen Natur nicht. ... [51]

Sie können mir in der ganzen Natur kein einziges Exempel einer Erscheinung aufweisen, die durch eine Evolution[1] zum Vorschein gebracht würde, sondern alle Erscheinungen, die in der Welt statt finden, werden durch physische Ursachen im genauesten und vollständigsten Verstande *producirt* oder *herfürgebracht.* ... [59]

Wenn man die Generation[2] ungekünstelt, und wie sie uns zuerst in die Augen fällt, ansieht, so glaubt man, es werden die organischen Körper würklich producirt, und man läßt es sich nicht einfallen, daran zu zweifeln; das heißt, man behauptet die *Epigenesis* ... [61]

Denn eben dadurch, daß ich die Hypothesen der Prädelineation[3] widerlege, vertheidige ich zugleich den Satz, daß die Körper bey der Generation formirt werden. ... wenn ich also sage die Hypothesen sind falsch; so sage ich eben damit zugleich, die *Epigenesis* ist wahr.

Quelle: Wolff, 1764, S. 43–61; Caspar Friedrich W. (1734–1794), Arzt und Anatom, Begründer der modernen Entwicklungslehre, ab 1767 als Leiter der anatomischen Abteilung der Akademie der Wissenschaften in St. Petersburg tätig. 1 Hier: im Sinne der Präformationslehre. 2 Zeugung; in der vorliegenden deutschen Übersetzung ist jedoch durchweg von «Generation» die Rede. 3 Präformationslehre.

Blumenbachs «Bildungstrieb» soll Zeugung erklären

In unserem Zeitalter haben einige berühmte Physiologen die Sache ganz kurz abgethan, indem, nach ihrer Meinung, heut zu Tage keine neue Zeugung statt findet, sondern die präformirten Keime[1] des ganzen Menschengeschlechtes bey der ersten Schöpfung gleich in die ersten Stammältern gelegt worden sind, so daß nun eine Generation derselben nach der andern zur Entwicklung gelanget. Nur darinn weichen sie von einander ab, daß diese Keime, wie einige dafürhalten, [358] in den väterlichen Saamenthirchen[2], nach anderer Meinung aber[3] in den weiblichen Eyerstöcken liegen sollen.

Auch ich habe vorhin dieser Meinung beygepflichtet, theils wegen Mangel einer andern, die mich damals mehr befriediget hätte, theils [359] durch das Ansehen ihrer berühmten Anhänger verleitet. Allein ich bin nun gezwungen, diese Meinung zu verlassen ...

Denn täglich werde ich mehr überzeugt, daß in allen organischen belebten Körpern ein besonderer, angebohrner, dann lebenslang thätiger Trieb rege sey, ihre bestimmte Gestalt durch die Zeugung anfangs anzunehmen, dann durch die Ernährung lebenslang zu erhalten und wenn sie ja etwa verstümmelt worden, wo möglich, durch die Reproduktionskraft, wieder herzustellen. – Ein Trieb, den man, um ihn von andern Lebenskräften zu unterscheiden, mit dem Namen des Bildungstriebes[4] (*nisus formativus*) bezeichnen kann. ... [360]

Es scheint mir daher folgende Vorstellung von den Fortschritten des Zeugungsgeschäftes der Warheit am nächsten zu kommen. Die verschiedenen in den Körpern beyderley Geschlechts befindlichen Flüßigkeiten ... , welche bey einem fruchtbaren Beyschlafe sich zugleich in die Höhle der Gebährmutter ergießen, erfordern vor allen Dingen eine gewisse Zeit, damit sie desto inniger mit einander vermischt werden, und den gehörigen Grad der Reife erlangen. Nachdem diese Vorbereitung vollendet ist, und diese Flüßigkeiten verarbeitet worden, und zur Reife gediehen sind, wird erst der Bildungstrieb in denselben rege, wodurch der noch unförmliche Zeugungsstoff theils in die zierlichen Hüllen des Eyes, theils in die

VENERI
CAELESTI
GENETRICI

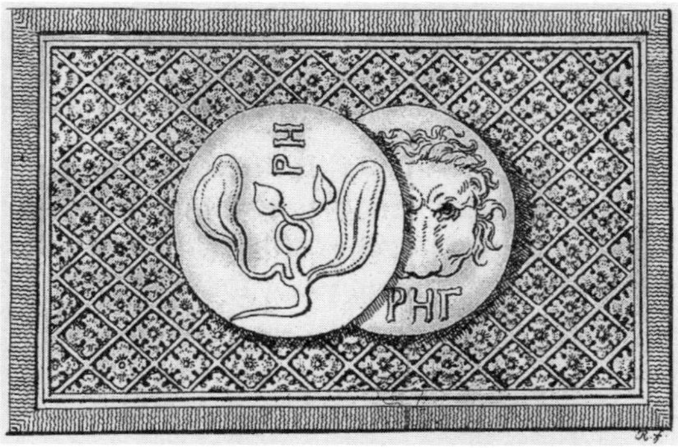
ΡΗ
ΡΗΓ

Gestalt des darinn enthaltenen Foetus ausgebildet, und belebt wird. ... [361]

In der ganzen Schöpfung, und sogar in den einfachsten Elementen, wo schlechterdings keine präformirten Keime statt finden, bemerkt man Spuren solcher bildenden Kräfte. Auch Wolken nehmen regelmäßige Gestalten an, und der elektrische Strom schlängelt sich in bestimmten Figuren.

Quelle: Blumenbach, 1789, S. 357–361 [§§ 589–593]. 1 Die Präformationslehre verlor trotz der epigenetischen Theorie von C. D. Wolff (1759) erst gegen Ende des 18. Jh.s ihre vorherrschende Rolle. 2 Fußnote im Original verweist auf W. Fr. v. Gleichen: Wilhelm Friedrich von Gleichen-Rußwurm (1717–1783), deutscher Privatgelehrter. Der erste Vertreter des «Animalculismus» war Leeuwenhoek. 3 Fußnote im Original verweist auf Albrecht von Haller; Begründer des «Ovismus» war Harvey. 4 Blumenbachs «Bildungstrieb» zeichnet ihn als einen «Vitalisten» aus, auf den sich spätere vitalistische Biologen immer wieder beriefen.

---

9. Blumenbachs Illustration des «Bildungstriebes»

Blumenbach, 1791, Titelblatt, S. 9, S. 116

Deutung der Kupfer-Verzierungen

1. *Auf dem Titel [Titelblatt], eine Brüt-Henne als Symbol des Bildungstriebes im Thierreich.*[1]
2. *Auf der Anfangsleiste [S. 9], ein aufkeimend Saamenkorn als Bild dieses Triebes im Gewächsreich. Nach einer alten silbernen Münze von Reggio in Calabrien beym Goltz.*[2]
3. *Am Schluss [S. 116], eine anständige und doch wie Naturkenner wissen, sehr bedeutungsvolle Vorstellung des Genusses, der dann den Bildungstrieb zur Folge hat.*[3]

Quelle: Blumenbach, 1791 [Vorspann]. 1 Diese Symbolisierung unterstreicht die Bedeutung von Hühnerei und Hühnerembryo für die Erforschung von Zeugung und Entwicklung ab dem 17. Jahrhundert. 2 Hendrick Goltz oder Goltius (1558–1617), niederländischer Kupferstecher und Maler, studierte 1590/91 in Italien Werke der Antike und der Renaissance. 3 Die in sich verschlungenen Schlangen als Darstellung des Zeugungsaktes lassen diesen in einer gewissen Ambivalenz erscheinen, da die Schlange seit der Antike sowohl als (biblische) Giftschlange als auch als Heilschlange (des Asklepios) angesehen wird.

Gegen die (ovistische) Theorie von den mütterlichen Keimen

Dem Fall z.B. aus den schwedischen Abhandlungen[1] setze ich einen aus der Geschichte der königl. Akad. der Wissenschaften zu Paris entgegen, da ein *Abbé* mitten in einem Versuche über das Zeugungsgeschäfte sehr zur Unzeit unterbrochen [64] ward, und von Stund an in gewissen Theilen die einmal ein andrer *Abbé* der heil. *Abelard*[2] durch einen ähnlichen Anlass ganz eingebüsst[3] hat, eine harte Geschwulst fühlte. Es kam zur Operation, und sein Wundarzt versichert der königlichen Akademie[4], dem Hern. Patienten ein verhärtetes Kindchen[5] aus besagten Theilen geschnitten zu haben.

Quelle: Blumenbach, 1791, S. 63f. 1 Blumenbach spielt hier auf den zuvor (S. 61f.) erwähnten Fall an, «wo man bey der Section eines Mädchen, Knochen, Zähne und Haare in einer Geschwulst des Gekröses» gefunden habe – ein Fall, den Haller angeführt habe, um die «Wahrheit der mütterlichen Keime» zu belegen. 2 Abaelardus (1079–1142), scholastischer Philosoph, berühmt durch seine mannigfach literarisierte Liebesgeschichte mit Héloise. 3 Gemeint sind hier die Hoden: Abaelard wurde wegen seines Verhältnisses zu Héloise entmannt. 4 In Paris. 5 Es handelte sich hierbei um ein Teratom, eine «Wundergeschwulst» – ein traditionelles Faszinosum wie die «Monstren» –, die vor allem in Keimdrüsen (bei Mann und Frau) entsteht und als Mischgeschwulst mit körperähnlichem Aufbau unterschiedlichen Reifegrad erlangen kann.

«Mißgeburten» durch widernatürliche Richtung des Bildungstriebes

Wenn aber endlich der Bildungstrieb nicht blos wie in den vorigen Fällen eine *fremdartige*, sondern eine völlig *widernatürliche* Richtung befolgt, so entstehen eigentlich sogenannte *Misgeburten*[1]. … [113]

Manche tierische Misgeburten (z.B. die mit doppelten Leibern und einem gemeinschaftlichen Kopf) sind von der Art, dass sie nach der ausdrücklichen Behauptung des *Herrn von Haller*[2] und andrer Verfechter der Keime nicht etwa durch das Zusammenwachsen zweyer Keime und andere dergleichen Zufälle enstanden seyn, sondern in der ursprünglich-monstrosen[3] ersten Anlage eines einzelnen Keims ihren Grund haben sollen; d.h. sie waren schon von je als Misgeburt präformirt.

Quelle: Blumenbach, 1791, S. 111–113. 1 Der Begriff der Mißgeburt hat im 18. Jh. denjenigen des Monstrums abgelöst. 2 Zu Hallers Position siehe oben. 3 Blumenbach führt gegen die Präformationslehre die Idee der Entwicklungsstörung ins Feld. (Aus heutiger Sicht sind Mißbildungen entweder genetisch oder umweltbedingt.)

Gutachten zur Frage, ob ein «Mohr» Vater eines weißen Kindes sein könne

Die Ursache, so zu der nachstehenden Frage Anlaß gegeben, besteht in einem, bey dem Hochlöbl. Kammergerichte schwebenden Proceß; indem die Ehefrau und jetzige Wittwe eines Mohren, Nahmens Hannibal, bey Lebzeiten ihres Mannes mit dem hiesigen Bäckermeister W** zugehalten und aus diesem Beyschlaf ein ganz weißes Kind zur Welt gebracht haben will. Da nun über die Verpflegung dieses Kindes Streit entstanden, ob solches von dem Hannibal oder von dem Bäckermeister W** erzeuget worden ... : So sind Wir deshalb von Einem Hochlöbl. Kammergericht unter dem 1sten März *h. a.*[1] ersuchet worden, Demselben darüber ein Gutachten zukommen zu lassen:

> Ob von dem Beyschlaf eines Mohren mit einer weißen Frau ein ganz weißes Kind gebohren werden könne? ... [265]

Wir müssen daher,[2] da Uns die *systemata generationis* und alle Theorien[3] gänzlich verlassen, die Uns vorgelegte Frage lediglich aus den Erfahrungen glaubwürdiger Männer herleiten und beantworten. ... [268]

Da nun aus dem Beyschlaf eines Negers mit einer Weißen jederzeit ein Mulatte entstehet, auch nach dem *Iser*[4], welcher sich selbst eine geraume Zeit zu Guinea aufgehalten hat, imgleichen nach dem Zeugniß vieler andern, das krause Haar oder Wolle, die flachen Nasen, und aufgeworfenen Lippen allezeit die charakteristische[n] Kennzeichen der Negernation[5] sind; so läßt sich hieraus erweisen, daß von dem Beyschlaf eines Mohren mit einer weißen Frau weder ein ganz weißes, noch auch ein ganz schwarzes Kind, sondern ein Mulatte entstehen müsse. ... [270] Wir [sind] der gänzlichen Meinung, daß [271]

1) Von dem Beyschlaff[6] eines Mohren mit einer weißen Frau

kein ganz völlig weißes Kind gebohren werden könne, und daher

2) der Uns vorgezeigte Knabe von keinem schwarzen Vater und einer weißen Mutter, sondern von einem weißen Vater und von einer weißen Mutter erzeuget worden sey u.s.w.

Berlin, den 15ten April, 1790.[7]

Quelle: Pyl, 1783–1793, 7. Samml., S. 262–271. 1 D.h. *h*uius *a*nni = dieses Jahres. 2 Bezieht sich auf die zuvor dargelegten Aporien aller gängigen Zeugungslehren. 3 Es handelt sich um die ovulistische, animalculistische sowie epigenetische Theorie. 4 Nicht identifiziert. 5 «Negernation»: Der Begriff Neger taucht im Deutschen im 17. Jahrhundert als Lehnwort aus den romanischen Sprachen (lat. niger = *schwarz*) auf. Viel älter ist der Begriff «Mohr», der bereits im Althochdeutschen bekannt ist und vom lat. Wort *maurus* («Maure», Bewohner der nordafrikanischen Provinz Mauretanien) stammt. Erst ab dem 16. Jh. bezeichnete «Mohr» den Schwarzen, den «Neger». 5 «Nation» bezeichnet vor dem 18. Jh. noch die Abstammungsgemeinschaft, den Volksstamm, gegen Ende des 18. Jh.s kann er bereits die moderne politische Bedeutung annehmen. Im vorliegenden Text ist er ein Synonym für den zeitgenössischen Begriff →*Rasse*. 6 Im vorliegenden Text mit «f» und «ff» geschrieben. 7 Unterzeichnet von Roloff, dem Dekan des «Königl. Preuß. Ober-Collegii Medici».

Galvanismus

Die Entdeckung der «thierischen Elektrizität»

Der Bologneser Arzt und Naturforscher Luigi Galvani (1737 bis 1798) begann 1780 eine Serie von Experimenten mit Froschschenkeln, um an den Nerv-Muskel-Präparaten die Wirkung von «künstlicher Elektrizität» aus der Elektrisiermaschine zu studieren. 1786 entdeckte er, daß der Froschschenkel unabhängig von äußeren Einflüssen – wie z.B. atmosphärischer Elektrizität – immer dann zuckte, wenn man ihn auf eine Eisenplatte legte, die Nervenenden mit einem Draht verband und mit diesem die Platte berührte. Galvani sah hierdurch die dem tierischen Organismus innewohnende Elektrizität erwiesen. Somit glaubte er, das bislang spekulative «Nervenfluidum», den «Spiritus nervosus» oder «Nervengeist» naturwissenschaftlich als «animalische» oder «thierische Elektrizität» definieren zu können. Tatsächlich verquickte er jedoch zwei voneinander unabhängige Quellen der Elektrizität, die in den darauffolgenden Jahren von dem italienischen Physiker Alessandro Volta (1745–1827) durch dessen Entdeckung der Kontaktelektrizität zwischen zwei sich berührenden verschiedenartigen Metallen klar voneinander unterschieden werden konnten: die Elektrizität des lebendigen Organismus und die der Metalle. Der Galvanismus eröffnete um 1800 eine neue Ära der experimentellen Neurophysiologie, die für die medizinische Naturforschung des 19. Jahrhunderts maßgebend werden sollte. Zugleich modifizierte er zeitgenössische Behandlungskonzepte, insbesondere die →*elektrische Medizin* und den →*tierischen Magnetismus*, regte phantastische Therapieformen, wie z.B. den →*Perkinismus*, an und beflügelte schließlich allgemein den wissenschaftlichen Diskurs im frühen 19. Jahrhundert, der Blütezeit der romantischen Naturphilosophie in Deutschland.

Literatur: Brazier, 1984; Rothschuh, 1960; Züllig, 1971.

Die Entdeckung der «thierischen Elektrizität»

Mit dieser Entdeckung gieng es so zu. Ich zerschnitt einen Frosch, und bereitete ihn, wie in Figur Ω Taf. I zu sehen; legte ihn ohne etwas anders zu vermuthen, auf die Tafel, worauf die elektrische Maschine Figur I. Tafel I. stand, die gänzlich vom Konduktor getrennt, und ziemlich weit davon entfernt war; als aber einer meiner Zuhörer[1] die Spizze des Messers von ungefähr ein wenig an den innern Schenkelnerven des gedachten Frosches D. D. brachte, so wurden die Muskeln aller Glieder so gleich so zusammengezogen, als ob sie von heftigen Konvulsionen ergriffen würden. Ein anderer, von den Gegenwärtigen[2], glaubte zu bemerken, es geschähe nur zur Zeit, wenn der Konduktor Fig. I. B. einen Funken gäbe. Er bewunderte die Neuheit der Sache, und machte mich, der ich eben ganz was anders vorhatte, aufmerksam darauf. Ich wurde auch so gleich von der von der Begierde das nemliche zu erfahren, und das Verborgene davon zu erforschen hingerissen. Ich berührte also selbst mit der Messerspizze bald den einen bald den andern Schenkelnerven, zur Zeit, wenn einer der Gegenwärtigen einen Funken [4] aus dem Konduktor nahm. Die Erscheinung geschah auf eben dieselbe Weise, heftiges Zusammenziehen ergriff jede Muskeln aller Glieder, als ob das Thier von einem heftigen Tetanos in den [sic!] nemlichen Augenblick ergriffen würde, wenn die elektrische Maschine Funken gab. ... [6]

Mit den [sic!] gläsernen Zilinder [H. Fig. 2.] berührten wir, oder besser rieben wir die Schenkelnerven zur Zeit, als Funken entlockt wurden, aber aller angewandten Mühe ungeachtet, kam das Phenomen nicht zum Vorschein; obgleich wir unzählige, ungleich stärkere Funken und das in der kleinsten Entfernung, wahr nahmen; aber kaum berührten wir diese Nerven mit den eißernen Zilinder, so erfolgte diese Erscheinung, auch bei den geringsten Funken.

Was wir nur gemuthmasset hatten, war nun Wahrheit. *Es werde, damit diese Erscheinung geschehe, die Berührung eines zuleitenden Körpers mit den Nerven, erfordert.*

Quelle: Galvani, 1793, S. 3–6. 1 Es handelte sich um damals übliche Vorlesungen mit Experimenten. 2 Zuhörer, Teilnehmer.

Der Frosch als elektrisches Pendel

Unsre Meinung[1] wurde durch eine von ohngefähr bemerkte und angenehme Erscheinung wie ich glaube, gänzlich bestättiget: Wenn ein Frosch mit einem Schenkel so mit den Fingern in die Höhe gehalten wird, daß der Hake des Rückenmarks[2] irgend eine silberne Scheibe berührt, der andere aber frei auf die nemliche Scheibe fällt Fig. 11. Taf. 3. so geschiehet es, daß so wie der Schenkel die silberne Fläche berühret so ziehen sich auch die Muskeln zusammen, daher steigt der Schenkel und wird in die Höhe gezogen, läßt aber sogleich wieder nach, und fällt wieder zurück, steigt aber aus eben der Ursache sogleich, wie er die Scheibe berührt, wieder in die Höhe, und so fährt er wechselweise fort zu steigen und zu fallen und gleicht zu nicht geringer Verwunderung und Vergnügen[3] des Nachforschers, einem elektrischen Pendul[4].

Quelle: Galvani, 1793, S. 39. 1 Von der «tierischen Elektrizität», siehe oben. 2 Es handelt sich hier um die sensorischen Rückenmarkswurzeln. 3 «Verwunderung und Vergnügen» ist eine treffende Formulierung für die experimentelle Physiologie jener Zeit. 4 Die Metapher vom «elek-

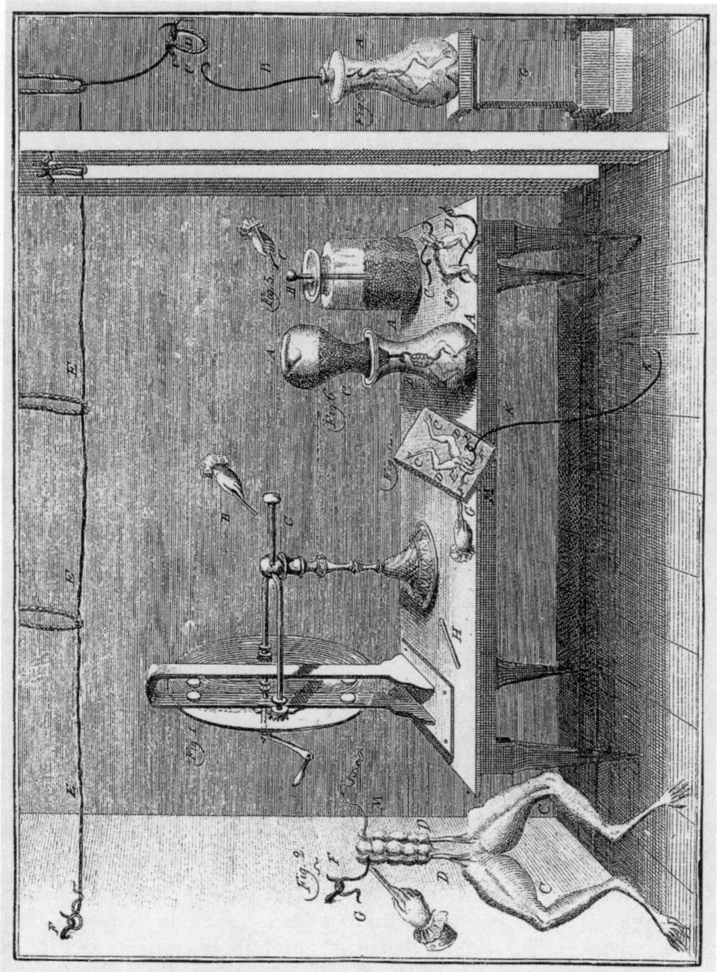

10. Zuckende Froschschenkel
Galvani, 1793, Tab. 1

trischen Pendel» impliziert die vielschichtige Bedeutung des Pendels in der Wissenschaftsgeschichte. Es ist nicht nur Inbegriff der exakten Messung, sondern auch Instrument der mantischen Künste bis hin zur parapsychologischen bzw. psychologischen Verwertung des «Pendelversuchs» im 19. Jahrhundert.

Die «tierische Elektrizität» unterschiedlich gedeutet

Einige, wie *Galvani, Valli*[1], wollten die Natur des Nervenfluidums, die Gesetze seiner Wirkungen damit entdeckt haben; andere, wie *Volta*[2], *Reil*[3], glaubten, nicht die Physiologie, sondern die Lehre von der Elektrizität habe durch diese neuen Beobachtungen wichtige Aufschlüsse erhalten, und erklärten die Erscheinungen durch eine neue Eigenschaft der Metalle, noch andere endlich, wie *Fowler, Gren, Creve,*[4] schlossen eben das Princip, dem die vorhergehenden nur auf verschiedene Art die beobachteten [7] Wirkungen zuschrieben, nehmlich die Elektrizität, von aller Wirksamkeit hiebey aus.

Von dieser Seite betrachtet,[5] schien *Galvanis* Entdeckung wirklich der schönste Triumph der Physiologie zu seyn, indem dadurch das Geheimnis des Lebens enthüllt und an die Stelle von Kraft,[6] jenes armseligen Behelfs unserer Unwissenheit, eine Materie getreten wäre, die sich uns sonst in so mannichfaltigen Erscheinungen offenbart, eine Materie, deren Bewegungsgesetze uns bekannter sind, und deren Verhältnisse gegen den Organismus, und damit vielleicht das ganze Räthsel des organischen Lebens, durch die Kenntniss ihrer Verhältnisse gegen andere Materien eine grosse Aufklärung erhalten könnten.

Quelle: Pfaff, 1795, S. 6f. bzw. 329. 1 Der italienische Arzt Eusebio Valli (1755–1816) hatte ein «Schreiben über die thierische Elektrizität» (Pavia, 5. Apr. 1792) verfaßt, abgedruckt in: Galvani, 1793. 2 Der italienische Physiker Alessandro Volta (1745–1827) war der große Gegenspieler von Galvani. 3 Der Hallenser Kliniker Johann Christian Reil (1759–1813) setzte sich u.a. intensiv mit Galvanismus und Mesmerismus auseinander. 4 Der britische Arzt Richard Fowler (1765–1863) veröffentlichte 1793 seine Schrift über die «animal electricity» (dt. Übersetzung 1795); Friedrich Albert Karl Gren (1760–1798) war Apotheker und ab 1788 Medizinprofessor in Halle; Johann Caspar Crève (1769–1853) promovierte in Medizin 1792 in Mainz und publizierte seine Schrift zu Galvanis «thierischer Elektricität» 1793 (siehe unten). 5 Daß nämlich «die Nerven selbst gleichsam die elektrischen Organe

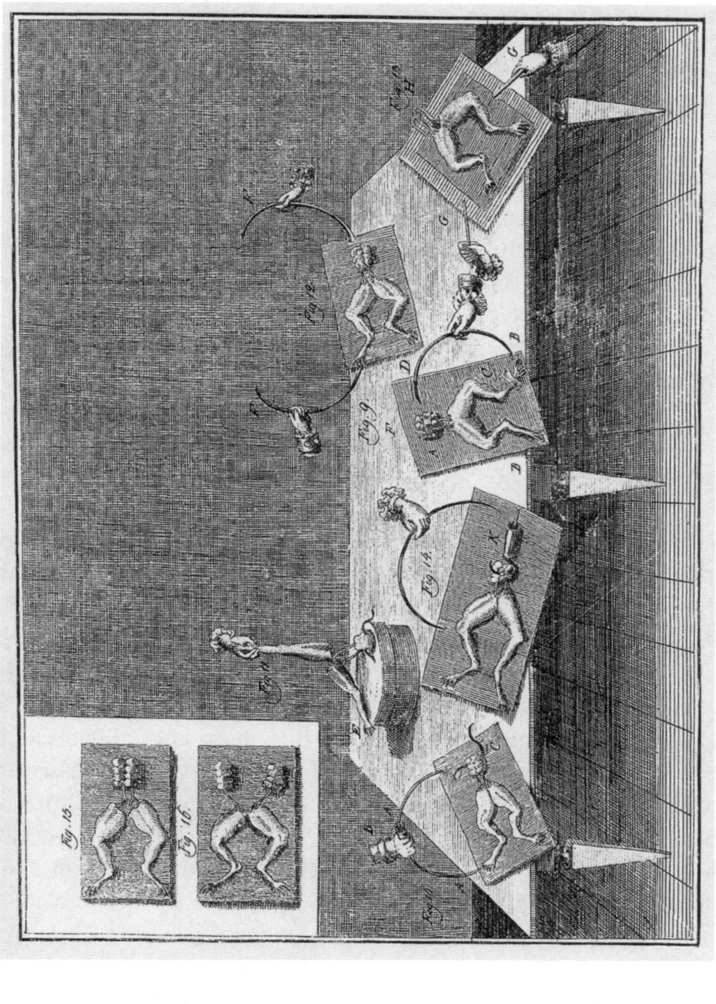

11. Der Frosch als elektrisches Pendel
Galvani, 1793, Tab. 3, Fig. 11

sind, und dass sie die in diesen Versuchen wirksame Eletricität hergeben, welche von den Metallen bloß in Bewegung gesetzt und fortgeleitet wird». 6 Zur Geschichte des medizinischen Kraftbegriffs im 18. Jahrhundert vgl. Feldt, 1990.

Galvanis Hauptsätze – der Muskel als «Leidener Flasche»

Galvani ließ sich auch vom ersten Scheine verführen,[1] und bauete auf die Erscheinungen der thierischen Elektricität eine Theorie der thierischen Bewegungen überhaupt, von welcher die Hauptsätze folgende sind:

I. Die Thiere haben eine eigenthümliche selbstständige Elektricität, welche den Nahmen *thierische Elektricität* verdient.

II. Die Organe, in welchen diese thierische Elektricität vorzüglich wirkt, und durch welche sie dem ganzen Körper mitgetheilt wird, sind die Nerven, und das wichtigste Absonderungsorgan derselben ist das Gehirn. [330]

III. Die innere Substanz der Nerven, wahrscheinlich die dünnste Lymphe,[2] ist mit Leitungskraft für die Elektricität begabt, und macht daher die freie und schnelle Bewegung der Elektricität durch die Nerven möglich, zugleich verhindert aber der öligte Überzug der Nerven die Zerstreuung dieser Elektricität, und erlaubt ihre Anhäufung.

IV. Die vorzüglichsten Behälter der thierischen Elektricität sind die Muskeln. Sie stellen gleichsam eine Leidner Flasche[3] vor, und zwar ist ihre äußere Oberfläche negativ, in ihrem Innern hingegen ist die Elektricität angehäuft, das also positiv ist. Der Nerve ist der Conductor dieser Flasche, der neben den Blutgefäßen die Muskeln mit Elektricität versieht.

V. Der Mechanismus aller Bewegungen besteht kurz darin, daß die elektrische Flüssigkeit[4] aus dem Innern der Muskeln in die Nerven derselben gezogen und geleitet wird, und daß sie nun aus diesen auf die äußere Oberfläche der Muskeln überströmt, folglich coexistirt mit jeder Zusammenziehung gleichsam eine Entladung der musculösen Leidner Flasche, und diese ist die Ursache von jener, die Zusammenziehung eine Folge des Reizes, den die auf die äußere Oberfläche der Muskeln überströhmende Elektricität auf die reizbaren Muskelfasern ausübt.

Quelle: Pfaff, 1795, S. 329f.; Christoph Heinrich P. (1773–1852), studierte von 1782 bis 1793 auf der Stuttgarter Karls-Akademie, ab 1801 o. Professor für Medizin, Physik und Chemie in Kiel. Er verfaßte hervorragende Schriften, u.a. über John Browns System. Die vorliegende Quelle wurde stark rezipiert und insbesondere von dem bedeutenden Elektrophysiologen Du Bois-Reymond ausführlich gewürdigt und zitiert (vgl. Du Bois-Reymond, 1848, S. 49). 1 Galvanis Thesen wurden von Anfang an kritisch in Frage gestellt. 2 An der traditionellen Lehre von der (äußerst feinen) Nervenflüssigkeit (Spiritus) wird hier festgehalten. 3 Die «Leidener Flasche» wurde 1745 von dem Physiker Pieter van Musschenbroek (1692–1761) im Jahr 1745 in Leiden erfunden und diente – im Verbund mit der Elektrisiermaschine – als Kondensator und Verstärker; siehe →*Elektrische Medizin*. 4 Die Fluidumtheorie bildet die theoretische Klammer für verschiedene praktische relevante Heilkonzepte, die sich um 1800 z.T. überlappten: klassische Magnettherapie (→*mineralischer Magnetismus*), Mesmerismus (→*animalischer Magnetismus*), und Galvanismus (galvano-magnetische Behandlungsmethoden).

Galvanischer Versuch am amputierten Unterschenkel

Den 13ten Februarius[1] hatte ich endlich selbst das Glück durch die Güte des Herrn Hofraths *Siebold*[2], dem ich dafür öffentlich danke, an einem Fusse eines neunjährigen Knaben diese Versuche zu machen. ... Im *Juliusspital*[3] wurde diesem Knaben wegen einer weißen Kniegeschwulst[4] zunächst der Hälfte des Oberschenkels die untere linke Gliedmaße weggenommen. Das Durchschneiden der allgemeinen Bedeckungen, der Muskeln, und das Durchsägen des Schenkelbeins währten kaum mehr als [21] drei Minuten.[5] Ich übergab nach der Trennung den Stumpen so geschwind wie möglich Herrn Prosektor *Hesselbach*, suchte den Kniekehlnerven (*nervum popliteum*) auf, brachte um denselben ein schmales Riemchen von Staniol; und kaum berührte den Nerven und Staniol ein großer französischer Laubthaler[6]: so erfolgten zu meiner größten Verwunderung und Freude die heftigsten Zuckungen sowohl an dem Theile, der ober dem Kniegelenk, als unter demselben sich befand; der Rest des Oberschenkels fuhr mit aller Gewalt und anhaltend gegen die Wade (eine Wirkung des Kniekehlmuskels – *musculi poplitei*); der Fuß aber wurde mehr gebogen, als ausgestreckt. ...

Herr Hofrath *Siebold* und alle Herrn, die dieser Amputation beiwohnten, bewunderten dieses Phänomen; es überzeugten sich auch welche über die Kraft, mit der sich die Muskeln zusammenzogen, durchs Gefühl.

Quelle: Créve, 1793, S. 20f. 1 Im Jahr 1793; im folgenden wird nur der erste Versuch zitiert. 2 Johann Georg Christoph von Siebold (1765–1798), ab 1790 Medizinprofessor in Würzburg, leitete ab 1796 das Juliusspital. 3 Die Universitätsklinik in Würzburg. 4 Vermutlich ein Sarkom. 5 Wegen mangelnder Anästhesie mußten Operationen bis Mitte des 19. Jahrhunderts blitzschnell durchgeführt werden. 6 Französische Münze (*Écu aux lauriers*), die im 18. Jh. auch in Deutschland im Umlauf war.

Dritter Teil
Zum Erkennen und Erklären von Krankheiten

Zeichen der Krankheit

Semiotik als medizinische Zeichenlehre

Semiotik hieß im 18. Jahrhundert die umfassende medizinische Zeichenlehre, mit deren Hilfe der Arzt den Zustand der Kranken nach den wissenschaftlichen Kriterien der Medizin beurteilen konnte: in physiologischer, pathologischer, diagnostischer und prognostischer Hinsicht. Im Unterschied zur Diagnostik der modernen Medizin, die sich auf den *status quo* konzentriert und dessen Parameter bis im einzelnen objektiv messen und registrieren will, richtete sich die Deutungskunst der Semiotik auf den gesamten Prozeß der Krankheit und vor allem auf die (Vor-)Zeichen seines zukünftigen Verlaufs. Die Texte geben einen Einblick in diesen zentralen Bereich ärztlicher Tätigkeit. Es ist bemerkenswert, wie kritisch sich die Autoren mit den Grenzen der semiotischen Methode auseinandersetzen: Sowohl die individuellen Unterschiede der Kranken als auch die (zumindest vorläufige) Verborgenheit der Krankheiten im «inneren Getriebe» (Reil) gemahnten sie zu Vorsicht und Bescheidenheit. Zwei Beispiele für die Semiotik in der ärztlichen Praxis werden hier besonders vorgestellt: zum einen die Perkussion nach Auenbrugger als neue Technik der physikalischen Untersuchung, zum anderen die Traumdeutung als mögliches Hilfsmittel der Diagnostik.

Literatur: Eich, 1986; Hess, 1993.

Semiotik: die medizinische Zeichenlehre

Medicinische Zeichenlehre – *Semiotice s.*[1] Semiologia – ist diejenige Wissenschaft, welche uns die Zeichen des Lebens, der Gesundheit, der Krankheit und des Todes kennen und beurtheilen lehrt.

Beschäftigt sie sich blos allein mit dem gesunden Zustande, so nennt man sie *physiologische Zeichenlehre*: giebt sie uns aber Anleitung, wie wir gegenwärtige Krankheiten durch Erwägung des vorhergegangenen Zustandes erkennen, ihre Ursachen erforschen, und ihre Dauer und ihren Ausgang vorhersagen können, so ist dies die *pathologische Semiotik*. … [2]

Die Zeichen, die uns die gegenwärtige Krankheit, ihre Natur und Ursache entdecken, nennt man *diagnostische Zeichen – Signa diagnostica* – und diejenigen, die uns immer eine und die nämliche Krankheit anzeigen, *pathognomische*[2] Zeichen.

Quelle: Danz, 1793, S. 1 f.; Ferdinand Georg D. (1761–1793), Medizinprofessor in Gießen. 1 Sive = oder. 2 Auch: pathognomonische.

Die Bedeutung der Zeichenlehre für die erfolgreiche Behandlung

Es bedarf wol keines Beweises, dass von der Vollkommenheit der medicinischen Zeichenlehre zum Theil der glückliche Erfolg der Bemühungen des Arztes abhängt. So lange er den kranken Theil und besonders die Natur seiner Krankheit nicht mit Zuverlässigkeit erkennt, fällt jede wissenschaftliche Cur weg … Der Mechanicus erkennt nicht gleich, wenn seine Uhr stehen bleibt, aus diesem Phänomen die innere Ursache desselben; er muss die Schaale öffnen, und jeden Theil einzeln untersuchen. Und doch ist diese Maschine sein eigens Machwerk, und in Vergleichung mit einem organischen Körper höchst einfach.[1] Der Arzt hat es mit der Erkenntnis der Fehler organischer Körper zu thun, deren Schaale er nicht öffnen kann, und von deren innerem Getriebe und dem Zusammenhang ihrer Werkzeuge er kaum den tausendsten Theil begriffen [107] hat.

Quelle: Reil, 1799, S. 106f. 1 Reil lehnt angesichts der Kompliziertheit organischer Verhältnisse und ihrer Dynamik (siehe →*Lebenskraft* und →*Seelenorgan*) mechanistische Konzepte für die Medizin ab.

Die Modifikation der Krankheit durch das Individuum

In wie fern die Krankheit (Art und Gattung) *durch das Individuum modificirt sey*, muss dadurch erkannt werden, dass wir das reine Bild der Krankheit mit der gegenwärtigen vergleichen, und das absondern, was in ihr anders, als in dem reinen Bilde derselben ist. Allein da wir nie eine abstracte Krankheit, sondern dieselbe immer in einem Individuum und modificirt durch dasselbe, wahrnehmen: so haben wir auch keinen anschaulichen

Begriff der reinen Krankheit, sondern höchstens nur einen abgesonderten von dem, was in vielen Fällen am häufigsten war. Es fehlt uns also an einem genauen Maasstab zur Vergleichung der gegenwärtigen Krankheit mit der reinen.

Quelle: Reil, 1799, S. 138.

Zeichen der Anamnese, Diagnose und Prognose

Uebrigens werden mit Rücksicht auf das Vergangene, Gegenwärtige und Zukünftige die Kennzeichen der Krankheiten in vorhergegangene (*signa anamnestica*) Untersuchungs- (*signa diagnostica*) und Vorbedeutungs-Zeichen (*signa prognostica*) eingetheilt. Die erstere Gattung dient der zwoten zum Hülfsmittel, und die dritte zeigt den Ausgang der Krankheit an.

Die Unterscheidungszeichen können wieder eingetheilt werden in 1. Cruditätszeichen[1] 2. Kochungszeichen und 3. Zeichen der Crisis (*signa cruditatis, coctionis, judicationis*)[2].

Metzger, 1785, S. 5; Johann Daniel M. (1739–1805), ab 1777 Medizinprofessor in Königsberg. 1 Zeichen des rohen Zustandes (zu Beginn der Krankheit). 2 Gemäß der antiken Lehre vom Krankheitsverlauf: Krankheitsmaterie im rohen Zustand – Kochung der verdorbenen Säfte – Entscheidung und Ausscheidung der Schlacken.

Hilfsmittel des Semiotikers

Die Hülfsmittel des Semiotikers sind: Erstlich gesunde und geübte Sinnorganen [sic!]; besonders Gesicht und Gefühl. Auch der Geruch ist öfters nöthig. Gehör und Geschmack dienen zu diesem Behuf nicht so oft: doch ist feines Gehör erforderlich, um auch die schwächste Stimme des Patienten zu vernehmen.

Zweytens ist richtige Beurtheilungskraft in der Semiotik sehr nothwendig. Je zweydeutiger die Kennzeichen, desto mehr ist Genie nöthig, um in der Beurtheilung einer Krankheit den höchsten Grad der Wahrscheinlichkeit zu erreichen.

Quelle: Metzger, 1785, S. 6.

Eine Grundregel für den angehenden Semiotiker

Um eigne richtige Erfahrungen anzustellen, und das Erfahrne berichtigen zu können, dazu müssen ihn[1] gehörige Hülfswissenschaften und Vorbegriffe, Kunst zu denken, kalter, aber ernster Beobachtungstrieb, scharfer, geübter Beobachtungsgeist, Selbstbeherrschung, Anhaltsamkeit und Ausdauern im Prüfen, Drang an Kenntniss zu wachsen, Wahrheitsliebe und Wahrheitssinn in Stand setzen. Entfernt müssen Uebereilung, unruhige Begierde, etwas Bestimmtes zu beobachten, Sattweisheit, Vorurtheil u.s.w. seyn.

Quelle: Danz, 1793, S. 14; Ferdinand Georg D. (1761–1793), Medizinprofessor in Gießen. 1 Den ärztlichen Semiotiker.

Zur Zeichenlehre der «Ausführungen», insbesondere der Blutflüsse

In der Zeichenlehre sind die Ausführungen von besonderer Wichtigkeit. Sie bestimmen nicht selten die Gattung der Krankheit, ihre Beschaffenheit, ihren Grad, ihren Ausgang. In dieser Rücksicht sind die Ausführungen von zweyerley Art, *symptomatisch* oder *kritisch.* [68] Symptomatisch sind sie, wenn sie durch die Ursache oder durch die Heftigkeit der Krankheit oder auch durch verkehrte Heilart hervorgebracht werden, die Krankheit nicht vermindern sondern oft noch vermehren. Kritische Ausführungen sind solche, welche durch das Bestreben der Natur den Körper zu befreyen bewirkt werden, dem Kranken Erleichterung schaffen, die Krankheit mildern oder heben. ... [69]

Blutflüsse sind sehr gewöhnlich sowohl symptomatische als kritische, bald heilsame, bald gleichgiltige, bald gefährliche Symptomen, besonders in kurtzdaurenden [sic!] (*acuti*) jedoch auch bisweilen in langwierigen Krankheiten. Die öftesten Blutflüße ereignen sich durch die Nase, den Mund, den After, die Geburtsglieder, minder oft durch die Ohren oder durch die Oberfläche des Körpers. ... Ein jeder periodischer Blutfluß welcher bey dem weiblichen Geschlecht die fehlende monatliche Reinigung ersetzt, ist an sich heilsam.

Quelle: Metzger, 1785, S. 67–69.

Zeichen der «Bösartigkeit in Krankheiten»

Die sichern Kennzeichen der Bösartigkeit sind: sehr schnelle Entkräftung, sehr schleunige Fäulniß der Säfte, stilles Irrereden, Zittern, Gleichgiltigkeit gegen die Gefahr, Sinnlosigkeit, Hängen der Beine ausser dem Bette, ein den übrigen bösen Kennzeichen nicht entsprechender Puls.

Quelle: Metzger, 1785, S. 105.

Zeichen der Blähungen

Wenn die Winde – *flatus* – in Krankheiten durch den After gehörig abgehen, so ist dies ein gutes Zeichen, besonders wenn es mit Geräusch geschieht, weil dies noch Stärke der Eingeweide anzeigt.

Allzuhäufige Blähungen beweisen aber immer große Schwäche der Verdauungsorgane, und wenn sie sehr stinken, Verdorbenheit des in den Därmen enthaltenen. Bey Hysterischen und Hypochondrischen[1] haben sie zwar nichts zu sagen; allein in hitzigen Krankheiten sind sie immer bedenklich.

Quelle: Danz, 1793, S. 111. 1 Siehe →*Weiberkrankheiten* bzw. →*Hypochondrie.*

Zeichen der «Mannbarkeit des weiblichen Geschlechts»

Die Zeichen der *Mannbarkeit*[1] sind:

1) Das Alter, nämlich vom 13–16 Jahre [sic!] ...
2) Das Aufschwellen der Brüste.
3) Veränderung der Stimme, die aber beym weiblichen Geschlechte weit unmerklicher ist, als beym männlichen.
4) Ausbruch der Haare an den Schamtheilen.
5) Monatlicher Blutabgang durch die Geburtstheile. [283]
6) Geilheit, Wohlgefallen an schönen Mannspersonen, wollüstige Träume[2] u.s.w.

Quelle: Danz, 1793, S. 282f. 1 Der Begriff der Mannbarkeit bezieht sich sowohl auf die Geschlechtsreife des Mannes als auch – wie hier – auf die der Frau. 2 Als Nervenreizträume gedeutet.

Zeichen des Todes

Verlangt man das gegenwärtige und sichere Zeichen des Todes zu wissen, so ist dazu auch nicht einmal der Stillstand des Herzens hinlänglich, denn es kann der Puls so gar in der Nabelschnur, welche eine so weite Arterie ist, völlig mangeln, und das Kind dennoch leben, und leicht wieder zu sich selbst gebracht werden. Ich traue selbst demjenigen Blute nicht, welches sich aus einer geschlagenen Ader zu fliessen weigert: eben so wenig ist hier die Unempfindlichkeit, das welke Voneinanderstehen der Schliesmuskeln, und die Gleichgültigkeit der Muskeln gegen alle Reize hinlänglich. Bisweilen sind alle diese Dinge bei Personen die vom [983] Schlage gerühret, und bei Ertrunkenen in so grossem Maasse vorhanden gewesen, daß nicht einmal ein Tobakksklistier[1] etwas auszurichten vermocht. ...

Ich lasse nicht einmal den Anfang der Fäulniß als ein gewisses Zeichen des Todes gelten, und diese Fäulniß ist nicht nur bei lebendigen, sondern auch sterbenden Personen nicht selten so heftig, daß mein Buchhändler *Vandenhöck*[2] versicherte, er rieche bereits seinen eigenen Tod, und er hatte Recht, dieses zu versichern, da er an einem schlimmen Frieselfieber[3] lag.

Quelle: Haller, 1759–1776, 8. Bd., S. 982f. 1 Das Einblasen von Tabaksrauch in den Enddarm als lebensrettende Maßnahme war allgemein akzeptiert; siehe →*Scheintod.* 2 Abraham Vandenhoeck (1700 bis 1750), niederländischer Buchdrucker und Verleger in Göttingen. 3 Mit rötlichem Hautausschlag einhergehende fieberhafte Erkrankung, als Ausdruck von im 18. Jh. nicht eindeutig diagnostizierbaren Infektionskrankheiten (z.B. Röteln, Scharlach, Fleckfieber).

Auenbruggers Erfindung der Perkussion

Die Brust muss mit aneinander gebrachten, gerade ausgestreckten Fingerspitzen *langsam* und *sanft angeschlagen* – richtiger gesagt, *angeklopft* – werden. ... [15] Wenn man mit der Hand an die eigene Brust und dann an den Schenkel anschlägt, so wird man aus dem Unterschiede dieser beiden Töne die erforderliche Idee zum richtigen Verständnis ... entnehmen. Ergibt die Perkussion der Brust an einer hell tönenden Stelle einen solchen *Fleisch*-(Schenkel-)*ton*, so kann man die Verbreitung des

Krankhaften über den ganzen Umkreis jener Schallveränderung entnehmen. ... [25]

Ich habe jedoch aus der angestellten Vergleichung der verschiedenen Ausgänge der entzündlichen Brustkrankheiten ... folgende Schlusssätze[1] gezogen:

1. Je gedämpfter der Perkussionsschall an irgend einer Stelle der Brust ist, und je mehr er sich dem Schenkeltone nähert, desto bedeutender ist die Krankheit.
2. Je grösser die Ausdehnung, in welcher der Schall gedämpft ist, desto bestimmter ist die Gefahr.
3. Der Kranke ist gefährdeter, wenn die linke, als wenn die rechte Seite ergriffen.[2]
4. Mangel des Schalls an der vorderen oberen Parthie des Thorax (die sich vom Schlüsselbein bis zur vierten [26] Rippe erstreckt), hat weniger Gefahr, als am unteren Theile.[3]

Quelle: Auenbrugger, 1761/1843, S.9–26; Joseph Leopold A. (1722 bis 1809), Erfinder der Perkussion als Untersuchungsmethode, die erst durch Napoleons Leibarzt Jean Nicolas Corvisart (1755–1821), der die betreffende lateinische Schrift ins Französische übersetzte (1808), in die Medizin eingeführt wurde. 1 Hier sind die ersten vier von insgesamt acht wiedergegeben. 2 Wegen größerer Störung des Herzens. 3 Die gefürchteten Pneumonien betreffen vor allem den hinteren unteren Teil.

Heimwehkrankheit dämpft Perkussionsschall

Wenn junge, noch im Wachsthume begriffene Leute wider ihren Willen zum [30] Soldatendienste genommen werden, und sich dadurch gezwungen sehen, auf jede Hoffnung einer einstigen, wohlbehaltenen Rückkehr ins ersehnte Vaterland zu verzichten: so erfasst sie eine besondere Traurigkeit; sie werden schweigsam, auffallend träge, suchen die Einsamkeit, sinnen vor sich hin, seufzen und ächzen viel ... Dieses Uebel heisst *Nostalgie, Heimweh.*[1] ... Der Körper siecht dahin, während alle Ideen sich auf das vergebliche Sehnen richten, und die eine Brusthälfte einen dumpfen Perskussionsschall gibt.

Ich habe viele Leichen an dieser Krankheit Verstorbener eröffnet, und fand überall die Lungen fest an das Brustfell angewachsen, das Gewebe der nicht tönenden Seite entsprechenden

Lappen schwielig verdichtet, verhärtet, mehr [oder] weniger eiterig.[2]

Quelle: Auenbrugger, 1761/1843, S. 29f. 1 Die durch →*Imagination* hervorgerufene Heimwehkrankheit war ein verbreitetes Thema im 18. Jh. (siehe dort). 2 Als Zeichen der (kombinierten) Lungen- und Rippenfellentzündung.

Träume können Krankheiten anzeigen

Wer seinen Magen mit vielen [sic!] Essen überladen hat, wird, wegen der Empfindung, die es ihm verursacht, schwerlich ohne Träume schlafen, und wer zu Träumen geneigt ist, thut wohl, wenn er des Abends entweder gar nichts oder wenig Speise genießt. Wenn ein Mensch krank ist, oder ihm Krankheiten bevorstehen; so befindet sich etwas in seinem Körper, das ungewohnte Empfindungen veranlasset, und daher leicht zu Träumen Gelegenheit giebt: da nun diese Träume mit der Empfindung eine Aehnlichkeit haben: so kann man daher Gelegenheit nehmen der bevorstehenden Krankheit vorzubauen, oder wenn sie schon vorhanden ist, ihre Beschaffenheit und Ausgang näher zu entdecken. Ich will einige Beyspiele zur Probe anführen. Personen, welche vollblütig sind, das Aderlassen übergangen, oder an den natürlichen Blutflüssen[1] einen Mangel haben, sind sehr geneigt, von blutigen Begebenheiten zu träumen, und im Schlafe rothe Sachen zu sehen. Wenn das Blut nicht durch die Lunge geht; so träumt man, als wenn man erwürgt würde, oder zu ersticken befürchtete: und das Alpdrücken[2] hat eben dieser Ursache seinen Ursprung zuzuschreiben. ... Dieses Feld ist in der Arzneygelahrtheit noch nicht bebauet, es kann aber durch eine grössere Menge von Beobachtungen fruchtbarer gemacht werden.[3]

Ich hoffe man wird ohne Bedenken zugeben, daß die Einbildungs-Kraft nichts vorstellen könne, worzu [sic!] ihr nicht die Sinne den Stof[f] dargereicht haben.[4]

Quelle: Krüger, 1765, aus: Vorrede [b2–3]; Johann Gottlob K. (1715 bis 1759), Medizinprofessor in Halle, ab 1751 in Helmstedt. 1 Z. B. Hämorrhoiden, Menstruation, Nasenbluten; siehe →*Ursachen der Krankheit.* 2 «Alp» wird im volkskundlichen Bereich ein feindlicher Nachtgeist (*Incubus*) genannt, der den Schlafenden niederdrückt und starke Angst-, aber auch sexuelle Gefühle erzeugen kann; bei Kindern als

Pavor nocturnus bekannt; ab dem 18. Jh. als Folge einer Nervenreizung gedeutet. 3 Dieser Vorschlag wurde jedoch m. W. von der medizinischen Forschung im 18. Jh. nicht aufgegriffen. 4 Krüger erkennt also nur somatische Reizquellen des Traumes («Nervenreizträume») an; diese haben jedoch in der Freudschen «Traumdeutung» (1900) gegenüber den psychischen (aus dem «Unbewußten») nur sekundäre Bedeutung.

Kritik der unkritischen medizinischen Traumdeutung

Ich habe nicht ohne Erstaunen verschiedene Schriften gelesen, in welchen man behauptet hat, ... daß man daraus, wenn einer von Blute träumte, mit Gewisheit schliessen könte, daß er [161] vollblütig wäre und entweder ein Nasenbluten oder einen andern Blutsturz bekommen würde, ingleichen daß das Träumen vom Feuer ein Vorbothe von einem bevorstehenden Fieber sey, mehrerer dergleichen abgeschmackten Traumdeutungen zu geschweigen.[1] Ich frage aber einen jeden, ob nicht ein anderer, der den Tag vorher durch Aderlassen seine Vollblütigkeit völlig gehoben[2] hat, zumahl, wenn er beym Einschlafen Sorge träget, daß seine Ader aufspringen möchte, nicht eben so wohl als ein Vollblütiger vom Blute träumen könne? ... Ich leugne ... nicht, daß man aus den Träumen eines Menschen verschiedenes in Absicht auf die Gesundheit und Kranckheit ingleichen auf das Temperament[3] desselben schliessen könne, wenn man auch noch andere weit gewissere Kennzeichen[4] hierzu mit zu Hülfe nimmt...

Quelle: Nicolai, 1751, S. 160f.; Ernst Anton N. (1722–1802), Medizinprofessor ab 1748 in Halle und ab 1758 in Jena. 1 Die in der Antike wurzelnde Symboldeutung mit ihrer eindeutigen Entschlüsselung wird hier – ebenso wie später von Sigmund Freud – abgelehnt. 2 Behoben. 3 Die natürliche Beschaffenheit, richtige Mischung im Sinne der Humoralpathologie. 4 Träume sind somit Krankheitszeichen mit relativ geringer Aussagekraft.

Symptome des «viertägigen Wechselfiebers»[1]

Der Eintritt des Anfalls erfolgt gegen Abend nach einem zweitägigen Zwischen-Raum. Hiebei Frost, welcher zwei, drei, manchmal sechs Stunden anhält, Schmerzen in den Lenden und Unterschenkeln, als wenn diese Theile gequetscht wären, Beängstigung in den Präkordien[2], Unruh, ein harter zusammengezogener Puls[3]. Diese erste Periode ist manchmal mit Verstopfung, in andern Fällen mit Erbrechen und Durchfall verbunden. [103] Die darauf folgende Hitze nimmt nur langsam zu, und wird nie so heftig als im dreitägigen Fieber; allein die Haut ist sehr trocken, die Gesichtsfarbe blaß, blei- oder aschfärbig, der Kopfschmerz stumpf, manchmal mit Schwindel, die Haut wird allgemach feucht, die Absonderungen stellen sich wieder ein, und alle Zufälle verschwinden...

Quelle: Pinel, 1799, 102f.; Philippe P. (1745–1826), für die Entstehung der Psychiatrie bahnbrechender Arzt in Paris. 1 *Malaria quartana* («Quartanfieber»). 2 Brustwand (vor dem Herzen). 3 *Pulsus contractus.*

Ursache und Entstehung von Krankheiten

Stockende Säfte, Würmer und kranke Organe

Die Lehre von den Ursachen und Entstehungsprozessen von Krankheiten stand im 18. Jahrhundert noch weitgehend unter der Vorherrschaft der Humoralpathologie, d.h. Säfte- oder Qualitätenlehre der antiken Medizin. Trotz des Umbruchs in Renaissance und früher Neuzeit und den damit verbundenen Neuansätzen in Medizin und Naturforschung – wobei hier besonders Anatomie, Physiologie und chemische Medizin (Iatrochemie) zu nennen wären – blieb die umfassende Systematik der griechischen Medizin nach Galen (2. Jh. n. Chr.) in prinzipiellen Stücken weiterhin tonangebend. Dies galt vor allem im Bereich der ärztlichen Praxis, wo nach dem Konzept der traditionellen Säftelehre reinigende Ableitungsmaßnahmen – in erster Linie der Aderlaß – im Vordergrund standen. Die Pathologie als medizinische Krankheitslehre kennt jedoch im 18. Jahrhundert neben ihrer humoralpathologischen Begründung noch weitere Konzepte: So z.B. die Entstehung der allgemeinen Krankheiten aus «Würmern» (Wurmpathologie) oder aus den →*Nervenkrankheiten* (Neuropathologie). Die anatomische Pathologie als Leitwissenschaft der modernen naturwissenschaftlichklinischen Medizin wurde von dem italienischen Arzt Giovanni Battista Morgagni begründet, der in seinem Werk «De sedibus et causis morborum» (1761) den Obduktionsbefund der einzelnen Organe mit dem klinischen Krankheitsbild des Verstorbenen in Beziehung setzte. Eine solche «Organpathologie» wurde in den Kliniken des 19. Jahrhunderts zur Säule der medizinischen Forschung.

Literatur: Brugger u. Kühn, 1979; Long, 1965.

Humoralpathologie: «Kritische» Blutausleerungen

Man erwartet ein solches ... Nasenbluten in allen den Krankheiten, die von der zu großen Menge, Wallung und Erhitzung des Bluts, oder von dem gehinderten Durchgange desselben durch diesen oder jenen Theil des Körpers entstanden sind ... Daher erscheint das Nasenbluten [103] nach irgend einem andern unterdrückten Blutflusse, und in den daraus entstandenen Krankheiten, so, daß es deshalb mit glücklichem Erfolge die mangelnde monatliche Reinigung[1], die gewöhnlichen Hämorrhoidal- und andere Blutflüsse ersezt; aus eben dieser Ursache ist das Nasenbluten in der aus irgend einem unterdrückten Ausflusse entstandenen Apoplexie, in der fallenden Sucht, in der Fühllosigkeit (*stupor*) u.a. m. zuträglich; ferner, im allgemeinen Entzündungsfieber, in örtlichen Entzündungen, in Entzündungen des Gehirns und dessen Häuten ... [109]

Wenn Frauenzimmer an den von mir ... angeführten Krankheiten leiden, so geschieht die Entscheidung oft durch die Menses, vorzüglich dann, wenn die Krankheit von der Unterdrückung derselben entstanden ist. Hieher gehören ausser den schon angeführten hitzigen und entzündlichen Krankheiten (denen das weibliche Geschlecht weniger unterworfen ist[2]), die fallende Sucht, Convulsionen, Schwindel, Kopfweh, Engbrüstigkeit, Hämorrhoidalkoliken, Wahnsinn, Melancholie, Rheumatismus, Gicht, die Wassersucht, und andere unzählige Krankheiten, die nach der Verschiedenheit der Theile verschieden sind, nach denen die nicht gehörig ausgesonderte monatliche [110] Reinigung hinströmt. ... [111]

Die dritte Krisis durch Blutausleerungen ist diejenige, die

durch die Hämorrhoiden erfolgt. Man erwartet diesen Blutfluß im mannbaren Alter, wenn noch die Zeichen von Hämorrhoidalbeschwerden hinzukommen ... Durch die Hämorrhoiden entscheiden sich[3] hitzige entzündliche und nicht entzündliche, auch langwierige Krankheiten, die durch eine von der Unterdrückung [112] oder von dem unregelmäßigen Flusse der Hämorrhoiden bewürkten Versetzung[4] bei denjenigen Personen entstanden sind, die eine Anlage zu dieser Blutausleerung haben, folglich die Hirnwuth[5], der Schlagfluß, die fallende Sucht, Augenentzündungen, heftiges Kopfweh, Asthma, die Gelbsucht, Blutbrechen, Infarktus der Eingeweide, des Gekröses und anderer Theile im Unterleibe ... annehmen.

Quelle: Ideler, 1796, S. 109–112; Karl Friedrich Gottlieb I. (1765 bis 1842), deutscher Arzt. 1 Menstruation. 2 Da die Konstitution des weiblichen Geschlechts in traditioneller Sicht feucht und kalt ist. 3 D.h. wird eine «Krise» herbeigeführt. 4 «Metastase» in klassischer Terminologie. 5 Gehirnentzündung (Phrenitis) mit Tobsucht.

Hämorrhoiden und Verstopfung

Die güldene Ader[1] ist eine Art der Krankheit der Eingeweide, welche man seit mehr als hundert Jahren gar zu allgemein für eine Wohlthat gehalten hat, ungeachtet sie jederzeit ein Uebel bleibet. Man kann diesen Grundsatz, dessen Wahrheit unwidersprechlich ist, sicher annehmen, daß die güldene Ader allezeit [165] die Folge eines Fehlers der Gesundheit ist. ... man muß alle mögliche[n] Mittel gebrauchen, um die Ursachen, welche sie hervor bringet, zu zertheilen, und diese Ursachen sind mehrestheils Verwirrungen und Unordnungen in den Gedärmen, allzuviel Blut, eine hartnäckige Verstopfung, und eine allzuviele sitzende Lebensart[2].

Die allzugrosse Menge des Geblüts kann durch die Diät, wenn man blos Erdgewächse geniesset, von Zeit zu Zeit gelind öfnende Mittel, Salpeter[3], und zubereiteten Weinstein[4] gebrauchet, vertheilet werden.

Quelle: Tissot, 1770, S. 164f.; Simon André T. (1728–1797), berühmter Arzt in Lausanne. 1 Die güldene oder Goldader: alte Bezeichnung für die gesunden Blutgefäße des *Plexus hämorroidalis* (am Mastdarm) bzw. für deren Erweiterung. «Wahre Goldader» bedeutete blutende

Hämorrhoiden, die dem Betreffenden das Aderlaßgeld ersparten. 2 Als Ursache der «Gelehrtenkrankheit» bzw. der →*Hypochondrie*. 3 Kaliumnitrat, Arzneimittel u.a. gegen Entzündungen innerlich und äußerlich angewandt. 4 «Tartarus» (Kaliumhydrogentartrat), traditionelles Abführmittel.

Gallensteine durch «Verstopfungen»

Andere der gewöhnlichsten Krankheiten sind die Verstopfungen unterschiedener[1] Eingeweide, hauptsächlich der Leber und des Gekröses, welche nothwendig durch die Unthätigkeit und besonders durch die Leidenschaften entstehen, die, da sie die Ordnung der Absonderungen und vornehmlich die Absonderung der Galle alsofort stöhren, machen, daß solche in ihren Canälen stecken bleibt, sich daselbst verdicket, und wohl gar verhärtet; da nun die Eingeweide dadurch gänzlich sich verstopfen, und diese zurückgebliebenen Absonderungen bisweilen zu einen [sic!] wirklichen Stein werden, der seinen Sitz insgemein mehr in der Gallenblase als in der Leber hat, so entstehen davon diese heftigen gallsichtigen Colicken[2], welche von der Schwierigkeit abhängen, mit welcher diese Steine aus der Blase durch den Gallengang in die Gedärmer dringen, und welche, wenn man den Grund derselben nicht vertilget, das Leben höchst unglücklich machen, und endlich eine jämmerliche Gelbsucht verursachen, die sich durch eine unheilbare Wassersucht endiget, und die Dauer des Lebens merklich verkürzet.

Quelle: Tissot, 1770, S. 62. 1 Unterschiedlicher. 2 Gallsüchtige (cholerische) Koliken, Gallenkoliken.

Gichtwürmer: Beispiel der Wurmpathologie

Ein viertzig jähriger Mann hatte in seiner Jugend keine Gesellschafft[1] leichtlich verderbt/ drum er mit herannahenden Jahren dem Pfoten-gramm[2] mit zu theil ward/ so ihn mehrentheils im Bette warm hielt. Dem wuchßen hie und da an den Gelencken der Finger Knoten[3]/ worin er ein beschwerlich/ ja fast unerträglich/ Jucken fühlte/ so sich von Tag zu Tage vergrösserte. Wie *D. Theodor Zwinger*[4]/ Profeßor zu Basel/ den Ort besahe/ daucht ihn/ es müße ein scharff saltzicht Waßer sich da angesetzt haben/ so ihm diese Verdrißlichkeit mache/ [647] rieth derohalben/ er solte ihn offt mit Campffer-Brantwein[5] ... beschmieren. Wies nichts halff/ legte er des *Vigonis* Pflaster *de ranis cum Mercurio* über/ und dann einen gut-zertheilden-schmertzstillenden Brey. Aber es war noch nicht getroffen. Drum der Patient mit dem Federmesser die Knoten öffnete/ und siehe/ sie waren hohl/ und lange/ runde/ aschenfarbe/ lebendige Würmer[6] darin. So bald er die heraus geklaubt hatte/ hörte das Jucken/ und aller Schmertzen auch auf/ und der Krancke war eitel gesund.

Quelle: Paullini, 1700, S. 646f.; Christian Franz P. (1643–1712), Arzt, Naturforscher, Schriftsteller, ab 1689 Stadtphysikus in Eisenach. 1 Tischgesellschaft. 2 «Pfotengram»: gichtiges Leiden an den Händen, Chiragra. 3 Gichtknoten, nicht zu verwechseln mit den Heberdenschen Knoten, siehe unten. 4 Th. Zwinger (1533–1588), Paracelsist, ab 1561 Medizinprofessor in Basel. 5 Kampfer: traditionelles exotisches Arzneimittel, ab dem 16. Jh. im europäischen Handel. 6 Dies entspricht der um 1700 populären «Wurmpathologie», wonach Würmer bzw. deren Keime als Ursache von ansteckenden Krankheiten angesehen wurden; diese Lehre wurde vor allem durch den berühmten Pariser Arzt Nicholas Andry in einer Schrift von 1701 propagiert.

Zahnwürmer als Ursache für Zahnschmerzen allgemein anerkannt

In des berühmten Herrn D. Schaarschmiedts[1] Pathologie traf ich ... unter den Ursachen der Zahnschmerzen diese wenigen Worte an: bald entstehen sie von Würmern, die sich [8] in den Zähnen aufhalten. Der gelehrte Herr D. Krüger[2] that mir auch kein Gnüge. Man will, heißt es in seiner Naturlehre, auch endlich angemerket haben, daß die Zahnschmerzen bisweilen von sehr kleinen Würmern entstünden, welche sich in den hohlen Zähnen aufhielten. ... Da sich die Würmer in dem Magen und Gedärmen erhalten und fortpflanzen können, warum sollte dieses in den Zähnen nicht angehen. Es wird wahrscheinlich, wenn wir bedenken, wie viel kleine Würmer wir mit Speise und Trank in den Magen bringen, wie wir nur an den Käsemilben sehen können, deren Genus bey Käseessen unvermeidlich ist. ... [10]

Endlich gehört noch hierher, dessen der Parisische Arzt, D. Andry[3], in seinem Unterrichte von Erzeugung der Würmer im menschlichen Leibe gedenket. Wider die Würmer in Zähnen, spricht er, rathen etliche Schriftsteller, man solle Bilsenkrautkörner verbrennen, und den Rauch an die Zähne geben lassen, und sagen, man würde alsbald aus dem Munde Würmer herausgehen sehen, welche dieser Rauch mit sich in die [11] Luft zöge.

Quelle: Schäffer, J. C., 1757, S. 7 f.; Jacob Christian S. (1718–1790), Prediger in Regensburg, zahlreiche Studien zur Naturgeschichte. 1 Samuel Schaarschmied (1709–1747), ab 1736 Professor für Physiologie und Pathologie am Collegium medico-chirurgicum in Berlin. 2 Johann Gottlob Krüger (1715–1759), Medizinprofessor in Halle, ab 1751 in Helmstedt. 3 Nicolas Audry (1658–1742), Medizinprofessor in Paris.

Widerlegung der Zahnwurmtheorie im Selbstversuch

Um aber der ganzen Wurmgeschichte den letzten Stoß zu geben, so machte ich den letzten Versuch[1] mit ihnen, und zwar so, daß, nachdem ich alles gewöhnlicher Weise zugerichtet, den Topf ins Wasser gesetzet, und die Kügelgen[2] auf das glühende Eisen innerhalb den Topf gebracht hatte, ich mich mit dem Munde so wenig dem aufsteigenden Rauche näherte, daß ich mich vielmehr augenblicklich zurück begab, und den Rauch ungehindert in die Luft empor steigen ließ. Und wie wunderbar: Auch itzo waren die berüchtigten Zahnwürmer, wie vorher, in Menge vorhanden. Beweis genug von dem Betruge und der Unmöglichkeit, daß diese Würmer in den Zähnen wohnen, und durch den Rauch von Judenkirschen[3] getödtet und abgetrieben werden sollen! ... [42]

Wer davon [von den scheinbaren Würmern] Augenzeuge werden will, der nehme nur ein glühendes Eisen, lege es auf einen rein polirten Stein, werfe Bilsensaamen auf das glühende Eisen, und decke es schnell mit einem Trichter zu; so wird er gewis die Menge Wurmähnlicher Körper unter diesem Trichter gewahr, aber auch von dem Betruge obgedachter Wunderkuren überzeuget werden.

Quelle: Schäffer, J. C., 1757, S. 26–42. 1 Schäffer beschreibt akribisch seine Versuche zur Entlarvung der Zahnwurmillusion. 2 Aus Wachs mit Judenkirschensamen. 3 Bilsenkraut, Hyoscyamus: von der Antike bis zur Gegenwart medizinisch verwendet, ein traditionelles Zauber- und Heilkraut, dessen Wurzeln und Samen bis zum 18. Jh. offizinell waren.

Die Heberdenschen Knoten

Von den Knoten an den Fingern.
Niemals habe ich das Wesen jener Geschwülste gehörig erkannt, die bisweilen zur Grösse einer Erbse, in der Nähe des dritten Fingergelenkes[1] entstehn. Gewiss haben sie nichts gemein mit der Gicht, da man sie bei Vielen findet, denen diese Krankheit unbekannt ist. Sie verbleiben Zeitlebens, sind völlig schmerzlos und neigen nicht zur Verschwärung hin. Die Entstellung ist demnach bedeutender, als die Beschwerde; wiewohl die Bewegung der Finger einigermassen behindert wird.

Quelle: Heberden, 1840, S. 114; William H. (1710–1801), berühmter Arzt in London. 1 An der Streckseite der Basis der Fingerendglieder; diese Knoten sind Kennzeichen der idiopathischen Arthrose (Polyarthrose), der «Heberdenschen Krankheit».

Plädoyer für die anatomische Sektion

... wer öfters die Körper gesunder Menschen, und zu einer andern Zeit, an Krankheiten gestorbene, zergliedert und bemerkt hat, z. E. was für polypenartige Gerinnungen, auch in jenen nicht selten gefunden werden, und was für Veränderungen, die verschiedenen Jahreszeiten, wenn mit der Zergliederung lange zugebracht wird, hervorbringen, der wird sich von denjenigen Dingen, welche in Sterbenden oder nach dem Tode entstehen, nicht hintergehen lassen, sondern davon dasjenige absondern, was erst nach einem langen Raum von Monaten oder Jahren und nach und nach werden kann.

... die Zergliederung vieler an einer Krankheit gestorbenen Personen, sind das vornehmste Mittel, alle Gelegenheiten wo man zweifeln und wo man irren kann, zu benehmen. Denn sie werden nicht alle auf einerley Art gestorben oder zu einerley Jahreszeit, und in eben dem Zeitraum nach dem Tode seyn geöffnet gewesen, ja es wird sich auch bey allen nicht einerley beschuldigte üble Kur, und einerley innerliche Beschaffenheit zu Krankheiten zugetragen haben.

Quelle: Morgagni, 1771–1776, 1. Buch, Vorwort [d4-d5]; Giovanni Battista M. (1682–1771), Anatom, ab 1711 Medizinprofessor in Padua, Begründer der Organpathologie.

Tod durch Erweiterung der Körperschlagader

Ein Mann von funfzig Jahren hatte sonst Blut ausgespuckt, aber nur wenig, und pflegte auch bisweilen zu keichen[1]. Als er nun einstens einen Hammer mit beyden Händen ergriffen hatte, und ... mit großer Gewalt schlug, so fiel er plötzlich zu Boden, ... verlohr ... die Sprache, keichte, wurde blaß im Gesichte, und in Zeit von einer halben Stunde war er tod.

Die linke Höhle der Brust wurde ganz und gar mit Blut angefüllt befunden, wovon ein großer Theil geronnen war. Dieses war aus der angefressenen großen Pulsader[2] da hervor gequollen, wo sie den Bogen macht, um an den Wirbelbeinen herunter zu steigen. Denn daselbst hatte sie sich in eine Pulsadergeschwulst[3] ausgedehnt, die angränzenden Wirbelbeine ausgehöhlt, und eben ... daselbst schien die Pulsader verzehrt zu seyn.

Quelle: Morgagni, 1771–1776, 2. Buch, S. 990. 1 Keuchen. 2 Körperschlagader, Aorta. 3 Aortenaneurysma.

Sektion nach tödlichem Pferdetritt

Ein fünf und dreysig jähriger Mann wurde von einem Pferde an den Unterleib geschlagen. Er bekam hierauf grausame Schmerzen und Brechen, und wurde in das Krankenhaus der heiligen *Mariae de vita*[1] gebracht. Die Schmerzen dauerten ... fort, und er starb daselbst.

Die Leiche wurde von dem Valsalva[2] und Peter Molinelli[3] zergliedert. ... Als ... der Bauch aufgemacht wurde, so erblickten sie eine große Menge ausgetretenes Blut, das schon zu faulen angefangen hatte. Denn es waren die blutführenden Gefäße zersprungen, die durch das Netz laufen. Der darunter liegende Krummdarm war querdurch völlig entzwey geborsten.

Quelle: Morgagni, 1771–1776, 4. Buch, S. 453. 1 In Bologna. 2 Antonio Maria Valsalva (1666–1723), wegweisender Anatom in Bologna. 3 Pietro Paolo Molinelli (1702–1764), Anatom und Chirurg in Bologna.

Sektion nach Hirnschlag

Ein Bettler von ohngefähr funfzig Jahren ... war vor einem Monat auf öffentlichem Markt vom Schlage gerührt worden, und zur Erde gefallen; Arm und Bein der rechten Seite waren gelähmet, der Mund verdrehet.[1] ... Nach Verlauf einiger Tage rührte ihn der Schlag vom neuen ... Der dritte Anfall kostete ihm das Leben.

Da man die Hirnschale durchsägte, ... floß nichts heraus, das einiger Aufmerksamkeit würdig gewesen wäre ... Es fand sich ... bey genauer Untersuchung, in dem ganzen Kopfe nirgend etwas Widernatürliches, als nur in der linken Halbkugel des Gehirns[2]. Die an der Seitenkammer anliegende innere marigte Substanz dieser Halbkugel war von dem ausgetretenen Blute zerstöret, und enthielt so viel schwarzes und geronnenes Blut, als kaum ein Löffel fassen konnte.[3]

Quelle: Morgagni, 1771–1776, 5. Buch, S. 64f. 1 Typische Halbseitenlähmung mit Fazialisparese. 2 Also, wie zu erwarten, auf der Gegenseite der Lähmung. 3 Als Zeichen einer Hirnblutung.

Hypochondrie

Vapeurs und Niedergeschlagenheit aus dem Bauch

Die Hypochondrie ist seit der Antike eine der meist diskutierten Krankheiten. Nach traditioneller Auffassung geht sie vom «Hypochondrium» (d.h. unterhalb des knorpeligen Endes des Brustbeins) aus und betrifft den Oberbauch: Magen, Darm, Milz, Leber und Gekröse. Störungen dieser Organe können zur Hypochondrie führen. Im Zentrum der ärztlichen Sorge stehen hierbei die Verdauungsprobleme, insbesondere Verstopfungen, die durch falsche Lebensführung verursacht werden und deshalb die →*Diätetik* auf den Plan rufen. Paradigmatisch wird im 18. Jahrhundert die «Gelehrtenkrankheit» ins Feld geführt, da die sitzende Lebensweise für die Oberbauchorgane besonders schädlich erscheint. Die Lehre von der Hypochondrie steht auch in diesem

Jahrhundert noch in der lebendigen Tradition der Humoralpathologie, wobei der Schwarzen Galle (griech. *melan chole*) als ein Kardinalsaft sowie der Milz als korrespondierendem Organ eine besondere Bedeutung zukommt. Der Übergang zu →*Melancholie und Krebs* ist von daher fließend, vielfach wird auch vom «hypochondrisch-melancholischen Übel» gesprochen. Als Therapie werden ausleitende («purgierende») Maßnahmen, diätetische Mittel sowie psychische «Ablenkung» empfohlen. Im Gegensatz zu unserem heutigen psychologischen Verständnis der «Hypochondrie» als «eingebildeter Krankheit» vertrat die zeitgenössische Medizin primär eine somatische Auffassung.

Literatur: Baur, 1994; Fischer-Homberger, 1970.

Zur Definition der Hypochondrie

Die Hypochondrie ist eine langwierige Krankheit, bey welcher man sich selten recht krank, und niemals recht gesund befindet. Es sind bey ihr überaus viele, theils allgemein, theils besondere Zufälle[1] wahrzunehmen, und diese betreffen sowohl das Gemüth als den Leib. Diese Krankheit besteht daher in einer kranken Gemüths- und Leibesbeschaffenheit zugleich; und diese wird hervorgebracht, von gar mannichfaltigen, sowohl moralischen als physicalischen[2] Ursachen. Die nächsten Ursachen sind, entweder, eine Schwäche des Magens und der Gedärme, eine geschwächte und widernatürlich beschaffene peristaltische Bewegung des Magens und der Gedärme, und eine üble Verdauung nur noch alleine; oder auch ein stockendes schwarzgallichtes melancholisches Blut[3], in den hypochondrischen Gefäßen, in den Gefäßen des Magens, der Gedärme, der Milz, der Leber und des Gekröses, oder auch, eine schwarzgallichte Materie in den Falten des Magens und der Gedärme noch zugleich. [2] Von dem Sitze dieser nächsten Ursache, und weil in denjenigen Seitentheilen des Unterleibes, die man die Hypochondern nennet, desgleichen, weil in der Gegend, wo die Milz liegt, die meisten Beschwerden dieser Krankheit empfunden werden, wird sie die Hypochondrie, wie auch die Milzsucht[4] genannt.

Quelle: Bilguer, 1767, S. 1 f.; Johann Ulrich B. (1720–1796), aus der Schweiz stammender berühmter Feldchirurg, ab 1762 Leibarzt der preußischen Königin in Berlin. 1 Symptome. 2 «Moral» und «Physik» wurden als zwei komplementäre Aspekte der Medizin verstanden, welche den seelischen bzw. den körperlichen Bereich betrafen. 3 Hypochondrie wird insofern auch als eine →*Melancholie* begriffen. 4 Engl. «spleen».

Denken führt zu schlechter Verdauung

Was nun die Wirkung der Seele auf den Magen anbelanget, so zeigt sie sich täglich durch die Erfahrungen, die ein jeder an sich selbst anstellen kann. Der Mensch der am meisten denkt, verdauet am schlechtesten; derjenige, so am wenigsten denkt, verdauet am besten, wenn ausserdem alles andere gleich ist. Man sieht sehr oft, daß einfältige Leute viel essen und trinken, ohne daß es ihnen beschwerlich fällt, ob sie gleich sonst eine Lebensart führen, wobey sie viel sitzen müssen, und nicht von einer stärkern Leibesbeschaffenheit sind, als andere.

Quelle: Tissot, 1769, S. 20

Blut steigt den Gelehrten ins Gehirn

Das Blut geht bey den Gelehrten so leicht in das Gehirn, daß sie kein vernünftiges Mittel verabsäumen müssen[1], diesem Zufalle[2] zuvor zu kommen. Es hat welche gegeben, die, um länger arbeiten zu können, das Herz gehabt haben, eine in kaltes Wasser eingetauchte Serviette um ihren Kopf zu binden: dieses ist eine gefährliche Sache, welche ich sehr widerrathe; allein, man thut sehr wohl, wenn man beständig im bloßen Kopfe ist, oder ihn nur sehr leicht bedeckt hat, wenn man ihn alle Morgen mit frischem Wasser wäscht, wenn es die Haare nicht verhindern ... Merkt man, daß der Kopf auf einmal angefüllt und erhitzt wird, so ist das Beste, was man thun kann, dieses, daß man einige Augenblicke ganz unbeweglich bleibet, und nicht einmal redet; hierauf kann man ein wenig frisches Wasser trinken, und vornehmlich [161] einige Stunden lang alle Anstrengung vermeiden.

Quelle: Tissot, 1769, S. 160f. 1 Dürfen. 2 Symptom.

Hypochondrie – eine «allgemeine» und nicht nur «Gelehrtenkrankheit»

Ehedem sahe man das viele Sitzen, und das viele Studieren der Gelehrten, wo nicht als die einzige, doch als die allergemeinste entfernte Ursache oder Hauptquelle der Hypochondrie an, und man nannte sie dahero, die Krankheit der Gelehrten; denn fast alle Aerzte betrachteten sie als eine nur den Gelehrten eigene Krankheit. ... Die heutiges Tages allgemein bekannte Wahrheit, daß die Hysterische und Hypochondrische Krankheit einerley ist, und die entsetzliche Menge Personen des schönen Geschlechts, welche mit der hysterischen, das ist, mit der hypochondrischen Krankheit so gut, als die Mannspersonen beschwert sind [6] könnte einigermaßen schon allein rechtfertigen, die Hypochondrie heutiges Tages eine allgemeine Krankheit[1] zu nennen, und noch weniger kann sie, wie hieraus erhellet, die den Gelehrten nur eigene Krankheit heißen. Denn unter der heutiges Tages vorhandenen sehr großen Menge hysterischen Frauenzimmer[2], ist die Anzal der Gelehrten darunter nur gar sehr geringe, ob man schon weis, daß es zur Ehre des schönen Geschlechtes einige dergleichen giebt.

Quelle: Bilguer, 1767, S. 6f. 1 Die Hypochondrie betrifft nicht nur die beiden Geschlechter, sondern sie erscheint überhaupt als paradigmatisch. 2 Die Hysterie der Frauen rückt im ausgehenden 19. Jahrhundert noch einmal in den Vordergrund.

Die Verknüpfung der «Vapeurs» mit Dyspepsie, Hysterie und Melancholie

Man bemerket bey einigen Personen einen besondern Zustand des Gemüths, der sich durch eine Zusammenkunft von folgenden Umständen unterscheidet: Eine Mattigkeit, Trägheit oder Mangel der Entschliessung und Lebhaftigkeit in allen Geschäften und Unternehmungen; eine Neigung zur Ernsthaftigkeit, Traurigkeit und Furchtsamkeit; wobey die Patienten in Ansehung aller künftigen Dinge immer das Uebelste oder den schlimmsten Ausgang befürchten, und daher oft aus den allerleichtesten Gründen gleich ein großes Unglück erwarten. ... [104]

Es ist dieser Zustand des Gemüths das *hypochondrische Uebel* der medicinischen Schriftsteller ... und eben diese Beschaffenheit des Geistes wird auch mit dem Namen der *Vapeurs*[1] (*Vapours* und *Low spirits*) beleget. Ohnerachtet aber die Benennung der *Vapeurs, Dämpfe* oder *Dünste* sich auf eine falsche Theorie zu gründen, und daher unschicklich zu seyn scheinet; so muß ich doch meine Leser um Erlaubniß bitten, mich derselben aus einer Ursache, die man gleich einsehen wird, ein wenig hier zu bedienen. ...

Man kann underdessen diesen besondern Zustand des Körpers gar nicht leicht bestimmen, weil, wie die Erfahrung zeiget, derselbige bey verschiedenen Gelegenheiten auch sehr verschieden ist; und weil die von uns sogenannten *Vapeurs*, bald mit einer mangelhaften Verdauung (*Dyspepsia*), bald mit [105] der hysterischen Krankheit, bald mit der Melancholie verknüpfet sind, welche Krankheiten alle dem Anschein nach von sehr verschiedenen Arten des Zustandes des Körpers abhängen. ... [106]

... Da aber die Dyspepsie des sanguinischen Temperaments[2] oft ohne Vapeurs ist, und da auch die Vapeurs, wenn solche sich bey Personen von diesem Temperamente mit der fehlerhaften Verdauung verbinden, vielleicht allezeit als ein Zufall von der Krankheit des Magens angesehen werden können; so werde ich dieser Verbindung der Dyspepsie und der Vapeurs noch immer den Namen der *Dyspepsie* beylegen ...

Allein die Verbindung der Dyspepsie und Vapeurs bey Personen von einem melancholischen Temperamente, oder die Vapeurs und besondern Gemüthsbeschaffenheiten, die dem Temperamente[3] eigen sind, ... sind wesentliche Eigenschaften der Krankheit. ... und ich werde daher derselben den Namen der *Hypochondrie* in genauem Verstande beylegen.

Quelle: Cullen, 1784, S. 103–106. William C. (1710–1790), schottischer Arzt und Begründer der Neuropathologie. 1 «Dämpfe», die angeblich aus der Magengegend in die Kopfregion aufsteigen und entsprechende psychosomatische Störungen hervorrufen. 2 Nach der klassischen Temperamentenlehre ein vom (feuchten und warmen) Blut bestimmtes Temperament. 3 Des hypochondrisch Kranken.

Die hypochondrische Neigung zum Selbstmord

Der Hypochondrist denket oft nicht eher an Selbstmord, als wenn sein ohnehin schon träger oder gehinderter Kreislauf noch durch Blähungen und Unverdaulichkeit mehr gestört wird. Die Blähungen[1] drücken das Zwerchfell in die Höhe, machen ihm schwereren Athemzug, Herzklopfen und unbeschreibliche Bangigkeit, wobey ihm oft die traurigsten Entschliessungen in den Sinn kommen können. Eine sehr genaue Diät ist ihm also am nöthigsten. Ausserdem wird seine Hypochondrie nach der schicklichsten Methode[2] geheilt; Verstopfungen werden geöfnet, Schärfe[3] wird ausgewaschen, allzubewegliche Nerven werden fester gemacht, die schwache Dauungskräfte müssen gestärket werden.

Quelle: «Arzt», 4. Stück, 1777, S. 259; anonym veröffentlicht. 1 Blähungen veranschaulichen gewissermaßen die «Vapeurs» (Dämpfe), die Gehirn und Gemüt vernebeln. 2 Es handelt sich um die klassischen Ableitungs- und Ausleitungsverfahren. 3 Schädlicher Stoff (lat. *materia peccans*).

Das «melancholisch-hypochondrische» Nachtwandeln und seine Kur

Das Nachtwandeln ... ist, wie ... fast alle wahre[n] Aerzte einstimmig versichern, theils ein *Malum haereditarium* oder ein angeerbtes Uebel, theils eine Gewohnheit, theils ein *melancholisch hypochondrischer Zufall.* In den beiden ersten Fällen pflegt man diese Leute, wenn sie noch jung sind, brav zu peitschen,[1] oder man setzt ihnen ein Faß voll kalt Wasser vor das Bette, damit, wenn sie heraus steigen, in solches treten, sich entsetzen und erwachen; im letzten Falle aber wird die Kur der *melancholiae-hypochondriacae*[2] gebraucht. ... [775]

Der Mensch muß wenig essen, keine hitzigen Getränke, wenigstens Abends, trinken, bey Tage sich gehörig bewegen, damit er müde werde, des Abends bey rechter Zeit zu Bette gehen, und sich nicht mit Nachtstunden übernehmen, auch bey dem Schlafengehen nicht nachdenkliche, sondern anmuthige Bücher lesen, zu rechter Zeit wieder aufstehen, [776] sonderlich muß er den Leib täglich offenhalten,[3] und sich durch Klistiere vor Schlafengehen Oeffnung schaffen, und sich vor Zorn, Aergerniß, und vor verliebten Gedanken in Acht nehmen. ... Bey Vollblütigen läßt man zur Ader; die Unreinigkeiten des Magens und der Gedärme, führt man durch Purgiermittel aus; die Schärfe des Blutes heilt man nach ihrer Beschaffenheit, die da gewesenen Ausflüsse von Säften, desgleichen die Menses der Hämorrhoiden[4] werden wieder herzustellen gesucht; die Aufwallung des Blutes wird durch Salpeter und Opium, der zu großen Reizbarkeit und Empfindlichkeit der Nerven durch schleimichte Mittel und Opium ... abgeholfen, und wenn die reizenden und scharfgewordenen *liquores genitales*[5] Schuld daran sind, so ist es am besten, daß man dem Mägden einen Mann, und dem Knaben eine Frau giebt.[6]

Quelle: Bilguer, 1767, S. 773–776. 1 In diesem Kontext wird die therapeutische Flagellation «mit Brennnesseln oder mit Ruthen» empfohlen. 2 Eine Kur im Sinne der Humoralpathologie. 3 Täglicher Stuhlgang. 4 Beim Mann als Analogon zur «monatlichen Reinigung» der Frau gedacht. 5 Säfte der Genitalorgane. 6 Diese Art der «Sexualtherapie» entspricht dem klassischen Ansatz der →*Diätetik*.

Die Ablenkung des «Hypochondristen» als therapeutische Maxime

Da es der Natur des Menschen gemäß ist, daß derselbe einer jeden gegenwärtigen heftigen Bewegung des Gemüths nachhänget, so ist auch der Hypochondriste geneigt, seine Furcht zu unterhalten, und es findet derselbe, indem er auf alle Empfindungen bey sich selbst Acht giebt, in Kleinigkeiten, die sich nicht der Mühe verlohnen, starke Bewegungsgründe, seine Furcht zu entschuldigen. Es hängt daher die Heilung eines Hypochondristen hauptsächlich davon ab, daß man seine Aufmerksamkeit unterbricht, oder solche von seiner Empfindung abziehet und auf andere Gegenstände lenket. ...[119]

Es pflegen die Hypochondristen oft alle Belustigungen zu verwerfen, und man muß in diesem [120] Falle mechanische Mittel ausfindig machen, durch welche man ihre Aufmerksamkeit auf die Krankheit unterbrechen kann.

Ein solches Mittel bietet uns eine solche starke Leibesübung[1] dar, bey der man noch einige Aufmerksamkeit anwenden muß.

Das Gehen ist selten von dieser Art, obgleich dasselbe, da es sich zu der Unruhe schickt, in welcher sich die Hypochondristen immer befinden, zuweilen sehr nützlich zu seyn pfleget.

Am besten wird die Unterbrechung des Nachdenkens durch das Reiten[2], oder dadurch erreichet, wenn man sich selbst in einem Wagen u.s.w. fähret.

Das Schiffen durch Seegel pflegt, wofern es nicht in einem offenen Boote geschiehet, und der Patiente folglich leicht auf andere Gegenstände aufmerksam gemacht wird, keine großen Dienste zu leisten. ...

Eine jede Art von Bewegung, die man sich aber macht, wird alsdenn die besten Dienste leisten, wenn dieselbe auf einer Reise[3] geschiehet.

Quelle: Cullen, 1784, S. 117–120. 1 Die Körperbewegung gehört zum Kanon der →*Diätetik*. 2 Die Hippotherapie wird heute jedoch primär bei Körperbehinderten eingesetzt. 3 Die Reise als Therapie spielt insbesondere in der Ideengeschichte der um 1800 aufkommenden Psychiatrie eine wichtige Rolle.

Melancholie und Krebs

Schwarze Galle und träge Nerven

Die Melancholie gilt in der abendländischen Medizingeschichte als eine Hauptkrankheit. Ihr Begriff verweist auf die Schwarze Galle, die in der Humoralpathologie einen der vier Kardinalsäfte (*humores*) – neben Gelber Galle, Blut und Schleim – darstellt. Im Unterschied zu diesen scheint die Schwarze Galle empirisch nur schwer nachvollziehbar zu sein, wenngleich die Schwarzfärbung von Körperausscheidungen, wie z.B. der schwarze Urin, schon immer beobachtet wurde. Die Schwarze Galle wird nach antiker Lehre (Galen) in der Milz gebildet und ist von daher besonders mit diesem Organ verbunden. Deshalb wird auch von «Milzkrankheit» (engl. *spleen*) gesprochen, wobei der Übergang zur →*Hypochondrie* fließend ist. In der astrologischen Medizin der frühen Neuzeit erschien die Milz wegen ihrer Korrespondenz mit dem Saturn als eine gefährliche Krankheitsquelle. So sah Johann Baptist van Helmont als Exponent des

Paracelsismus noch im 17. Jahrhundert die Milzgegend als bevorzugten Ort, wo krankmachende Einbildungen («Wahn-Witz») formiert würden, beim Mann übrigens ebenso wie bei der Frau. In der um 1800 entstehenden wissenschaftlichen Psychiatrie («Irrenheilkunde») spielte die Melancholie und ihre Behandlung eine wichtige Rolle. Der in jüngster Zeit psychologistisch gedeutete Zusammenhang von Melancholie und Krebs wurde im 18. Jh. noch als rein somatischer Vorgang verstanden, nämlich als Auswirkung der pathogen wirkenden «Schärfe» der Schwarzen Galle (*atra bilis*).

Literatur: Fischer-Homberger, 1970; Schings, 1977; Starobinski, 1960; Wolff, 1907.

Die Melancholie in vielfältiger Gestalt

Die Umstände die besonders die Melancholie, ohne eine vorhergehende Anlage, hervorbringen können, sind, wie bey der Hypochondrie: Traurigkeit, Schrecken, anhaltendes Studieren[1], die Unterbrechung eines thätigen Lebens, heftige Liebe, das Uebermaaß in den Vergnügungen, Mißbrauch betäubender und narkotischer Mittel, vorhergehende Krankheiten die unrichtig behandelt wurden, die Unterdrückung des Hämorrhoidalflusses ... die krampfhaften Zufälle die mehrere Theile befallen, können die Gestalt vieler Krankheiten[2] annehmen, der Schlaf ist unruhig, und wird durch Schreckbilder gestört; sie werden immer von einer besonderen Idee gequält, oder von einer herrschenden Leidenschaft, die äußerst heftig wird. Sie haben eine große Neigung zur Unthätigkeit und zum sitzenden Leben; aber die Leidenschaften sind der größten Heftigkeit fähig, die Liebe treiben sie bis zum Wahnsinn[3], das Mitleiden bis zum Fanatismus, den Zorn zur Raserey und die Rache zum höchsten Grad von Grausamkeit.

Quelle: Pinel, 1800, S. 66. 1 Die «Gelehrtenkrankheit», wie bei der →*Hypochondrie*. 2 Die Melancholie erscheint, neben der →*Hypochondrie*, als eine allgemeine Krankheit. 3 In der Psychiatrie ist «Melancholie mit Wahn» – so die Diagnose bei Robert Schumann 1856 – eine geläufige Verknüpfung.

Melancholiker leiden an verdorbener Einbildungskraft

Milzkranken[1] dünkt alles schrecklicher, als es wirklich ist.... Gesetzt nun, dergleichen Leute bilden sich unüberwindliche Übel ein: so werden sie in Verzweiflung geraten; sie tödten sich.... Die verkehrte Einbildungskraft[2] solcher Leute kann ihnen aus einer Kleinigkeit ein Ungeheuer machen. Schweres dickes Blut kann zu Schwermut eine physische Anlage geben. Die Empfindlichkeit der Zasern[3] macht, daß sie in allzugrosse Unruhe von jeder Kleinigkeit gesetzet werden. So war es bey jenem, der von dem Sumsen einer Fliege, von dem stärkeren Ansprechen [216] eines Kindes, vor Schrecken bebte.... Es mögen verdorbene Säfte oder Zasern die Ursache haben: etwas ist es, welches die Einbildungskraft solcher Leute verdorben hat....

Man sollte diese Kleinmütigkeit der Unglücklichen bedauern, und sie durch physische und sittliche Mittel zu ermuntern oder zu heilen suchen. Der Schwarze[4] vergißt bei der Musik seine Lust zum Selbstmorde; Milzkranken kann der Wein die nöthige Herzhaftigkeit geben; und ich glaube kaum, daß noch jemand sich ermordet habe [217], nachem er durch den Wein ermuntert war.

Quelle: «Arzt», 1. Stück, 1775, S. 215–217. 1 Synonym zu Melancholiker. 2 Die Einbildungskraft oder →*Imagination* ist ein Zentralbegriff der Zeit. 3 (Nerven-)Fasern. Neuropathologie und Humoralpathologie werden hier miteinander verknüpft. 4 D. h. Schwarzgallige oder Melancholiker.

Therapie der «Niedergeschlagenheit»

a) Wenn die Niedergeschlagenheit von einer Schwachheit der Nerven, des Magens und der Gedärme entspringt, die Tinctur der Fieberrinde[1] und bittern Mittel, die Mittel von Eisen[2], gewürzartige Mittel, eine dienliche Diät, und Reiten, den meisten Nutzen schaffen.

b) Wenn sie von Verstopfungen der Eingeweide des Unterleibes, oder von einem verdorbenen Magen und Gedärmen herkommen, so sind aloetische Purgiermittel[3], ... und [393] *Tartarus solubilis*[4], die besten Arzneymittel. ...

c) Kommt die Niedergeschlagenheit von einer Verstopfung

der monatlichen Reinigung oder der göldnen Ader[5]; so muß man, wenn dieser [sic!] Abführungen nicht wieder hergestellet werden können, statt derselben andere zu verschaffen suchen. Es hat aber [394] nichts eine so geschwinde gute Wirkung als das Aderlassen.

d) Wenn endlich eine Niedergeschlagenheit oder Melancholie, von einer lang anhaltenden Traurigkeit, ängstlichen Gedanken, und einer andern großen Bekümmerniß entstanden ist; so hat nichts mehr als eine angenehme Gesellschaft, tägliche Bewegung, vornehmlich aber das Reisen, und abwechselnde Vergnügungen, Nutzen geschaft.[6]

Quelle: Whytt, 1766, S. 392–394; Robert W. (1714–1766), ab 1747 Medizinprofessor in Edinburgh. 1 Chinarinde (*Cinchona*), ab der 2. Hälfte des 17. Jh.s in den Apotheken. 2 («Martialische») Eisenpräparate wurden als Stärkungsmittel traditionell dem Mars zugeordnet. 3 Aloe (Liliengewächsgattung) gehörte bereits in der Antike zum Arzneimittelschatz, insbesondere als Abführmittel bekannt. 4 Kaliumsulfat, seit dem 17. Jh. u.a. als Abführmittel gebraucht. 5 Menstruation bzw. Hämorrhoidalblutung. 6 Entsprechende Vorschläge finden sich in späteren psychiatrischen Lehrbüchern.

Melancholie – eine Gehirnkrankheit!

Ich wage unterdessen doch zu sagen, daß wahrscheinlicher Weise das melancholische Temperament oder Gemüthsart von einem trocknern und festern Bau der markigten Substanz des Gehirnes herrühret, und daß diese mehrere Trockenheit und Festigkeit vielleicht von einem gewissen Mangel von Feuchtigkeit in dieser Substanz des Gehirns ihren Ursprung hat, welches man daraus siehet, daß das Gehirn bey solchen Personen, von einer geringern specifischen Schwere ist, als es gewöhnlicher Weise zu seyn pfleget. Daß ein solcher Zustand des Gehirns bey der Melancholie wirklich statt findet, schließe ich *erstlich* aus der allgemeinen Sprödigkeit des ganzen Körpers, die man bey melancholischen Personen wahrnimmt, und *zweytens* aus Zergliederungen[1], welche zeigen, daß ein solcher Zustand des Gehirns bey der Raserey vorhanden ist, welche öfters nichts anders als ein höherer Grad der Melancholie zu seyn pfleget. Es scheint mir auf keine Weise unwahrscheinlich zu seyn anzunehmen, daß der nämliche Zustand des Gehirns, wenn er in einem mäßigen

Grad vorhanden ist, eine Melancholie, und wenn er in einen stärkern sich ereignet, diejenige Raserey hervorbringen kann, in welche die Melancholie so oft übergehet.[2]

Quelle: Cullen, 1785, S. 57. 1 Hier: Gehirnsektionen zum Nachweis von «Gehirnkrankheiten». 2 Der «Grad von Festigkeit der Substanz des Gehirns» sei für das Krankheitsbild maßgebend.

Der Krebs als «jammervollste» Krankheit

Ein Scirrhus[1] der wegen Alters, Grösse, Bewegung der benachbarten Theile, in eine Bewegung geräth, dergestalt, daß die an dem Rande des Scirrhus nahe angelegene Gefäße anfangen entzündet zu werden, wird bösartig, und heißt nun wegen der Aehnlichkeit ein Krebs oder Carcinoma[2].

Es folget nun diejenige Krankheit, so unter allen, die dem menschlichen Körper zustossen, die jammervollste ist, und welche, wie man weiß, bishero noch niemals geheilt worden, woferne man nicht zugleich mit der Krankheit den damit behafteten Theil wegnehmen können. Es ist diese Kranckheit[3] nicht nur wegen ihrer Hartnäckigkeit, mit welcher sie allen Bemühungen der Kunst widerstehet, [2] fürchterlich, sondern auch der grausamen Schmerzen und unerträglichen Fäulniß wegen, wodurch der Körper noch im Leben allmählich verzehret wird, schrecklich. Zu allen diesen Uebeln kommt noch die Langwierigkeit der Quaal, welche die armen Patienten viele Monate, ja Jahre, lang leiden müssen, ehe der Tod, das letzte Mittel alles Elendes, ihren grausamen Schmerzen ein Ende macht.

Quelle: Boerhaave, 1765, S. 1–2. 1 Lat. *scirroma*, harte (nicht schmerzhafte) Geschwulst. 2 Boerhaave bezieht sich hier auf Galens Vergleich, wonach sich die Füße des Krebses nach beiden Seiten erstrecken wie «die von schwarzem Blute strotzenden Adern». 3 Unterschiedliche Schreibweise.

Schwarze Galle und Melancholie als ursächliche Faktoren

... es ist gesagt worden, daß die schwarzgallichte Materie des Blutes zu Hervorbringung eines Scirrhus besonders förderlich sey, ja die alten Medici leiteten den Ursprung eines Scirrhus fast allein von dieser Ursache her, und richteten ihre gantze Cur darauf ein, wie sie diese Materie auflösen, und aus dem Körper ausführen möchten. [7] Da es nun die Erfahrung giebt, daß diese schwarzgallichte, und fast wie Pech zähe Materie durch die Länge der Zeit, darinn sie stocket, scharf und fressend werden, und alsdann die größten Uebel verursachen kann; so wird sich ein gleiches auch in einem Scirrhus ereignen können, besonders bey Personen von einem melancholischen Temperament; er wird also auch hier allein durch sein Alter[1] bösartig werden, obschon keine andere Ursache dazu käme. ... [19]

Wenn edelmüthige Leute das ihnen widerfahrene Unrecht sich tief zu Hertzen gehen lassen, und einen immer eingedenkenden Zorn in ihrer Brust tragen, so pflegen sie oftmals in die größte Melancholie zu verfallen, und, nachdem sie lange Zeit mit allerhand chronischen Krankheiten zu kämpfen gehabt, endlich gar daran zu sterben. Was Wunder also, daß davon Scirrhi entstehen, und, wenn dergleichen bereits da sind, diese in einen Krebs verwandelt werden; indem das schwarzgalligte Temperament, so auf solche traurige Gemüthsbewegungen[2] folget, zu Hervorbringung dieser Uebel geschickt ist.

Quelle: Boerhaave, 1765, S. 6–19. 1 Die «Entartung» einer Geschwulst. 2 Eine Art psychosomatische Krebstheorie auf humoralpathologischer Grundlage.

Fallbeispiel einer krebskranken Frau

Oftmals geschiehet es auch, daß, wenn [10] eine Brust lange scirrhöse[1] gewesen, die andere gleichfalls angegriffen wird. Und da zwischen den Brüsten und der Bärmutter eine so grosse Verwandtschaft ist, so fängt auch diese an in gleiche Kranckheit zu verfallen. Einen betrüblichen Casum, der solches bestätiget, hat unser hochberühmter Boerhaave[2] gesehen. Es wurde nämlich einer adelichen Matrone die rechte Brust wegen eines Krebses, der aber noch nicht exulceriret[3] war, abgenommen. Nach Verlauf eines Jahres war eben dieses Uebel an der lincken Brust, und wurde gleichfalls ausgeschnitten. Allein nachgehends klagte sie beständig, und alle Kennzeichen gaben es, daß auch die Bärmutter vom Krebs angegriffen war, woran sie endlich nach den grausamsten Schmertzen starb.

Quelle: Boerhaave, 1765, S. 9f. 1 D. h. mit (Krebs-)Knoten behaftet. 2 Schilderung des (anonymen) Herausgebers. 3 Geschwürig zerfallend.

Weiberkrankheiten

Die Gebärmutter als Krankheitsquelle

Die Besonderheit der Frau wird auch noch im 18. Jahrhundert aus ihrer Gebärmutter, die zumeist «Mutter» genannt wird, abgeleitet. Die Auffassung vom Uterus als quasi selbständigem Lebewesen, das bei der →*Hysterie* im Körper der Frau umherwandere und ein «Mutterwürgen» (*suffocatio uteri*) hervorrufe, entsprach der Lehrmeinung der griechischen Medizin. Die Menstruation galt mehr oder weniger als Symptom, wodurch die Unreinheiten der Frau auf natürlichem Wege ausgeleitet wurden. Insgesamt galt die Frau mit ihrer feucht-kalten Konstitution als von Natur aus schwächer und krankheitsanfälliger als der Mann mit seiner trocken-heißen Konstitution. Während der Frau Erde und Mond («Materie») zugeordnet wurden, repräsentierte der Mann Himmel und Sonne («Geist»). Dieses traditionelle Frauenbild wurde über Mittelalter und Renaissance (einschließlich Paracelsus) bis weit in die Neuzeit tradiert. Die hier wiedergegebenen Texte belegen, wie sehr es noch im 18. Jahrhundert, als von einem eigenen Fach «Frauenheilkunde» noch keine Rede sein konnte, im Verein mit der Humoralpathologie in der Medizin vorherrschte. Die →*Geburtshilfe* konnte sich bereits Mitte des 18. Jahrhunderts institutionalisieren und war ein wichtiger Zweig der medizinischen Grundversorgung.

Literatur: Duden, 1987; Beck, Hrsg., 1986; O'Dowd and Philipp, 1994.

«Krankheit der Jungfern» und ihre Kur

Zu der Zeit da der Weibliche Cörper seinen Wachsthum erlanget hat, pfleget er bey guter Leibes-Beschaffenheit mehr Blut zu machen, als die Gefäße enthalten mögen, daher es durch die Pulß-adrigten Gefäße der Mutter[1], unter den [sic!] Nahmen des monatlichen Flußes ausgeworfen wird.

Wenn bey dergleichen Cörper solches Geblüte zurück bleibt, erfolget eine Vollblütigkeit; Trägheit; Schwere; blaße Farbe; Schmertzen in denen Hüfften und Weichen ... Aber dieses so angehäuffte Geblüt suchet offt gantz ausserordentliche Wege, welche als seltene monatliche Reinigungen bekannt sind; indem deren Ausgang, aus denen Augen, Ohren, Nase, Zahn-Fleisch, Speichel-Gängen, Magen; Schlunde; dem Unterleibe, der Blase, Brüsten, Haut, Wunden, Geschwüren, von denen Aertzten bemercket worden. [444] ...

Übrigens, wo die Krankheit von stockenden Säfften herrühret, wird selbigen der Fluß[2] zu wege gebracht.

1) Durch warme Aufschläge und Reiben derer Füße.
2) Durch ein Aderlaß am Fusse, und nachhero,
3) Gegebene Purgier-Mittel der Mutter[3].
4) Die Reinigung führende Mittel[4].
5) Durch Pflaster, warme Aufschläge, Salben, Dämpfe und Wärme.
6) Durch Stärckung derer von der Vollblüthigkeit geschwächten Gefäße selbst, durch anhaltende und Stahl-Mittel[5].

Quelle: Boerhaave, 1763, S. 443f. 1 Schlagadern der Gebärmutter. 2 Die Ausleitung. 3 Reinigungsmittel der Gebärmutter. 4 Abführmittel. 5 Eisenpräparate.

Die «Verstopfung» einer Jungfer

Ein *corpulent sanguini*sch Mädgen, eines Tuchmachers Tochter, von 16. bis 17. Jahren, hatte *Anno* 1721. zu der Zeit, da ihre *Menses* im Fluß waren, einen kalten Trunck Brunnen[1] gethan, und damit die Quelle ihres Geblüths gestopft, welche Verstopfung etliche Monate anhält, und ihr Müdigkeit, blasse Farbe und mehr andere *Maladie*[2] verursachet: Da es nun eine allgemeine alte Weiber-Sage ist, daß das Mittel, wodurch die Verstopfung entstanden, auch ein Mittel wäre, dieselbige wiederum zu heben, so folgt sie auch diesen [sic!] Weiber-Rath[3], und erlangt durch einen kalten Trunck Brunnen zwar was sie gesucht: allein, da kaum der Fluß sein Ende erreichet, überfällt sie ein Schmertz auf der gantzen rechten Seite, und zugleich eine Lähmigkeit desselben Beins, welchen die sonst gebräuchliche Hauß-Mittel nicht lindern wollen; vielmehr stellet sich den 3ten Tag eine *Mictio in voluntaria*[4] ein, wie sonsten bey denen, welche von einer *Hemiplegia*[5] getroffen seyn, sichs zu ereignen pfleget. *Vesicatoria*[6] und innerliche *antispasmodica*[7] wurden umsonst gebraucht ... In dem gelähmten Bein gab es endlich *Convulsiones* und wurde braun[8], und die Patientin starb gegen den 7ten Tag.

Quelle: Storch, 1748, 2. Bd., S. 60f.; Johann S. (1681–1751), ab 1708 als Arzt in Eisenach tätig, ab 1720 dort Stadtphysikus. 1 Ein Schluck Wasser. 2 Beschwerden. 3 Im Sinne einer «Sympathiekur». 4 Harninkontinenz. 5 Halbseitenlähmung (nach Schlaganfall). 6 Blasenziehende Pflaster. 7 Krampfstillende Mittel. 8 Gangrän infolge eines arteriellen Verschlusses?

Der «hysterische Spasmus» eine Mädchens

Anno 1721 im *Januario* bekam ein Mägden von 19. Jahren *Temperementi sanguineo phlegmatici*[1], von ziemlich müßiger Lebens-Art, bey welchem die *Menses* nicht *expedite*[2] flossen, wenig Geblüt gaben, und auch wol 8. bis 14. Tage über die Zeit aussen blieben, nun seit einem halben Jahre den 3ten *Paroxysmum*[3] von einem besondern *Spasmo pectoris convulsivo*[4], welcher ihr die Brust auf eine solche Art bewegete, daß sie hechtztete[5] und das Ansehen hatte, als ob sie in einem *Actu venereo*[6] begriffen wäre; darbey ihr auch der Halß aufgetrieben wurde, wie es denen die an *spasmo hysterico*[7] liegen, zu begegnen pfleget. Hände und Füße waren sehr kalt, daraus vermuthete, daß das in *extremis*[8] fehlende Geblüte seine *Congestiones*[9] nach der Brust mache, liesse sie dannenhero durch Wärm-Flaschen und andere *adminicula*[10] aufs schleunigste erwärmen ... Ehe nun der *Terminus Mensium*[11] wieder herbey kam, riethe ich öfters warme Fuß-Bade zu brauchen und eine hinlängliche Aderlasse am Fusse[12] geschehen zu lassen ... Dieses Mädgen verfiel nach Verfluß von 3. oder 4. Jahren in eine tödliche Schwindsucht, ob sie gleich kurtz vorher noch wohl und gesund [57] aussahe ...

Quelle: Storch, 1748, 2. Bd., S. 56f. 1 Von sanguinisch-phlegmatischem Temperament. 2 Zügig. 3 Anfall. 4 (Zusammenziehender) Brustkrampf. 5 Ächzte. 6 Geschlechtsakt. 7 Hysterischer Krampf. 8 Körperperipherie, Extremitäten. 9 Stauungen. 10 Hilfsmittel. 11 Menstruationstermin. 12 Bevorzugte Stelle bei Unterleibsbeschwerden der Frau.

Das «hysterische Übel» als Affektion der Gebärmutter

Diese Krankheit befällt die Patienten anfallsweise oder in Paroxysmen. Es nehme solche gemeiniglich mit einem gewissen Schmerz und der Empfindung einer Völle den Anfang, welchen die Patienten in der linken Seite des Unterleibes[1] verspüren. Es scheint von dieser Stelle sich gleichsam eine Kugel[2] nach den übrigen Theilen des Unterleibes zu bewegen und auf verschiedene Art daselbst herumzudrehen, und endlich sich in dem [sic!] Magen zu ziehen. Von da steigt sie weit deutlicher bis an den Anfang des Schlundes auf und erregt bey dem [305] Patienten, den sie auf den Kopf der Luftröhre drücket, eine Empfindung, als wenn er ersticken wollte. Wenn die Krankheit so weit gekommen ist, so wird der Patiente mit einer gewissen Betäubung und Unempfindlichkeit, der ganze Körper desselben aber mit verschiedenen Zuckungen befallen. Der Leib oder Rumpf des Körpers wird hin und hergedrehet, und die Glieder werden auf eine verschiedene Weise beweget. Gemeiniglich besteht die convulsivische Bewegung des einen Arms und Hand darinnen, daß die Patienten sich mit geballter Faust auf die Brust auf eine sehr heftige Weise und zu wiederholten malen schlagen. ... [307]

Viele Aerzte und Schriftsteller stehen in der Meinung, als ob diese Zufälle blos dem weiblichen Geschlechte eigen wären, und es ist auch soviel gewiß, daß sie sich am gewöhnlichsten bey Frauenspersonen zeigen. Unterdessen bemerkt man doch auch dergleichen bey Mannspersonen.[3] Es geschiehet aber dieses nur selten und ich habe auch nie bemerket, daß dieselben bey Männern zu einem so heftigen Grade gestiegen wären, als es bei Frauenspersonen zu geschehen pfleget. ...

Vornehmlich zeigt sich diese Krankheit bey solchen Frauenspersonen, die der sogenannten Mutterwuth (*Nymphomania*[4]) unterworfen sind ... [308]

Ohnerachtet aber diese Krankheit ihren Anfang in dem Canal der ersten Wege[5] zu nehmen scheint, so zeigt doch die Verbindung, welche die Anfälle derselben so oft mit der monatlichen Reinigung und den Krankheiten haben, die von dem Zustand der Zeugungstheile bestehen, deutlich, daß die Aerzte aller Zeitalter mit Recht diese Krankheit als eine Krankheit (*Affection*) der Gebährmutter und anderer zu dem Zeugungssystem gehöriger Werkzeuge angesehen haben.

Quelle: Cullen, 1784, S. 304–308. 1 Vermutlich wegen der Lage der Milz, dem Organ der Schwarzen Galle (Melancholie). 2 Der «hysterische Knoten» oder *Globus hystericus.* 3 Die «männliche Hysterie» – als abgeschwächte Form der weiblichen – ist schon lange vor Sigmund Freud thematisiert worden. 4 Entsprechend der Krankheitsname: wollüstige Hysterie oder *Hysteria libidinosa*; siehe auch →*Nervenkrankheiten.* 5 Geburtskanal.

Mit Aderlaß und warmen Fußbädern gegen Hysterie

Ist der Puls voll, und die Kranke[1] nur in [358] etwas vollblütig, so muß man eine Ader öfnen; nachhero kann man sich bemühen, sie wieder durch den Rauch der *Asa foetida*[2], verbrannter Federn, oder dadurch zu ermuntern, daß man Bernsteinöhl, und Hirschhornspiritus[3] auf Baumwolle tröpfelt, und der Kranken in die Nase stecket. ... [359] Es ist aber kein Mittel, von dem ich in hysterischen Ohnmachten mit Zuckungen so gute Wirkungen bemerkt, als von warmen Fußbädern, den[n], nachdem man manche andere Sachen ohne Nutzen versucht, so habe ich gesehen, daß die Patienten den Augenblick wieder zu sich gekommen, wenn man ihre Füße und Beine im [sic!] Wasser gesetzt, das ein wenig mehr als blutwarm war. ... [360]

Ist der Anfall vorbey, so muß man die Krankheit selbst nach den verschiedenen Ursachen, von denen sie herkommen kann, zu heilen suchen. Gemeiniglich sind diejenigen Mittel die besten, die die ersten Wege[4] und Nerven überhaupt stärken. Ein antihysterisches Pflaster[5], das man auf den Leib gelegt, ist in einigen Fällen, so wie auch gelinde Brechmittel, und die magenstärkenden Purgiermittel dienlich gewesen.

Quelle: Whytt, 1766, S. 357–360. 1 Die in diesem Falle an «hysterischer Ohnmacht mit Zuckungen» leidet. 2 Penetrant stinkendes Gummiharz, traditionell innerlich zum Lösen von Krämpfen und äußerlich in Nervenpflastern angewandt. 3 Bernsteinöl (*Oleum Succini*) und Hirschhornspiritus wurden traditionell bei Krampfanfällen eingesetzt. 4 Geburtswege. 5 Siehe Fußnote 2.

Die «Lüsternheit der schwangern Weiber»

Signa Prognostica[1] sind: Wenn eine Schwangere Frau nicht dasjenige worzu sie ihr *appetit* antreibet erlanget/ so wird sie meistentheils *abortiren*/ oder wenn dieses nicht geschiehet/ doch eine schwache Frucht von ihr gebohren werden: und endet sich dieser *Affectus* in dergleichen Persohnen in denen letzten Monathen ihres Schwanger-gehens; oder doch endlich gewiß nach der Geburt/ andere Weibs-Personen/ so wegen Ausbleibung der Monathlichen Zeit[2] an diesem *affectu laborir*en[3] ... werden hiervon wenn selbige wieder ordentlich fliessen/ befreyet. Wofern aber bei solchen Persohnen diese Kranckheit lange währet/ und sie also viel Kreide/ Kohlen/ Kalck u.d.g. in sich fressen: so bekommen sie endlich ein übles/ böses Geblüte und gantzen ungesunden Leib/ Schwindsucht u.d.g.

Quelle: Petraeus, 1701, S. 7; keine biographischen Daten zu finden.
1 Prognostische Zeichen. 2 Monatsblutung. 3 Leiden.

Die «Verstopfung der monatlichen Reinigung» im herannahenden Alter

Wenn man überlegt, wie leicht bey Frauenspersonen, zu allen Zeiten, aus einer Menge von verschiedenen Ursachen, eine Verstopfung der monatlichen Reinigung[1] zu erfolgen pfleget, so darf man sich gar nicht wundern, daß sich diese nämliche Beschwerde und Unbequemlichkeit auch zu dieser Zeit ereignet, wo das herannahende [67] Alter natürlicher Weise etwas beyträgt, die Wirkungen dieser Ursachen zu vermehren.

Sollte diese besondere Gattung von Verstopfung der monatlichen Reinigung bey einer Patientinn vorhanden seyn, so ist es gar nicht rathsam, sich in so späten Jahren noch treibender Mittel zu bedienen, und eine Ausleerung, die so von Natur schon bald aufhören würde, mit Gewalt wieder herzustellen zu suchen. Vielmehr muß man das angehäufte überflüssige Blut durch Aderlassen und gelinde Purgiermittel zu vermindern suchen, der Kranken die Enthaltung von Wein und andern spirituösen Dingen empfehlen, ihr sich fleißge Bewegung machen lassen, und das Uebrige der Natur gänzlich überlassen.

Quelle: Leake, 1778, S. 66f. 1 Ausbleiben oder mangelhafte Menstruation. Deren pathogene «Verstopfung» kann u. a. zur →*Hypochondrie* führen.

Nervenkrankheiten

Zum Krankheitsbild der Neurose und Hysterie

Im 18. Jahrhundert trat zunehmend das Nervensystem in den Blickwinkel der Naturforscher und Ärzte. Hirnanatomie und Neurophysiologie führten zu neuen Erkenntnissen, wobei Albrecht von Hallers Erforschung von Irritabilität und Sensibilität einen Wendepunkt in der →*experimentellen Physiologie* bildete. In diesem Zusammenhang nahmen die Spekulationen über →*Lebenskraft* und →*Seelenorgan* einen breiten Raum ein, wobei letztlich alle Versuche, die Nervenkraft physiologisch-chemisch zu bestimmen (z.B. im «Nervensaft», «Nervenspiritus») und das Seelenorgan im Gehirn (z.B. Hirnhöhlen) zu lokalisieren, scheitern mußten. Der schottische Arzt William Cullen führte schließlich mit seiner Abgrenzung der Nervenkrankheiten als einer eigenen Krankheitsgruppe den Begriff der Neurose in die Medizin ein. Tendenziell erschienen somit alle Krankheiten direkt oder indirekt als «Neurosen». Von herausragender Bedeutung war dies Konzept für die Ende des 18. Jahrhunderts entstehende Psychiatrie. Mit der von Cullen geprägten Nervenpathologie erhielt die Humoralpathologie einen schwerwiegenden Widerpart, ohne daß sie ihre dominierende Rolle im ärztlichen Alltag tatsächlich eingebüßt hätte. Gegen Ende des 18. Jahrhunderts taucht dann der Begriff der «Nervenschwäche» (Neurasthenie) auf, der 100 Jahre später zum Leitbegriff der Nervenheilkunde, ja der medizinischen Anthropologie schlechthin werden sollte.

Literatur: Fischer-Homberger, 1970; Roelcke, 1997; Suzuki, 1995.

Zur Definition der Nervenkrankheiten

Da die Nerven fast in einer jeden Krankheit mehr oder weniger leiden, und folglich beynahe keine zu finden ist, der man nicht, den Namen einer *Nervenkrankheit*, in einer weitläuftigen [V] Bedeutung geben könnte; so möchte man glauben, daß eine Abhandlung, die diese Aufschrift führet, von allen denen Beschwerungen, welchen der menschliche Körper unterworfen ist, handelte. Es ist aber die Absicht in der die folgenden Beobachtungen geschrieben sind, ganz hiervon verschieden. Ich habe mir in solchen blos vorgesetzt, von denen Krankheiten zu handeln, die insbesondere den Namen von *Nervenzufällen* deswegen verdienen, weil sie meistentheils von einer ungewöhnlichen Zärtlichkeit[1] oder widernatürlichen Empfindlichkeit der Nerven herrühren ...

Quelle: Whytt, 1766, S.IV f. 1 Zartheit.

Zum Begriff der Nervenkrankheiten

Sind alle Krankheiten Nerven-Krankheiten? die Gönner dieser neuen Meinung verwirren offenbar die Begriffe der Ursachen und der Wirkungen. Ohnstreitig leidet bey allen Krankheiten die Nervenkraft, aber nicht ursprünglich, sondern durch Consensus[1].

Die erste Stelle in der Classe der Krankheiten nach ihren Ursachen verdienen die *entzündungsartigen* Krankheiten. Ein heftiges Fieber mit hartem, vollem, geschwindem und gespanntem Pulse ist ihr unzertrennlicher Gefährte. Die Zunge ist trocken, aber rein. Das Blut hat ein Entzündungs-Fell[2].

Die nächste Ursache einer jeden Entzündung ist ein Reiz welcher die Nerven spannt, und stärkern Zufluß des Bluts bewirkt. Ihren Sitz hat sie in den kleinsten Gefäßen.

Quelle: Metzger, 1785, S. 132f. 1 D.h. Sympathie: Miterkrankung von gesunden Organen mit einem kranken. 2 Beim Aderlaß zu beobachtende hautartige Schicht an der Oberfläche des Blutes.

Erregung und Zusammenfallen der Nervenkraft

Hierbey halte ich es vor gewiß und augenscheinlich ausgemacht, daß die Nervenkraft[1] sowohl in dem ganzen Nervensystem, als in den verschiedenen Theilen desselben und vornehmlich in dem Gehirn, zu verschiedenen [14] Zeiten auch einen verschiedenen Grad von Beweglichkeit und Stärke besitzet. Man erlaube mir diese verschiedenen Grade und Zustände der Beweglichkeit und Stärke der Nervenkraft mit dem Namen der *Erregung* oder *Reitzung der Nervenkraft* (*Excitement*) und des *Zusammenfallens* oder *Sinkens* derselben (*Collapse*) zu belegen. Ich nenne nämlich denjenigen Zustand des Nervensystems, bey welchem die Beweglichkeit und Stärke der Nervenkraft zu der Ausübung der Verrichtungen des Nervensystems hinlänglich ist, oder auch auf irgend eine Art widernatürlich vermehret und verstärket wird, den *Zustand der Erregung* oder *Reizung der Nervenkraft*; so wie ich auf der anderen Seite denjenigen Zustand, in welchem die Beweglichkeit und Stärke dieser Kraft zu der gewöhnlichen Ausübung der obgedachten Verrichtungen nicht hinlänglich, oder von dem, was sie zuvor waren, vermindert worden sind, mit dem Namen des *Zusammenfallens* oder *Sinkens der Nervenkraft* bezeichne.

Quelle: Cullen, 1785, S. 13f. 1 Die Nervenkraft erscheint weithin synonym mit der →*Lebenskraft* im Sinne des Vitalismus, etwa bei Johann Christian Reil.

Cullens Einteilung der Nervenkrankheiten oder «Neurosen»

Man könnte in einer gewissen Rücksicht fast alle Krankheiten des menschlichen Körpers mit dem Namen der *Nervenkrankheiten* belegen. Es würde aber ein solcher allgemeiner Namen[1] keinen Nutzen schaffen ... [4]

In dieser Rücksicht mache ich eine besondere Classe von Krankheiten, die ich mit dem Namen der *Nervenkrankheiten* oder *Nervenübel* (*Nevroses* [= Neuroses], *Morbi nervosi*) belege. Da solche entweder in der Unterbrechung und Schwachheit der Kräfte der Empfindung und Bewegung, oder in der Unregelmäßigkeit bestehen, mit welchen diese Kräfte ausgeübet werden, so theile ich sie, dem zu Folge, auch wieder in vier Unterabtheilungen oder Ordnungen ab, die ich mit dem Namen 1) der *schlafsüchtigen Krankheiten* (*Comata*), d. i. eine Verminderung der willkürlichen Bewegung mit einer Betäubung oder Sopor, oder einer verhinderten Wirkung der Sinne; 2) der *Entkräftungen* (*Adynamiae*); 3) der *Krämpfe* (*Spasmi*), und 4) der *Gemüthskrankheiten* (*Vesaniae*), belege, worunter ich die Verletzungen der Wirkungen der Seele verstehe, bey denen kein Fieber vorhanden ist, oder der Patiente in einer Art von Schlafsucht (*Coma*) lieget.

Quelle: Cullen, 1784, S. 3–4. 1 Zugleich lehnt Cullen eine Einschränkung auf die «hysterischen und hypochondrischen Krankheiten» ab.

«Nervenzufälle» in Abgrenzung zu Hysterie und Hypochondrie

Man kann die Kranken ... in drey Classen abtheilen:

1) In diejenigen, die, ob sie gleich meistens sich wohl befinden, doch, wegen der ungewöhnlichen Zärtlichkeit ihrer Nerven[1], oft mit Zittern, Herzklopfen, Ohnmachten, und Zuckungen, befallen werden, wenn sie sich fürchten, traurig sind, über etwas erschrecken, sonst eine Gemüthsbewegung haben, oder irgend etwas anders einen der empfindlichern Theile ihres Körpers reizet, oder sonst auf ein unangenehme Weise angreifet.

2) In solche, die außer den angeführten Zufällen aus den nämlichen Ursachen, überdieses noch mehr oder weniger mit Unverdaulichkeit, Blehungen in Magen und Gedärmen, der Empfindung einer Kugel im Halse, die sie zu ersticken drohet, und dem *clauus* [= clavus] *hystericus*[2] beschweret werden, schwindlich sind, Kopfschmerzen und eine Kälte am Hinterhaupte empfinden, öfters seufzen, Herzklopfen, Unruhe, und plötzliche Anfälle eines Speichelflusses, oder Ausflusses eines blassen Urins haben.

3) In solche endlich, die, da ihre Nerven kein so zärtlich Gefühl haben, oder überhaupt nicht so leicht zu bewegen sind, fast niemals mit Herzklopfen, Ohnmachten oder Zuckungen, aus Furcht, Traurigkeit, Erschrecken oder einer andern Gemüthsbewegung [78] befallen werden; bey denen hingegen aber die Nerven des Magens und der Gedärme, in einer unordentlichen Beschaffenheit sind, daher sie denn selten von Unverdaulichkeit, Aufstoßen und Blehungen frey sind...

Man kann die Beschwerden, denen die erste Classe unterworfen ist, schlechtweg *Nerven*[3], die von der zweiten Classe, um sich nach der Gewohnheit zu richten, *hysterische*, und die von der dritten Classe *hypochondrische Zufälle* nennen.

Quelle: Whytt, 1766, S. 77f. 1 Empfindlichkeit, Schwächlichkeit der Nerven. 2 *Clavus* (lat.) = zugespitzter Nagel, im übertragenen Sinn punktförmiger Schmerz (insbesondere am Kopf). 3 Ergänze: Nervenzufälle = Symptome von Nervenkrankheiten.

Die Katalepsie als Nervenkrankheit

Unter allen Nerven- und krampfigten Krankheiten, ist keine wunderlicher als die Catalepsis, die Fernelius[1] *stupor vigilans*[2] nennet. Der Kranke wird in solcher entweder gänzlich, oder größtentheils, gegen dasjenige unempfindlich was um ihn herum geschiehet, und er bleibt ganz und gar in derselbigen Stellung,[3] in welcher er sich zu der Zeit befand, da ihn diese Krankheit zuerst überfiel. Manchmal sind die Gelenke so steif, daß man sie nicht biegen kann,[4] oder wenn man sie endlich gebogen, so bleiben sie in derjenigen Stellung, in die man sie bringt. Der Puls ist oft schwach und unordentlich. Diese Krankheit kömmt entweder [178] von einer heftigen Gemüthsbewegung her, die das Gehirn und die Nerven in Unordnung bringt, oder von einer Schärfe, die auf diese Theile, entweder indem sie solche unmittelbar berühret, oder durch die Sympathie[5] wirkt, die sich zwischen denselben und dem Magen, Gedärmen, der Bärmutter, oder andern sehr empfindlichen Theilen befindet.

Quelle: Whytt, 1766, S. 177. 1 Jean Fernel (1497[?]-1558), französischer Naturforscher, Begründer der «Physiologie». 2 Erstarrung im Wachzustand. 3 Wie im Märchen «Dornröschen». 4 Beliebter Versuch im späteren Hypnotismus, um die Tiefe des hypnotischen Zustands zu testen. 5 Hier: in Mitleidenschaft gezogene Organe bzw. Körperteile, die nicht unmittelbar aneinandergrenzen.

Nymphomanie als eine «Neurose der Geschlechtswerkzeuge»

Nymphomania oder *furor uterinus*[1]. Diese Nervenreitzung der Geschlechtstheile ist das bey dem weiblichen Geschlecht, was die *Satyriasis*[2] bey dem männlichen ist. Sie muß in ihren drey Perioden betrachtet werden. In der ersten ist die Einbildungskraft [143] beständig mit wollüstigen Gegenständen beschäftiget. Traurigkeit, Unruhe, Verschlossenheit, Liebe zur Einsamkeit, Schlaflosigkeit, Mangel des Appetits, und innerer Streit zwischen dem Gefühl der Schaam und dem heftigen Triebe zu Ausschweifungen u.s.w. In der zweyten Periode überlassen sie sich ihren wollüstigen Begierden, sie suchen nicht mehr sie zu unterdrücken, alle Regeln der Schaam und des Anstandes sind vergessen; jeden den sie treffen, suchen sie durch unanständige Gebehrden zu reitzen und sich in seine Arme zu werfen, und drohen, wenn der Mann ihren Anmuthungen widersteht und sich zu vertheidigen sucht. In der dritten Periode sind die Verstandeskräfte völlig aufgehoben, eine Art von blinder Wuth, wo sie alles zerschlagen und zerreissen, brennende Hitze ohne Fieber; mit einem Worte alle Symptome der Manie. Man findet hiervon häufige Beyspiele in den Hospitälern der tollen Weiber ...

Quelle: Pinel, 1800, S. 143f.; Philippe P. (1745–1826), Wegbereiter der französischen Anstaltspsychiatrie, ab 1795 Leiter der Pariser «Salpêtrière», dem Asyl für weibliche Geisteskranke. 1 Auch als «(Gebär-) Mutterwut» bezeichnet. 2 Nach dem Fruchtbarkeitsdämon «Satyr» (im Rahmen des Dionysoskultes) aus der griechischen Mythologie.

Nervenschwäche als Ursache der Einsamkeit

Die körperlichen Ursachen der Neigung zur Einsamkeit kommen entweder von dem physischen Einflusse der äußerlichen Dinge auf den Körper, oder von seiner inwendigen Beschaffenheit. Wir denken durch unser Clima, wie durch unsere Krankheiten; anders in dem ehrlichen und etwas schwerfälligen Niedersachsen, anders in dem heitern und aufgeweckten Languedok[1], und wieder anders in dem brennenden Aegypten. In den Nerven liegen die Krankheiten, die den nächsten Einfluß auf die Seele haben, und folglich auf unsere ganze Denkungsart; der Barometer dieser Denkungsart ist im Unterleibe.[2] Wir denken und handeln immer verhältnißmäßig mit unserer Dauung.

Mit der Schwachheit der Nerven verbindet sich allemal eine größere Empfindlichkeit der Seele. Die Einbildungskraft solcher Kranken wird geschwinder erreget, und ihre Leidenschaften sind stärker. Diese größere Empfindlichkeit giebt bey jedem einzelnen Schmerze allen schmerzhaften Gefühlen Raum. Daher entsteht Unmuth, Furcht, Verzweiflung, und gänzlicher Verlust aller Energie des Geistes; so lange man nicht durch den electrischen Schlag[3] einer herzerhöhenden Leidenschaft getroffen ist. Tief hypochondrische Menschen wünschen oft das ganze menschliche Geschlecht zu fliehen.

Quelle: Zimmermann, 1777a, S. 54f.; Johann Georg Z. (1728–1795), ab 1768 Hofrat und Leibarzt in Hannover. 1 Südfranzösische Landschaft. 2 Die klassische humoralpathologische Lehre (Hypochondrie) wird mit der Lehre von der Nervenschwäche (Neurasthenie) bzw. Nervenkrankheit (Neurose) verknüpft. 3 Der «elektrische Schlag», wie er in der zeitgenössischen →*Elektrischen Medizin* vielfach erfahren wurde, dient hier als Metapher für das emotionale «Elektrisiert-Werden».

Impotenz als Zeichen der Nervenschwäche

Das Unvermögen des männlichen Gliedes zum Steifwerden zeigt eines Theils Nervenschwäche und Trägheit der festen Theile, andern Theils Mangel an gutem, wirksamen Saamen an, welcher die Geburththeile zur Anstrengung reitzen könnte.

In der Lendendarre (*tabes dorsalis*[1]) ist daher dieses Unvermögen ein gewöhnliches, furchtbares Symptom. [61] Das baldige Erschlaffen des männlichen Gliedes nach einer kurzen Erektion ist ebenfalls ein Kennzeichen der Schwachheit. Doch sind kurze Erektionen nach einer schweren Krankheit ein Kennzeichen der Rekonvalescenz.

Quelle: Metzger, 1785, S. 60f. 1 Rückenmarksschwindsucht (damals unbekannt:) als Folge einer Syphilis («Lust-Darre»).

Ansteckende Krankheiten

Seuchen und ihre Bekämpfung

Die Seuchen und ihre Bekämpfung stellen ein Standardkapitel der Medizingeschichte dar. Der Ausbruch des «Schwarzen Todes», der (Lungen-)Pest 1347 in Süditalien, markiert eine der stärksten Erschütterungen in der Medizin-, Kultur- und Sozialgeschichte des Abendlandes. In der Folgezeit galten «Pest» und «Seuche» bzw. «Epidemie» weitgehend als Synonyme. In der vorbakteriologischen Ära gab es zwei Theorien der Entstehung und Übertragung von Pest bzw. Seuchen: Zum einen wurde die krankmachende Materie in fauligen Ausdünstungen von Luft und Wasser vermutet (*Miasma*), zum anderen wurde ein spezifischer Erreger, ein Ansteckungsstoff (*Kontagion*), unterstellt. Beide Auffassungen begegnen sich im seuchenpolitischen Diskurs des 18. Jahrhunderts. So führte die Gelbfieberepidemie in Philadelphia 1793 zu einer Kontroverse zwischen Kontagionisten und

Antikontagionisten, welche die Übertragung der Seuche durch einen besonderen Ansteckungsstoff verneinten. Die Texte zur Pest in der Provence (1720/21) schildern die letzte Pestepidemie, die in Westeuropa auftrat. Einen Sonderfall stellen die Geschlechtskrankheiten dar, die als «venerische Übel», «Lustseuche», «Franzosenkrankheit» etc. bezeichnet wurden. Eine Differenzialdiagnose fehlte. Der berühmte britische Anatom und Chirurg John Hunter glaubte 1767 sogar, in einem Selbstversuch (!) die Identität von Gonorrhoe und Syphilis nachgewiesen zu haben. Die Seuchenbekämpfung beruhte – unabhängig vom Streit der Gelehrten – seit dem ausgehenden Mittelalter auf hygienischen, diätetischen, medizinischen und moralischen Maßnahmen, die auch im 18. Jahrhundert noch in Kraft waren. Die von dem englischen Arzt Edward Jenner eingeführte Schutzimpfung gegen Pocken (Vakzination) eröffnete am Ende des Jahrhunderts ein neues Zeitalter der Seuchenprophylaxe.

Literatur: Knapp, 1989; Lersch, 1896; Penso, 1981; «Sterben», 1996.

Das Miasma

Das Miasma[1] wirkt allerdings zuerst auf die festen Theile, vorzüglich auf die Nerven, wie aus Leichenöffnungen, aus den Zufällen der Ansteckung und der Unansteckbarkeit gewisser Personen erhellt. Von den Nerven rührt [65] dann die weitere Veränderung der flüßigen Theile her. In diesen wird das Miasma nicht sowol entwickelt, als abgeändert. ... Das Miasma wird also stufenweise entwickelt, wenn die Krankheit anfängt, steigt [67] und auf der Höhe ist. Die Wirkung der Krankheit vervielfältigt das Miasma, und diese Vervielfältigung kan nur durch eine Veränderung flüßiger Theile des Körpers geschehen, es sey nun unmittelbar, oder durch die in den festen Theilen verursachte Unordnung.

Quelle: Gesner, 1778–1788, 4. Bd., S. 65f.; Johann August Philipp G. (1738–1801), praktischer Arzt in Rothenburg ob der Tauber.

1 Miasma: von *miaino* (griech.) = verunreinigen, besudeln; durch Infektionsstoffe verunreinigte Luft, z.B. «Pesthauch».

Über die Wirkung des «Pestgiftes»

Es ist dieser Wüterich[1]/ der auf eine so grimmige Weise das Menschen-Geschlecht anfallet/ nicht einerley Gestalt/ sondern viel köpfficht/ wie der *Cerberus*, sehr veränderlich/ wie der *Proteus*[2]; so daß dieses subtile Gifft/ welches unter keine Sinnen komt[3]/ so viel verschiedene Sprünge gemachet/ als viel Theil in dem Menschlichen Leib sind/ ja als viel Krankheiten denenselben zukommen/ und unter diesem Pest-Mantel eine Menge anderer Krankheiten verborgen ligen. Mithin lasset sich insgemein muthmassen/ daß dieses Pest-Gifft angreiffe die flüssigen so wohl als festen Theil des Leibes/ und das Geblüte beydes in eine hefftige Verdünnerung/ und Verdickerung/ setzet/ das Band aller Theilen desselben auflöset/ wordurch der zum Leben höchstnöthige Kreiß-Lauff nebest der inneren Bewegung zum Stillstehen veranlaset wird ... [4] Das ist gewiß/ daß die Schärffe[4] des Gifftes/ wo es im Leib hinkommet/ die festen Theile selbs durchfrisset/ wie man dann in eröffneten Cörperen[5] hin und wider Blut-Schollen/ oder eine den Weinhefen gleichende stinkende Materie angetroffen.

Quelle: Scheuchzer, 1720, S. 3f.; Johann Jakob S. (1672–1733), berühmter Naturforscher, Stadtarzt in Zürich. 1 Die dämonische Personifizierung einer Seuche findet sich noch im 19. Jahrhundert, etwa bei der Cholera. 2 Cerberus: nach griech. Mythologie (mehrköpfiger) Höllenhund; Proteus: nach griech. Mythologie weissagender Meergreis in verschiedener Gestalt. 3 D.h. unsichtbar ist. 4 Krankmachende Materie. 5 Leichen.

Der Pestausbruch in Aix (Provence) 1720

d. 16. *Aug.* truge sich zu/ daß eine Weibs-Person von 60. Jahren/ nach öffteren Herz-Bangigkeiten/ und starken darauf folgenden Ohnmachten/ gestorben innert 24. Stunden. Der *Magistrat* ordnete einen *Medicum* und *Chirurgicum*, den Leichnam zu besichtigen/ weilen sie aber keine Pest-Zeichen wahrgenommen/ müßte der junge *Chirurgus*, wiewol mit Widerwillen/ den Leib öffnen[1]/ welches er gethan mit Beyhilff zweyer Gesellen. Man fande innerlich so wenig/ als auswendig.

d. 17. gegen Abend wurde der *Chirurgus* angegriffen mit hefftigen Kopf-Schmerzen/ Herzwehe/ Niederstürzung der Kräfften: Er wolte sich durch Erbrechen erleichteren/ spürte aber darauf wenig Besserung.

d. 18. liesse der beruffte *Medicus* eine Ader öffenen an dem Arm: Noch diesen Abend äusserte sich zu End des linken Brust-Mäusleins[2] eine bleichrohte Geschwulst/ begleitet mit hefftigen Schmerzen/ wordurch das Fieber in mehrere Entzündung gerahten.

d. 19. beruffte der *Ordinarius* auch zu sich Hr. [47] *D. Garidel*[3], berühmten Königlichen *Professor*en/ welcher Morgens um 9. Uhr den *Patien*ten antraffe in hitzigem Fieber/ begleitet mit Kopf-Schmerzen/ erhitzten/ dabey auf bleiche Farb zickenden Angesicht/ gelbrohten Augen/ hefftigen Bangigkeiten des Herzens/ weißlechter angeloffener Zunge[4]: unter der Achsel eine bleichrohte Faust-grosse/ und überaus schmerzhaffte Geschwulst/ und aus diesen Zeichen bey dem Abtritt geschlossen/ daß diese Krankheit die rechte Pest seye/ wie sie zu *Marseille* wütete ... Diesen Abend um 10. Uhren sturbe der *Patient* in einer Verruckung seiner Sinnen. Bis dahin wurde eine gleiche Krankheit zweyer in gleichem Haus liegenden Barbier-Gesellen verborgen behalten/ von welchen der einte [sic!] ... *d. 20.* der andere ... *d. 22.* frühe Morgen gestorben.

Diß waren die ersten/ welche an kennbaren Pest-Zeichen in *Aix* gestorben ...

Quelle: Scheuchzer, 1721, S. 46f. 1 Obduktionen zu pathologischen Zwecken war zumeist Aufgabe des (gelehrten) Chirurgen, der in der Regel auch als Anatom ausgebildet war. 2 Mäuslein = Muskel (lat. *musculus*). Die betreffende «Geschwulst» bedeutet die für die Beulenpest typischen Schwellungen der Lymphdrüsen (hier: in der Achselhöhle). 3 Pierre Joseph Garidel (1658–1737), Arzt und Professor für Botanik an der Universität in Aix. 4 Weißlicher Zungenbelag.

Ein Danziger Arzt beschreibt die Pestflecken

Ich bin offters zum *Patien*ten gekommen/ daß ich/ wie genau ich auch immer nachfragte/ noch keine *Petechias*[1] gespüret habe/ und wenn ich kaum eine halbe Stunde weg war/ erschienen sie in rother Gestalt/ aber sehr klein/ nicht lange darnach/ und offters innerhalb etlichen Stunden/ wurden sie gantz blau/ auch ziemlich groß/ und ausser der Haut herfürstehend/ als wie die blauen Erdbeeren/ und wenn es sich zutrug daß der *Patien*te starb/ ... so nahmen diese kleine blaue/ und schwartze Flecken so zu/ daß sie je länger je größer wurden/ als ein Käyserl. [sic!] Ditchen[2] oder Sechser/ und auch wohl noch grösser: Ja es wurden ihrer auch noch mehr/ und das dauerte so lange/ biß der *Patien*te erkaltet/ und gantz steiff worden war...

Quelle: «Schreiben», 1711, S. 46; anonymes Schreiben «einiger Medicorum». 1 Kleine fleckenförmige Hautblutungen. 2 Oder: Dütgen, eine dänische Münze.

Gelbfieber angeblich durch verdorbenen Kaffee verursacht

Brief von Benjamin Rush an Dr. Hutchinson[1] vom 24. August 1793:

«Seit einigen Tagen zeigt sich ein bösartiges Fieber in der Stadt, das wie ich glaube ursprünglich von beschädigtem Kaffee herrühret, der auf einem Landungsplatze in der Nähe der Archstrase verfaulte. Eine Zeit lang schränkte sich dieses Fieber auf die Wasserstrase zwischen Arch- und Race-Strase ein, kürzlich aber fand ich auch einige Kranke von der Art, in der zweiten Strase und im Kensingston; ich kann jedoch nicht entscheiden, ob es unmittelbar durch die Ausdünstung[2] des Kaffees dort entstand, oder durch Ansteckung[3] hingebracht wurde. Die Krankheit erscheint unter allen Gradationen[4] zwischen dem gelinden nachlassenden Fieber und dem [20] heftigen Typhus. Ich habe seit dem Jahr 1762[5] kein Fieber von solcher Bösartigkeit gesehen, das so allgemein gewesen wäre.

Quelle: Rush, 1796, S. 19f.; Benjamin R. (1745–1813), Arzt, Psychiater, Philanthrop, Chemie- bzw. Medizinprofessor in Philadelphia. 1 J. Hutchinson, nicht identifiziert. 2 «Miasma». 3 «Kontagion». 4 Abstufungen. 5 Rush berichtete in seinem Tagebuch von dieser Gelbfieberepidemie.

Ärztliche Empfehlungen gegen das Gelbfieber[1]

Nachdem die Gesellschaft der Aerzte das anstekende bösartige Fieber, welches gegenwärtig in der Stadt herrscht, in Ueberlegung genommen hatte, so kam sie überein, folgende Mittel, die

Verzeichniß

Derer so bey grassirender Pest in Dantzig gestorben

Anno 1709.

Vom	5.	Januar.	biß auf den	12.	Januar.	gestorben	53.	Personen
—	12.	—	—	19.	—	—	54.	—
—	19.	—	—	26.	—	—	61.	—
—	26.	—	—	2.	Febr.	—	68.	—
Vom	2.	Febr.	biß auf den	9.	Febr.	gestorben	54.	Personen.
—	9.	—	—	16.	—	—	38.	—
—	16.	—	—	23.	—	—	45.	—
—	23.	—	—	2.	Mart.	—	34.	—
—	2.	Mart.	—	9.	—	—	48.	—
—	9.	—	—	16.	—	—	36.	—
—	16.	—	—	23.	—	—	40.	—
—	23.	—	—	30.	—	—	37.	—
—	30.	—	—	6.	April.	—	42.	—
—	6.	April.	—	13.	—	—	44.	—
—	13.	—	—	20.	—	—	54.	—
—	20.	—	—	27.	—	—	55.	—
—	27.	—	—	4.	Maj.	—	47.	—
—	4.	Maj.	—	11.	—	—	42.	—
—	11.	—	—	18.	—	—	44.	—
—	18.	—	—	25.	—	—	42.	—
—	25.	—	—	1.	Junii	—	44.	—
—	1.	Junii	—	8.	—	—	46.	—
—	8.	—	—	15.	—	—	45.	—
—	15.	—	—	22.	—	—	53.	—
—	22.	—	—	29.	—	—	83.	—
—	29.	—	—	6.	Julii	—	92.	—
—	6.	Julii	—	13.	—	—	156.	—
—	13.	—	—	20.	—	—	224.	—
—	20.	—	—	27.	—	—	433.	—
—	27.	—	—	3.	August.	—	500.	—
—	3.	August.		10.		—	823.	—
—	10.	—	—	17.	—	—	897.	—
—	17.	—	—	24.	—	—	1238.	—
—	24.	—	—	31.	—	—	1414.	—
—	31.	—	—	7.	Sept.	—	1767.	—
—	7.	Sept.	—	14.	—	—	2205.	—
—	14.	—	—	21.	—	—	2070.	—
—	21.	—	—	28.	—	—	2065.	—
—	28.	—	—	5.	Octobr.	—	1963.	—
Vom	5.	Octobr.	biß auf den	12.	Octobr.	gestorben	1759.	Personen.
—	12.	—	—	19.	—	—	1214.	—
—	19.	—	—	26.	—	—	1062.	- -
—	26.	—	—	2.	Nov.	—	897.	—
—	2.	Nov.	—	9.	—	—	628.	—
—	9.	—	—	16.	—	—	438.	—
—	16.	—	—	23.	—	—	363.	—
—	23.	—	—	30.	—	—	299.	—
—	30.	—	—	7.	Dec.	—	233.	—
—	7.	Dec.	—	14.	—	—	217.	—
—	14.	—	—	21.	—	—	161.	—
—	21.	—	—	31.	—	—	127.	—
—	31.	—	—	—	—	—	79.	—

Summa 24533. Personen.

12. Verzeichnis der Pesttoten in Danzig (1709)

«Schreiben», 1711, S. 47–49

Fortschritte desselben zu hemmen, ihren Mitbürgern zu empfehlen:

1tens) Aller unnöthige Umgang mit angesteckten Personen sollte vermieden werden.

2tens) Die Thüren oder die Fenster der Häuser, wo angesteckte Personen sind, sollten besonders bezeichnet werden. [26] ...

4tens) Sollte ein grosser und luftiger Spital in der Nähe der Stadt errichtet werden, um diejenige Armen-Kranken darinn aufzunehmen, welche ... in Privathäusern nicht verpflegt werden können.

5tens) Sollte das Läuten der Sterbglocke eingestellt werden.

6tens) Wird empfohlen, die an diesem Fieber Gestorbene so heimlich als möglich und auf Leichenwagen zu Grabe zu bringen.[2]

Quelle: Rush, 1796, S. 25f. 1 Empfehlungen der Medical Society von Philadelphia vom 26. August 1793. 2 Entsprechende Maßnahmen erinnern an diejenigen früherer Zeiten gegen die Pest.

Das «Anstekungsgift» des Gelbfiebers

Der Geruch des Anstekungsgifts, so wie ihn ein in einem reinen Zimmer liegender Kranker von sich gab, ähnelte dem der Poken, nur war er gewöhnlich weniger unangenehm. Der faule Gestank in den Krankenzimmern war die Wirkung einer Vermischung des Anstekungsgifts mit irgend einem Unflathe. In kleinen Zimmern, wo in einigen Fällen vier oder fünf Kranke zusammen gepreßt waren, war ein Gestank, der Schwindel, Uebelseyn, Erbrechen, Schwäche der Glieder, Ohnmachten und in einigen Fällen Diarrhoe erregte. ...

Das Contagium hieng sich an alle Arten von Kleidungsstücken, und schien durch sie ausgebreitet zu werden; in keinem Falle aber wurde [133] es durch Papier mitgetheilt[1].

Quelle: Rush, 1796, S. 132. 1 Übertragen.

Die «Kinderblattern» (Pocken) und ihre Heilung

So bald diese ansteckende Materie sich mit denen Säfften vermischet hat, bringet selbige einige in der Ordnung auf einander folgende Würckungen zu wege; welche sind: ein Schaudern;

Erstarren; hitziges Fieber; große anhaltende Hitze, gläntzende Augen, von eingedrungener dünner und hitziger Feuchtigkeit; ein heftiger Schmerzen des Kopfs, des Rückens, der Glieder, insonderheit in denen, unter der Herzgrube belegenen [sic!] Theilen[1], Uebelkeit und Brechen; große Unruhe; Dumheit; Schläfrigkeit; und bey Kindern[2] Jammer-Anfälle. ... [461]

Es scheinet, daß hier die allgemeine Heilungs-Art könne angewandt werden, und durch Erfahrungen zu bestätigen sey, welche in allen Entzündungszufällen bewehrt ist ... Selbige kan auf folgende Art geschehen: [462]

1) Muß zur Ader gelassen werden ...
2) Die ganze Haut, der Mund, der Magenschlund, und die Gedärme sollen öffters durch Clystire und B[l]ähungen erweichet, und gelinde gemacht werden.
3) Der Kranke soll viel dünnes mehligtes, säuerliches und kühlendes Wasser trinken; und Salpeter von Spießglaß, oder Polichrest-Saltz und dünnes Milchwasser gebrauchen, und ist,
4) mit dünnen Nahrungs-Mitteln; kältlicher Lufft zum Othemhohlen; behörgen [sic!] Zudecken und Ausdünsten, zu unterhalten.

Quelle: Boerhaave, 1763, S. 459–462; Herman B. (1668–1738), berühmter Arzt, Begründer der «Leidener Schule». 1 Hypochondrium, «Magengrube» unterhalb des Brustbeins. 2 «Kinderblattern» bedeuten im 18. Jh. Pocken (*Variola*), da sie vor allem bei (ungeimpften) Kindern auftraten; im 19. Jh. bezeichnet dieser Ausdruck zunehmend Windpocken (*Varicellae*).

Jenners Warnung vorm Impfen mit «falschen» Kuhpocken

Ich habe ... die Absicht, die Inoculation einer unrichtigen und unerwarteten Krankheit[1] zu verhüten. ... [6] Denn, wenn man nicht völlig sicher ist, dass die wirklichen Kuhpocken beym Menschen oder Vieh da sind, und dass man gerade dasjenige Stadium der Krankheit getroffen hat, in welchem sie die Fähigkeit besitzt, den Körper für die Blatter-Ansteckung unempfänglich zu machen, so kann dieser Irrthum unangenehme Folgen haben und ein in diesen Versuchen noch nicht geübter Arzt erräth wohl nicht den Grund desselben. [Fußnote des Übersetzers G. F.

Ballhorn[2]:] Jenner ist nemlich, wie man in der Folge sehen wird, der Meinung, dass die K.P.[3] Pusteln, wenn sie einen gewissen Zeitraum erreicht haben, nicht mehr eine zur Inoculation taugliche Materie enthalten. ... [70]

Das Resultat jedes meiner Versuche ist sich gleich. Denn in jedem Falle sah ich nach überstandenen K.P. Unempfänglichkeit für die Blattern-Ansteckung. Da meine Beobachtungen nun schon so zahlreich geworden sind, so überheben sie mich der Nothwendigkeit, mich mit Denen in eine Fehde einzulassen, die ohne allen practischen Beweis, meine Behauptungen haben verdächtig machen wollen.

Quelle: Jenner, 1800 S. 5f. bzw. S. 70; Datum der engl. Originalfassung: 5. April 1799; Edward J. (1749–1823), englischer Landarzt, Begründer der Pockenschutzimpfung mit Kuhpocken (Vakzination). 1 Der falschen Kuhpocken. 2 Georg Friedrich Ballhorn (1770–1805), Arzt und Schriftsteller in Hannover. 3 Kuhpocken.

Beispiel einer Kuhpocken-Impfung

Montags den 21sten Jenner, 1799, nahm ich eiterhafte Materie von den Eutern einer Kuh auf, und impfte damit, vermittelst eines kleinen Hautstichs, sieben Personen den Arm. Ich ritzte die Haut, so dass die Spitze der Lancette etwas Blut zeigte. [84]

Erster Fall. Maria Payne; sehr gesund, drittehalb Jahr alt. Dritter Tag. Die Impfstelle erhaben und etwas entzündet. Sechster Tag. Die Erhabenheit hatte 1/3 Zoll im Durchmesser, war cirkelförmig, mit erhabenen Rändern und eingedrückten [sic!] Mittelpunkt. Die peripherische Entzündung hatte die bey Impfblattern gewöhnliche Ausdehnung. Das Bläschen in der Mitte war jetzt gespannt und mit der hellen Flüssigkeit gefüllt. Ich nahm davon mit einer Lancette auf, und impfte damit Johann Telley. Die Patientinn war heute träg und der Puls schneller. Mangel an Appetit und grosser Durst und die übrigen Fiebererscheinungen. Doch ist sie noch immer unlustig. Eilfter Tag. Völlig wohl. Die Impfstelle verwandelt sich in einen Grind[1]; um ihr ist noch viele harte Geschwulst von glänzend rother Farbe. Man impfte ihr heute die wirklichen Blattern. Funfzehnter Tag. Sie ist völlig wohl. Die Blattern-Impfung verursachte eine ziemliche Entzündung an der Impfstelle, welche nach fünf Tagen allmälig verschwand.

Quelle: Woodville, 1800, S. 83 f.; William W. (1752–1805), Arzt, Botaniker, ab 1782 in London, dort «Arzt der Blattern- und Impfspitäler»; übersetzt von G. F. Ballhorn, siehe oben. 1 Borkig-krustiger Hautausschlag.

Syphilis und Gonorrhoe als «göttliches Strafgericht»

Das Sprichwort: Womit einer sündiget, damit wird er auch gestrafft, trifft nirgender wo richtiger zu, als in dieserley Seuchen[1]. ...

Das erste *Accidens*[2], welches ein so genannter *Venus*-Ritter von verbotenen Liebes-Wercken und unreinem Beyschlaff davon trägt, ist *Gonorrhoea* oder ein Saamen-Fluß, da entweder ein würcklicher Saame oder eine andere, dem Saamen gleichsehende Feuchtigkeit, beständig aus dem Gebuhrts-Gliede fliesset. ... [265]

Wenn eine *Gonorrhoea* nach guter Ordnung *tractiret*, und nicht durch *adstringentia*[3] vor der Zeit verdorben wird, so ist sie zwar ein langwieriges *Malum* [266], pflegt aber nicht leicht die völlige Kranckheit der Frantzosen[4] nach sich zu ziehen: wofern sie aber vor der Zeit gestopfft wird, so folgen auf der Stelle *Bubones*[5] oder *Testiculi venerei*[6], böser Halß[7], und endlich ein Ausschlag vieler Pocken und Geschwäre. ... [269]

Das sicherste *Praeservans* vor der *Gonorrhoea* ist demnach, wenn einer nach vollbrachtem *Congressu*[8] sogleich den Urin lässet, und damit das sämmtliche *Membrum*[9] badet und abwischet; es könnte es auch wohl ein warmes Seiffen-Wasser thun, allein da man solches nicht so bey der Hand hat, [270] über dieses das Urinlassen zugleich das durch die Röhre eindringende *Miasma contagiosum*[10] abwenden und ausschwämmen kan, so bleibt dieses doch unter allen das sicherste und beste. Und wäre zu wünschen, daß es allemal und von allen beobachtet würde, so könnte vielleicht in wenig Jahren die garstige und verhaßte Kranckheit aus *Europa* wiederum verbannet werden. Allein wer will sich unterstehen göttlichen Straf-Gerichten Einhalt zu thun, und ihme die den bösen Kindern nöthige Ruthen[11] aus der Hand zu reissen?

Quelle: Storch, 1735, S. 263–270. 1 Den venerischen Übeln, d.h. Geschlechtskrankheiten. 2 Krankheitssymptom, «Zufall». 3 Zusammenziehende Mittel. 4 Syphilis; bis Ende des 18. Jh.s wurden Syphilis und Gonorrhoe als Krankheitseinheit gesehen bzw. nicht scharf voneinander abgegrenzt. 5 Beulen (Lymphknotenschwellungen). 6 Hodenentzündung. 7 Tonsillitis. 8 Beischlaf. 9 Penis. 10 Mit Ansteckungsgift geschwängerte Ausdünstung. 11 Traditionelle Vorstellung von der Krankheit als Zuchtrute Gottes, der für begangene Sünden bestraft.

Quecksilberkur gegen die «venerische Seuche»

Wo aber die allenthalben zerstreueten Blattern[1], Schmertzen der Glieder, nächtliche Unruhe und Belästigung, große Beulen, unerträgliche Knochen-Schmertzen, oft gehabter Samenfluß, die Gegenwart der venerischen Seuche[2] anzeigen, alsdenn wird die Speichel-Cur[3] erfordert.

In solcher Absicht muß man den Leib des Krancken einige Tage vorher mit abgekochten Träncken anfüllen.

Alsdenn jede zwey Stunden eine behörige [sic!] Maaß von zubereiteten gelinden Quecksilber[4] geben.

So bald man einen übelriechenden Othem, schmertzendes Zahnfleisch, hervorragende Zähne bemercket, muß man urtheilen, ob es rathsam fortzubrauchen, still zu stehen, oder den Speichelfluß zurückzuhalten. [480]

Wenn sich der Speichelfluß binnen jeden Tag und Nacht biß drey oder vier Pfund erstrecket, ist es genug. ...

Wenn er stärcker als ihn die Kräfte ertragen mögen, so muß er durch gelinde Clystire, oder Purgier, oder Schweißtreibende Mittel gehemmet werden.

Quelle: Boerhaave, 1763, S. 479f. 1 Hier: Syphilide, (hochinfektiöser) Hautausschlag. 2 Im 18. Jh. noch keine klare Differentialdiagnose der einzelnen Geschlechtskrankheiten möglich, die u.a. auch als «Venus-Seuche» zusammengefaßt werden. 3 Salivationskur, traditionelle ableitende Maßnahme insbesondere bei «venerischen Krankheiten» (Syphilis). 4 «Süßes Quecksilber», Sublimat, bis ins 19. Jh. innerlich u.a. gegen Syphilis und Krebs angewandt.

Exkurs: Gerichtliche Medizin

Fallbeispiele zur Praxis der «Staatsarzneikunde»

Die Gerichtliche Medizin oder «Staatsarzneikunde» im Sprachgebrauch des 18. Jahrhunderts befaßte sich vor allem mit der Feststellung von Todesursachen. Insofern hatte sie eine besondere Affinität zur anatomischen Pathologie und zur Obduktion der Leiche, wie sie vor allem der italienische Arzt Giovanni Battista Morgagni in der zweiten Jahrhunderthälfte propagierte, um die → *Ursache und Entstehung der Krankheit* am geschädigten Organ festzumachen. Kindsmord und Giftmord waren die klassischen Herausforderungen für die ärztlichen Gutachter. Da die Toxikologie wegen relativ geringer biochemischer Kenntnisse wenig Aufschluß geben konnte, waren die Vergiftungen bis zur Entwicklung des Arsennachweises durch den britischen Chemiker James Marsh 1836 eine sehr verbreitete Methode des Mordens. Die Gerichtliche Medizin hatte auch die Aufgabe, in Streitfällen über die fragliche Vaterschaft zu entscheiden. Die → *Imagination* der Schwangeren als Ursache für ein unerwartetes Aussehen des Kindes wurde bis gegen Ende des 18. Jahrhunderts immer wieder ins Feld geführt (Texte siehe dort).

Literatur: Fischer-Homberger, 1983.

Nachweis des «Kindermordes» durch die Lungenschwimmprobe

Die Lunge eines todgebohrnen Kinds ist dunkelroth, und sinkt im Wasser unter, hellroth, wenn das Kind gelebt hat. Doch bringt allerdings das Einblasen der Luft eben die Veränderungen in der Lunge hervor, die von dem Athemholen entstehen.

Blut in den Lungenadern ist ein zuverläßiges Merkmal der lebendigen Geburt, denn es ist die Foge des Athemholens.

Die Lunge, die schon geathmet hat, ist ausgedehnt und bedeckt den Herzbeutel. Die Lunge eines Todgebohrnen ist klein, liegt am Rucken[1] und läßt den Herzbeutel bloß.

Die Lunge eines lebendig gebohrnen aber *erstickten* Kinds

schwimmt, wenn das Blut, welches in Menge darin angetroffen wird, ausgedrückt worden ist.

Quelle: Gesner, 1778–1788, 1. Bd., S. 308; Johann August Philipp G. (1738–1801), Arzt in Erlangen. 1 Rücken.

Campers umstrittene Lungenschwimmprobe

D[oktor]. *Camper*[1] bezeugt ohne Bedenken, ein Kind sey tod gebohren, wenn die Lunge zu Boden sinkt; wenn sie aber schwimmt, so antwortet er, das Kind müsse in oder nach der Geburt gelebt haben. ... [756]

Die Lunge eines todgebohrnen Kindes war dunkelroth und sank im Wasser. D. Camper überwand den natürlichen Widerwillen gegen die Fäulung, schloß dem Kinde die Nase zu, und blies aus seinem Munde in den Mund der kleinen Leiche Luft ein. Das Blut fieng wiederum an aus der Nabelschnur zu sprizen, und die Lunge schwamm. [Fußnote:] Wie kan denn also *D. Camper* antworten, daß das Kind in oder nach der Geburt gelebt haben müsse? Kan eine unglückliche und schwärmende Mutter nicht auch Luft in die Lunge geblasen haben?

Quelle: Gesner, 1778–1788, 3.Bd., S. 755f. 1 Petrus Camper (1722 bis 1789), berühmter niederländischer Arzt und Naturforscher, ab 1750 Professor für Anatomie und Chirurgie in Amsterdam.

Gerichtlich angeordnete Obduktion eines toten Neugeborenen

In einem Dorfe, zwey Meilen von hier, wird ein Bauernmädchen schwanger. Im Anfange läugnet sie solches; in der Folge gesteht sie aber ihre Schwangerschaft nicht nur ein, sondern wird auch in Beyseyn ihrer Mutter und zwey anderer Frauen entbunden. Das Kind kommt ihrer Aussage nach todt zur Welt, und man will solches daher balde beerdigen. Dem Prediger des Dorfs fällt dieses auf; er verlangt das Kind zu sehen, und da er am Kopfe desselben eine Verletzung zu bemerken glaubt, so verweigert er nicht nur die Beerdigung, sondern meldet auch den ganzen Vorfall an das Amt, unter dessen Gerichtsbarkeit das Dorf stehet, welches sogleich die Obduction des Kindes veranstaltet und mir solche als Physiko des Creyses[1] aufträgt. ... [117]

Nach eröfneter Brust fand man das Herz und dessen Hölen,

besonders aber die vordere mit vielem schwarzen Blute angefüllt.

Die Lungen waren sehr dicht und dunkelroth, sanken auch mit und ohne Herzen ganz und Stückweise im Wasser beständig unter.[2] ...

Wann nun hierbey die Frage entsteht, ob dieses Kind lebendig zur Welt gebohren, und etwa auf ein gewaltsame Art zu Tode gekommen sey? so ist nicht zu läugnen, daß die sehr dicken und dunkelrothen Lungen, welche im Wasser untergesunken, dieses sehr zweifelhaft zu machen scheinen. Es ist aber gleichwohl gewiß, daß die am Kopfe bemerkten sehr stark mit Blut unterlaufenen Stellen, die von schwarzem Blute vollgepfropften *sinus*[3] des Gehirns, die von selbigem sehr ausgedehnten Blutgefäße desselben, und die übrigen Theile einen würklichen Umlauf des Bluts, und während desselben erlittenen grossen Gewalt unwidersprechlich anzeigen. Unsere Meinung ist daher: [118] Daß dieses Kind zwar würklich gelebt, aber noch, ehe es Othem holen können, entweder kurz vor oder während der Geburt verstorben sey.

Berlin, den 22sten September 1778.

D[octor]. C.F. Richter[4], Kreisphysikus N.N. Chirurgus

Quelle: Pyl (Hrsg.), 1. Samml., S. 115–118. 1 Kreisphysikus, Amtsarzt. Es handelt sich wahrscheinlich um den Kreis Nieder-Barnim. 2 Die «Lungenschwimmprobe» ist eine (unsichere) gerichtsmedizinische Untersuchungsmethode: die nichtbeatmete Lunge eines verstorbenen Neugeborenen versinkt. 3 Die «Hirnsinus» (Sinus [pl.] durae matris) sind venöse Blutleiter der harten Hirnhaut. 4 Christian Friedrich Richter (1744–1826), niedergelassener Arzt in Berlin, ab 1778 Physikus des Kreises Nieder-Barnim.

Gutachten über die «Qualification zur Festungsarbeit»

Auf Requisition[1] des Königl. Criminalgerichts h. R. habe ich heute den auf dem Calandshof hieselbst inhaftirten C.W. G** besucht und genau examiniret, um zu erforschen, obe derselbe würklich so schwächlichen Körpers und Gesundheit sey, daß er die ihm zuerkannte Festungsarbeit nebst Willkommen und Abschied[2] nicht ohne grossen Schaden werde ausstehen können?

Es ist dieser etc. G** 25 Jahr alt, sehr magern Gesichts und

Körpers, und dem Ansehen nach schwächlich; klagt sehr über Mattigkeit, Mangel an Schlaf und Eßlust, Reissen in den Gliedern, besonders den Knien, Kopfweh, Anhäufung des Schleims auf der Brust, daher rührenden Engbrüstigkeit und Husten, ja er will sogar Blut zuweilen ausgehustet haben, doch will der Gefangenenwärter hievon nichts verspürt haben, der auch meinet, daß er recht gut esse und trinke, wenn er nur was bekomme, was ihm schmekke. ... [232]

... sein ganzes äusseres Ansehen, wie auch der kleine geschwinde Puls zeigen einen schwächlichen Körper an, weshalb meiner unvorgreiflichen Meinung nach, derselbe wohl nicht ohne zu befürchtenden beträchtlichen Nachtheil seiner Gesundheit den ihm zuerkannten Willkommen und Abschied würde ertragen können. Mäßige Arbeiten jedoch, die eben keinen robusten Körper erfordern, wird derselbe gar wohl verrichten können.

Berlin, den 5ten Februar, 1781. *D*[octor].J.T.P[yl].

Quelle: Pyl., 1783–1783, 2. Samml., S. 231–232. 1 Anordnung. 2 «Willkommen» bedeutet hier «eine gewisse Anzahl Streiche, wo mit die in die Zucht- und Werk-Häuser verdammten Missethäter bey ihrem Eintritt in dieselben empfangen werden». (Zedler, Bd. 57, 1748, Sp. 267) «Abschied» bedeutet wohl ein entsprechendes Prügelritual bei der Entlassung als Teil der Strafe.

Selbstmord durch Arsen im Jahr 1679 (publiziert 1731)

Eine junge Magd in S. ist frisch und gesund gewesen, fänget sich gegen Abend an starck zu würgen und zu brechen, und stirbet plötzlich. Weil nun selbige solchen Tages *arsenicum*[1] vor 1 Grl.[2] gekauffet, entstehet ein Verdacht, daß sie sich selbst vergeben[3] habe, dahero eine *Section* und Besichtigung angestellet wird. ... Es werden aber solche [Mutmaßungen] *in hoc casu*[4] gnugsam bestärcket, massen[5] diese Magd an solchen Tage bey einem Kramer vor 1 grl. weisses Ratten-Pulver *(arsenicum album)* so ongefehr 1. Loth[6] gewesen, gekauffet, auch, weil es nicht *pulverisir*et gewesen, dessen unterschiedliche Stücklein in den *per vomitum*[7] weg gegebenen Blute und Schleim vermengten *excretionibus*[8] zu finden gewesen, aber dieses [106] auch bey der Oeffnung des Magens befunden, daß in solchen, und zwar dessen *orificio dextro*[9] von diesen [sic!] gifftigen Saltze, oder dem *arsenico,* unterschiedliche unzerschmolzene Stückgen gelegen, so ist hieraus unfehlbar zu schliessen, daß die obgedachte Magd ... sich von Leben zum Tode gewaltthätiger Weise verhelffen [wollte].

Quelle: Budaeus, 1731, S. 105f.; Theophil B. (1664–1734), Kreisphysikus in Kalau und Spremberg, Leibarzt des Herzogs von Sachsen-Merseburg. Er publiziert hier die Fallgeschichte eines Arztes aus Luckau, Niederlausitz, aus dem Jahr 1679 posthum. 1 Weißer Arsenik («Hüttenrauch») wurde bis zum 18. Jh. als Ratten- und Mäusegift verwandt und war bis zum Arsen-Nachweis (Methode nach Marsh 1836) das verbreitetste Mordgift. 2 lat. *granulum* = Körnchen. 3 Gegeben. 4 In diesem Fall. 5 Insofern. 6 Ursprünglich 1/32 Pfund. 7 Durch Erbrechen. 8 Ausscheidungen. 9 Alte Bez. für *ostium cardiacum* = rechtsseitig sitzender (oberer) Magenmund.

Vierter Teil
Ansätze des therapeutischen Eingreifens

Chirurgie

Die «Wundarzneikunst» auf dem Weg zur Universitätsmedizin

Im 18. Jahrhundert eröffnete sich zwischen der Universitätsmedizin und der handwerklichen Berufsausübung ein weites Betätigungsfeld der «Wundarznei», wie die Chirurgie gegenüber der «Leibarznei», der (inneren) Medizin, bezeichnet wurde. Staatliche Akademien («Kollegien») sorgten für eine geregelte Ausbildung der Chirurgen. Sie bahnten den Weg zu einer Integration der Chirurgie in die gelehrte Medizin. So wurde 1731 die Académie Royale de Chirurgie in Paris gegründet und einer medizinischen Fakultät gleichgestellt. In Deutschland ist hier an erster Stelle Lorenz Heister zu nennen, der ab 1720 als Professor der Chirurgie an der Universität Helmstedt lehrte. Zugleich praktizierten aber nichtakademische «Handwerkschirurgen» (Sander) in großer Zahl, die insbesondere in ländlichen Gegenden die Versorgung der Bevölkerung sicherstellten. Die Geringschätzung ihrer Künste durch den Ärztestand ist aus heutiger Sicht nicht mehr haltbar. So war z.B. der legendäre Dr. Eisenbarth keineswegs jener scharlataneske Kurpfuscher, als den man ihn gerne hingestellt hat. Trotz wissenschaftlicher und technischer Fortschritte, insbesondere in der →*Anatomie* und im Instrumentenbau, ist die Chirurgie des 18. Jahrhunderts nicht in einem Atemzug mit der modernen Entwicklung zu nennen, die gegen Ende des 19. Jahrhunderts einsetzte. Tatsächliche Fortschritte in der Operationstechnik konnten kaum gemacht werden, da eine wirksame Anästhesie nicht zur Verfügung stand; und mangels bakteriologischer Kenntnisse starben viele Operierte bzw. Verletzte an der Wundinfektion. Dem →*Starstich* als markantem Beispiel einer traditionellen Operationsmethode ist ein eigenes Kapitel gewidmet.

Literatur: Haeger, 1988; Harig, Hrsg., 1990; Ridder, 1993; Sander 1989.

Aus der Verordnung des Kursächsischen «Collegium medico-chirurgicum»[1]

Nachdem wir in der Absicht, die Chirurgie in Unsern Landen auf einen bessern Fuß zu setzen, unter unserer Protection und Autorität, ein Collegium Medico Chirurgicum allhier errichten lassen, auch anbey zu verordnen nöthig finden, daß alle Barbierer- und Bader-Gesellen, welche bey erwehnten [sic!] Collegio Medico-Chirurgico das Examen ausgestanden, und zu Treibung der Chirurgie tüchtig befunden, auf die von demselben darüber erhaltenen Attestate, bey denen Barbierer- und Bader-Innungen, ohne daß es eines weitern Examinis bedarff, diejenigen auch, welche ihren Operations-Cursum bey besagtem Collegio gemachtt [sic!], und mit einem Zeugniß dieserhalb versehen, sowohl bey Erkauffung derer Barbierer- und Bad-Stuben, wenn sie sich ad idem petium in quali & quanto[2] erbiethen, als auch ins besondere bey Besetzung derer Amts- und Raths-Barbier-Stellen, anderen welche dergleichen nicht vor sich haben, vorgezogen werden sollen ...

Quelle: Staatsarchiv Dresden, Kursächsische Landesregierung, «Canzley Acten Das Collegium Medico-chirurgicum betr.» Loc. 31084, f. 38–53; zit. nach Wunderlich, 1990, S. 183. 1 Verordnung («Generale») vom 18. September 1748. 2 Insofern sie sich hierfür bewerben.

Zum notwendigen Unterricht der Wundärzte

Zwar haben sie[1] sich die größte Mühe gegeben, und keine Kosten gesparet, durch gute Polizeyanstalten die Afterärzte[2] zu verbannen, die Gesundheit der Bürger zu sichern, und selbe getreuen Händen auf das strengste geprüfter und erfahrner Aerzte zu überlassen: Allein diese halten sich gemeiniglich in Städten nur auf, und sind zu entfernet, jedem auch entlegensten Landmanne beyzustehen.

Dahero genießet der größte Theil des Landvolkes und der Soldat, die noch viel geltendere Ansprüche auf die [V] Fürsorge des Staates haben, gleichwohl hievon am wenigsten: Beyde sind vielfältigen Krankheiten ausgesetzet, und in selben meistens dem Wundarzte überlassen.

Man kann hierinnfalls[3] nicht anders helfen, als daß man dem

Wundarzte so viel medicinische Kenntniße beybringet, als er nöthig haben wird, in den oftmaligsten und gemeinsten Fällen nützlich zu seyn. ... [VI]

Es[4] ist eine Sammlung praktischer Regeln[5], die auch demjenigen Wundarzte zu statten kommen kann, welcher vormals lebendigen Unterricht bekam, nun aber seinem Gedächtniße durch ein Buch helfen möchte. ... [IX]

Der Wundarzt wird mit diesem Unterrichte in der Hand freylich bey weiten [sic!] nicht alles thun, was ein Arzt[6] thun könnte; Der Umfang der Wissenschaft ist zu weit außer seinem Gesichtskreise, kurz er ist darum noch lange kein Arzt.

Allein er wird doch, wofern er Geisteskräfte genug besitzet, das in Ausübung bringen, wovon er hier Unterricht findet...

Quelle: Störck, 1776, S.IV-IX (Vorrede); Anton Freiherr von S. (1731 bis 1803), berühmter kaiserlicher Leibarzt und Oberdirektor des Allgemeinen Krankenhauses in Wien. 1 Die österreichischen Staaten. 2 Falsche Ärzte, Pseudoärzte. 3 Hierbei. 4 Störcks vorliegendes Buch «Medicinisch-praktischer Unterricht für Feld- und Landwundärzte...» 5 Für alle möglichen Krankheiten, die in traditioneller Form von Kopf bis Fuß abgehandelt werden. 6 Der akademische (Leib-)Arzt wird hier dem handwerklichen Wundarzt gegenübergestellt bzw. hierarchisch untergeordnet.

Die «Josephinische medizinisch-chirurgische Akademie» in Wien

Um nun diesem zu standegebrachten Institute[1] ein offenbares Merkmal unseres Schutzes zu geben, und zugleich den Umfang seiner Nutzbarkeit auf unsere sämmtlichen Unterthanen zu erweitern: so ertheilen Wir demselben 1. Gegenwärtiges von Uns eigenhändig unterzeichnetes Diplom, wodurch Wir solches zu einer öffentlichen k.k. medizinisch-chirurgischen Akademie erheben, und in dieser Eigenschaft, so viel den chirurgischen Zweig der Arzneywissenschaft betrifft, ihr alle Vorrechte verleihen, welche den Universitäten in unseren Staaten und Ländern verliehen sind. Kraft dieser Vorrechte hat diese Akademie 2. Das Befugniß, diejenigen Schüler, welche bei ihr den ordentlichen Lehrgang vollendet, und in den vorgeschriebenen Prüfungen von den erworbenen Kenntnissen in der Medizin, und chirurgischen Wissenschaft[2] zureichende Beweise abgelegt haben, zu

Magistern, und Doktoren der Chirurgie zu befördern und als solche die gewöhnlichen Diplome auszufertigen. Wollen auch 3. und verordnen hiemit unsern sämmtlichen hohen, und niederen Stellen, daß die von dieser Akademie beförderten Magister, und Doktoren der Chirurgie ... anerkannt werden, ihre Kunst aller Orten sowohl bei dem Militar [sic!] als Civil auszuüben berechtiget, auch sonst zu allen öffentlichen, und landesfürstlichen der Chirurgie angemessenen Ämtern, und Bedingungen zu gelangen, fähig seyn sollen.

Quelle: Brambilla, 1786, S. 11 f. – aus dem offiziellen Dekret vom 13. Februar 1786; zit. n. Skopec, 1990, S. 146 f.; Giovanni Alessandro B. (1728–1800), Reformer an der Universität Pavia, Militärchirurg in der österreichischen Armee. 1 Der von Brambilla initiierten und 1786 gegründeten Militärärzteschule («Josephinische medizinisch-chirurgische Akademie») in Wien. 2 Hier wird ausdrücklich auf die wissenschaftliche Qualifikation der Chirurgen abgehoben.

Wundärzte und Bader als Handwerker

Man schickte junge Leute, die gröstentheils der nöthigen Vorkenntnisse beraubt waren, in die Barbierstuben[1], als die einzigen zu ihrer vermeintlichen Bildung bestimmten Orte. Hier lernten sie nun barbieren, aderlassen, und wie man ein Blasenpflaster[2] auflegt: nebstbey hielt man sie zu den niedrigsten, nur eine Dienstmagd angemessenen Arbeiten an: nach dreyen Jahren wurden sie sodann als *ausgelernet* freygesprochen, bekamen das Prädikat als *Gesellen,* und glaubten nun, dass ihnen nichts fehle, was man von einem Chirurgen fordern könne; ... alsdenn blieben sie noch eine Zeitlang in der nämlichen Offizin, bekamen vielleicht Gelegenheit, nebst den oberwähnten Beschäftigungen einige alte Geschwüre zu verbinden, oder sie reisten sogleich blos von ihrer erlernten Kunst unterstüzt, in fremde Gegenden, und wenn sie das Ungefähr an solche Orte führte, wo ein chirurgischer Lehrstuhl errichtet war, so hörten sie auch etliche Vorlesungen mit an. Auf diese Art brachten sie einige Jahre zu, bis sie selbst meistens durch ein Ungefähr, in den Besitz irgend einer Barbierstube kamen; oder sie fanden auch sonst eine Aussicht angestellt zu werden, wo sie sich alsdenn ohne weiters als Magister prüfen liessen, und durch das erhaltene Diplom sich selbst zu bereden suchten, dass sie der Chirurgie vollkommen gewachsen seyen.

Es geschah nicht selten, dass die verwittwete Patronin als Erbin eines Barbiergewerbes einen Gesellen dadurch, dass sie ihn zum Manne wählte, zugleich auch zum Magister oder Patron machte. Nun ist leicht zu erachten, dass die Wittwe bey demselben nicht sowohl auf die Kenntnisse in der Kunst, als auf andere ihr angenehme Eigenschaften wird gesehen haben, folglich wurde das *Jus Patronatus, sive Chirurgiam exerdendi*[3] von dem Gottseligen meistens auf denjenigen übertragen, der das Glück hatte, der Frau Wittwe zu gefallen ...

Quelle: Hunczovsky, 1787, S. 8–10; zit. nach Skopec, 1990, S. 138f.; Johann Nepomuk H. (1752–1798), bekannter Wiener Chirurg, der u.a. in Italien ausgebildet war und als Professor insbesondere praktische Chirurgie lehrte. 1 Vor seinem Studium der Chirurgie in Wien hatte Hunczovsky selbst in der Barbierstube seines Vaters in Czech (Mähren) eine Lehrzeit absolviert. 2 Blasenziehende Pflaster als therapeutische Ableitungsmethode im Sinne der Humoralpathologie. 3 Das Recht, als Chirurg praktizieren zu dürfen.

Für eine Arbeitsteilung von Chirurgie und Medizin

... in der That hatte diese Trennung ihr Gutes. Bey der so allgemeinen Verschiedenheit menschlicher Fähigkeiten, der immer mehr zunehmenden Cultur beider Wissenschaften, die besonders auch der Chirurgie so nöthig war, bey der Menge von Kranken, die, besonders an größeren Oertern, innerlich und äußerlich zu behandeln zu seyn pflegen, und dem daraus entstehenden Mangel an Zeit für gesuchte Aerzte, war eine solche Teilung der gesamten Arzneykunst, in der Erlernung sowohl, als in der Ausübung, beinahe nothwendig. ... [103]

Vier Augen sehen bedingungsweise oft mehr, als Zweie. Besorgt aber nur Einer Alles, das Innerliche sowohl, als das Aeußerliche, allein; so wird in der Beurtheilung und Behandlung eines schwierigen Falles manche Einseitigkeit mit durchlaufen. Die meisten Chirurgen haben auf der andern Seite auch, seitdem man durch medicinisch-chirurgische Lehranstalten ihnen den Unterricht auch in den medicinischen Disciplinen erleichtert hat, den schon vor mehreren Jahrhunderten die nachherige chirurgische Facultät zu Paris als Gesetz anerkannte,[1] ziemliche Gelegenheit, sich in der eigentlichen[2] Medizin Kenntnisse zu erwerben, hernach selbige in Krankenhäusern oder, unter den Augen eines geschickten Oberwundarztes, im Militär zu üben, und bey vorkommenden Fällen noch mehr belehrt zu werden. Ein solcher Chirurg wird oft mit dem Bürger in elenden Flecken, mit dem Bauer etc. weit eher fertig und richtet mehr mit ihm aus, als der gebildete Arzt, dessen feinere Erziehung allein ihm schon meistens dazu im Wege ist.

Quelle: Jugler, 1799, S. 99–103; Johann Heinrich J. (1758–1812), praktischer Arzt, Landphysikus, u.a. in Lüchow von 1795 bis 1809. 1 Anspielung auf die 1255 in Paris gegründete Korporation von Chirurgen, das später sog. «Collège de St. Cômes» mit einer geregelten zweijährigen Berufsausbildung. 2 D.h. inneren Medizin.

Das «Zünftige» von Chirurgen und Badern als Problem

Das, damit[1] verbundene, Handwerksmäßige setzt nicht allein in vielen Stücken die Wissenschaft herunter, sondern unterdrückt auch den Geist, den Fleiß, und das eigene Nachdenken manches Lehrlings, der, bey anderer Art des Unterrichts, vielleicht weit über das Alltägliche sich erhoben hätte, hängt manchem, sonst biedern, Chirurgus in seiner Praxis noch spät im Alter an, und schließt oft bessere Köpfe von der Praxis aus. ... Allein die chirurgische Innung gründet sich, wie alle, auf einmal erworbene Gerechtsame und Privilegien, die zum Theil in Deutschland auf Reichsschlüssen beruhten, ferner mit einem baaren Capitale erkauft sind, schwerlich ohne Unruhe gänzlich aufzuheben seyn würden ... [111]

Was soll endlich aus den Badern[2] werden, die in mehreren Ländern noch eine eigne, von den Chirurgen getrennte, Innung haben? Sie außer Brod zu setzen, wäre grausam; und hart wäre es, wenn sie Alle ordentlich zuerst die Chirurgie, hernach die Arzneikunst, erlernen sollten. Wie wenige würden sich dazu, theils wegen Alter, theils wegen Mangel an Fähigkeit, Schulwissenschaften u.s.w. qualificiren!

Quelle: Jugler, 1799, S. 105–111. 1 Mit dem Zunftwesen. 2 In den von ihnen betriebenen Badestuben wurden u.a. Aderlaß und Schröpfen praktiziert.

Die Chirurgie als «Sklaverei» für (internistische) Ärzte

Welche Sklaverey müßte es ferner für den Geist eines *Hufeland*, *Baldinger*[1], *Werthof*[2], *Frank*[3], *Zimmermann*[4], *Selle*[5], *Lentin*[6], *Wichmann*[7], *Stolle*[8] etc. sein, neben der innerlichen Praxis auch noch bey jedem Kranken die chirurgischen Bedürfnisse in Obacht zu nehmen, Aderlässe, Fomentationen[9], Injectionen etc. zu verrichten, Blutigel[10] anzusetzen, Geschwüre zu verbinden, Fontanellen[11] zu legen, u. dergl. mehr! Und wo sollten nicht solche Männer allein, oder prakticirende Professoren, sondern wirklich auch nur manche gewöhnliche Landärzte, ganz vorzüglich während graßirender Epidemieen oder Contagionen[12], die Zeit hernehmen, alle die Kranken im Orte und außerhalb desselben, deren innerliche tägliche Besorgung sie jetzt vielleicht schon – wenigstens zu einzelnen Zeiten – mit Mühe bestreiten, auch noch chirurgisch, mit Lavements[13], Blasenpflastern, Aderlässen etc. bey der Bräune[14] mit Einsprützungen, beim kalten Brande[15] mit Scarificationen[16], u.s.w. zu behandeln, allenfalls noch ein Paar Accouchements[17] nebenher zu verrichten, und dabei noch ihr Tagebuch über Kranken und Krankheit zu führen, Collegien zu lesen...

Quelle: Jugler, 1799, S. 112f. 1 Ernst Gottfried B. (1738–1804), ab 1785 Professor der Medizin in Marburg. 2 Vermutlich Paul Gottlieb Werlhof [!] (1699–1767), berühmter gelehrter Arzt in Hannover. 3 Johann Peter F. (1745–1821), reformerischer Sozialmediziner. 4 Johann Georg Z. (1728–1795), ab 1768 Hofrat und Leibarzt in Hannover. 5 Christian Gottlieb S. (1748–1800), berühmter Arzt an der Berliner Charité. 6 Lebrecht Friedrich Benjamin L. (1736–1804), ab 1774 Bergmedicus und Stadtphysikus in Clausthal. 7 Johann Ernst W. (1740–1802), zweiter Hannoveraner Leibarzt neben J.G. Zimmermann. 8 Vermutlich Maximilian Stoll [!] (1742–1788), bekannter praktischer Arzt in Wien. 9 Therapeutisches Schwitzen. 10 Blutegel als Analogon zum Aderlaß. 11 Therapeutisches Geschwür der Haut an bestimmten Stellen zur Ableitung schädlicher Stoffe. 12 Ansteckende, seuchenartige Massenerkrankungen. 13 Reinigende Spülungen von Körperhöhlen, insbesondere des Darmes durch Klistieren. 14 Angina: Krankheiten mit Engegefühl, ursprüngl. für solche im Rachenbereich (z.B. Diphtherie, Tonsillitis). 15 Trockene Gangrän: Gewebsuntergang durch Minderdurchblutung, insbesondere an den unteren Extremitäten. 16 Therapeutische Hautstichelung oder -ritzung. 17 Geburten.

Doktor Eisenbarths Plädoyer für die Praxis

Wie der theoretische Mediziner (Medicus Cathedralis) oder der, der sein Wissen nur aus Büchern schöpft (Medicus Per Chartam), sich meilenweit unterscheidet vom klinischen Mediziner (Medicus Clinicus), so besteht ein ähnlich deutlicher Unterschied zwischen dem theoretischen Chirurgen (Chirurgus Cathedralis oder Speculativus) und dem Praktiker oder Operateur. ... Er[1] wird über das Wesen von Wunden, Geschwüren, Brüchen, Verrenkungen, ja sogar über das Vorgehen bei den erforderlichen Operationen zwar sorgsam disputieren, wenn er aber dann die Sache selbst in Angriff nimmt, wird er vor Angst zittern und wird die Instrumente zum Operieren, zum Untersuchen und zum Verbinden so unerfahren handhaben, daß erfahrene [72] Leute sich vielleicht des Lachens nicht erwehren können und daß sie den tragischen Ausgang nicht ohne Grund voraussagen. Demgegenüber ... hat der praktische Chirurg, wie man mit Fug und Recht den Operateur nennen darf, durch seine Gewöhnung, seine Übung, seine praktische Erfahrung sich solch eine Entschlossenheit, Geschicklichkeit und Fertigkeit angeeignet, daß er, zur Bewunderung der Anwesenden, seine Aufgabe unverzüglich in Angriff nimmt und sie fachmännisch erledigt.

Quelle: Eisenbarth, 1713, Paragraph 1 [aus d. Lat. Übers. von Elmar Seidl; in: Hasenbach, 1984, S. 71 f.]; Johann Andreas E. (1663–1727), legendärer «Wanderchirurg», berühmt als Starstecher, Bruch- und Steinschneider, ab 1685 in Altenburg (Thüringen) und ab 1703 in Magdeburg ansässig. 1 Der theoretische Chirurg.

Frankfurter Messe als Schaubühne für Chirurgen

Gleichwie in Frankfurt zu der Zeit, sowohl auf die Oster- als Herbst-Messe, ordentlich herumreisende Aerzte und *Operateurs*, sonderlich Bruchschneiders und Augenärzte, worunter auch der in diesen Stücken damals sehr berühmte *Eisenbart* gewesen, kamen, um Leute, die mit Brüchen, Augen-Staaren, [3] Blasensteinen, Gewächsen, Hasenscharten und dergleichen Uebeln behaftet waren, zu schneiden und zu curiren: weil damals in Frankfurt noch fast niemand, weder von *Medicis* noch *Chirurgis*, dergleichen Curen daselbst unternahme oder verrichtete: ich[1] daher, nachdem ich die Nothwendigkeit und den Nutzen dieser und anderer dergleichen chirurgischen Curen bald erkannte, Gelegenheit suchte, solche *Operationes*, so viel möglich, mit anzusehen, und so viel es thunlich war, dabei zu sehen und zu lernen.

Quelle: Heister 1753, S. 2 f. 1 Der Autor Lorenz Heister als Chirurg.

Eisenbarths Operation eines Darmbruchs

Es begab sich also, daß im Jahre 1700 in der Ostermeße[1] erstlich einem dieser Aerzte ein Knabe aus der Stadt von 9 Jahren vorkam, der einen ziemlichen grossen Darmbruch im Gemächte[2] hatte, und den seine Eltern, da sie bei einheimischen keine Hülfe wußten, gern durch den Schnitt curirt haben wollten ...

Dieser herumziehende Arzt[3] ... setzte einen bequemen Tisch mitten in das Zimmer, nahe an das Licht gegen das Fenster, legte den Knaben, nach untergelegten Küssen, darauf und zwar so, daß der Hintere und Füße was höher lagen als der Kopf (wahrscheinlich darum, daß die in das Gemächte herausfallenden Därme dadurch desto leichter in den Leib gebracht werden möchten), ließe ihn also durch seine vier bis fünf mitgebrachten Bedienten an den Armen und Beinen wohl halten, drückte darauf die ausgefallenen Därme durch den Ort, wo sie herausgefallen, wieder in den Leib, ließe hierauf die Haut am obersten Zeil des Gemächtes in die Quer aufheben, und schnitte selbige ... [4] auf, schnitte alsdann tiefer oder weiter bis auf den Samenstrang (*funiculus seminalis*) durch, lösete selbigen oben auf dem Schambein von denen Theilen, an welche er angewachsen, ab, band eine Schnur oder Bändgen doppelt darum, löste den Hodenbeutel ab, wobey der Knabe sehr heftig schrie, und schnitte ihn einen Daumenbreit ohngefehr unter der Bindung weg, wobey wenig Blut vergossen wurde; füllte darauf die Wunde und geöffnete Hodenbeutel mit zusammengerollten Carpierbäuschgen[4] voll, legte ein Wundpflaster, *Compress* und Binde darum, und schriebe ihm eine gute Diät vor in Essen und Trinken. Folgende Tage verband er ihn täglich zweymal ... bis die Wunde endlich bald nach drey Wochen völlig, ohne daß ein übler Zufall dazugekommen, geschlossen und geheilet ware.

Quelle: Heister, 1753, S. 3f. 1 In Frankfurt am Main. 2 Hodenbruch, Skrotalhernie; Gemächte: alter Ausdruck für (männliche) Geschlechtsteile, insbesondere Hodensack. 3 Doktor Eisenbarth. 4 Tupfer aus Baumwolle; korrekt: Charpier = Baumwolle.

Operation einer Hasenscharte mit Wolfsrachen

Ein Syndicus aus Halberstadt hat ein Söhngen, welches jetzo *acht Wochen und 2 Tage alte ist,* dieses ist mit einer *gedoppelten sehr schlimmen Haasen-Schaarte* gebohren ... Nachdem ich[1]... gegen Mittag um eilf Uhr in Beyseyn des dasigen Herrn Doctoris und Stadt-Physici, auch des Stadt-Chirurgi, die Operation [539] folgender Gestalt vorgenommen: Einer, welcher auf einen Stuhl gegen das Licht sich gesetzet, muste das Kind, deßen Füße und Arme wohl eingewickelt waren, so vor sich nehmen, daß es mit den Füßgen auf seine geschloßene Schenkel aufstunde, einem andern ... ließ ich des Kindes Köpfgen mit beyden Händen faßen, und gerade halten, nachdem alle Geräthschaft und Instrumente wohl bereitet, und auf einen Teller geleget waren.

... also fieng ich an das mittlere Theil dieser Lippe, welches nur an der Scheide-Wand der Nase an dem Zahnfleisch anhinge, von unten auf etwas abzulösen, und von dem Zahnfleisch mit dem Meßer los, und deßelben trockenen äußern Rand an der linken Seite dieser Lippe mit einer sehr guten Scheere abzuschneiden, hernach schnitte noch die innern Rände des linken Theils dieser Lippe mit der Scheere ab ... machte 3 Umschlingungen ... und zoge den obersten Theil der Wunde damit wohl zusammen ... Hierauf bestriche ich die Wunde mit *Rosen-Honig*[2], und legte auf den obersten Theil derselben ein Carpier-Bäuschgen[3] auch mit *Rosen-Honig* angefeuchtet ... [540] Den Morgen [danach] befande es sich recht gut, und saugte auch öfters an der Ammen Brust, und wurde also mit dem *Mohn-Säftgen*[4] fortgefahren ... Den Sonnabende, ... welches der fünfte Tag von der Operation war, ... befand sich das Kind ... gut, daher ich es dem Chirurgo zu weiterer Fürsorge übergab, und nach Hause reisete.

Quelle: Heister, 1770, S. 538–540. 1 Lorenz Heister. 2 *Mel rosatum:* Eines der bis zum 18. Jh. weitverbreiteten Rosenpräparate. 3 Siehe vorangehender Text. 4 Traditioneller (opiumhaltiger) «Beruhigungssaft» mit einschläfernder und schmerzstillender Wirkung.

Starstich

Die Kunst der Augenchirurgie

Der Starstich ist ein Musterbeispiel für die große Bedeutung einer speziellen Operationstechnik, die bereits in der Antike praktiziert wurde. Er stellt eine der wichtigsten historischen Wurzeln der Augenheilkunde dar, die zunächst von den spezialisierten Chirurgen, den sog. Starstechern oder «Okulisten», handwerksmäßig betrieben wurde. Als («grauer») Star oder Katarakt wird die Linsentrübung, die vor allem im Alter auftritt, bezeichnet. Im 18. Jahrhundert kam es zu einem grundlegenden Wandel der Operationstechnik. Traditionell wurde die getrübte Linse mit einer Starnadel innerhalb des Augapfels heruntergedrückt, «versenkt», da man fälschlicherweise annahm, daß ein Häutchen vor der Linse Ursache der Trübung sei. Der französische Okulist Jacques Daviel bemerkte jedoch 1745 als erster, daß beim (grauen) Star eine Linsentrübung vorliegt. Mit seiner neuen Methode der Linsenextraktion begründete er die moderne Augenchirurgie. In den Texten kommt auch die Faszination zum Ausdruck, mit der das Publikum auf den Marktplätzen die Künste der Starstecher bewunderte, womit Blinde in vielen Fällen wieder sehend gemacht werden konnten. Die wissenschaftliche Augenheilkunde emanzipierte sich erst in der zweiten Hälfte des 19. Jahrhunderts von der Chirurgie, um sich als eigenständiges medizinisches Fach zu etablieren.

Literatur: Münchow, 1984; Nüßgens, 1986.

Der Starstich nach Lorenz Heister

... wo die Operation am lincken Aug zu verrichten, soll der *Chirurgus* mit seiner lincken Hand mit dem Daumen und Zeig-Finger die Augenlieder wohl auseinander halten, wie aus *fig. 1* und *14* zu sehen, und zugleich dadurch das Aug trachten still zu halten ... Alsdann nimmt er mit der rechten Hand die Staar-Nadel, welche ihm von einem beystehenden präsentiret wird, bey dem fördersten Theil der Handhebe, gleichwie wir solches *fig. 14* angezeiget haben, und zwar mit dem Daumen, Zeig- und Mittel-

Finger, fast eben so, wie man im Schreiben eine Feder zu halten pfleget. Hernach setzt er die zween andere Finger an den Backen des Patienten an, auf daß die Hand des *Chirurgi* in der Operation hier gleichsam ruhe, und nicht wancke, und alsdann applicirt er die Spitz der Nadel auf das Weisse vom Aug, wie *fig. 14 lit. A andeutet, ungefehr einen Messerrücken breit von der Cornea*[1], gegen den kleinen Augenwinckel zu, wenn er selbige vorher, um schlipfferiger zu machen, durch den Mund gezogen,[2] und druckt[3] selbige gerad durch die Häutlein des Augs, bis in den *Humorem vitreum*[4]. ... Wann der Chirurgus empfindet, daß die Nadel durch die Häute des Augs die Hohligkeit desselben gekommen, (welches er daraus abnimmt, wenn er nicht mehr starck drücken darf) muß er dieselbe behutsam gegen die Pupilla zuwenden, wie *fig. 14 B* anweiset; alsdann den Staar oben anfassen, und, wenn es ein Häutlein ist, dasselbe lind unter die *Pupilla* abdrücken, welches offt fast in einem Drucker, manchmal aber langsamer angehet: und in diesem abdrucken pflegen die Patienten offt schon zu sehen.

Quelle: Heister, 1719, S. 489f.; hierzu nachfolgende Abb. 1 Hornhaut. 2 Das entsprechende Infektionsrisiko war in vorbakteriologischer Zeit unbekannt. 3 Traditionelle Methode des Hinunterdrückens oder «Versenkens» der getrübten Linse. 4 Moderne Bezeichnung: Corpus vitreum: Glaskörper des Auges.

Doktor Eisenbarth als Starstecher

Eben dieser Arzt[1] als welcher sonderlich auch als ein Oculist oder Augenarzt berühmt gewesen, nahme in folgendem Jahr an einem armen blinden Mann eine Operation oder Unterdrückung *eines grauen Augenstaars* auf öffentlichem Theater bei der sogenannten Meelwag für. Er bediente sich einer runden dünnen Nadel, fast wie ein Nehenadel[2], setzte den Blinden auf einen was niedrigen [7] Stuhl, liese ihm den Kopf von einem Bedienten wohl und gewöhnlichermaßen halten, ingleichem auch die Hände und Füße, verrichtete hierauf die Operation gewöhnlichermaßen, wobei der Blinde wohl einen Blick einer Helligkeit und Leute zu sehen verspührete, aber nachdem nichts weiter, halfe ihm also nichts, sondern der vorher gewesene blinde Mann bliebe blind.

Quelle: Heister, 1753, S. 6f. 1 Eisenbarth. 2 Nähnadel.

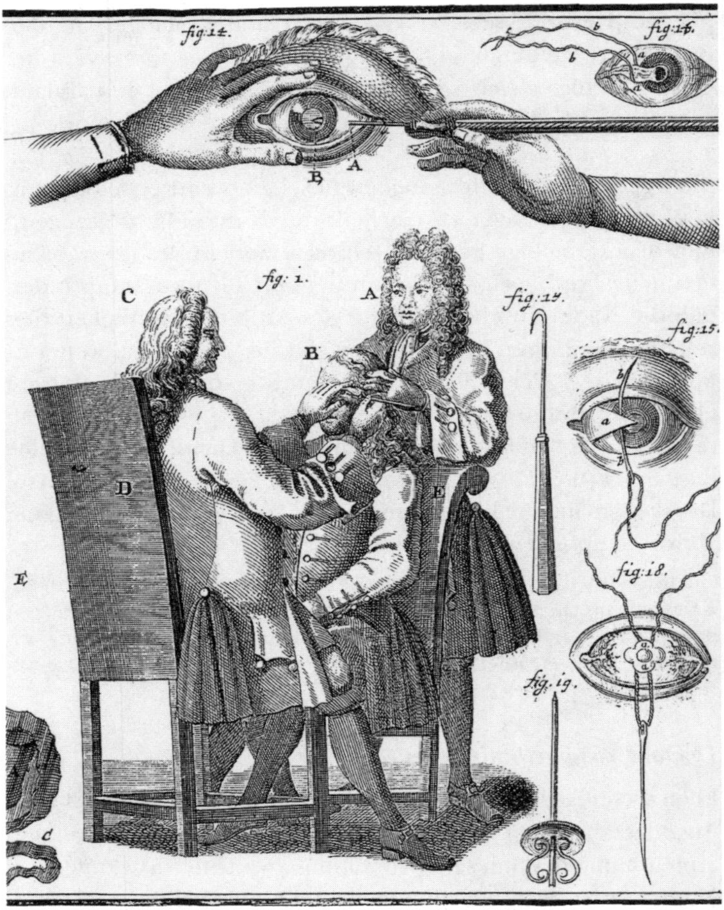

13. Der Starstich
Heister, 1719, Tab. XII, nach S. 504

Die Versenkung der «Staarhaut»

Nachdem nun die Nadel so weit hinein gebracht worden ist, daß selbige der *Operateur* mitten in der Pupille sehen kan; dann muß die Niederdruckung und Wegnehmung des Staars vorgenommen werden. ... Zuförderst muß untersuchet werden, ob der Staar frey, oder an der Pupille angewachsen sey? Dieses wird erkannt durch das Anrühren und gelinden Versuch, ob er sich niederdrucken lasse. Wenn die Figur der Pupille keine Veränderung davon bekommt, noch sich der Regenbogen[1] zeiget, so ist auch der Staar frey und guter Erfolg von der Operation zu hoffen. Sie[2] erfordern das Umdrehen der Nadel, und geben vor, auf diese Weise werde die Staarhaut[3], wie ein Papier, um selbige gewickelt. Wenn dieses geschehen, und sie bemercken, daß der obere Theil [160] heller wird, der unter aber noch dunckler bleibe, so drucken sie den Staar so tief hinunter, bis er von der Traubenhaut[4] bedecket wird, und in solcher Lage behalten sie selbigen einige Zeit mit der Nadel, worauf dieselbe mit gelindem bohren, wiederum herausgezogen wird. Vor der Operation ist der Krancke zu erinnern, daß er bey der Empfindung der Hellung ja nicht aus Freuden schreye oder rede, denn hierdurch würde sich der Staar wieder in die Höhe begeben.

Quelle: Boerhaave, 1751, S. 159f. 1 Regenbogenhaut oder *Iris*. 2 Die Okulisten. 3 Tatsächlich die beim grauen Star getrübte Linse. 4 *Tunica interna bulbi*: die innere Augenhaut.

Linsentrübung, nicht «Häutchen» als Ursache des grauen Stars

Was mich betrift, so bin ich ganz gewis versichert, daß die Natur des grauen Staares in nichts anderm bestehet, als in einer Undurchsichtigkeit des Augencrystalls[1]; und daß, wenn solcher entweder nach der gemeinen Art, mit der Nadel aus seiner Lage gebracht und niedergedrucket; oder aber, nach der neuen Methode, aus dem Auge herausgenommen worden ist, die Personen alsdenn wiederum sehen können; und eben daher halte ich es für ganz überflüßig von derselben mancherley Gattungen und vorgeblichen Reiffe einige Meldung zu thun, indem alles dieses von dem gehegten Irrthume der häutigen Staare entstanden ist.

Quelle: Schäffer, 1765, S. 9; Johann Gottlieb S. (1720–1795), Arzt in Regensburg. 1 Linse.

Neue Methode der Staroperation durch Daviel

Als Herr Daviel[1] im Jahre 1745 zu Marseille war, und nach der gemeinen Art den Staar mit der Nadel niederzudrucken sehr viele Jahre practiciret hatte, geschahe es einstmals, daß er bey einem Einsiedler von Aiguilles in Provence [sic!] den Staar nicht niederdrucken konnte, sondern nahm vielmehr gewahr, daß viele Drümmergen der zerbrochenen Crystalllinse sich in die vordere Cammer[2] begeben hatten, und welche diese Operation fruchtloß machten. Dieser ohngefähre Zufall [16] brachte ihn auf den guten Gedanken, die durchsichtige Hornhaut, nach des Herrn Petit[3] Exempel zu eröffnen, als welcher schon im Jahr 1708. einen Schnitt in erstgemeldete Augenhaut gemachet, und die in die vordere Cammer getretene Crystalllinse herausgenommen hatte. Herr Daviel nahm auch wirlich durch diesen Schnitt und Oeffnung die Drümmer des Augencrystalls heraus, und reinigte die Pupille und der Kranke konnte die ihm vorgehaltene[n] Gegenstände erkennen.

Quelle: J. G. Schäffer, 1765, S. 15f. 1 Jacques Daviel (1696–1762), ab 1746 in Paris vor allem als Augenarzt bzw. Chirurg tätig. 2 Augenkammer. 3 François-Parfour Petit (1664–1741), Pariser Arzt, insbesondere Augenchirurg, ab 1722 Mitglied der Académie des sciences.

Die Inszenierung eines Starstiches

Es war am 16. May 1761. als der Kayserl. Hofoculist Herr Michael Johann Baptist von Wenzel[1] allhier zu Regensburg ankam, und sogleich seine Ankunft durch einen gedruckten Zettel den meisten hiesigen practischen Aerzten zu wissen machte. Diese Ankunft zu vernehmen, konnte mir nicht anders als erfreulich seyn, weil mir durch öffentliche Zeitungen schon bekannt war, daß dieser Augenarzt nach der neuen Art den Staar operire, und ich daher eine betagte Matrone, so 67. Jahr alt, und an beyden Augen durch den perlfarbenen

Staar, seit 5 Jahren das Gesicht verlohren, auf Ihn vertröstet hatte.

Nachdem ich nun das Nöthigste mit Ihm gesprochen, auch die anfangs von Ihm begehrten 100 *Louis d'or* auf 50 [10] Ducaten heruntergehandelt, und Frau Patientin den Tag vor der Operation mit einem erweichenden Clystiere zubereitet hatte: so wurde Selbige von Ihm den 23 May auf folgende Art operiret.

Frau Patientin wurde auf einen etwas niedrigen Stuhl gegen das Licht gesetzt, und von einem Helfer, der hinter der Frau Patientin stund, das rechte Auge zu, und deren Kopf fest gehalten. Er, der Operateur, hatte auf einen Teller hergerichtet, ein auf Leinwand aufgestrichenes Diapalmenpflaster[2], ein Glas mit halb Wasser und Brandtewein, einige Compressen und seine Instrumente[3]. ... Alsdenn suchete Er das obere und untere Augenlied des linken Auges mit dem Daumen und Zeigefinger seiner linken Hand voneinander und das Auge etwas fest zu halten; befahl der Frau Patientin das Auge, so viel als es möglich seye, stät[4] zu halten, und stach das Messergen, welches Er wie eine Schreibfeder hielte, mit seiner sehr stäten [11] rechten Hand schnell in den linken äußern Augenwinkel ...

Quelle: Schäffer, 1765, S. 9–13. 1 Baron de Wenzel (gest. 1790), berühmter Augenarzt, zunächst in Paris, später in London tätig. 2 Offenbar ist hier Diapasmenpflaster gemeint, von «Diapasma», ein wohlriechendes Pulver u.a. für Wunden. 3 «Incisionsmesser», «Staarnadel», «Löffelgen». 4 Ruhig, still.

Ein Fall von «periodischer Blindheit»

Ein Mensch, von einer kakochymischen[1] Leibsbeschaffenheit, war seit einem Jahre die zwo ersten Wochen jeden Monats blind. Man bemerkte alsdann allezeit in der vordern Augenkammer eine gelbe Materie, die so dick und undurchsichtig war, daß man die Regenbogenhaut nicht unterscheiden konnte. Die Konjunktiva[2] war zugleich heftig entzündet, doch ohne daß der Kranke Schmerz empfand. Den 14. Tag jedes Monats verschwanden all diese Zufälle, und der [394] Kranke erhielt sein Gesicht wieder. Ein Haarseil[3] und China[4] befreyeten ihn von diesem Uebel.

Quelle: Gesner, 1778–1788, 2. Bd., S. 393f.; Johann August Philipp G. (1738–1801), Arzt und medizinischer Schriftsteller in Rothenburg o. d.

T. 1 Schlechten chemischen. 2 Bindehaut. 3 Verlegen eines Fadens unter die Haut zur (vermuteten) therapeutischen Reizung und Eiterung. 4 Chinarinde, als Droge ab der zweiten Hälfte des 17. Jhs. in den Apotheken erhältlich.

Geburtshilfe

Über Hebammen, Schwangere, Entbindung und Kindbett

Erst im Laufe der Neuzeit wurde die Geburtshilfe nach und nach in die Medizin integriert. Der Arzt übernahm erst im 18. Jahrhundert im Kontext der Medizinalreformen des aufgeklärten Absolutismus zunehmend die Aufsicht über das Gebären und die damit verbundenen Probleme von Schwangerschaft und Kindbett. Die Hebammen wurden durch behördliche Vorschriften (Hebammenordnungen) den Ärzten unterstellt. Ein Markstein dieser Entwicklung war die Berufung des Anatomen und Chirurgen Johann Georg Roederer auf den ersten Lehrstuhl für Geburtshilfe («Entbindungskunst») in Deutschland im Jahr 1751. In den darauffolgenden Jahrzehnten entstanden gegen Ende des Jahrhunderts eine Reihe von Hebammenschulen in Verbindung mit «Geburtshilflichen Kliniken», die gleichberechtigt neben die Medizinischen und Chirurgischen Kliniken traten. Dieses klinische Fach wurde damit früher institutionalisiert als die Frauenheilkunde; die Behandlung der → *Weiberkrankheiten* gehörte im 18. Jahrhundert noch zu den regulären Aufgaben der praktizierenden Ärzte (Medici oder Physici) bzw. Wundärzte (Chirurgi). Die Texte sollen vor allem die Alltagsproblematik der Geburtshilfe jener Zeit widerspiegeln, wobei an die hohe Säuglings- und Müttersterblichkeit – insbesondere in Kliniken – in vorbakteriologischer Zeit nachdrücklich zu erinnern ist. So setzte sich die von Ignaz Semelweis 1847 propagierte Händedesinfektion zur Vorbeugung gegen das «Kindbettfieber» erst Jahrzehnte später generell durch.

Literatur: Beck, Hrsg., 1986; O'Dowd and Philipp, 1994.

Ratschläge für die Hebamme

Dieser Unterricht ..., daß ein Kind kein gewisses Lager halte, sondern im Wasser schwimme, hat in denen Verrichtungen der Heb-Ammen nicht geringen Nutzen, denn daraus kan man begreifen, daß es noch eine leichte Sache sey, ein zur Geburt sich verkehrt einstellendes Kind, vorm Ausbruch derer Wasser[1], und ehe es ins Becken getreten, zu wenden. Man kan sich sodann vorstellen, wie das Kneipen[2] eines vorstehenden Händgens im Kupfer *Figura* 3. nicht ohne Würckung sei. Wenn sich auch der Kopf nicht in seiner ordentlichen *Positur* meldet, so fält es einer Heb-Amme auch nicht schwer, denselben noch zurück zu bringen, und ihm einen bequehmern Eintritt anzuweisen: welches aber alles zu spät ist, wenn das Kinde erst in das Becken getreten, und die Wasser gesprungen, oder verlauffen sind.

Quelle: Storch, 1747, S. 101; hierzu nachfolgende Abb. mit dem im 18. Jh. noch üblichen Geburtsstuhl! 1 Nach dem Springen der Fruchtblase. 2 Kneifen, Drücken; hier: zurückdrücken.

Zur «Besichtigung» der Säugamme durch den Arzt

Ein *Medicus*, welcher eine Säug-Amme besehen, examiniren und vor tüchtig erkennen soll, hat gewißlich auf vielerley Umstände zu sehen ... [260]

Das Haupt-Werck aber, worauf er zu sehen hat, sind die *Brüste, Wartzen und Milch*. ... In Ansehung der Brüste muß eine Säug-Amme an allen beyden stillen, es muß eine so groß als die andere seyn; Brüste müssen nicht zu groß oder zu klein seyn, nicht schlapf[1], welck oder mit harten Knoten angefüllet, nicht schwartz, oder mit grossen blauen Adern angemahlet seyn, keine Narben von alten Geschwären[2] haben. [261] ...

Eine Amme muß auch in Ansehung ihres Alters betrachtet werden; a) Wie viel Jahre sie überhaupt zurücke gelegt. b) Wie lange sie nach ihrem Kindbette gestillet habe, oder wie alt ihr Kind sey? In Ansehung des Alters überhaupt [262] sind die Säug-Ammen vom 24sten bis 32sten Jahre die besten; denn gar zu junge sind mehrentheils unachtsam und verschlafen, oder hängen geilen Gedancken nach. Was aber die über 30. Jahr alte

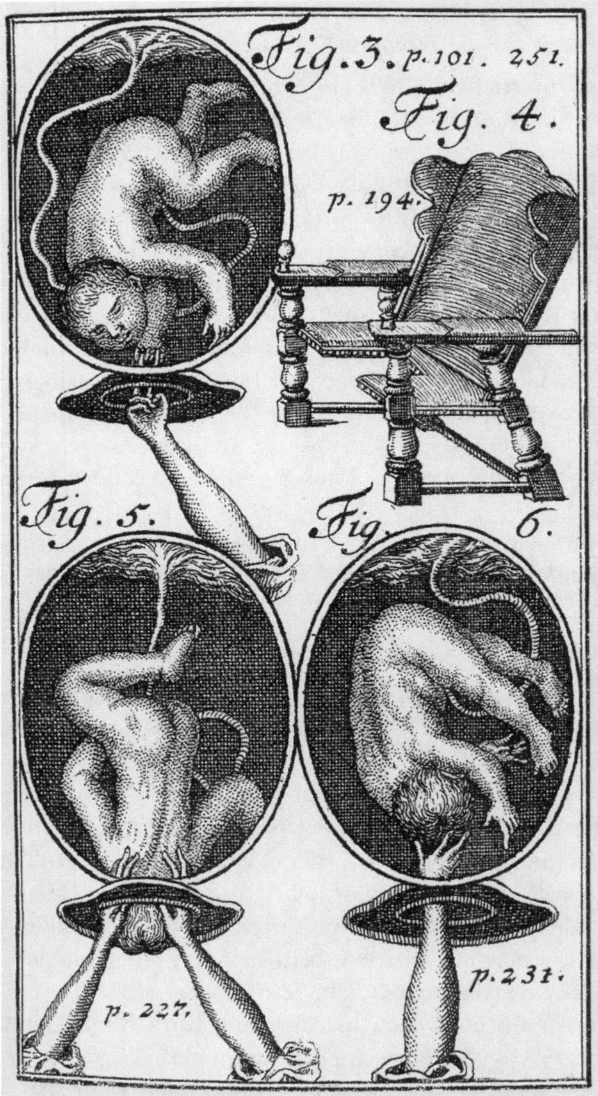

14. Anleitung für die Hebamme; seinerzeit üblicher Gebärstuhl
Storch, 1747, Tafel nach S. 100

anbelanget, so stehe in Zweifel, ob sie alle verworfen werden können, weil oft Mütter von 40. Jahren so wohl stillen, als in jüngern Jahren ...

Quelle: Storch, 1751, 7. Bd., S. 258–262. 1 Schlaff. 2 Geschwüren.

Eigenschaften einer guten Hebamme

Damit ich die Wahrheit und die gantze Geistlichkeit nicht für den Kopf stosse, so ist die erste und vorzüglichste Eigenschaft einer Hebamme daß sie soll fromm, züchtig, nüchtern [sein]; so dann in Ansehung ihrer Wissenschaft, nicht verwegen, daß sie sehr verschwiegen, und in ihrer Kunst wohl erfahren sey. ... [128]

Insonderheit ist eine Hebamme aus der Anatomie zu examinieren, oder soll schon die Erkenntniß haben, daß sie weiß die natürliche Lage und Structur der Gebähr-Mutter und der Mutter-Scheide, oder der *Vaginae Uteri*, so wohl ausser der Schwangerschaft, als auch in der Zeit der Schwangerschaft. ... [129]

So ist es auch von keiner geringen Wichtigkeit, die Aus- oder Zurückbleibung der monathlichen Reinigung von einer wahrhaften Schwängerung, und eine Schwängerung von einer Wassersucht und Geschwulst des Bauchs zu unterscheiden; indem es Medicis sehr oft widerfahren, daß sie wahrhafte Schwängerungen, für[1] die Wassersucht so lange curirt haben, biß die Personen ins Kindbett gekommen.

Quelle: Rübel, 1766, S. 127–129; Johann Friedrich R., Arzt und Rat, u. a. «Kurpfälzischer Amtsphysikus zu Hilspach und Sinsheim». 1 Als.

Kennzeichen einer Schwangerschaft

Eine Hebamme soll wissen, daß die vorzüglichsten Kennzeichen einer Schwängerung folgende seyn: Daß erstlich meistentheils die Wangen, oder die Backen schwangerer Weiber roth seyn; dahingegen Frauens-Personen, welche die monathliche Zeit ausser der Schwängerung ausbleibt, blaß im Gesicht aussehen. Ferner so ist die Geschwulst, welche von Ausbleibung der monathlichen Reinigung entstanden, mehr an den Gegenden der Weichen und um die Gegend der Gebähr-Mutter anzutreffen. Bey schwangeren Personen hingegen verspührt man gedachte

Geschwulst mehr um die Gegend des Nabels, welche auch manchmahl weiter in die Höhe steigt. ... [131] Das alleruntrüglichste Kennzeichen aber ist: die Rührung, oder die Bewegung der Leibes-Frucht, welcher Umstand sich gemeiniglich gegen der achtzehenden biß zwantzigsten Woche der Schwängerung äussert.

Quelle: Rübel, 1766, S. 130f.

Zur Behandlung des Schwangerschaftserbrechens

Eine in einem zänckischen Hause erzogene und zu vielen [sic!] Eigensinn gewöhnte Frau von *sanguini*schen [sic!] *Temperament*[1], war den 6ten *Febr.* 1724 das erstemal in der 16ten Woche schwanger, und hatte vom Anfang, bis daher Brechen gehabt, welches sie zwar, weil sie wuste, daß es bey Schwangern nicht ungemein[2] sey, mit Gedult ertragen: Da aber endlich etwas Blut mit unter folgte, ward ihr bange, und ließ um Verordnung bitten: Diese bestund nun in der *R̄. Rhab.*[3] des Morgens etlichemal, gleich nach dem Brechen zu nehmen, und in der *R̄. [!!] propr. M.c.R̄.[!!]* [352] *Corall.*[4] Nachmittags und Abends zu nehmen, worauf denn nach der 17ten Woche, eine Aderlasse am Arme geschehen zu lassen, anriethe: Denn ihre Lebens-Art war von der Beschaffenheit, daß sie wenig oder gar keine Arbeit hatte, und gleichwol zum öftern *delicate*[5] Speisen genosse, daher dann eine *Plethora*[6] gantz gewiß bey ihr vermuthet werden konnte. Auf diese Verordnung fand sie sich bald besser, und hatte bis zum Kindbette, so im *Octobr.* folgte, keiner *Medicamenten* mehr vonnöthen.

Quelle: Storch, 1748, 3. Bd., S. 352f. 1 Vom Kardinalsaft Blut bestimmtes Temperament. 2 Ungewöhnlich. 3 Rhabarber: *Rhabarbarum monachorum*, Mönchsrhabarber; bis zum 18. Jh. als Abführmittel gebraucht. 4 Korallen: insbesondere rote Korallen waren bis zum 18. Jh. ein vielfältig eingesetztes Arzneimittel. 5 Scharfe. 6 (Blut-)Überfüllung.

Wendung des Kindes im Mutterleib

So bald also [bei Vorfall der Nabelschnur] das Kind in Mutterleib soll gewendet werden, so muß die Hebamme, wann nur Oeffnung genug vorhanden, die Hand in den Uterum, oder in die Gebähr-Mutter zu bringen suchen, um die Wendung ohnverzüglich vorzunehmen, und das Kind hernach heraus zu ziehen; weil die Verzögerung allezeit so wohl der Mutter als dem Kind, nachtheilig ist. ... [147] So bald als die Frau auf dem Kreisse-Bett liegt, und an jeder Seite eine Frau stehen hat, davon jede von ihr, einen Fuß in ihrer [sic!] Schooß hält; darauf sitzt oder steht die Hebamme zwischen die zwey Weiber hinein, entblößt ihren Arm biß über den Ellenbogen, schmiert den Arm mit Oehl. Ist nun die Oeffnung der Gebähr-Mutter groß genug, und das Wasser ist noch nicht gesprungen;[1] so kan die Hebamme das Netz, worinn das Kind eingewickelt,[2] sicher zerreissen. ... So lang als der Wehen anhält, so ist die Hebamme mit ihrer Hand still, biß der Wehen vorbey ist, worauf sie die Füsse des Kindes sucht, [148] und hernach wendet, und es aus dem Leib zieht.

Quelle: Rübel, 1766, S. 146–148. 1 Abgang des Fruchtwassers nach Blasensprung. 2 Fruchthülle.

Abnabeln von Zwillingen

Bey Zwillingen hat eine Hebamme folgendes zu beobachten. Sie bindet erstlich die Nabel-Schnur des erst gebohrnen Kindes ab, und gibt das Kind zum Waschen einer andern Frau von sich. Die Hebamme unterläst die Nachgeburt heraus zuziehen, weil öfters beyde Kinder nur einen Mutter-Kuchen, oder nur eine *Placentam* haben. Das zweyte Kind kommt gemeiniglich nicht mit dem Kopf, dahero die Hebamme am besten thut, sie zieht das Kind bey den Füssen heraus...

Quelle: Rübel, 1766, S. 140

Ein geglückter Kaiserschnitt

Ich überdeckte das Gesicht mit einem Tuch, trat zu ihrer rechten Seite, suchte die größte Erhabenheit des Unter-Leibes ... und machte nach [9] meinem überdachten Plan einen Einschnitt einen halben Zoll unter dem Nabel...

Nun zeigte sich die Gebärmutter ausgespannt mit einer bläulich röthlichen dunklen Farbe. In diese machte ich einen ähnlichen Einschnitt, welchen alsdenn ich durch Einstecken des Zeigefingers meiner linken Hand unterhalb dem Messer dirigirte, damit ich weiter nichts vom Kinde verlezte ... Mit der rechten

Hand[1] gieng ich sogleich in die Gebärmutter hinein, da ich denn die linke Schulter des Kindes faßte, das mit dem Gesicht hinterwärts nach der linken Seite der Mutter lag. Ich ... faßte sie [die Beine] beyde und zog es damit gelinde ohne Hinderniß durch die Wunde bis an die Arme heraus, diese suchte ich auch herauszubringen und dann zog ich bis an den Kopf ... Das Kind gab ich der nahe an mir stehenden angewiesenen Hebamme[2], fuhr sogleich durch die Wunde wieder ein, die sich schon stark zusammen zog, und lößte die noch fest sitzende Nachgeburt.

Quelle: Stark [Starke], 1784, S. 8f.; Johann Christian S. (1753–1811), Medizinprofessor und (zweiter) Direktor des «Herzoglichen Hebammeninstituts» (Entbindungsanstalt). 1 Handschuhe bei chirurgischen Operationen wurden erst im Zeitalter der Asepsis gegen Ende des 19. Jh.s üblich. 2 Offenbar eine Hebamme in Ausbildung.

Die Entbindung einer 16jährigen

Eine junge zarte und kleine Frau, von kaum 16. Jahren, an einen grossen und breitschulterigten Mann verheyrathet, solte den 8ten Sept. 1736. das erstemal ins Kindbett kommen: bekam zwar Wehen, welche aber ausschweifend waren, und keine aufs Kind gieng: verschriebe dannenhero das *Linimentum castoreatum*[1], und 2. antispasmodische[2] Pulver; Hierauf verwandelten sich die wilden Wehen in ordentliche, und die Geburt folgte auf den späten Abend noch glücklicher, als man vermuthet, indem das Kind mehr nach der Grösse der Mutter, als des Vaters, formiret war. ... [663]

Anno 1738. kam sie auf eine leichte Art ins Kindbett, muste aber hernach an bösen Wartzen[3] viele Schmertzen leiden, die eine Brust, wegen Mangel der Milch, gar eingehen lassen, und das Kind nur an einer Brust stillen. Anno 1740 kam sie das drittemal ein, und bekam wieder Mangel an Brüsten[4]: indem nunmehro die in vorigem Kindbette versiegene Brust auslief [664], und hinlänglich Milch ... hatte.

Quelle: Storch, 1750, 5. Bd., S. 661–663. 1 Eigentl. *Linamentum*: ein Pflaster mit dem traditionellen Arzneimittel Bibergeil (*Castoreum*), hier zur Beruhigung der Wehen. 2 Krampfstillende. 3 Wunde (entzündete) Brustwarzen. 4 D. h. Milch.

Fallbeispiel einer Totgeburt

Gestern Abend[1] sey das Wasser[2] gesprungen, und mit solchem der *funiculus umbilicalis*[3] hervor gekommen. Die Hebamme versicherte zwar, daß der Kopf zu fühlen, er stehe aber auf der rechten Seite. Weil nun keine Wehen mehr vorhanden, so hiesse [sie] die hervorhängende Nabel-Schnure einwickeln, und warm halten, und recommendirte der Gebärenden Ruhe und Schlaf, so lange, bis die Wehen von selbsten wieder angehen möchten, als denn könnten die vorräthig-liegende 2. Pulver zum Treiben nach einander genommen werden. Um 9. Uhr war sie noch in unverändertem Stande ... Sie meynte zwar, in meinem Beyseyn, noch eine *obtuse*[4] Bewegung zu spüren, allein die Folge zeigte bald, daß solche nur in ihrer Einbildung bestanden. [326] Denn ich war kaum nach Hause, so wurde Nachricht gegeben, daß die 2. Pulver nicht hinlänglich gewesen, bey angegangenen Wehen, die Geburt, welche nahe stünde, zu befördern; dahero denn um nochmalige Verordnung gebeten wurde. Auf das dritte Pulver folgte um 6. Uhr die Geburt eines toden Sohnes, an welchem sich Merckmale fanden, daß er schon etliche Tage tod gewesen.

Quelle: Storch, 1751, 6. Bd., S. 325f. 1 Storch bezieht sich hier auf einen Besuch am 14. Februar 1725. 2 Die Fruchtblase. 3 Nabelschnur. 4 Stumpfe, dumpfe.

Das Kindbettfieber, eine noch unerkannte Infektionskrankheit

Eine Verstopfung nach der Entbindung ist oft die Ursache des Fiebers[1], weit öfter aber das frühzeitige Aufstehen. Nach schweren Geburten ist es seltener, weil da die Entbundene sorgfältiger behandelt wird. ... [87]

Empfindlichkeit und Geschwulst des Unterleibs mit Fieber sind die eigenen Zeichen der Krankheit.[2] In den übrigen herrscht viel Verschiedenheit. Rosenartige, dunkelrothe Flecken an den Gelenken von der Gröse eines Viergroschenstücks, sind alle allemal ein tödliches Zeichen,[3] welches sich aber nur alsdann einfindet, wenn die Krankheit in den Zeugungstheilen ihren Siz hat. ... [89]

In Wien war das Kindbettfieber 1777. gallichter Art, ohne

wirkliche Entzündung, obgleich der Puls zuweilen hart, und in einem Falle die Zunge rein war. Es wurden auch solche Frauen damit befallen, die eine leichte Entbindung gehabt hatten. Man hielt sich [90] blos an abführende und Brechmittel, gab weder öhlichte noch absorbirende Dinge, und nur selten Nerven- oder Mutterarzneyen[4].

Quelle: Gesner, 1778–1788, 4. Bd., S. 86–90; Johann August Philipp G. (1738–1801), Arzt und medizinischer Schriftsteller in Erlangen. 1 Kindbett-, Wochenbett- oder Puerperalfieber: durch Infektion der Geburtswunde hervorgerufene fieberhafte Erkrankung bis hin zur lebensbedrohlichen Sepsis (Blutvergiftung). 2 Im Sinne der →*Semiotik*. 3 Als Symptome der Sepsis. 4 Medikamente, die auf die Gebärmutter wirken.

Arzneimittel

Alte und neue Arzneimittel in Theorie und Praxis

Der aus der Antike stammende Arzneimittelschatz (*Materia medica*) umfaßte mineralische, pflanzliche und tierische (einschließlich menschliche) Substanzen, welche speziell zu Heilzwecken zubereitet wurden. In der frühen Neuzeit kam es zu großen Veränderungen auf dem pharmazeutischen Markt: Zum einen wurden – beflügelt durch den Paracelsismus – (al)chemische Stoffverwandlungen («Reinigung») im Labor zelebriert und somit neue chemische, insbesondere metallische Arzneimittel hergestellt; zum anderen kamen im Zuge der weltumspannenden Handelsbeziehungen bzw. Kolonialisierung neue Drogen aus fernen Ländern, vor allem aus dem Orient sowie der «Neuen Welt», nach Europa. Ein Musterbeispiel ist die Einführung der Chinarinde als Fiebermittel aus Peru in der Mitte des 17. Jahrhunderts. Damals importierten die Europäer auch Tabak und Kaffee neben Tee und Schokolade aus Übersee. Diese wurden zunächst als Heilmittel eingesetzt – Heilkuren im Kaffehaus wurden populär –, um dann im Laufe des 18. Jahrhunderts von den Ärzten zunehmend als schädliche Genußmittel angeprangert zu werden. In diesem Jahrhundert kam es erstmals zu systematischen Arzneimittelprüfungen, wobei die Erforschung der pharmakologischen Wirkung des Schierlingssaftes durch den Wiener Arzt Anton Störk einen Meilenstein der Medizingeschichte darstellt. Gegen Ende des Jahrhunderts schien die →*Dreckapotheke*, das Sammelsurium aus Versatzstücken von volksmedizinischen, alchimistischen und magisch-sympathetischen Methoden, endlich überwunden zu sein.

Literatur: Müller-Jahncke u. Friedrich, 1996; Schneider, 1985; Stille, 1994.

Kaffee und Tee als türkische bzw. heidnische Getränke

... die meisten von meinen Landsleuten leben des Vormittags wie die Heyden, und des Nachmittags wie die Türcken. Denn früh trincken sie Thee, und nach dem Essen bedienen sie sich des Caffees. Der erste ist das gewöhnliche Getrancke der Chineser, und das andre ist bey den Türcken zur Mode geworden. Ich würde ein eigen Vergnügen empfinden wenn ich meinen Landsleuten diese heidnische und türckische[1] Gewohnheiten aus dem Kopfe bringen, und sie überreden könte nach Art ihrer ehrlichen Vorfahren, Wasser, Milch, Wein und Bier zugebrauchen. ... [16] Die Flüßigkeit des Bluts ist ohnstreitig desto grösser je mehrere wässerige Theile es bey sich hat, wer sieht also nicht daß der Caffee sonderlich wenn er nicht allzustarck ist vermögend sey, das Blut flüßiger zu machen, ob er gleich in dieser [17] Absicht von andern Getrancke keinen Vorzug besitzt.

Quelle: Krüger, 1743, S. 15–17. 1 Die Abwehr gegen Arznei- und Genußmittel aus fremden Ländern, wie sie explizit bereits von Paracelsus vorgetragen wird, begleitet deren wachsenden Import in der Neuzeit.

Tabak als Abführmittel und gegen Zahnschmerzen

Ein würcklicher Vorzug des Tobacks vor andern Sachen ist dieser, daß er die Oefnung des Leibes macht,[1] und dieses in den Fällen, wo weiter nichts dazu behülflich sein will. Es ist wahr es fehlet uns an purgirenden Pillen nicht. ... Indessen, wenn man die Warheit sagen soll, so haben die Aertzte mit ihren Pillen mehr Schaden als Nutzen in der Welt angerichtet. ... [57] Allein der Toback ist in dergleichen Fällen, darunter sonderlich hypochondrische Personen[2] leiden, das sicherste Mitel, augenscheinliche Hülfe zu verschaffen. Man trincke des Morgens eine Tasse Thee, zünde sich eine Pfeiffe Toback an, und setze sich auf den Nachtstuhl. Dieses wiederhole man alle Morgen um dieselbe Zeit, und stelle sich eben so an, als wenn es einem ein rechter Ernst wäre, Oefnung des Leibes zubekommen, so wird man finden, daß sich nach und nach die Natur darzu gewöhnet und in Ordnung gebracht wird. Wenn auch der Toback sonst keinen Nutzen hätte, als diesen, daß er den Leib offen hielte, so wäre derselbe schon hinreichend genug ihn nicht zuverwerfen. ... [58]

Wieder[3] die so unmenschliche Quaal, so die Zahnschmertzen verursachen, ist der Toback schon längstens als ein bewährtes Mittel befunden worden. Ich will itzo nicht untersuchen, ob die Meinung des *Lewenhöcks*[4] gegründet ist, welcher behauptet, das sich in den hohlen Zähnen Würmer[5] befinden, die durch ihr Beissen an den Nerven Schmertzen verursachten. Denn wenn dieses wäre, so liesse sich freylich gar leichte begreifen, warum der Tobacksrauch ein Mittel wieder die Zahnschmerzen wäre, da kein Insect denselben ertragen kan. Gesetzt aber auch, daß diese Meinung keinen Grund hätte, so begreift man es doch aus der die Empfindung mindernden und schlafmachenden Kraft des Tobacks vollkommen, warum er in dergleichen Falle die Schmertzen zulindern vermögend sey.

Quelle: Krüger, 1743, S. 56–58. 1 D.h. abführt. 2 Siehe auch →*Hypochondrie.* 3 Wider. 4 Gemeint ist der berühmte Mikroskopiker Antoni van Leeuwenhoek (1632–1723), siehe →Mikroskopie. 5 Die traditionelle Vorstellung von Zahnwürmern wurde erst im 18. Jh. in Frage gestellt.

Die Wirkungen von Stahls Blutreinigungspillen

[Sie beruhten auf] *Erstlich* der Läuterung und Reinigung des Geblütes[1];

Zum andern/ Besänfftigung und Mäßigung der allzuhefftigen Erregungen desselben;

Zum dritten/ gantz besonders aber und eigentlich, in dergleichen Beschwerden, welche im Unterleib sich am meisten äussern; ...

Wannenhero dann *zum vierdten* dieses *Medicament,* wie man

zum Lobe GOttes mit völligem Bestand der Wahrheit sagen kan, in allen das *Weibliche Geschlecht*/ins besondere angehenden Beschwehrungen, kaum etwas so ihme zu vergleichen, geschweige etwas besseres, findet. ... [9]

Dann sie machen das Geblüth sonders empfindlich *subtil*, flüßig, und erhöhen dessen *sulphur*isches[2], und insgemein so genandte Balsamische[3] Wesen, zertreiben schleimigtes und zähes Wesen, und führen solche gelindiglich ab.

Quelle: Stahl, 1734, S. 8f.; Georg Ernst S. (1660–1734), berühmter Medizinprofessor in Halle, ab 1715 in Berlin als Leiter des Collegium Medicum und als Leibarzt am Hof tätig. 1 Im 18. Jh. rückt das Blut als Kardinalsaft in den Vordergrund der Humoralpathologie. 2 In der (al)chemischen Tradition – u. a. auch bei Paracelsus – bedeutet Sulphur das hitzige, feurige Prinzip. 3 Auch *Balsamum sulphuris* = Schwefelbalsam genannt. Balsame finden seit der Antike als wohlriechende Pflanzenexkrete in der Medizin und Kosmetik Verwendung.

Stahls Geheimpillen sind Quacksalbern unbekannt

Wie allezeit Geiz, Neid, Hoffarth, wahrer Nutzbarkeit und rühmlichen Dingen auf den Fuß nachschleichen, und ihr Unkraut unter den guten Weitzen einzustreuen trachten ... also hat es sich auch mit diesem [sic!] Pillen, von geraumen Jahren hero, ebenmäßig ausgewiesen, daß unter deren, ja viel mehr unter meinem, Nahmen, allerhand Quacksalberey zu Marckt gebracht worden ... Meine Pillen und deren Verfertigung, ist ausser mir keinem Menschen auf der Welt bekandt, und kan auch niemand, als, nach Gottes wille, meinen Kindern, wissend werden. Was vor Unterschied unter denen so genannten *Beccher*ischen[1], oder die davor gehalten und ausgegeben werden, und denen meinigen sey, ist vielen, die es versuchet, durch genugsame offenbahre Empfindung bekandt.

Quelle: Stahl, 1743, S. 30. 1 Möglicherweise Johann Philipp Becker (1711–1799), ab 1735 Apotheker in Magdeburg, bekannt durch chemische Abhandlungen und die Herstellung von Drogen.

Störcks Herstellung und Anwendung des Schierlingssaftes

Bey dem Lesen nun fand ich, daß dieses Kraut, hauptsächlich in den ältern Zeiten,[1] äusserlich zur Zertheilung kalter Geschwülste, zur Auflösung der Erhärtungen, und zur Milderung der Schmerzen bey Krebsen, mit großer Wirkung gebrauchet worden sey.

Von allen aber wurde es, innerlich zu geben, für das häßlichste Gift ausgeschrien. Daher mußten die ersten Versuche mit dem äußerlichen Gebrauche gemachet werden.

Ich füllte deswegen dieses ausgetrocknete und geschnittene Kraut, in leinene kreuzweis abgenähte Säcklein. Von diesen Kräutersäcklein ließ ich eins einige Minuten in kochendem Wasser [8]; drückte hernach die überflüßige Feuchtigkeit gehörig aus, und legte es warm auf den leidenden Theil. ...

Einem sechszigjährigen [sic!] Manne, der von vielen Jahren her mit podagrischen Schmerzen[2] sehr gequälet war, habe ich nicht nur, mit einem dergleichen warmen Ueberschlage, die Schmerzen gestillet; sondern ihm auch seine podagrischen Knorren[3] damit gänzlich erweichet und vertrieben.

Daher geschah es auch, daß als das Podagra wieder kam, dasselbe weder so heftig gewesen, noch so lange mehr angehalten.

Quelle: Störck, 1764, S. 7f.; Anton S. (1731–1803), berühmter Wiener Arzt, ab 1760 k.k. Leibmedicus, später Oberdirektor des Allgemeinen Krankenhauses, bekannt durch seine Arzneimittelprüfungen. 1 Der alkaloidhaltige Echte oder Gefleckte Schierling (*Conium maculatum*) war trotz Giftigkeit seit der Antike eine Arzneipflanze. 2 Gichtschmerzen. 3 Gichtknoten (typischerweise am Großzehengrundgelenk).

Arzneimittelprüfung: Tierexperiment, Selbstversuch, Fremdversuch

Indessen war es unerlaubt, diesen Extract[1] sogleich an einem Menschen zu versuchen. Aus dieser Ursache gab ich einem kleinen hungrigen Hunde, dreymal des Tages, einen Scrupel[2] von diesem Extracte, und ein Stücklein Fleisch. Alsdann gab ich genau acht, was für Veränderungen an dem Hunde vorgehen würden. Allein der Hund blieb gesund und munter; wartete auch sehr heißhungrig aufs Fressen. Den zweyten Tag gab ich die nämliche Menge Extract: und erfuhr eben das wieder. Selbst den dritten Tag entdeckte ich keinen schlimmen Zufall[3] an dem Hunde.

Hierdurch nun wurde ich kühner, so, daß ich den Versuch an mir selbst machte. Ich nahm morgens und abends ein Gran von diesem Extracte; und trank eine Schaale voll Thee darauf. Dabey beobachtete ich eine etwas genauere Ordnung in Essen und Trinken; damit ich es sogleich merken möchte, wenn etwas Ungewöhnliches in meinem Leibe vorgehen dörfte. Mit dieser Dosis fuhr ich acht Tage lang fort; ohne die geringste Ungelegenheit davon zu empfinden. Denn ich war munter und stark; ich hatte das beste Gedächtniß, Begierde zum Essen, und sanften Schlaf. ... [11]

Nunmehr war es mir also von Rechts und Gewissens wegen erlaubt, eben diesen Versuch bey andern anzustellen.

Störck, 1764, S. 10f. 1 Schierlingssaft. 2 Apothekermaß: ein Scrupel ist der dritte Teil eines Quentchens (ca. 1,5 g). 3 Zeichen der Vergiftung.

Der Schierling in der ärztlichen Praxis, ein Fallbeispiel

Ein sehr schönes Mägdlein hatte, seit drey Jahren, an dem linken Ohre, eine gänzlich scirrhöse Drüsengeschwulst.[1] Sie sah purpurroth aus; that bisweilen sehr weh; bisweilen hergegen erregte sie gar keinen Schmerzen. Diese Geschwulst aber selbst war über ein Mannsfaust groß. [15] Verschiedene Aerzte und Wundärzte reichten mancherley innerliche und äußerliche Hülfsmittel: sie blieben aber alle ohne Wirkung. ... Folglich beschlossen wir, die aus dem Schierlinge zubereiteten Pillen zu versuchen.

Ich fieng nur von einem Grane[2] an, des Morgens und des Abends, zu nehmen: ließ aber jedesmal eine bis zwo Schaalen Hollunderblüthenthee darauf trinken. Nach acht Tagen kam die Kranke voller Trost wieder. Sie sagte, und wies uns mit [16] Freuden, daß die Geschwulst kleiner, weicher und beweglicher sey. Wir verwunderten uns über die Wirkung, und gestatteten der Kranken, welche auf die Wiedererlangung ihrer Schönheit über die maaßen begierig war, dieses Mittel fort zu gebrauchen.

Quelle: Störck, 1764, S. 14–16. 1 Vermutlich eine Parotitis, d. i. eine entzündliche Geschwulst der Ohrspeicheldrüse. 2 Apothekergewicht: ein Gran entspricht der Schwere eines (Pfeffer-)Korns (lat. *granum*), regional unterschiedlich zwischen 60,9 und 72,9 mg.

Die Heilwirkungen des Schierlingssaftes

Aus diesem allen ist abzunehmen, daß man aus dem Schierlingssafte, wenn er bey einem gelinden Feuer verdicket worden, das unschuldigeste Arzneymittel zubereiten könne, welches bey jeder Leibesbeschaffenheit, bey jedem Alter, Geschlechte, u.s.w. in ziemlich großer Dosis gegeben werden darf. ... Dieses Mittel störet keine Verrichtung des Leibes, weder die Absonderung, noch den Auswurf. ... Es wirket auf eine unmerkliche Weise; und erwecket weder Stuhlgang, noch Brechen, noch Harn, noch Schweiß. ... Es löset auch die Verhärtungen und scirrhösen[1] Geschwülste in denjenigen Fällen auf, wo andre, ja so gar die durchdringendsten Arzneymittel nichts ausrichten. Folglich ist es ein vortrefliches auflösendes Arzneymittel. ... Was es nicht zertheilet, das bringt es doch gemeiniglich zu einer gutartigen Vereiterung. ... Es stillet die Schmerzen. ... Heilet den Krebs.[2]

Quelle: Störck, 1764, S. 75f. 1 Von griech. *skirrhos* = hart, derb. 2 Zum zeitgenössischen Krebsbegriff siehe →*Melancholie und Krebs.*

Die Entdeckung der Heilwirkung von Digitalis

Schon im Jahr 1775, wurde ich um meine Meinung wegen eines Familienrezeptes gefragt ... Es wurde mir erzählt, wie eine gewisse alte Frauensperson in *Skropshire*[1] [sic!] gedachtes Rezept schon lange als ein Geheimnis gehalten und damit sehr viele Wassersüchtige geheilt hätte, die von ordentlichen Aerzten, als unheilbar, aufgegeben worden wären. Man sagte mir dabey, daß die Würkungen dieses Mittels in heftigen Brechen und Purgiren[2] bestanden hätten: denn die urintreibenden Kräfte desselben waren gänzlich unbemerkt geblieben. Dies Rezept war aus mehr denn zwanzig Kräutern zusammen gesezt; allein dem erfahrnen Arzte war es nicht schwer, so [3] gleich einzusehen, daß unter der ganzen Mischung keine andere Pflanze, als nur der *Fingerhut*[3], obgedachte Würkungen habe verursachen können.

... Versuche[4] hatten mich veranlaßt, in der im folgenden

Frühling herausgegebenen Abhandlung über gewisse Pflanzen[5], kühn zu behaupten, *daß der purpurrothe* [4] *Fingerhut, weit mehr Aufmerksamkeit verdiene, als ihm die heutige Praxis gewährt.* Dem ohngeachtet aber hatte ich diese Pflanze noch nicht zum regelmäßigen Gebrauch in unser Hospital[6] eingeführt; es ereignete sich aber ein Umstand der meinen Entschluß beschleunigte. Mein wahrer und verehrungswürdiger Freund *Dr. Asch*[7] schrieb mir, daß *Dr. Cawley*[8] zu Oxford, von einer Brustwassersucht[9] durch ein empirisches Mittel, nämlich durch die *Wurzel* des *Fingerhutes,* befreyet worden wäre, nach dem einige der größten Aerzte unsrer Zeit gesagt hatten, daß sie zu seiner Rettung nichts weiter zu thun vermöchten. ... [5] Im Sommer 1776. ließ ich eine Menge Blätter troknen [sic!], und als ich nun im Stande war die Dosis davon ganz genau zu bestimmen, so wurde diese [6] Pflanze von meinen Kollegen in ihrer Praxis nach und nach eingeführt.

Quelle: Withering, 1786 [engl. Originalausgabe «An account of the foxglove», Birmingham 1785], S. 2 f.; William W. (1741–1799), Arzt mit hervorragendem botanischen Wissen in Birmingham. 1 Engl. Grafschaft Shropshire mit der Hauptstadt Shrewsbury. 2 Typische Zeichen einer Digitalisüberdosierung bzw. -vergiftung. 3 Roter Fingerhut = *Digitalis purpurea.* 4 Witherings zahlreichen Verordnungen in seiner Funktion als Armenarzt. 5 «A botanical arrangement of all the vegetables naturally growing in Great Britain» (London 1776). 6 In Birmingham. 7 John Ash [!] (1723–1798), Arzt in Birmingham. 8 Nicht identifiziert. 9 Lungenödem (als Folge einer Linksherzinsuffizienz nach späterer Erkenntnis).

Fingerhut wirkt gegen die Wassersucht

Eben in diesem hier angegebenen Jahre[1], fieng ich an, den Fingerhut in wassersüchtigen Fällen zu brauchen. Es geschah dieses bey lauter solchen Kranken, denen ich in meinem Hause guten Rath umsonst ertheilte.[2] ... [13]

1775. Am 8. December. Ein Mann ohngefähr von funfzig Jahren, der vorher ein Maurer gewesen, jetzt aber in seinen Vermögens-Umständen sehr herunter gekommen war, beklagte sich über Engbrüstigkeit, die ihn seit vorigem Herbste überfallen hätte. Sein Odem war sehr kurz, das Gesicht verfallen, der Unterleib geschwollen, und bey genauer Untersuchung fühlte man schon ein Schwappern von angehäuften Wassern in denselben. Der Urin hatte sich auch schon seit einiger Zeit sehr vermindert.[3] Ich verordnete ihm eine Abkochung grüner Fingerhutsblätter, wovon ihm aber sehr übel wurde, welche Uebelkeit sich einige Tage von Zeit zu Zeit immer wieder meldete; indessen gieng doch unter diesen Umständen der Urin sehr häufig ab. Das Odemhohlen wurde dem Kranken leichter, sein Leib sezte sich, und innerhalb zehn Tagen fand sich ein so guter Appetit, als er zuvor nicht gehabt hatte.

Quelle: Withering, 1786, S. 12f. ; Abb. S. XXVII ff. 1 1775. 2 Er habe jährlich bis zu drei Tausend «armer Kranker» beraten bzw. behandelt. 3 Typische Symptomatik einer Linksherzinsuffizienz, was Withering nicht wußte.

«Wurmsamen» gegen einen verschluckten Salamander

Eine Magd verschluckte mit frischem Quellwasser einen Wassersalamander, und bekam unaufhöriches Würgen und Stechen, wie von Nadeln, im Magen. Ein Brechmittel und Salzwasser war ohne Erfolg. Endlich schafte ihn nach 47 Stunden der Wurmsaamen[1] mit Aloe[2] und versüßtem Quecksilber[3], unter heftig stechenden Schmerzen, durch die Därme fort. Er lebte noch eine halbe Stunde, war drey Zoll lang, hatte einen gezähnten Rücken und Schwanz und vier bis fünf Zehen mit kleinen Klauen an den Füssen. Die Kranke brach nachher Blut und genas durch abführende und mildernde Nahrungsmittel.

Quelle: Gesner, 1778–1788, 4. Bd., S. 478. 1 U. a. auch Rainfarn oder Wurmkraut genannt. Allgemein als austreibendes, insbesondere als Wurmmittel angewandt. 2 Als Verdauungs- und Abführmittel bekannt. 3 Kalomel, *Mercurius dulcis*, im 18. Jh. sehr geschätzt als Blutreinigungs- und Abführmittel.

Der Kampfer als Heilmittel

Der Campher[1] ist ein gantz besonderer durch die Kunst[2] ausgeschiedener Cörper, so verbrennlich, trocken, fest, zerbrechlich, weiß, durchsichtig und flüchtiger, als die Oele ist, und aus vieler anbrennlichen Grund-Erde, zarter erster Erde und Wasser zusammen gesetzt ist. Der Baum, aus welchem er heraus gezogen wird, wächset vornemlich in Japan. ...[130]

Die *Medici* verordnen denselben

1) *Innerlich,* indem es von einigen für das höchste *bezoardicum*[3] und *antipestilentiale*[4], ja auch Schlafmachendes, Schmerzstillendes, kühlendes Mittel gehalten wird; wiewol alles dieses noch nicht recht erwiesen ist und sich nur mehrentheils auf zweifelhafte Versuche gründet. ...

2) *Aeusserlich* ist sein Gebrauch weit gewisser gegründet, und er kann mit grossem Nutzen angewendet werden, wenn man zertheilen, stärcken und den Zufluß hemmen will. Dahero wird er auch theils allein, theils in verschiedenen zusammengesetzten Mitteln von den Chirurgis sehr ofte gebrauchet...

Quelle: Juncker, 1753, S. 123–130. 1 Von C[innamomum] amphora, seit dem 16. Jh. in Europa im Handel. 2 Der chemischen Medizin. 3 Harn- und schweißtreibendes Mittel auf Antimonbasis, von Bezoar (pers. *pàdzar* = Gegengift). 4 Arzneimittel gegen die Pest.

Guajakholz gegen die Lustseuche und Rheumatismus

Am berühmtesten ist das *Holz gegen die Lustseuche*[1], das *Harz* aber *gegen gichtische Krankheiten*[2]. Das Holz wird gegen die *Lustseuche* ... vorzüglich in wärmern Ländern, wo die Schwitzcur angemessner ist, innerlich und äusserlich gebraucht. Auf ein Pfund nimmt man 8 Pf. Wasser, weicht das Holz, und kocht es nachher ein. Hiervon lässt man warm trinken, schwitzen, zugleich dünne Diät beobachten ... [353] Zur vollen Cur brauchte man 1–8 Pfunde. Sie half sogar, wo das Quecksilber[3] fruchtlos gewesen war ... Lange schon brauchte man den Holztrank, oder, welches besser auf den Stuhl wirkt, das Harz der Pillen, auch mit Eydotter, oder mit Rum gegen *Gicht* und *Rheumatismen.* Das Harz giebt man zu 1/2 Drachem; die letzte Auflösung ist neuerlich besonders erhoben worden.

Quelle: Batsch, 1790, S. 352 f.; August Johann Georg Karl B. (1761–1802), Naturforscher und Botaniker in Jena, Begründer der Naturforschenden Gesellschaft zu Jena (1793), deren Präsident er bis zu seinem Tode war. 1 Guajakholz gegen den *Morbus venereus,* Syphilis; siehe hierzu Vöttinger-Pletz, 1990. 2 Sammelbegriff für anfallsartige, mit Krämpfen einhergehende Krankheiten, entzündlich-schmerzhafte Erkrankungen, insbesondere Gelenkentzündungen. 3 Quecksilberchloride wurden insbesondere im 18. Jahrhundert zur Behandlung der Syphilis eingesetzt.

Mohnsaft als Reiz- und Betäubungsmittel

Beim *innern Gebrauch* wirkt der Mohnsaft[1] im Anfang, und bey denen, die an ihn gewöhnt sind, als ein *reitzendes Mittel*, das Fröhlichkeit, Trunkenheit, Wollust, auch wol Raserey, nebst Wärme, Vermehrung des Pulses und einiger Abscheidungen ... und besonders Schweiss hervorbringt.

Nach jener Wirkung und bey empfindlichern Personen zeigt er sich als ein *betäubendes*, die Empfindung stumpfendes *Mittel*. Er [368] verursacht Mattigkeit, Düsternheit, Trägheit ... Unempfindlichkeit gegen Schmerzen, Stillung der Krämpfe, gänzliche Fühllosigkeit, Schlafsucht und den Tod. ...

So *symptomatisch* hat man ihn angewendet: Gegen Lustseuche, Darmgicht[2], eingeklemmten Bruch, schmerzhafte und langsame Pocken, beym Husten, beym Steinschmerz[3], bey Gicht, [369] Rheumatismen, Hüftweh, Wasserscheu[4], Schwermuth, Raserey, und Ruhr.

Quelle: Batsch, 1790, S. 367–369. 1 Der opiumhaltige Schlafmohn war seit dem Mittelalter apothekenüblich. 2 Darmkolik, auch Nachwehen nach Entbindung. 3 Bei Blasen- oder Nierensteinleiden. 4 Zweites Stadium der Tollwut (Rabies, Lyssa, «Hundswut»), wo Kranke durstig sind, aber wegen Schlundkrämpfen nicht trinken können.

Psychische Kur

Psychische oder moralische Mittel in der Vorgeschichte der Psychiatrie

Der Bedeutung der →*Imagination* oder Einbildungskraft für die Krankheitsentstehung entspricht diejenige der psychischen Kur oder moralischen Behandlung für die Heilung. Sie arbeitet hauptsächlich mit der Erzeugung von Affekten oder Gemütszuständen, welche den seelischen oder körperlichen Symptomen gegensteuern, den fehlgeleiteten Lebensprozeß umstimmen und somit eine Heilung bewirken. Im 18. Jahrhundert stand (offiziell) weniger das subjektive Seelenleben des Menschen zur Debatte als vielmehr der komplementäre Teil seiner Körperlichkeit. Dieser sollte – so der Anspruch der ärztlichen Autoren –

von der Medizin wissenschaftlich anerkannt und therapeutisch genutzt werden. Somit wurden die physischen Kuren durch psychische bzw. psychologische ergänzt, welche mit «moralischen» Mitteln arbeiteten. Im Sprachgebrauch des 18. Jahrhunderts erscheinen «Physik» und «Moral» als die beiden Hauptsäulen der medizinischen Therapeutik. «Moral» ist freilich nicht mit Psychologie im modernen Verständnis gleichzusetzen; sie basiert vielmehr auf der traditionellen →*Diätetik*, der aufklärerischen Idee von →*Erziehung und Korrektur* sowie den neuen Spekulationen über das →*Seelenorgan* und die →*Nervenkrankheiten*. Besondere Bedeutung erlangten die «psychische Kur» bzw. das «moral treatment» im psychiatrischen Diskurs nach 1800. Für die Entstehung der Psychotherapie einschließlich der Psychoanalyse im 19. Jahrhundert wurde jedoch eine ganz andere Perspektive maßgebend: nämlich der Einfluß der romantischen Naturphilosophie und Seelenforschung im Bereich des →*tierischen Magnetismus*.

Literatur: Schrenk, 1973.

Seelenkur zur Ordnung fehlgeleiteter Vorstellungskräfte

Die Natur der Seele ist ihre Vorstellungskrafft, vermöge welcher sie sich die Welt nach dem Stande ihres Körpers (*pro positu corporis*) vorstellet. So bald also die Seele kranck ist, wird ihre Vorstellungskrafft, so wie sie, sich selbst gelassen, würcken würde, gehindert. ... [23]

Es können ... unrecht angewendete Kräffte wieder zu ihrer richtigen Anwendung gewöhnet werden, diejenigen, so alzuschwach, können gestärcket, alzustarcke können gedämpfet oder geschwächt, und kurz alle wiedernatürliche[n] Vorstellungen der Seele können durch Verbesserung derer Vorstellungskräffte wieder zu natürlich ordentlichen gemacht werden, denn dieses sind ia die Gattungen derer Gemüthskranckheiten alle.[1]

Die Handlung, vermöge welcher statt einer Kranckheit die Gesundheit wieder hervorgebracht wird, nennet man eine Cur. Geschicht diese Handlung an der Seele, so heisset sie alsdenn eine Seelencur. Da es überhaupt betrachtet möglich ist, daß iede Kranckheit der Seele ausgerottet, und ihre Gesundheit wieder hergestellet werden kann so wird kein Vernünftiger daran im geringsten zweifeln, [24] daß die Seelencuren möglich sind. ... [26]

So eine Seelencur, die sich nach diesen Gesezzen der Natur der Seele richtet, ist eine psychologische Cur...

Quelle: Bolten, 1751, S. 20–26; Johann Christian B. (1718–1796), studierte in Halle, praktischer Arzt in Hamburg, dort ab 1754 «Protophysikus», Inhaber einer bedeutenden Naturaliensammlung. 1 Auch für die «psychologische Kur» ist die Idee von →*Erziehung und Korrektur* maßgebend.

Die Ästhetik als Grundlage der psychologischen Kur

Die Aesthetick[1], nach der Erklärung, welche *der berühmte Herr Prof. Meier in seinen Anfangsgründen aller schönen Wissenschaften*[2], davon gegeben, ist eine Wissenschaft von der sinnlichen Erkenntnis und der Bezeichnung der selben überhaupt. Etwas nach den untern Erkenntniskräften einsehen ist einerlei mit dem, etwas sinnlich erkennen. Die Aesthetick wird uns also die Gesezze und Regeln der untern oder sinnlichen Erkenntniskräfte genauer und weitläuftiger anführen und erklären, als es [60] in der Psychologie geschehen kan. Man mus also die Aesthetick inne haben, um psychologische Curen verrichten zu lernen.

Quelle: Bolten, 1751, S. 59f. 1 Etwas weiter heißt es: «die Aesthetick, Logick, philosophische Pathologie und Moral» (S. 63) seien die bei der psychologischen Kur zu beachtenden Wissenschaften. 2 Georg Friedrich Meier (1718–1777), Philosoph in Halle, Wegbereiter der Aufklärung; sein dreibändiges Werk «Anfangsgründe aller schönen Wissenschaften» (1748–1750) war das erste systematische Werk zur Ästhetik in deutscher Sprache.

Psychische Heilmittel gegen körperliche Übel

... an die Heilung körperlicher Gebrechen durch künstliche Veränderungen und Richtungen der Seelenfähigkeiten ist bisher noch mit wenigem Ernst gedacht worden. Eine förmliche Klasse von psychischen Heilmitteln fehlt überall in unserer Materia medica[1] noch gänzlich. ... nun kommt es darauf an, ... so wie es mit der Wissenschaft der physischen Arzneymittel gegangen ist, endlich ein System zu bilden, das die Anleitung enthält, jene ungefähre heilsame [sic!] Gemüthsveränderungen vorsetzlich zu veranstalten und mit Absicht jedesmal diejenige zu erregen, welche der Kur des gegenwärtigen körperlichen Uebels angemessen ist. ...

Ich habe bereits anderwärts[2] ... Erwähnung gethan, nemlich daß es bey der Anwendung jener psychischen Mittel an einem bestimmten Maase fehlt, welches uns, wie bey der Anwendung physischer Dinge, dafür[3] sichert, daß die Menge derselben dem Grade des zu heilenden Uebels angemessen ist ... Es fehlt uns an einer intensiven Waage, um den Schrecken, den Zorn, die Freude u.s.w., die wir zu unserem Zwecke darreichen wollen in Grane und Quentchen abzutheilen.

Quelle: Herz, 1798, S. 61; Marcus H. (1747–1803), berühmter Arzt und Philosoph in Berlin, bekannter medizinischer Schriftsteller, Freund und behandelnder Arzt von Karl Philipp Moritz, dem Herausgeber des «Magazins für Erfahrungsseelenkunde»; gehörte zum Kreis der jüdischen Aufklärer um Moses Mendelssohn. 1 Arzneimittelschatz. 2 Vgl. z.B. Herz, 1791, S. 25. 3 Davor.

Schwierigkeit subjektiver Reaktionen auf psychische Heilmittel

... eine ... Schwierigkeit ist wohl dieses, daß das Relative in der Wirkungsart dieser spirituellen Medicamente viel größer ist, als in der Wirkung der materiellen, indem die Rezeptivität jener Eindrücke viel verschiedener unter einzelnen Menschen ist, als die Reaction gegen körperliche Einwirkungen. Die Menschen weichen in Ansehung der mechanischen und chemischen Alterationen ihres Körpers lange nicht so sehr von einander ab, als in Ansehung ihrer thierischen[1]... [62]

Wenn es auch ausgemacht ist, daß die Freude in einem gewissen Grade allgemein die Thätigkeit des Blutsystems, die Wärme, die unmerkliche Ausdünstung und eine behagliche Erregung der Lebenskraft befördert; daß der Zorn ein heftig reitzendes Mittel ist, das im Uebermaase indirecte Schwäche und Erschöpfung hervorbringt und vorzüglich das Geschäft der Gallenabsonderung in Unordnung bringt; daß Furcht und Traurigkeit die Energie des Herzens [63] und Adersystems heruntersetzt und den Ton der Nerven schwächt; so ist doch die Wirkungsart der

Gegenstände, welche Affektionen erzeugen sollen, in Rücksicht der einzelnen Subjekte, auf welche sie angewendet werden müssen, nichts weniger als ausgemacht und bestimmt, und daher die Wahl derselben bey vorkommenden Fällen sehr zufällig. ... Die Menschen weichen in ihrem Verlangen und Verabscheuen so sehr von einander ab, daß nicht selten der Gegenstand, welcher diesen in die höchste Entzückung versetzt, jenen in die tiefste Traurigkeit stürzt, was den einen zur Wuth empört, dem Andern ein sanftes Lächeln entlockt...

Quelle: Herz, [1997], S. 61–63. 1 «Thierische» = animalische Veränderungen, die mit der Bewegung der psychisch beeinflußbaren Lebenskraft zusammenhängen.

Die Herrschaft der Seele über den Körper

Es ist erstaunlich, wie viel die Seele über den mit ihr so heterogen scheinenden Körper vermag. Sie kann es bis zur Herrschaft über die unwillkürlichsten seiner Bewegungen und Bedürfnisse bringen.[1] Man weiss, dass während wichtiger Geistesbeschäftigungen das stärkste Purgirmittel seine Wirkung versagt, und man [13] kann durch festen kraftvollen Vorsatz nicht nur Krankheitsgefühle unterdrücken, sondern zuweilen auch Krankheiten aus dem Wege räumen. ...

Und doch ist die willkührlich gelenkte Aufmerksamkeit bey weitem nicht von solchem Einfluß auf den körperlichen Zustand, wie die durch heftige Gemüthsbewegungen hin und her gerissene.

Quelle: Herz, 1791, S. 12f. 1 Mit der analogen Formel «Die Macht des Geistes über den Körper» läutete James Braid ca. 50 Jahre später das Zeitalter des Hypnotismus in der Medizin ein.

Psychologie für den Arzt unentbehrlich

... so viel ergiebt sich ..., dass die Kenntniss der menschlichen Seele dem Arzt äusserst erheblich, und das Studium der Psychologie ihm eben so unentbehrlich und wohl noch unentbehrlicher seyn muß, als das Studium mancher andern Wissenschaft, die an das Gebiet der Kunst[1] gränzt ... [28] ... ich weiss zum voraus, dass man es vielleicht gar lächerlich finden würde, wenn ich in einer wohl eingerichteten medizinischen Schule, neben dem Lehrer der Körperzerschneidung, einen Lehrer der Seelenzergliederung[2] forderte!

Ich weiß nicht, woher es kommt, dass man die Erfahrungs-Psychologie aus dem Gebiet der Naturlehre, wohin sie eigentlich gehört, weggenommen, um sie in dem Bezirk der Metaphysik, die bloß mit Vernunfterkenntnissen *a priori*[3] sich beschäftigen soll, zu versetzen...

Quelle: Herz, 1791, S. 26–28. 1 Ärztliche Kunst. 2 Sowohl Friedrich Nietzsche als auch Sigmund Freud nutzen – in unterschiedlicher Intention – die Metapher von der anatomischen bzw. Vivisektion, um die psychologische (Selbst-)Erforschung zu charakterisieren. 3 Herz hatte in Königsberg bei Kant studiert und dort 1770 in Philosophie promoviert.

Körperlicher und seelischer Ursprung von Krankheiten

... nicht alle Krankheiten [sind] von der Art, dass sie nebst ihren Zufällen entweder *bloß* im Körper, oder *bloß* in der Seele ihren Ursprung nehmen können; sondern es giebt auch Krankheiten von zweifelhafter und vermischter Natur, die nach Verschiedenheit der Umstände, so wohl in jedem von ihnen allein, als in beyden zugleich ihre Quelle zu haben scheinen, und bey deren gründlicher Behandlung allerdings auf die bestimmte Entscheidung sehr viel ankommt, wogegen wir unsere Kur zu richten haben.

Quelle: Herz, 1791, S. 34.

Fünfter Teil
Besondere Heilkonzepte

Mineralischer Magnetismus

Der Magnet als traditionelles Heilinstrument

Magnetsteine wurden schon im Altertum zu Heilzwecken eingesetzt. Die Anziehungskräfte des Magneten auf Eisen faszinierten von jeher Ärzte und Naturforscher, die hierin eine wunderbare Wirkung der verborgenen Natur zutage treten sahen. Durch Paracelsus erlangte der Magnet paradigmatische Bedeutung für die Medizin der Neuzeit: Er empfahl ihn nicht nur als Heilinstrument, um z.B. die Lage der «verrückten» Gebärmutter zu korrigieren, sondern – was für die Ideengeschichte wichtiger wurde – erblickte in ihm das Modell für die sympathetischen Kräfte der Natur schlechthin. So wurde die Heilwirkung «magnetischer» Arzneimittel, wie z.B. die der sog. Waffensalbe, als Ausdruck der natürlichen Magie (*Magia naturalis*) erklärt. Die Tradition der magischen Medizin mündete dann in der frühen Neuzeit in den medizinischen «Magnetismus». Während im letzten Viertel des 18. Jahrhunderts für die Medizin eigens hergestellte Stahlmagneten zur Schmerzbekämpfung angewandt wurden, entwickelte der Wiener Arzt Franz Anton Mesmer den →*tierischen Magnetismus*, der eine magnetische Heilkraft der Natur ohne Magneten mobilisieren wollte. Trotz des später sog. Mesmerismus und seiner psychologisch-psychotherapeutischen Wende blieben Magnete auch innerhalb der Universitätsmedizin zumindest im Bereich der Forschung in Gebrauch, wie z.B. die Magnetexperimente mit Hysterikerinnen in der Pariser Schule Charcots belegen.

Literatur: Radl, 1988; Schott, 1987.

Der mineralische Magnet in der antiken Medizin

Man muß also wissen, daß der mineralische Magnet[1] schon in denen ältesten Zeiten von den alten Weisen, *Magi*[2], gegen die Krankheiten ist gebraucht worden. Schon bey den allerältesten *Chaldäern*, *Egyptern*, und *Hebräern* hat er in großem Werth, und

Ansehen gestanden. Die *Indier* und *Chineser* in deren Ländern dieses Naturproduct häufig gefunden wird, haben ihm das gröste Lob beygelegt. Es war unter den Indiern ein gewisses Volk, welches, da dieser Stein ein langes Leben verschaffen soll, ihrem Könige keine andern Speisen, als mit dem Magnet zubereitet, reichte. Es waren Jahrhunderte der Barbarey, in welchen der Gebrauch des Magnets ... zur Ausübung aller magischen Künste[3], zur Stiftung der Freundschaften, zur Aufhebung der Feindschaften, hauptsächlich zu ehelichen Verbindungen, und Liebesverständnißen, zur Entdeckung des Ehebruchs[4], oder andern heimlichen Lastern, und überhaupt zur Vermehrung der Einbildungskraft, und Erweckung derer Phantasien[5] gar sehr gelobet, und empfohlen wurde. Seine wunderbare und ausnehmende Kraft aber die Krankheiten zu heilen ist zu allen Zeiten gerühmt worden. Daher hält ihm *Galen*[6] eine Lobrede, daß er die Wassersucht heile. *Avicenna*[7] erhebt ihn in Krankheiten der Milz. *Dioscurides*[8], daß er die schwarze Galle[9] ausführe. *Paul* von *Aegina*[10] empfiehlt ihn in Reinigung und Austrocknung der Wunden ... [113] Und was *Paracelsus* von der mannichfaltigen Anwendung der verschiedenen Pole des Magnets auf den Körper schon gelehrt hatte, das ist durch die Bemühung anderer Alchemisten beständig auf verschiedene Art ... erweitert worden.[11]

Quelle: Rahn, 1790, S. 109f. 1 Der Magnetstein, lat. *magnes.* 2 Lat. *magus* = Magier. 3 Spielen dann vor allem in der frühen Neuzeit eine wichtige Rolle. 4 Siehe Text weiter unten. 5 Die Bedeutung der →*Imagination* wird klar erkannt! 6 Griech. Arzt in Rom (2. Jh. n. Chr.). 7 Arab. Arzt und Philosoph (990–1037). 8 Griech. Arzt und Botaniker (1. Jh. n. Chr.). 9 Schwarze Galle (griech. *melan chole*) wurde als Kardinalsaft in der Humoralpathologie mit der Milzkrankheit →*Melancholie* in Verbindung gebracht. 10 Griech. Arzt (um 600–650). 11 Rahn schlägt in diesem Kontext den Bogen zur magischen Medizin der Neuzeit. Er bezieht sich hier auf die bekannte Paracelsische Schrift «Herbarius».

Zur traditionellen Verwendung des Magneten in der Medizin

In der Artzney hat der Magnet, wie der Blut-Stein[1], eine anziehende und austrocknende Würckung, und wird äusserlich gebraucht, weil er eingenommen, gifftig seyn soll. Einige schreiben dem Magnete noch andere wunderbare Eigenschafften zu: Er soll den Verstand vermehren, die Furcht und das Schrecken vertreiben, Friede und Einigkeit erhalten,[2] die Geburt befördern,[3] das Haupt-Wehe und den Krampff[4] stillen, so man ihn bey sich trüge. Er soll auch vor[5] die Wassersucht zuträglich seyn, so man dieses Steines ein halb Quentlein mit Honig-Wasser vermischt einnähme. Wenn man davon mit Honig-Wasser trincket, soll er den Bauch laxiren, und [192] die groben Feuchtigkeiten ausleeren. ... Man vermischt ihn bisweilen mit denen Bruch-Pflastern, und giebt innerlich gefeilt Eisen zu trincken, damit der Magnet das Eisen[6] an sich ziehen soll. Einige machen aus den gebrandten Magneten und Wachs ein Pflaster zu [sic!] Linderung derer Podagrischen Schmertzen[7]. In denjenigen Beschreibungen derer Pflaster, die zu dergleichen Wunden zu gebrauchen, welche mit diesem oder jenem Gewehr gemachet worden, und von denen man vermuthet, es sey etwas von Eisen darinnen zurück geblieben, wird der Magnet erfordert: denn man stehet in dem Wahn, der Magnet, der unter solch ein Pflaster ist gekommen, werde das Eisen an sich und aus der Wunde heraus ziehen. Allein, der Magnet mag auch noch so gut und kräfftig seyn, dergleichen Würckung wird er nimmermehr zuwege bringen.

Quelle: Zedler, Bd. 19, 1739, Sp. 391–392. 1 Braun-rötlicher (eisenhaltiger) Stein, der wie Blut aussieht und deshalb in der traditionellen Medizin in pulverisierter Form zur Blutstillung verwandt wurde. 2 Im Sinne der harmoniestiftenden «Sympathie». 3 Seine besondere Wirkung auf den Uterus hatte bereits Paracelsus herausgestellt. 4 Krampf als Sammelbegriff für Fallsucht, Konvulsionen, «Gichter», «Vapeurs» etc. 5 Für bzw. gegen. 6 Gegen die mit dem Eisen korrespondierenden, sog. martialischen (von Mars) Krankheiten war die Magnetkur besonders indiziert. 7 Gichtschmerzen.

Zur Unsicherheit der Magnetwirkung in der Praxis

Der Einfluß des Magnets in den menschlichen Cörper ist bey manchem noch zu vielen Zweifeln unterworfen, als daß man erwarten könnte, daß sie dieses Mittel mit entscheidender Gewißheit in die *Materiam medicam*[1] aufnehmen sollten. Es ist freylich wahr, wenn man sieht, daß, indem der eine *Medicus*[2] fast Wunder damit thut, der andre hingegen [4] nicht die geringste Wirkung davon spürt, man nicht so bald sich entschließen kann, was man davon glauben soll. ... [5]

Ich habe von allen Vorurtheilen frey die Magnet-Stähle, wie ich sie von Wien[3] erhalten habe, *applici*rt; und würde ich es nicht [5] so bald unternommen haben Versuche damit anzustellen, wenn ich nicht einige Patienten gehabt hätte, bey denen die kräftigsten Mittel vergebens gewesen. ... [7]

Da die Erfahrung eine unerschöpfliche Lehrmeisterin für Aerzte ist, so habe auch ich viele *Cautelen abstrahi*rt[4], und die Zeit, den Ort, die Richtung der Magnetbleche u.s.w. genauer bestimmen gelernt; dabey aber auch gesehen, daß sie nicht bey allen Krankheiten und Körpern zu *applici*ren, auch manche *Subjecta*[5] so wenig magnetisch sind, daß weder die Magneten vor sich selbst, noch auch durch Verstärkung und Communication[6], [8] noch auch, wenn ich die Kranken vorhero electrisirt[7] habe, die geringste Wirkung auf ihren Körpern geäußert haben. Und dieses mag auch wohl die Ursache der entgegengesetzten und sich widersprechenden Erfahrungen seyn.[8]

Quelle: Heinsius, 1776, S.3–8; Johann August H. (1745–1803), praktischer Arzt in Sorau. 1 Arzneimittelschatz. 2 Arzt. 3 In Wien wurden um 1775 von Maximilian Hell hergestellte Stahlmagnete vermehrt zu Heilzwecken eingesetzt, auch von F.A. Mesmer, der dadurch zum → *tierischen Magnetismus* angeregt wurde. 4 Vorsichtsmaßnahmen eingehalten. 5 Der Begriff des Subjekts hier noch – wie bei Paracelsus – in seiner Bedeutung als Empfänger von (magischen) Heilkräften. 6 Die «Armierung» der Magneten sollte diese wirksamer machen. 7 Elektrizität und Magnetismus waren theoretisch und praktisch eng miteinander verknüpft. 8 «Magnetische» Menschen erschienen eben eher beeinflußbar.

Der «magnetische Strom» lindert die «Krämpfe» einer Frau

Ein Frauenzimmer von zwey bis drey und dreyssig Jahren, die aus Ueberlegung den ehelosen Stand gewählt hatte, aber von einem hitzigen Temperamente war, ... hatte sie krampfhafte Zusammenziehungen in allen Theilen des Körpers, vornehmlich auf der Brust ... Diese Zufälle[1] waren mit Verdrehung der Arme und Schenkel, einer besondern Unbiegsamkeit[2] des Leibes und Knirschen der Zähne verbunden. Die Bäder, die sie seit langer Zeit brauchte, verschafften ihr auf einige Monate Ruhe. ...

Zu Anfang des Januars 1778, kam ein heftiger Anfall. Herr *Nicolas*[3] verordnete ein eiskaltes Bad. Die Kranke hielt es eine halbe Stunde lang aus. Es that jedoch nur eine geringe Wirkung; dem ohngeachtet brauchte die Kranke in acht Tagen drey solche [145] Bäder. Die Wirkung war ohngefähr die nämliche. Endlich fiel man, um die Krämpfe der Brust[4] zu stillen, die immer einerley blieben, auf den Magnet. Herr *Nicolas* verschaffte sich einen Magnet, der sechs und dreyßig Pfund halten konnte, und einen andern, der noch schwerer war, die Gestalt eines Hufeisens hatte und aus einer einzigen Platte bestand. Diesen letzten legte er auf den Magen, und der erste ward an den rechten Fuß gehalten, weil man wahrgenommen hatte, daß die rechte Seite am meisten angegriffen wurde. Den Augenblick fühlte die Patientin den magnetischen Strom.[5] Der Krampf auf der Brust ließ in Zeit von einer Viertelstunde nach, und die Kranke ward völlig beruhigt. Den folgenden Tag ward die Anlegung der Magnete mit dem nämlichen Erfolge wiederholt. Von dieser Zeit bis auf den zehnten Junius hat die Kranke von den krampfigten Anfällen nichts mehr verspühret ...

Quelle: Andry u. Thouret, 1785, S. 144–146; Charles François A. (1741–1829), Hospitalarzt in Paris; Michel Augustin T. (1748–1810), Pariser Arzt, befreundet mit Andry; beide setzten sich kritisch mit dem →*tierischen Magnetismus* auseinander und propagierten Jenners Vakzination in Frankreich (siehe →*ansteckende Krankheiten*). 1 Symptome. 2 Kataleptische Starre als Symptom der Hysterie bzw. der Hypnose wurde besonders im 19. Jh. diskutiert. 3 Pierre-François Nicolas (1743–1816) war Arzt und Chemiker, zunächst als Professor in Grenoble, später in Nancy tätig. 4 Die «Zusammenziehungen »der Brust seien mit einem pfeifenden Geräusch geschehen. 5 Diese Anordnung der Magnete und ihre Wahrnehmung als «Strom» erinnert an Mesmers Behandlung der Jungfer Oesterlin, siehe →*tierischer Magnetismus.*

Die Wirkung des Magneten auf die Nerven als wissenschaftliche Tatsache

Man kann dem Magnet, als Amulett gebraucht, eine wesentliche und heilsame Wirkung nicht absprechen. ... [279]

Diese Wirkung des Magnets kann eine unmittelbare und directe Wirkung der magnetischen Materie auf unsre Nerven[1] seyn, auf welche sie einen eben so gewissen Einfluß als auf das Eisen zu haben scheint. Indessen scheint sie doch auf die Fasern[2], auf die Säfte und auf die Eingeweide keinen unmittelbaren und besonderen Einfluß zu besitzen.

Vermöge dieser Wirkung scheint der Magnet nicht zu der Kur derjenigen Krankheiten, deren Ursache allein in den Säften[3] liegt, oder die organisch und materiell ist, sondern nur in denen Krankheiten zuträglich zu seyn, in welchen die Nerven allein, oder doch vorzüglich, leiden.

Die Krankheiten dieser Art, in welchen der Magnet vorzüglich dienlich ist, sind nicht diejenigen, welche von einem Mangel der Nervenkraft herrühren, sondern vielmehr solche, welche ein widernatürlich [280] vermehrte und erhöhete Wirkung der Nerven[4] zu ihrer Ursache haben: dergleichen die Krämpfe, die Convulsionen und die sehr heftigen Schmerzen sind.

In diesem Betracht kömmt der Magnet ganz natürlich in die Classe der krampfstillenden Mittel, welche durch denselben einen eben so beträchtlichen Zuwachs erlangt haben, als wie die Classe der reizenden, eröffnenden oder stimulirenden Mittel durch die Electricität[5] erhalten hat ... [281]

Wenigstens kann auch, wenn man sich nur auf die gegenwärtige Methode einschränkt, der Nutzen des Magnetismus in der Arzneykunst nicht verkannt und streitig gemacht werden.

Quelle: Andry u. Thouret, 1785, S. 278–281. 1 Mit der Erforschung des Nervensystems rücken auch die →*Nervenkrankheiten* und ihre Therapie im Verlauf des 18. Jahrhunderts in den Blickpunkt der Medizin. 2 Muskelfasern 3 Körpersäfte im Sinne der Humoralpathologie.

4 Gedacht als Ansammlung von «Lebenskraft», «Nervenfluidum», «tierischer Elektrizität» etc. 5 Die Elektrizität wird als therapeutischer Gegenspieler zum Magneten aufgefaßt: dieser beruhigt, jene stimuliert.

Magnete gegen Migräne und Taubheit

Der Magnet (*Tafel II. Figur 1.*) besteht aus zwey Stücken, die beyde in der Gestalt eines länglichten Hufeisens gebogen sind; in jedem Stücke stehen die Schenkel in dem Theile, wo sie am weitesten von einander entfernt sind, das ist an beyden Enden, neun Linien[1] weit aus einander. Eins so wohl als das andre, ist durchaus vier Linien breit und anderthalb Linien dicke. Man verbindet diese beyden Stücken [sic!] so, daß sie einen eyrunden Kreis ausmachen, und daß der Nordpol den Südpol des andern ... berührt. Setzt man sie auf diese Art an einander und überzieht sie mit Taffet, so können sie oben auf den Wirbel des Hauptes gelegt werden, so, daß das eine Ende nach dem Vorderhaupte, das andere nach dem Hinterhaupte gekehrt ist. Eben derselbe Magnet kann auch an die Brust gelegt werden, wenn man ihn, vermittelst eines Bandes, an den Hals hängt. Ein andres Band das man an das unterste Ende befestigt, hält ihn in seiner Lage, indem man es um den Leib herum bindet. Man kann sich jedes dieser beyden einzelnen Stücke, die ein halbes Oval ausmachen, wider die Flüsse[2] und Migrainen bedienen, wenn man sie mit einer Binde, oder auf eine andre schickliche Art, an die Schläfe befestigt, so, daß die Schenkel herunterwärts gekehrt sind. ... [287]

Die *zweyte Figur der II. Tafel*, ist ein Magnet der hinter das Ohr gelegt wird; das schmale Ende, welches der Nordpol ist, ist nach unten gekehrt. An dem Orte wo er am breitesten ist, beträgt seine Breite acht Linien; und die geringste Breite desselben, ist drey Linien; er ist durchaus anderthalb Linien dick: seine Gestalt muß dem Ohre angemessen und angepaßt werden, an dessen hintern Rundung er dicht angelegt wird. Dieser Magnet wird bey der Taubheit und andern Fehlern des Gehörnervens gebraucht.

Quelle: Andry u. Thouret, 1785, S. 286f. 1 Altes Längenmaß: 1 Linie = 2,18 mm. 2 Katarrhalische Erkrankungen.

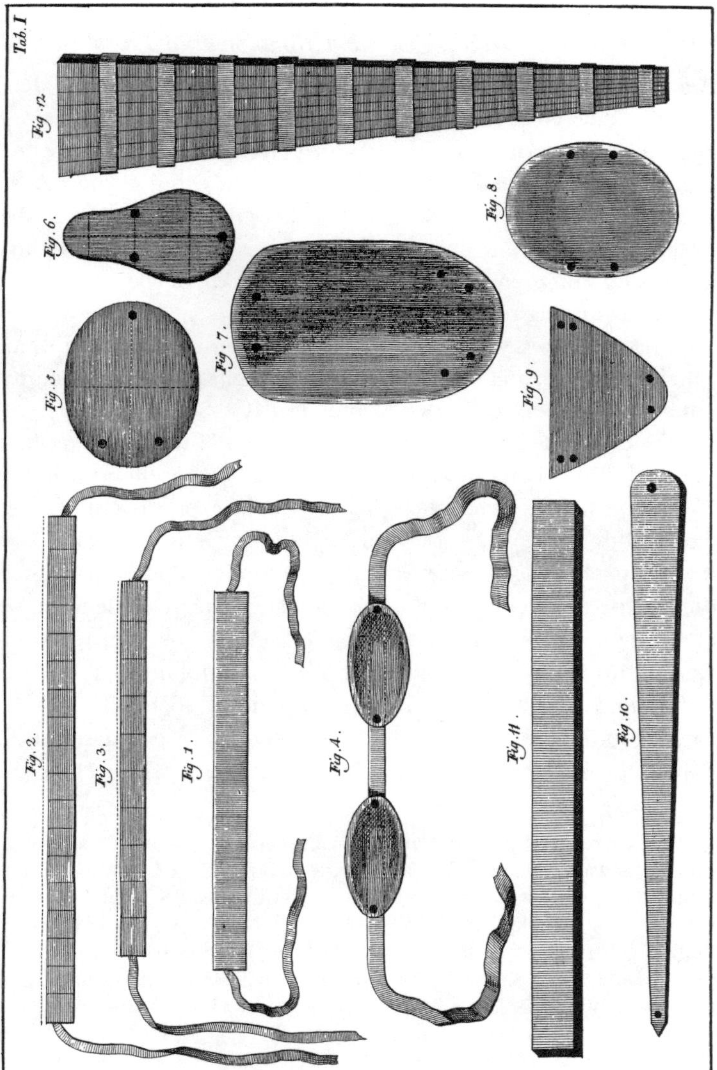

15. Künstliche Magnete zu Heilzwecken
Andry und Thouret, 1785, Tafel II

Magnetkur einer 26jährigen mit Krämpfen und Lähmungen

Am 6. Febr. [1775] *11 Uhr Vormittags* wurde ein Magnet an den Knöchel der rechten Hand, und einer an iede Wade gebunden.[1] Die darauf von der Patientinn wahrgenommenen Empfindungen will ich nach der Zeitordnung und mit ihren eignen Ausdrücken beschreiben, und nur anmerken, daß sie in meiner Abwesenheit von ihrem Ehemanne mit der zuverlässigsten Genauigkeit sind aufgezeichnet worden, und daß wir Beyde uns vorgesezt, ganz uneingenommen zu beobachten. ...

Gegen 12 Uhr vermeinte die Patientinn einige Stösse in dem Ellbogen des rechten Arms, die sie aber nicht schmerzten; dann einen merklichen Zug vom Kopfe, von der Schulter und dem Arme der rechten Seite hinunter bis zu den Fingern zu empfinden. An den Beinen schmerzten allein die Stellen, wo die Magneten lagen, gleich der Wärme von einer etwas entfernten Feuerkohle. *Nach 1 Uhr* verlohr sich dieses Gefühl. ... [11] *Um 3 Uhr* [nachmittags] einen etwas brennenden Zug vom Kopfe, die rechte Seite hinunter, ... und gleich nach diesem Zuge einen geschwinden Ausbruch des Schweisses über den ganzen Körper, wobey sie eine gemässigte Wärme[2] empfand. ...

Um 6 Uhr wurde noch ein Magnet um den Knöchel des linken Arms gebunden, und einer in die Herzgrube[3] gehängt. Etwa eine halbe Stunde nachher glaubte die Kranke, mehrer Hitze zu spüren.

Quelle: Unzer, 1775, S. 10f.; Johann Christoph U. (1746–1809), Arzt und Gymnasialprofessor für Naturkunde in Altona. 1 Die Anordnung erinnert an die klassische Extremitätenableitung des EKG nach Einthoven, wo je eine Elektrode am rechten und linken Arm sowie am linken Bein angelegt wird. 2 Die Empfindung eines Wärmestromes gehört zu den typischen subjektiven Wahrnehmungen des Heilmagnetismus (später Hypnotismus). 3 Die «Grube» unterhalb des Herzens im Rippenbogenbereich («Hypochondrium»).

Elektrische Medizin

Die Wunderwirkungen des «elektrischen Feuers»

Erscheinungen von Elektrizität und →*mineralischem Magnetismus* waren seit der Antike bekannt und wurden immer wieder miteinander in Beziehung gesetzt. Doch erst im 17. Jahrhundert konnten beide Bereiche wissenschaftlich voneinander abgegrenzt werden. Wegweisend wurde das Buch des englischen Naturforschers William Gilbert «De Magnete» (1600), worin er eine Methode zur Herstellung von Dauermagneten aus Stahl angab und die «vis electrica» als die durch Reibung bestimmter Körper hervorgerufene Anziehungskraft diskutierte. Im frühen 18. Jahrhundert gelang mit der technischen Entwicklung zweier Apparate schließlich der Durchbruch: Ab ca. 1730 konnte mit einer Elektrisiermaschine, die aus einem Glaszylinder bestand und mit einem Schwungrad angetrieben wurde, relativ einfach Reibungselektrizität erzeugt werden; die «Leidener Flasche», die von dem Physiker Pieter van Musschenbroek im Jahr 1745 in Leiden erfunden wurde, diente im Verbund mit dieser Elektrisiermaschine als Kondensator und Verstärker. Eine Epoche illustrer Schauexperimente mit der als sensationell empfundenen Elektrizität begann. Auch in der Medizin fand die Elektrizität rasch Eingang in Forschung und Therapie. Sie stimulierte vor allem das neurophysiologische Denken sowie elektrotherapeutische Prozeduren. Die Entstehung des →*tierischen oder animalischen Magnetismus* ist ebensowenig ohne die Implikationen der «elektrischen Medizin» denkbar wie der →*Galvanismus* gegen Ende des 18. Jahrhunderts. Unsere Texte beleuchten vor allem die Anfänge der Elektrotherapie in der Mitte des 18. Jahrhunderts, in denen weder die «tierische Elektrizität» im Sinne des Galvanismus bekannt, noch eine genauer dosierbare Elektrotherapie auf der Grundlage des Elektromagnetismus möglich war, der erst um 1830 von Michael Faradey begründet wurde. Die illustren Spiele mit dem «elektrischen Feuer» spiegeln jene Mischung von Experimentierfreude, Faszination und Belustigung wider, womit Ärzte und Naturforscher gleichsam als Zauberkünstler auf die Bühne traten.

Literatur: Brazier, 1984; Heilbron, 1979; Kaiser, 1977; Schott, 1987; Snorasson, 1974.

Das elektrische Zeitalter ist angebrochen

Scheinet es nicht, geneigter Leser, als wenn wir jetzo in einem electrischen Seculo[1] lebten? Man höret in unsern Tagen von keiner Materie so viel sprechen, als von der Electricität. Die öffentlichen Zeitungen haben bishero bey nahe mehr von dem electrischen, als kriegerischen, Feuer[2] Meldung gethan. Schon damalen, vor ohngefehr zehen Jahren, als die Electricität in Deutschland wiederum mehrers getrieben und bekannt wurde, waren derselben Versuche als neue Wunder, ja wenn ich es frey sagen darf, zuweilen als Hexereyen, von vielen Zuschauern, gehalten und angesehen. Wozu noch die erstaunende Wirkung der stark vermehrten Electricität von dem berühmten Herrn Muschenbröck[3] bekannt worden, das ihre beygetragen hat. Und welche eine seltsame Wirkung hat nicht der große Fleiß Naturkündiger in Erforschung der Electricität, nur erst in diesem Jahre bey den Gewitterwolken entdecket.[4] Ich meyne, daß zu der Zeit, wenn eine oder mehrere Wetterwolken sich über unserm Horizonte befinden, auch alle Körper in den Zustand können gesetzet werden, daß sie eben so Feuerfunken von sich geben, und andere Körper an sich ziehen; als sonsten die electrische Maschine allein zu thun pfleget.

Ja, es scheinet nicht nur, sondern ist in der That wahr, die Luft, die Menschen, und fast alle Weltkörper, sind zu mancher Zeit electrisch.[5] Ist es mir also wohl zu verdenken, wenn auch ich in dieser electrischen Zeit, gegenwärtige Schrift von dieser Materie zu schreiben, mich unterfangen habe?

Quelle: Schäffer, 1766, aus der «Vorrede der ersten Ausgabe» [September 1752]. 1 Jahrhundert. 2 Die Metapher des Feuers spielt bei Magnetismus und Elektrizität eine wichtige Rolle, z.B. bei Mesmers Bezeichnung des Fluidums (des →*tierischen Magnetismus*) als «Lebensfeuer». 3 Pieter van Musschenbroek (1692–1761). 4 Insbesondere wäre hier der amerikanische Pionier der Elektrizitätslehre, Benjamin Franklin (1706–1790), zu nennen, der 1752 nach Durchführung von Drachenversuchen in Gewitterwolken den Blitzableiter erfand. Entsprechende

Blitz-Ableitungsversuche wurden auch an anderen Orten angestellt, u.a. in der Nähe von Paris (siehe Heilbron, in: Franklin, 1758/1983, S.XIX). 5 Der Zeitgeist war buchstäblich «elektrisiert».

Die Gewalt des «elektrischen Funkens»

Wer hätte es z. E.[1] nur für[2] einem Jahre dencken sollen, daß ein Electrischer Funcken vermögend wäre dem stärcksten Mann einen Degen aus der Hand zu schmeisen, und ihm zugleich eine Erschütterung in den Gelencken der Füsse zu verursachen, daß er über den hauffen fallen würde, wenn er nicht recht feste stünde. Ich selbst würde dieses für eine Fabel, oder zum wenigsten für einen allzuhochtrabenden Ausdruck gehalten haben, wenn ich nicht durch die Erfahrung [10] wäre davon überzeuget worden. Gleichwohl ward dieses alles durch eine eintzige Maschine zuwege gebracht; wie starck würde die Würckung nicht gewesen seyn, wenn man mehrere zugleich gebraucht hätte. Denn es ist gewiß, daß durch diese Mittel die Electricität sehr vermehret werden könne.

Quelle: Krüger, 1745, S. 9f.; Johann Gottlob K. (1715–1759), ab 1743 Medizinprofessor in Halle, ab 1751 in Helmstedt. 1 Zum Exempel. 2 Vor.

Heiligenschein durch «Beatifikation»

Seine Beschreibung dieses berühmten Experiments[1] war diese, daß, wenn beim Elektrisiren große Kugeln gebraucht würden, und die elektrisirte Person auf einem großen Pechkasten stände, eine schweifende Flamme nach und nach aus dem Peche hervorkäme, und sich um ihre Füße herum schlänge; daß sie von da bis an seine Knie und seinen Leib fortliefe, bis sie zuletzt nach seinem Kopfe hinauf stiege; daß, wenn man alsdenn das Elektrisiren noch weiter fortsetzte, das Haupt dieser Person mit einem hellen Scheine, oder einer sogenannten Glorie, umgeben würde, so derjenigen gewisser maßen gleichkommt, welche die Mahler bei Verzierung der Köpfe derer Heiliger[2] vorzustellen pflegen.

Dieses Experiment ... setzte alle Elektrisirer in Europa in Bewegung, und in nicht geringe Ausgaben; allein, es wollte kein einziges gelingen, so daß sich auch nur der geringste Anschein von der Sache, so wie sie Herr *Bose* beschrieben hatte, gezeigt hätte. ... Als endlich Herr *Watson*[3] dieser fruchtlosen Versuche überdrüßig geworden war, ließ er ein Schreiben an Herrn Prof. *Bose* ergehen, und er ersan aus dessen Antwort, daß die ganze Sache ein bloßer Betrug[4] gewesen sey. Herr *Bose* gestand aufrichtig, daß er sich eines ganzen Harnisches bedient hätte, welcher mit verschiedenen stählernen [102] Zierathen ausgeschmückt war, deren einige wie Nägel zugespitzt, andere wie Keile gestalltet, und noch andere pyramidal, gewesen; und daß, als die Elektrisation sehr stark gewesen, die Ränder des Helms Strahlen von sich gegeben, welche mit denenjenigen, die man um die Köpfe der Heiligen zu mahlen pflegt, einige Aehnlichkeit gehabt. Und hierinn bestand seine ganze so sehr gerühmte *Beatification.*

Quelle: Priestley, 1772, S. 101 f.; Joseph P. (1733–1804), berühmter britischer Naturforscher. 1 Gemeint ist hier die «Beatification», die elektrische Erzeugung eines «Heiligenscheins» durch den Wittenberger Arzt und Physiker Georg Mathias Bose (1710–1761). 2 Die Elektrizität wurde ursprünglich auch mit religiöser Erleuchtung im Sinne einer «Theologie der Elektrizität» (Benz, 1971) in Verbindung gebracht. 3 Sir William Watson (1715–1787), Londoner Arzt und Naturforscher. 4 Die Mischung aus Schauexperiment, Wunderglaube und Betrug durch elektrische Manipulationen wird hier deutlich. Friedrich Schillers «Geisterseher» beleuchtet dieses Szenario eindrücklich.

Die «belustigendsten elektrischen Experimente»

Die Electricität hat darinn einen beträgtlichen Vorzug vor den meisten andern Zweigen der Naturwissenschaft, daß sie sowohl Materien des Nachdenkens für Naturforscher, als auch der Belustigung für alle Personen ohne Unterscheid [sic!], liefert. Weder die Luftpumpe[1], noch die Maschine zur Vorstellung des Weltgebäudes[2], noch die hydrostatischen, optischen, oder magnetischen Experimente, noch auch die Experimente in allen übrigen Zweigen der Physik, haben jemahls so vielen oder so starken Zulauf von Menschen veranlaßt, als die Experimente der Electricität für sich allein gethan haben. Fast in allen Ländern von Europa, haben die elektrischen Versuche oft einer Menge sinnreicher und arbeitsamer Personen Lebensunterhalt verschaffet, welche, da sie nicht ihr reichliches Auskommen hatten, die

16. «*Beatification*», *das Wunder der elektrischen Krone*

B. Rackstraw: Miscellaneous Observations ..., London 1748

(aus: Heilbron, 1979, S.268)

Geschicklichkeit besaßen, diese Liebe zum Wunderbaren, von der sie ihre Nebengeschöpfe so stark beherrscht sahen, sich zu Nutzen zu machen. ... [372]

Es veranlaßet öfters ein ungemeines Vergnügen, wenn man einen erschütternden Schlag Jemandem, der sich dessen gar nicht versiehet, unvermuthet beibringet. Dieses läßt sich dadurch bewerkstelligen, wenn man den vom Auswendigen der Flasche kommenden Drath unter dem Teppich verbirgt, und den von Inwendig herkommenden Drath Jemandem dergestallt hinleget, daß er gar nichts Arges davon vermuthen kann, wenn er seine Hand darauf leget, wobei der zugleich mit den Füßen auf den andern Drath tritt. ...

Wenn eine einzige Person den erschütternden Schlag bekommt, so macht sich die Gesellschaft auf deren Unkosten darüber lustig; alle aber tragen zu dem Vergnügen mit bei, und haben insgesammt gleichen Antheil daran, wenn die ganze Gesellschaft sich in einen Kreis stellet, indem sie einander anfassen, und alsdenn der Elektrisirer denjenigen, der sich an dem einen Ende des Kreises befindet, eine mit dem Ueberzuge der Flasche communicirende Kette halten, und unterdessen den an dem andern Ende des Kreises stehenden, den Drath berühren, läßt. Da alle diejenigen, welche dergleichen Kreis ausmachen, zu gleicher Zeit und von einerlei Kraft getroffen werden, so ist es oft ein Vergnügen, mit anzusehen, wie sie in ein und demselben Augenblicke plötzlich auffahren, und zu hören, wie sie ihre Empfindungen vergleichen...

Quelle: Priestley, 1772, S. 363–372. 1 Die Unterdruck- bzw. Erstickungsversuche an Tieren, die der englische Naturforscher Robert Boyle (1623–1695) um 1660 mit der Luftpumpe anstellte, galten seinerzeit als Sensation. 2 Das mechanische Planetarium («Planetenuhr», Orrery) wurde im frühen 18. Jh. vervollkommnet.

Die Selbsterfahrung des elektrischen Schlags

Die heftigen Wirkungen der Erschütterung habe ich verschiedene mal an mir selber erfahren: und kann daher aus Erfahrung schließen, wie große Ursachen man habe, in diesen Versuchen alle Behutsamkeit anzuwenden. Ich hatte einen großen Recipienten[1] geladen, um den Blitz im Dunkeln durch eine lange luftleere Röhre schlagen zu lassen. Der Versuch gieng nicht von statten; weil die Verdünnung der Luft in der Röhre, für ihre Länge nicht stark genug [113] war. ... Ich wollte dieses in der Nähe ansehen: indem ich aber hinzugehe, falle ich auf einmal ohne alle Besinnlichkeit zu Boden. Das Zurufen eines gegenwärtigen Freundes ermunterte mich zwar bald wieder; ich wußte aber im geringsten nicht was mir geschehen war ... Bey Untersuchung der Sache fand sichs, daß ich im Dunkeln, auf die, auf dem Boden liegende Erschütterungskette getreten wäre: zu gleicher Zeit aber eine, mit dem Conductor[2] verbundene, und tiefer als gewöhnlich herunter hangende Kette, mit dem Kopfe berühret hätte ... Der gegenwärtige[3] Freund hatte den Funken schlagen sehen, und hatte geglaubet, ich wolle durch mein Hinsinken nur einen Spas machen.

Quelle: Wilcke in: Franklin 1758/1983, S. 112f.; Johann Carl W. (1732–1796), aus Wismar stammender Elektrizitätsforscher, in Stockholm wirkend; Benjamin Franklin (1706–1790), amerikanischer Naturforscher, Politiker und Schriftsteller. 1 Batterie. 2 Elektrischer Leiter. 3 Anwesende.

Der elektrische Schlag im Tierexperiment

Am 4ten Junius [1766] tödtete ich eine Ratze[1], vermittelst der Entladung zweyer Glasbecher[2], deren jeder drey Quadratfuß überzogenes Glas enthielt. Das Thier starb sofort, nachdem es eine allgemeine krampfhafte Zuckung bekommen hatte, in dem Augenblicke des Erschütterungsschlages. Als ich es nach einiger Zeit sorgfältig öffnete, ward ich innerlich nicht die geringste Beschädigung, und vornehmlich kein ausgetretenes Geblüt, weder in dem Unter- noch Ober-Leibe, noch auch im Gehirne, gewahr. [429]

Am 19ten Junius brachte ich eine ziemlich große junge Katze, durch die Entladung einer Batterie von drey und dreyßig Quadratfuß, um das Leben; bemerkte aber weiter keine Wirkung, ausser einen rothen Fleck auf der Beinhaut[3] des Hirnschedels, da wo das Feuer hineingefahren war. Ich suchte dieselbe wieder zum Leben zu bringen, durch das Ausdehnen der Lunge, und Hineinblasen in die Luftröhre durch einen Federkiel[4]; aber vergebens. Das Herz schlug zwar noch einige

Zeit nach beigebrachter Erschütterung, allein das Athemholen hörete sofort auf.

Am 21sten Junius tödtete ich eine kleine Spitzmaus, vermittelst der Entladung einer Batterie von sechs und dreyßig Quadratfuß; nahm aber weiter keine Wirkung wahr, ausser daß die Haare an der Stirn versengt, und zum Theil ausgerissen waren. ...

In allen Nachrichten, welche ich von Thieren, die durch den elektrischen Schlag getödtet worden sind, angetroffen habe, waren die Schlachtopfer entweder kleine vierfüßige Thiere, oder Vögel[5] ...

Quelle: Priestley, 1772, S. 428f. 1 Ratte. 2 Als elektrische Batterien. 3 Knochenhaut. 4 Die künstliche Beatmung von Tier und Mensch wird beim →*Scheintod* besonders diskutiert. 5 Mit den Apparaturen des 18. Jh.s reichten die Stromstärken zum Töten großer Tiere nicht aus.

Elektrische Kur gegen «gelähmte Glieder» und «dicke Bäuche»

Diese Cur kan auch mit Nutzen bey gelähmten Gliedern gebraucht werden. Man pfleget sonsten dergleichen Glieder mit Brennesseln zu peitschen oder Blasen daran zu ziehen,[1] damit der gelähmte Theil wiederum eine Empfindung bekommen möge. Weit besser wird sich hierzu die Electrification schicken, denn diese ist nicht allein vermögend, die innersten Theile unsers Cörpers schnell zu durchdringen, sondern es werden auch die Nerven durch das gantze Glied, woran man durch einen dagegen gehaltenen Finger [17] eine Flamme hervorbringet, in eine sehr starcke Erschütterung und Spannung gesetzt, welches man, durch Brennesseln und dergleichen blasenziehende Dinge, niemahlen erhalten wird. Mir ist auch schon würcklich eine Erfahrung davon bekannt, da ein Frauenzimmer ihren gelähmten kleinen Finger, durch die Electrification in einer Viertelstunde verlohren, da man sonsten an dergleichen Zufällen [Symptomen] wohl einige Monate curiren muß. ... [18]

Den Beschluß will ich machen mit der Cur der dicken Bäuche. Diese haben sich besondere Hülfe von dieser Medicin zu versprechen. Denn weil das Fett meistens aus schweflichten Theilen besteht, so wird der dicke Bauch bald schmeltzen müssen, wenn man dieselben durch die Electrification heraus jagt.

Allein ich will Ihnen in Vertrauen etwas ins Ohr sagen. Die Electrification wird weit bessere Wirckung verrichten, wenn man das Theatrum umkehrt, und denjenigen, den man electrificiren will, nicht bey die Kugel, sondern bey das grosse Rad[2] zum umdrehen stellt. Ich bin gut dafür, daß wenn man einen solchen dicken Bauch alle Tage ein paar Stunden drehen läst, so wird er sich noch weit geschwinder verliehren. Ich selbst bin diesen Abend von der Electrification so müde worden, daß ich, indem ich dieses schreibe, schon darüber eingeschlafen bin.

Quelle: Kratzenstein, 1746, S. 14–18; Christian Gottlieb K. (1723 bis 1795), Schüler von Krüger (siehe S. 221), Experimentalphysiker und Mediziner, ab 1753 Professor in Kopenhagen. 1 Das therapeutische Schlagen oder Peitschen («Flagellation») gehörte mit den blasenziehenden Praktiken (durch Haarseil unter der Haut, reizende Blasenpflaster, «Fontanelle» etc.) zum Arsenal der ableitenden Behandlungsmethoden im Sinne der Humoralpathologie. 2 Die «Elektrisiermaschinen» waren als Drehapparate mit Glaswalze konstruiert, die mit Hand oder Fuß in Rotation versetzt wurden, um somit Reibungselektrizität zu erzeugen.

Beispiel einer Elektrotherapie bei einer 56jährigen Frau

Ein Weib, 56. Jahre alt, cholerischen Temperaments[1], war am 13 Febr. dieses Jahres [d.h. 1752] nach einem vorher gehabten Zorne und Schrecken durch einen Schlagfluß[2] auf der rechten Seite gelähmet. Man öfnete ihr zweymal eine Ader, und brauchete dagegen innerliche und äusserliche Mittel. Nach Verlauf 14. Tägen [nach 14 Tagen], wurde dieselbe in das hiesige sehr löbl. catholische Krankenhaus aufgenommen, da ich sie in folgenden Umständen antraf: Das Gesicht war roth, der Verstand gering, das Maul die Queere, die Sprache stammelnd, der rechte Arm, das Bein und der Fuß, ohne alle Empfindung und Bewegung, der Puls gieng sehr schwach, und auf der Brust hörte man ein starkes Röcheln.[3] Bey diesen mißlichen Umständen konnte ich mich nicht gleich entschliessen, die electrische Kraft an dieser paralytischen Person zu versuchen, sondern wartete noch 10 Täge ... Da aber die Patientin ohne die geringste [sic!] Veränderungen in obigem Zustande verbliebe: so machte ich endlich den 26[.] Febr. mit dem Electrisiren den Anfang. Ich ließ sie von den andern Patienten in eine Kammer allein bringen, allwo die electrische Maschine, samt allen Zugehör[4], so zubereitet war, daß ich die Patientin ganz bequem in ihrem Bette electrisiren konnte. In den ersten 4 Tägen versuchte ich die gemeinen electrischen Funken, an dem gelähmten Arme und Fuße, hervorzubringen. Es waren aber selbige schwach, und [die] Patientin ließ kein Merkmal einiger Empfindung der Funken spüren. Wie denn selbige auch nichts empfand, wenn sie mit rauhen Tüchern stark gerieben wurde. Bey dem so großen Grade der Unempfindlichkeit gedachte ich mit der electrischen Erschütterung mehrers [57], als mit dem gemeinen Electrisiren auszurichten. Daher fieng ich dieselbe den ersten Merz mit ihr folgender massen an. Ich wickelte die, an die drey Flaschen gewundene, und im Wasser sich befindende, meßingene Kette um den gelähmten Fuß; den gelähmten Arm aber brachte ich an die vor dem Bette in seidnen Schnüren schwebende metallene Röhre [siehe Abbildung]. Jedesmalen ließen sich nicht nur die Funken sehr lebhaft sehen, und mit einem starken Knalle hören; sondern auch bey jedem Schlage eines erregten Funkens bewegte sich der lahme Fuß. Diese electrische Erschütterung nahm ich fast täglich eine 4telstunde lang vor, worauf sich folgende Wirkung äusserte. Nach der ersten Woche merkte man an den [sic!] Zucken der Patientin, daß die Empfindung in den gelähmten Gliedern sich wieder einstellete. Der Fuß und Arm fiengen an zu schwitzen und etwas zu schwellen. In der zweyten Woche war die Sprache deutlich, der Mund gerad, das Gedächtniß gut, und die Empfindung des gelähmten Armes und Fußes so stark, daß [die] Patientin das Reiben mit einem Tuche, ohne zu schreyen, nicht leiden konnte ... [5]

Quelle: J. G. Schäffer, 1766, S. 56f. 1 Durch Vorherrschen der gelben Galle (griech. *chole*). 2 Schlaganfall, Gehirnschlag, *Apoplexia cerebri*. 3 Die klassischen Symptome eines schweren Schlaganfalls. 4 Zubehör. 5 In der weiteren Krankengeschichte ergibt sich nach etwa einem Vierteljahr eine Heilung. Erst einige Jahre darauf sei die Frau «an einer Wassersucht» gestorben.

17. «Medicina electrica» in der Praxis
Schäffer, 1766, Titelkupfer

Elektrische Arznei zum Einnehmen

Ich habe ... an einem andern Orte schon gesaget, daß nichts leichter für den Arzt, und nichts angenehmers für den Kranken seyn könnte, als wenn z. E.[1] Wasser, Wein, Thee, und andere Getränke, mit der electrischen Materie gesättiget oder angefüllet, und solche electrificirte Körper, nach Beschaffenheit der Krankheit, und unter einer darzu erforderlichen Diät, dem Patienten, als eine electrische Arzney[2] dargereichet und eingegeben würde. Sollte Jemand [78] wegen dieser Verfahrungsart sogleich an der Kraft und Wirkung zweifeln, der überlege nur, daß das in einem Gefäse geladene electrische Wasser nicht allein noch lange Zeit seine erschütternde Wirkung beybehält; sondern auch, wenn dergleichen electrisches Wasser, aus der Flasche im Finstern ausgegossen wird, wie ein helles flüßiges Feuer aussiehet; ingleichen, daß der electrisirte Wein, nach des Herrn D.[3] *Lentins*[4] Erfahrung, einen viel stärkern Geruch von sich giebt, auch eher einen berauschet, als ein unelectrisirter.

Quelle: J. G. Schäffer, 1766, S. 77f. 1 Zum Exempel. 2 Analog zur «magnetischen Arznei», z.B. in Form magnetisierten Wassers. 3 Doktor. 4 Lebrecht Friedrich Benjamin Lentin (1736–1804), vielseitiger Arzt und medizinischer Schriftsteller.

Das «elektrische Bad»

Um nun eine Person in dem positiven oder negativen Bade zu elektrisiren, hat man weiter nichts nötig als die gedachten Instrumente; und, um zu entdekken, wie stark die elektrische Atmosfäre ist, oder wie weit sie sich erstrekt, verfertigt man sehr leichte Holundermarkkügelchen, und hängt sie an drei bis vier Zol langen leinenen Fäden auf. Die Hände I und K (Taf.I Fig.I) halten solche Kügelchen; die am nächsten bei der elektrisirten Person befindlichen, sind am meisten von einander entfernt, und zeigen dadurch die stärkere Kraft der Atmosfäre an; die in größerer Entfernung von der Person gehaltenen, haben sich nur eben getrent, und geben dadurch die schwächere Kraft der Atmosfäre, und zugleich ihre weite Ausbreitung an.

Quelle: Barneveld, 1787, S. 5; Willem van B. (geb. 1747), Apotheker in Amsterdam, zugleich Elektrotherapeut und (später) Magnetiseur.

18. Das «elektrische Bad»
Barneveld, 1787, Tafel 1

Tierischer oder animalischer Magnetismus

Franz Anton Mesmers Heilkonzept

Angeregt durch die praktischen Erfahrungen mit dem →*mineralischen Magnetismus* in Form von speziell geformten Stahlmagneten und der →*elektrischen Medizin* mit ihren illustren Schaueffekten «entdeckte» der Wiener Arzt Franz Anton Mesmer (1734–1815) 1774 während praktischer Heilversuche mit Magneten den «tierischen» oder «animalischen Magnetismus», was mit «Lebensmagnetismus» zu übersetzen ist. Mesmer behauptete, daß sich die Himmelskörper, die Erde und die Lebewesen auf der Erde durch eine «sehr feine Materie» – ähnlich den Wirkungen eines Magneten – wechselseitig beeinflußten, weshalb er diese als «tierischen Magnetismus» oder auch als «Lebensfeuer» oder «Allflut» bzw. «Fluidum» bezeichnete. Durch bestimmte Techniken – insbesondere durch «Striche» mit den Händen über die Körperoberfläche und den magnetischen Kübel («baquet») für die Gruppenbehandlung – sollte diese Naturkraft akkumuliert und auf die Kranken übertragen werden. Mesmers Heilkonzept wurde bald zum Skandalon. Während er – analog der Newtonschen Schwerkraft – den animalischen Magnetismus rein physikalisch erklären wollte, beurteilte die Fachwelt die von Mesmer erzeugten Phänomene als Wirkungen der Einbildungskraft oder →*Imagination.* Ab 1778 wirkte Mesmer in Paris höchst publikumswirksam als Magnetiseur; seine magnetischen Sitzungen wurden in der Zeit vor der Französischen Revolution zu einer Weltsensation. 1784 wurde der Mesmerismus mit dem Konzept des «künstlichen Somnambulismus» von einem Mesmer-Schüler, dem Marquis de Puységur, erstmals psychologisiert. Im frühen 19. Jahrhundert kam es dann durch den Einfluß von (künstlichem) Somnambulismus und romantischer Naturphilosophie zur psychologischen Wende, die entscheidende Anstöße für die Entwicklung der Psychotherapie vom Hypnotismus bis zur Psychoanalyse gab.

Literatur: Ego, 1991; Schott, 1982; Schott (Hrsg.), 1985.

Mesmers «Entdeckung des thierischen Magnetismus»

Vorzüglich übernahm ich in den Jahren 1773 und 1774 die Besorgung der 29 jährigen Jungfer Oesterlin, welche schon viele Jahre von den Gichtern[1] geplagt wurde. Die schlimmsten Zufälle[2] waren, daß das Blut ungestümm in den Kopf drang, und die fürchterlichen Zahn- und Ohren-Schmerzen verusachte, welche mit Wahnwitz, Wuth, Erbrechen und Ohnmachten verbunden waren. Diß war für mich die beste Gelegenheit, mit der größten Genauigkeit die Art von Ebbe und Fluth[3], welche der thierische Magnetismus im menschlichen Körper verursachet, zu beobachten. ...

Ich hatte vom Magnet die gewönliche Känntnisse.[4] Seine Wirkung auf das Eisen, die Möglichkeit, diß Mineral mit unsern Säfften[5] zu verbinden, die verschiedene[n] in Frankreich, Teutschland und Engelland bey Magen- und Zahnschmerzen damit gemachte[n] Versuche, waren mir bekannt. Diß alles, die Aehnlichkeit [14] dieser Materie mit meinem allgemeinen System, machten, daß ich den Magnet als das schicklichste Mittel zu dergleichen Versuchen ansahe. Mich davon durch Erfahrungen zu überzeugen, bereitete ich die Kranke, wenn sie von ihren Anfällen frey war, durch anhaltenden Gebrauch der Eisen-Mittel, dazu vor. Nun stund ich mit dem Jesuiten, Herrn Pater Hell[6], Professor der Astronomie in freundschafftlichen Verbindungen. Ich bat ihn daher, mir durch seinen Künstler[7], einige Magnete zu verfertigen, aber ihnen eine zu meinem Gebrauch schickliche Figur geben zu lassen. Hell sagte ja, und versprach mir sie zu schaffen.

Den 28ten Julius 1774. bekam die Kranke aufs neue einen ihrer gewöhnlichen Anfälle, und ich brachte bey ihr drey künstliche Magnete, einen auf dem Magen, zween auf den beyden Füßen an.[8] Diß verursachte ihr, in sehr kurzer Zeit, ausserordentliche Empfindungen. Sie fühlte, innerlich, ein schmerzhaftes Ströhmen einer sehr feinen Materie, welches sich bald da, bald dorthin, endlich aber in die untere[n] Theile des Körpers zog, und sie 6 Stunden von allen fernern Anfällen befreyte. Die Lage der Kranken veranlaßte mich, den folgenden Tag, den nemlichen Versuch zu machen, und er glückte mir wie das erstemal. Die Beobachtung dieser [15] Wirkungen, verbunden mit meinem allgemeinen System, gab mir ein neues Licht, bestättigte meine vorhergehende[n] Gedanken, von dem Einfluß eines allgemein würkenden Principiums, überzeugte mich, daß ein vom Magnet ganz verschiedener Stof, (dann er für sich kann unmöglich auf diese Art auf die Nerven wirken) ihn wirksam mache, daß ich nur noch einige Schritte bis zu meiner Nachahmungs-Theorie[9], dem Gegenstand meiner Untersuchungen zu thun hätte. ... [16]

Hell schrieb verschiedenes über diesen Gegenstand, und dadurch verbreitete sich in dem, nach einem specifischen Mittel gegen die Nerven-Krankheiten äusserst begierigen Publicum, die ungegründete Meynung: Daß die ganze Entdeckung in dem Gebrauch des Magnets bestehe. Nun schrieb ich zwar, um diesen Irrthum zu zerstöhren: Vom wirklich vorhandenen, wesentlich vom Magnet verschiedenen thierischen Magnetismus.

Quelle: Mesmer, 1781 [Reprint], S. 12–16; Franz Anton M., ab 1778 in Paris tätig, lebte nach der Französischen Revolution im Bodenseeraum, seiner ursprünglichen Heimatregion. 1 Anfälle unklarer bzw. hysterischer Genese (siehe →*Hysterie*). 2 Symptome. 3 Die vom Mond verursachte Ebbe und Flut dient hier als Metapher für von den Gestirnen beeinflußten Lebensvorgänge im menschlichen Körper. 4 Betrifft den →*mineralischen Magnetismus.* 5 Primär werden jedoch die Nerven beeinflußt. 6 Maximilian Hell (1720–1792), Wiener «Hofastronom», zeitweilig Hersteller von Stahlmagneten. 7 Handwerker. 8 Dies erinnert an Techniken der zeitgenössischen →*elektrischen Medizin.* 9 Der Magnetismus soll die Naturvorgänge nur «nachahmen».

Mesmers Lehrsätze von 1775 (Auswahl aus 27)

1) Die Himmels-Körper, die Erde und die thierische[n] Körper[1] haben einen wechselseitigen Einfluß in einander. Und zwar vermöge
2) Einer allgemein verbreiteten stätigen, äusserst feinen Flüssigkeit[2], welche ihrer Natur nach die Fähigkeit hat alle Arten von Bewegung anzunehmen, dieselbe mitzutheilen, und fortzupflanzen. ... [48]
9) Vorzüglich hat der menschliche Körper magnetähnliche Eigenschafften, sich entgegen gesetzte Pole, die man mit einander verbinden, verändern, zerstöhren und verstärken

kann, ja man hat schon die magnetische Neigung (inclinatio)[3] daran beobachtet.

10) Eben diese Eigenschafft des thierischen Körpers, welche ihn des Einflusses der Himmels-Körper und der Zurückwirkung auf das, was ihn umgiebt, fähig macht, da sie sich auf eine Magnet ähnliche Art äussert, bewog mich, sie den thierischen Magnetismus zu nennen.

11) Die Wirkung und die Krafft dieses eben beschriebenen thierischen Magnetismus, läßt sich andern, lebendigen und leblosen Körpern mittheilen, doch sind beyde bald mehr, bald weniger geschickt, sie anzunehmen. ... [49]

13) Schon die Erfahrung lehrt den Ausfluß einer sehr feinen Materie, welche alle Körper durchdringt, ohne ein merkliches von ihrer Thätigkeit zu verliehren.

14) Sie wirkt in der Entfernung[4], ohne Beyhülfe eines andern vermittelnden Körpers.

15) Sie wird, wie das Licht, durch Spiegel[5] vermehrt und zurück geworfen.

16) Sie läßt sich durch den Schall[6] fortpflanzen und vermehren.

17) Diese magnetische Krafft kann angehäufet, zusammen gedrängt, und von einem Ort an den andern gebracht werden. ... [50]

21) Diß System verbreitet ein neues Licht, über die Natur des Feuers, des Lichts, die Theorie der Attraction[7], der Ebbe und Fluth, des Magnets und der Electricität.

23) Meine practische[n] Regeln[8], die ich angeben werde, sollen durch die Erfahrung lehren, daß diß Principium, Nerven-Krankheiten[9] unmittelbar, andere mittelbar heile.

Quelle: Mesmer, 1781 [Reprint], S. 47–50. 1 Lebewesen, animalische Körper. 2 «Fluidum», das insbesondere die «Nervenflüssigkeit» bewegen kann. 3 Inklination: Neigung einer Kompaßnadel. 4 Z. B. bei der Telepathie. 5 Mesmer praktizierte in Paris deshalb in einem Spiegelsaal. 6 So sollte z.B. Trompetenschall eine Menschenmenge magnetisieren können. Allgemein setzte Mesmer (improvisierte) Musik, u.a. auf der Glasharfe, als Verstärkungsmittel ein. 7 Mesmer sprach in seiner Dissertation von 1766 von einer «gravitas animalis» analog zu Newtons Schwerkraft, um «Ebbe und Flut» im menschlichen Körper zu erläutern. 8 Mesmer gab eine Reihe von Techniken des Magnetisierens an, darunter die «Passes» (Handstriche). 9 Die →*Nervenkrankheiten* traten im ausgehenden 18. Jahrhundert in den Vordergrund.

Ein Mädchen mit Krampfanfällen wird magnetisiert

Ein in der Unschuld und Reinigkeit der Sitten lebendes, zu häußlichen Geschäften erzogenes, durch Modelectüre so wenig, als durch den Umgang des andern Geschlechts, verdorbenes Mädchen von 17. Jahren, welche in ihrer Kindheit öftern convulsivischen Anfällen unterworfen war, und nun seit 2. Jahren regulär menstruirte, verfiel den 19. May dieses Jahrs [1787] aus Schrecken und Gram bey dem plötzlich überraschenden Tod Ihrer Mutter unmittelbar nachher in eine allgemeine Erstarrung[1], mit Eiskälte der Gliedmassen verbunden; diese hielte [sic!] 2–3. Stunden lang an, und ließ ein unbeschreiblich lästiges Gefühl von Mattigkeit zurük. Dieser Anfall kam täglich zwey bis dreymal wieder. ... nun[2] stellten sich täglich heftige Krampf- und Verzuckungs-Anfälle ein; die obern und untern Gliedmassen bekamen eine Eiskälte, wurden theils krampfhaft, theils convulsivisch in [4] die Höhe, auf die Seiten, vor- und hinterwärts gezogen; die Finger und Zehen wurden in die hohle Hand und Fuß fest eingedruckt, der Kopf wurde Seiten- und Rükwärts gezogen; diese convulsivischen Bewegungen waren mit den grausamsten Schmerzen, mit einer unbeschreiblichen Bangigkeit und Verzweiflung verbunden ... [8]

Den 29sten Vormittags kam wieder ein Anfall, dem vorigen gleich an Heftigkeit und Allgemeinheit der Krämpfe; [9] dann übersteigen konnte er ihn nicht. Ich war gerade bey seiner Entstehung gegenwärtig. Aeusserst verlegen bey der Unwirksamkeit der bisher gebrauchten Arzneien ... fiel mir das sogenannte Magnetisiren[3] ein. Ich versuchte es um desto lieber, weil zu dieser Manipulation[4] es kein schicklichers Subject geben konnte, als meine Kranke. Ich began den Versuch ohne Glauben, ohne grosse Hofnung; ich began den Versuch, ohne ihr oder den Umstehenden zu sagen, daß ich im Begriff wäre zu magnetisiren. Ich stund ihr zur Seite, ohne ihre Kniee mit den meinigen zu berühren; sie saß auf einem Bett; ich [10] setzte meine beyde Daumen mit den Spitzen in der Mitte der Stirne an, fuhr mit ihnen sanft über die Augen gegen die Schläfe; alsdann den

Hals hinunter gegen die Aerme, bis vorwärts an die Daumen der Hände; da fieng sie schon ein wenig ruhiger zu werden an. Dann legte ich meine Hände an die Seiten der Brust, daß die Daumen einander auf dem Brustbein fast begegneten, und fuhr mit denselben bis an die Herzgrube herunter. ... Dieß Manipuliren wiederholte ich noch zweymal; dann ließ sie den [11] Körper sinken, und fiele auf das Bett, worauf sie saß, zurück; hatte das Ansehen eines schlafenen Menschen[5], mit röthlichten Backen, offenem Mund ...

Quelle: Gmelin, 1787, S.2–11; Eberhard G. (1751–1808), Arzt in Heilbronn, war einer der ersten Ärzte in Deutschland, die sich mit dem «thierischen Magnetismus» befaßten. 1 Die typische «Katalepsie». 2 Nach vergeblichen Therapieversuchen mit traditionellen Mitteln. 3 Nach Mesmer. 4 Ein spezieller Terminus für die magnetische Behandlung. 5 Der «magnetische Schlaf», 100 Jahre später als «Ruhehypnose» begriffen.

Öffentliche Versuche mit dem thierischen Magnetismus

Es ist bekannt genug, und von unseren Gegnern öffentlich gesagt, ja sogar uns zum Vorwurf gemacht worden, daß das Magnetisiren hier in Bremen mit der größten Publizität ist getrieben worden. Herr *D*[octor]. Olber[1] und ich haben jedem, der sehen und untersuchen wollte, den Zutritt zu unseren Kranken gestattet, und gern jeden billigen und zweckmäßigen Versuch, den man mit ihnen anstellen wollte, erlaubt ... [XII] Auf unser Ersuchen sowohl als von freien Stücken sind Männer von bekannter Einsicht, Rechtschaffenheit und Scharfsinn – von denen mehrere, auch bei den stärksten Gegnern des Magnetismus, nicht in Verdacht der Leichtgläubigkeit, der Anhänglichkeit an Lavater[2], oder in einem anderen hier nachtheiligen Verdacht stehen werden, und deren einige als geachtete Schriftsteller der Welt bekannt sind, – hingekommen, und haben unsere Kranken in ihren [sic!] magnetischen Schlaf[3] beobachtet. Einige haben sich die Mühe genommen sie zu verschiedenen Zeiten zu besuchen, haben sie schlafend und wachend, in dem Uebergang von dem einen zum anderen Zustand, während dem, daß sie magnetisirt wurden, und außerdem gesehen, alles genau untersuchen, mehrere Proben mit ihnen anstellen können, und dies auch wirklich gethan.

19. Eine junge Frau wird magnetisiert
Kupferstich von Chodowiecki, um 1795

Quelle: Wienholt, 1787, S.XI-XII; Arnold W. (1749–1804), Stadtphysikus in Bremen, wissenschaftlich fundierter Anhänger des →*thierischen Magnetismus.* 1 Es handelt sich um Heinrich Wilhelm Matthias Olbers [!] (1758–1840), bekannter Astronom und Arzt in Bremen. 2 Johann Kaspar Lavater (1741–1801), Zürcher ev. Theologe, verfaßte stark beachtete Schriften zur Physiognomik (ab 1772), bekannt für seine spekulative Begeisterungsfähigkeit, u.a. für den «thierischen Magnetismus». 3 Zur Induzierung des «magnetischen Schlafes» siehe vorangehenden Text.

Der «thierische Magnetismus» – eine Erfahrungstatsache

Durch tausend und abermal tausend Erfahrungen ist die Existenz des animalischen Magnetismus[1], so wie ich ihn bestimmt habe, erwiesen; eben so zuverläßig ist durch eine unzählige Menge von Thatsachen dargethan, daß der excedirende, torgescirende[2] oder sonst in Unordnung gebrachte thierische Magnet[3] unter gewissen Umständen durch die beschriebene[n] einfache[n] Behandlungsarten besänftiget, belebet und wieder in Harmonie gebracht werden könne; daß Versuche[4] dieser Art die wichtigsten [XXVI] Aufschlüsse für die Natur des Menschen, in so fern er das Resultat der Vereinigung der Seele mit dem Körper ist, geben; daß Magnetisiren das erste, dem Menschen angemessenste Heilmittel in der Natur sey und daß es, als Einziges Mittel, besonders in denjenigen Fällen eine glückliche Heilung befördere, wo es nur auf eine Verstärkung[5] der beynahe erschöpften Heilkräfte des Kranken ankommt, wo ein bloßer Antrieb des wenigen Kräftenrests [sic!] den kaum noch glimmenden Lebensfunken verlöschen würde. Animalischer Magnetismus ist so alt, als die Existenz lebender Geschöpfe, und Magnetisiren wird gewiß von der Nachwelt als die wichtigste Entdeckung für die Menschheit angesehen werden, wenn die ephemere[n] Schriften der Verächter desselben zu ihrem Vortheil schon längstens vergessen seyn werden.

Quelle: Gmelin, 1793, S. XXV-XXVI (Vorrede). 1 Synonym zu «thierischer Magnetismus». 2 «torgescirend» von Turgeszenz [!]: übermäßiger Flüssigkeitsgehalt (geschwollener) tierischer Gewebe. 3 Metapher für die physiologische Verteilung (nervöser) Energie im Organsimus. 4 Der «thierische Magnetismus» forderte zahlreiche Ärzte und Naturforscher zu Experimenten heraus. 5 Analog zur →elektrischen Medizin will auch der tierische Magnetismus dem kranken und geschwächten Körper heilsame Kraft («Lebensfeuer») zuführen.

Eine somnambule Kranke sieht angeblich mit dem Magen

Man verstecke etwas unter den Kleidern auf der bloßen Brust, und halte sich in einer gewissen Entfernung von dem Magen[1] der Kranken. Diese wird gewiß das Verborgene bemerken, wird es nennen und sagen, wem es gehöre.

Die Fähigkeit durch den Magen zu sehen vervollkommt sich durch Uebung[2], wie die Fähigkeit zu fühlen. Die Kranke findet ein Vergnügen daran, zu sagen, was die Personen, die nicht zu weit von ihr stehen, in den Taschen haben ... [280]

So schwach aber auch jezo die Sehkraft ihres Magens ist, so unterscheidet sie doch noch, wenn man ihr die Augen mit einer dicken undurchsichtigen Binde verschließt, in der Entfernung von einem Fuß eine Lichtflamme, und bemerkt es auch, wenn man zwischen dem Magen und dem Lichte irgend etwas durchzieht, allein den Cörper, der durchgezogen wird, nimmt sie nicht mehr wahr. So oft man eine Leidensche Flasche[3] entladet, ruft sie aus, daß sie Funken eines lebhaften und bläulichen Feuers sehe.

Quelle: Meiners, 1788, S. 278–270; Christoph M. (1747–1810), ab 1775 o. Prof. für Philosophie in Göttingen. 1 Die Magengegend (Oberbauch) wird häufig auch als «Herzgrube» *(Hypochondrium, Epigastrium)* bezeichnet. 2 Das (z.T. unbewußte) Training bzw. Konditionieren «somnambuler» bzw. «hysterischer» (weiblicher) Kranker durch Ärzte ist noch bei Charcot gegen Ende des 19. Jh.s zu beobachten. 3 Elektrische Apparaturen gehörten zur Standardausrüstung von (experimentierenden) Ärzten.

Die Grade der magnetischen «Krise»

Es ist unmöglich, die verschiedenen Grade der Crisis[1] alle zu bestimmen; um sich aber doch irgend einen Begriff davon zu machen, kann man annehmen, daß es deren sieben gebe:

1) Der Schlaf. In diesem Zustande fühlt man seine Existenz nicht; man weiß nicht ob man lebt, und man ist alsdann gleich dem Geistigen in der Natur ohne Bewußtseyn.[2]
2) Kenntniß seiner eigenen Krankheit und der Arzeney deren man bedarf.[3]
3) Kenntniß der Krankheiten Anderer und die Mittel ihnen zu helfen.

4) Kenntniß der Natur ausser uns und um uns; sinnliche, physische Kenntniß.[4]
5) Kenntniß der Dinge in der Luft und über unserm Dunstkreiß, der Planeten[5] u.s.f.
6) Kenntniß der Seele und des Geistes, so wie auch Kenntniß der Geister[6] die höher sind wie wir.
7) Kenntniß von Gott und göttlichen Dingen, zu unserer und anderer Besserung und Belehrung.[7] ... [94]

Es ist sehr selten, daß man in irgend einem dieser Grade eine ganz vollkommene [95] Crisis habe; vielmehr ist es gewöhnlich, daß man in den verschiedenen Crisen von einem zum anderen dieser Grade übergehe; das hängt vom Charakter der Personen, von ihrem jeweiligen Befinden, von der Disposition des Magnetisirers und vielen andern Umständen ab.

Quelle: Meier, 1788, S. 93–95; anonym veröffentlicht, Autor ist Christian Daniel von Meyer (1736–1824), russisch-kaiserlicher Major, Theosoph, erlebte Mesmer in Paris und gehörte (bis 1793) in Straßburg zum mesmeristischen Kreis um Puységur. Die erste Auflage erschien u. d. T. «Auszug aus dem Tagebuch einer magnetischen Kur» (Frankfurt a. M. u. Leipzig 1787). 1 Mesmer wollte durch das Magnetisieren die «heilsame Krise» erzeugen, allerdings rein körperlich, z.B. durch Hervorrufen von Konvulsionen. 2 Bei Carl Gustav Carus später als «absolutes Unbewußtsein» bezeichnet. 3 Selbstdiagnosen und Selbstverordnungen von Somnambulen, aber auch ihre intuitiven Diagnosen und Rezepte für andere waren verbreitet. 4 Z. B. «Hellsehen». 5 Zur Wahrnehmung der Himmelskörper (z.B. «Sonnenkreise») gibt Justinus Kerners «Seherin von Prevorst» (1829) Beispiele. 6 Hier wird bereits die spiritistische Variante des Mesmerismus antizipiert. 7 Im Sinne der Naturmystik.

Brownianismus

«Sthenie» und «Asthenie» als globales Heilsystem

Der schottische Arzt John Brown (1735–1788) veröffentlichte 1780 sein Werk «Elementa Medicinae», in dem er sein bestechend einfaches Heilkonzept vorstellte, das schon bald als Brownianismus alle Bereiche der Medizin durchdringen sollte. Ohne auf anatomische, physiologische oder biochemische Einzelheiten Rücksicht zu nehmen, entwarf Brown seine Grundsätze. Die dem menschlichen Organismus innewohnende Kraft, die u.a. als →*Lebenskraft* begriffen wurde, bezeichnete Brown als «Erregbarkeit», die er auf den ganzen Körper bezog. Er leitete nun alle Krankheiten konsequent aus dem Mißverhältnis von Reizstärke und Erregbarkeit des Organismus ab und teilte sie somit in zwei Gruppen ein: die «sthenischen» Krankheiten (z.B. Phrenitis oder Hirnentzündung, Rheumatismus) durch zu starke Erregung und die «asthenischen» Krankheiten (z.B. Rachitis, Skorbut) durch zu schwache Erregung. Die Therapie richtete sich nach dem traditionellen Grundsatz des gegenläufigen Eingreifens *(«contraria contrariis»)*, der biologischen Gegensteuerung und Korrektur: Reizentzug bei den Sthenikern, Reizzufuhr bei den Asthenikern. Besonders bei der Behandlung der →*Nervenkrankheiten* («Neurasthenie») spielte der Brownianismus eine große Rolle. In der sich etablierenden «Irrenheilkunde» wurde er sogar tonangebend: Bei Manie und Tobsucht («Sthenie») sei der Kranke durch Reizentzug herabzustimmen (z.B. Aderlaß, In-den-Sack-Stecken), bei Hypochondrie und Melancholie («Asthenie») solle er aufgeregt werden (z.B. durch körperliche Bewegung, Alkohol). In Deutschland fand der Brownianismus besonders unter den Anhängern der romantischen Naturphilosophie Anklang, wie z.B. den Bamberger Ärzten Adalbert Friedrich Markus und Andreas Röschlaub.

Literatur: «Brunonianism», 1988; Henkelmann, 1981.

John Browns folgenreiche Selbstbeobachtung

Vor siebzehn Jahren (seit ich dies schreibe), wie ich in mein sechs und dreysigstes Jahr gieng, erlitt ich den ersten Anfall vom [sic!] Podagra[1]. Ich hatte vorher viele Jahre hindurch gut gelebt, das halbe Jahr vor dem Eintritt dieser Krankheit ausgenommen, in welchem ich eine mehr als gewöhnlich magere Diät hielt. ... Die Gicht beruht nach einer alten Theorie unter den Aerzten, auf Vollblütigkeit und übermäßiger Stärke: man schrieb mir daher eine vegetabilische Diät vor, untersagte mir den Wein, und versprach mir, ich würde bey genauer Befolgung dieser Kurmethode auf immer von meiner Gicht befreyt bleiben. Ein ganzes Jahr hindurch unterwarf ich mich ihren Vorschriften auf das gewissenhafteste, aber innerhalb dieses Jahres stand ich, anstatt von der Krankheit [LXIX] frey zu bleiben, vier äußerst heftige, schmerzhafte und lange anhaltende Gichtanfälle aus: kurz, diese ganze Zeit war, vierzehn Tage ausgenommen, zwischen Hinken und den empfindlichen Schmerzen getheilt. ... [LXX]

Ob nun gleich erst Krankheit, und dann der Tod, nicht aus der Entziehung, sondern aus dem Ueberfluß der Erhaltungsmittel des Lebens sich einstellen, so merkte ich doch, daß meine Krankheit auf Schwäche beruhe, und daß ich nicht (den gewöhnlichen Vorschriften der Aerzte gemäß, die Ausleerungen und Fasten gebieten), zu schwächenden, sondern vielmehr zu stärkenden Mitteln meine Zuflucht dagegen nehmen müsse. Für diese Art von Schwäche schien mir der Nahme [sic!] indirecte Schwäche zu passen. Gleich nach diesen Betrachtungen fieng ich an, mich der stärkenden Methode zu bedienen, und dies mit solchem Erfolg, daß ich zwey Jahre hindurch nur einen leichten Anfall erfuhr, der nicht den vierten Theil so stark war, wie einer der vorhergehenden. ... [LXXIII]

Zuerst bediente ich mich, um die Anfälle des Podagras wegzuschaffen, nur des Weins und ähnlicher starker Getränke, und nahrhafter Speisen, nämlich [LXXIV] gewürzter Fleischspeisen, und behielt mir noch den Gebrauch der kräftigeren Reize für die Zukunft vor. Aber seit vielen Jahren lehrte mich der auffallende Erfolg der Anwendung jener kräftigeren Reize, im

Opium[2] und einigen anderen Reizen ein Mittel kennen, womit ich die Gichtanfälle, so oft sie zurückkehrten, vertreiben, und zugleich den gesunden Zustand wieder herstellen konnte...

Quelle: Brown, 1798, S.LXVIII-LXXIV; John B. (1735/36–1788), schottischer Arzt und Begründer eines nach ihm benannten Heilsystems. 1 Gicht(schmerz). 2 Opium war ein seit der Antike – bis zum 19. Jh. – gängiges Arzneimittel.

Sthenische Krankheiten, die erste Form der allgemeinen Krankheiten

Einer jeden Sthenie[1], allen sthenischen oder zur ersten Form gehörenden Krankheiten, ist vermehrte Erregung im ganzen System eigen, welche während der Anlage[2] durch vermehrte Verrichtungen des Körpers und Geistes kenntlich wird (...), und in der Krankheit selbst, sich durch Vermehrung einiger, und eine Stöhrung und Verminderung anderer Verrichtungen zeigt; so daß man die letzteren (Stöhrung und Verminderung) leicht als Wirkung und Folge derjenigen krankmachenden Potenzen erkennt, die die erstere hervorbrachten. Dieß macht das allgemeine Band aus, welches die Krankheiten dieser Form mit einander verbindet. ... [241]

Wahre sthenische Krankheiten, welche alle, eine ausgenommen, von Pyrexie[3] und äußerlicher Entzündung begleitet werden, sind: Peripneumonie[4], Phrenitis[5], Blattern[6] und Masern, sobald letztere beide heftig sind, schwerer Rothlauf[7], Rheumatismus, gelinder Rothlauf, und die Bräune[8] (*cynanche tonsillaris*). Sthenische Krankheiten ohne Entzündung sind der Katarrh, ... Scharlachfieber, und wenn ihr Ausschlag bloß in wenigen Pusteln besteht, Blattern und Masern.

Quelle: Brown, 1798, S. 229–241. 1 Von griech. *sthenos* = Kraft, Stärke. 2 Im (noch) nicht krankhaften Zustand. 3 Fieber. 4 Hier auch Rippenfell- und Herz(beutel)entzündung gemeint. 5 Gehirnentzündung. 6 Pocken. 7 Erysipel, «Wanderrose», «Wundrose»: Hautinfektion. 8 Halsbräune, Engegefühl bei Mandelentzündung: *Angina* oder *Kynanche tonsillaris.*

Asthenische Krankheiten, die zweite Form der allgemeinen Krankheiten

Die Form der asthenischen Krankheiten, die man, um sie von den sthenischen Krankheiten, die auch Sthenie heißen, zu unterscheiden, Asthenie[1] nennen kann, besteht in einem Zustande des lebenden Körpers, in welchem alle Functionen mehr oder minder geschwächt, und oft gestöhrt sind; wobey fast immer eine Verrichtung vorzüglich leidet. Bey Betrachtung dieser Krankheiten werde ich die Ordnung beobachten, nach welcher ich von der geringsten unter diesen Krankheiten stufenweise bis zu der heftigsten fortschreite....

Die asthenischen Krankheiten sind: Magerkeit, Unruhe oder Schlaflosigkeit, der asthenische Wahnsinn, kratzartige [315] Ausschläge, die leichte Harnruhr (*Diabetes*), das asthenische Scharlachfieber, die englische Krankheit (*the Rickets*[2]), Blutflüsse, wie z.B. übermäßige monatliche Reinigung[3], Nasenbluten, Hämorrhoiden oder die güldne Ader[4]; ferner drey den vorhergehenden anscheinend entgegengesetzte Krankheiten, die Zurückhaltung, Verminderung oder Unterdrückung der monatlichen Reinigung ... die Bräune (*Angina*), der Scharbock (*Scorbutus*), die gelinde Hysterie, langwieriges Gliederreissen (*Rheumatalgia*), der asthenische Husten (*asthenic Cough*), Blasenschleimfluß (*Cystirrhoea*), das Podagra[5] der Stärkeren (*the Gout of strongish persons*), Engbrüstigkeit (*Asthma*), der Krampf (*the Cramp*), Hautwassersucht, schwere Verdauung mit Magenweh (*Dyspepsia with pain*), die heftige Hysterie, das Podagra der Geschwächten (*the Goud [!] of weakened persons*), die Hypochondrie, Wassersucht (*Dropsy*), der Keuchhusten (*Chin-cough*), Epilepsie, Lähmung (*Palsy*) ... die zusammenfließenden Blattern, der pestartige Typhus (*the pestilential Typhus*), und die Pest.

Quelle: Brown, 1798, S. 314f. 1 Schwäche: von griech. a = ohne; sthenos = Kraft. 2 Rachitis, «Glissonsche Krankheit»; erstmals vom englischen Arzt Francis Glisson (1597–1677) 1650 klinisch beschrieben. 3 Hypermenorrhö. 4 Synonym zu Hämorrhoiden. 5 Gicht.

Heilarten bei sthenischer bzw. asthenischer Krankheitsbeschaffenheit

... in der sthenischen Beschaffenheit[1] [ist] die übermäßige Erregung über das ganze System zu vermindern, und in der asthenischen die geschwächte Erregung über das ganze System zu vermehren, bis sie in beiden Fällen zu dem Grade gebracht, auf welchem Gesundheit beruht.

Die Mittel, welche dieses in der sthenischen Beschaffenheit leisten, sind diejenigen Potenzen, welche, wenn sie übermäßig reizen, gerade diese Beschaffenheit erzeugen, die aber da wo sie die Heilung derselben bewirken, nur mit einer schwachen und eingeschränkten Reizkraft wirken, und dadurch eine geringere Erregung, als zur Gesundheit erforderlich ist, veranlassen, und sich in sofern schwächend beweisen.[2]

In der asthenischen Beschaffenheit leisten dieß diejenigen Potenzen, die bey Ausübung eines geringen Reizes eben diese Beschaffenheit erzeugen, die aber in diesem Falle so wirken, daß sie mehr Erregung, als dem gesunden Zustande angemessen ist, ertheilen, oder mit andern Worte so, daß sie in eigentlichem Sinne reizen.

Quelle: Brown, 1798, S. 188. 1 Als «Diathesis» bezeichnet. 2 Nach dem Prinzip der Gegensteuerung erregungsdämpfende Mittel.

Gegen die «Sekte der Brownianer»

Da nun unter den tausend Sekten in der Arzneikunde keine diesen vernünftigen Grundsätzen[1] so entgegengesetzte aufstellt, als die *Brownische*; da man in ihr gerade wenig zu wissen braucht, und viel handeln muß, da in ihr der Arzt alles, die Natur nichts ist; da man alle Beobachtungen der Vorväter verwirft, diese ehrwürdigen Männer lästert, so wundert es mich gar nicht, daß mir[2] Pinel unterm 18ten Dezember 1798 schrieb: «Könnten wir nicht unsere Kräfte vereinen, um vor allem den Fortschritten der gefährlichen Grundsätze des *Brownischen* Systems Einhalt zu thun, die so geschickt sind, uns zur Unwissenheit zurück zu führen, und dem BeobachtungsGeiste[3] den TodesStreich zu versetzen. Ich habe glücklich [XVIII] und mit Erfolg in unseren

Schulen gegen diesen SchwindelGeist gekämpft, und *Browns* Lehre, die in Italien[4] so große Fortschritte gemacht zu haben scheint, wurde bei uns im Keim erstikt.

Ja wahrlich, alle menschenfreundliche, denkende und beobachtende [sic!] Aerzte sollten sich vereinen, dieses System, das uns in die finstern Zeiten des *Abracadabra*[5] zurück zu schleudern droht, zu bekämpfen ... früher oder später wird man die wenigen brauchbaren Gedanken dieser Lehre aussondern, das sogenannte System aber nur noch in der Geschichte der Verirrungen des menschlichen Geistes seine Stelle behaupten.

Quelle: Pinel, 1799, S. XVII f.; Philippe P. (1745–1826), bahnbrechender französischer Psychiater. Pinels Schrift wurde herausgegeben von Johann Matthias Alexander Ecker (1766–1829), Professor für «Hand- und Hebarzneikunde», d.h. Chirurgie und Geburtshilfe, in Freiburg im Breisgau. 1 Die zuvor erläuterte traditionelle Lehre von der Naturheilkraft als Maßstab ärztlichen Behandelns: Der Arzt habe jene behutsam zu unterstützen. 2 Alexander Ecker, Übersetzer und Herausgeber von Pinels Schrift. 3 Zusammengesetzte Hauptwörter hier allgemein ohne Bindestrich. 4 Insbesondere in der Hochburg Pavia, von wo zuerst Ignatz Döllinger (1770–1841) die Brownsche Lehre 1793 nach Deutschland (Bamberg) brachte. 5 Als Ausdruck der zweifelhaften («schwarzen») Zauberkünste.

Similia similibus

Hahnemann formuliert das Prinzip seiner Homöopathie

Der in Meißen geborene Arzt Samuel Hahnemann (1755 bis 1843) veröffentlichte 1810 sein Hauptwerk «Organon der rationellen Heilkunde» und begründete damit die Homöopathie, welche im Laufe des 19. Jahrhunderts zahlreiche Anhänger unter Ärzten wie medizinischen Laien fand. Sie stand in Konkurrenz mit anderen zeitgenössischen Heilkonzepten wie →*tierischem Magnetismus* und →*Brownianismus*. Die Homöopathie ist freilich das einzige Konzept, das bis heute ungebrochen fortlebt und in der ärztlichen Praxis eine Rolle spielt. Inzwischen ist sie ungeachtet der Tatsache, daß sie von der wissenschaftlichen Medizin nicht anerkannt wird, weltweit verbreitet. Die erste Formulierung des homöopathischen Prinzips fällt ins Jahr 1796, als Hahnemann in «Hufelands Journal» über seinen Selbstversuch mit Chinarinde (siehe auch →*Arzneimittel*) berichtete.

Literatur: Bayr, 1989; Jacobi, 1995; Michalak, 1990.

Hahnemanns erste Formulierung des homöopathischen Grundsatzes

Jedes wirksame Arzneimittel erregt im menschlichen Körper eine Art von eigner Krankheit, eine [154] *desto eigenthümlichere, ausgezeichnetere und heftigere Krankheit, je wirksamer die Arznei ist.*[1]

Man ahme der Natur nach, welche zuweilen eine chronische Krankheit durch eine andre hinzukommende heilt, *und wende in der zu heilenden* (vorzüglich chronischen) *Krankheit dasjenige Arzneimittel an, welches eine andre, möglichst ähnliche, künstliche Krankheit zu erregen im Stande ist,* und jene wird geheilt werden; *Similia similibus.*

Quelle: Hahnemann, 1796 [zit. nach Hahnemann, 1829, 1. Bd., S. 153 f.]

1 Fußnote der Hrsg.: Die wirksamsten, specifische Krankheit erregenden, folglich hülfreichsten Arzneien nennt der Laie *Gifte.*

Hahnemanns Fazit aus seinem Selbstversuch mit Chinarinde («Fieberrinde»)

Nach diesen Vorerinnerungen gehe ich fort, meinen Grundsatz, *daß man, um die wahren Heilkräfte einer Arznei für chronische Krankheiten auszufinden, auf die specifische künstliche Krankheit sehen müsse, die sie im menschlichen Körper zu* erregen pflegt, um sie dann einer sehr ähnlichen kränklichen Körperverfassung anzupassen, die gehoben werden soll, – durch Beispiele zu erläutern.

Auch der ähnliche Satz, *daß man, um gewisse, chronische Krankheiten gründlich zu heben, sich nach Arzneien umsehen müsse, die eine ähnliche, am besten sehr ähnliche Krankheit im menschlichen Körper zu erregen pflegen,* – wird dadurch ins Licht gesetzt werden.

Ich habe in meinen Zusätzen zu *Cullen*s[1] Arzneimittellehre schon angemerkt, daß die *Fieberrinde*[2] in großen Gaben bei empfindlichen, obgleich gesunden Personen einen wahren Fieberanfall errege, der dem eines Wechselfiebers sehr ähnlich sey, und deshalb *wahrscheinlich* letzteres überstimme und so heile. Jetzt setze ich nach reiferer Erfahrung hinzu: nicht nur wahrscheinlich, sondern *ganz gewiß.*

Ich sahe eine gesunde, empfindliche, zur Hälfte schwangere Person von straffer Fiber[3] fünf Tropfen ätherisches Oel vom *Kamillmettram (Matricaria chamomilla)*[4] gegen Wadenkrampf [157] einnehmen. Die Gabe war viel zu stark für sie. Es entstanden überhingehende Zuckungen an den Gliedmaasen, in den Augenlidern, etc. Eine Art hysterischer Bewegung über dem Nabel[5] und Wehen, den Geburtswehen nicht unähnlich, nur lästiger, hielten mehrere Tage an. Es erklärt sich hieraus, warum der Kamillmettram so hülfreich in Nachwehen, in allzu großer Beweglichkeit der Faser und in Hysterie befunden wird, wenn er in Gaben, worin er nicht selbst dergleichen merklich erregen kann, (also in weit kleinern, als die gedachte war) angewendet wird.

Quelle: Hahnemann, 1796 [zit. nach Hanemann, 1829, 1. Bd., S. 156f.]
1 William Cullen (1710–1790), schottischer Arzt und Neuropathologe. 2 Chinarinde (*Cinchona*), um 1640 von den Jesuiten («Jesuitenpulver») nach Europa gebracht, enthält zahlreiche Alkaloide, darunter das Chinin, welches u.a. Malaria-Fieberanfälle hemmt und die Uterusmuskulatur anregt. 3 Erhöhtem Muskeltonus. 4 Die Kamillenblüten werden traditionell als entzündungshemmendes und krampfstillendes Arzneimittel angewandt. 5 Hier schwingt noch die traditionelle Vorstellung vom aufsteigenden Uterus mit.

Perkinismus

Beispiel einer spekulativen Heilmethode im Gefolge des Galvanismus

Gegen Ende des 18. Jahrhunderts traten neben den weithin praktizierten Heilmethoden auch weniger bekannte Behandlungskonzepte auf den Plan, die – obwohl von akademisch gebildeten Ärzten entwickelt – z.T. der Scharlatanerie verdächtigt wurden. Am Beispiel des Perkinismus wird eine spekulative Heilmethode vorgestellt, die sich offenkundig von der →*elektrischen Medizin* und dem →*Galvanismus* inspirieren ließ und gewisse

Affinitäten zum →*tierischen Magnetismus* aufwies. Ihr Erfinder war Elisha Perkins (1741–1799) aus Plainfield, Connecticut. Er begriff vor allem entzündliche schmerzhafte Erkrankungen als Folge einer quasi elektrischen Überladung des betreffenden Körperteils mit «Electroid», wie er diese vermutete Energie bezeichnete. Nachdem er sie zunächst mit einer Messerklinge und später einem Kamm angeblich erfolgreich ableiten und damit das betreffende Leiden kurieren konnte, entwickelte er zwei Metallnadeln aus Eisen bzw. Messing. Diese sog. «tractors» ließ er patentieren und verkaufte sie sehr teuer. Er erblickte in seiner relativ einfachen Manipulation ein Allheilmittel (Panazee), das auch gegen Seuchen eingesetzt werden könne. Er starb an Gelbfieber in New York, nachdem er eigens dorthin gereist war, um eine grassierende Gelbfieberepidemie mit seinen Tractors zu bekämpfen.

Literatur: Carlson and Simpson, 1970; Quen 1975.

Metallnadeln als Geschäft

Das Mittel selbst besteht aus zweyen Nadeln von verschiedenem Metall, deren Größe und Gestalt das beygefügte Kupfer[1] zeigt.[2]

Das eine ist gelb, und verhält sich bey der Probe mit enargierenden Mitteln[3] wie Messing.

Das andere hat einen weißblauen Glanz, und bestehet aus weißem nicht magnetisirten Eisen.

Herr *Perkins* hat von der Regierung ein Patent oder Monopolium auf 14 Jahre bekommen, daß er allein diese Instrumente verkaufen darf.[4] [5]

Das Paar kostet in Amerika 25 Rthlr.[5] bey uns werden sie von Herrn *Cotzend*[6] nachgemacht, und das Paar zu 32 Lübschschilling[7] verkauft.[8]

Quelle: Herholdt u. Rafn, Hrsg., 1798, S.4–5. 1 Der Kupferstich zeigt zwei Nadeln in Form von an einem Ende spitz zulaufenden Zahnstochern. 2 Fußnote der Hrsg.: Wir werden sehen, daß Herr Professor *Schumacher* [Heinrich Christian Friedrich S., 1757–1830, Anatom in Kopenhagen] hierselbst auch ... Elfenbein, Ebenholz u. d. gl. mit Erfolg so gebraucht habe. 3 (Elektrisch) Aufladende Mittel. 4 Rthlr: Reichstaler. Fußnote im Original: Man weiß, daß man hieraus ganz und gar nicht auf eine vorzügliche Kraft und Wirkung schließen kann. 5 Fußnote der Hrsg.: Dieser theure Preis mag wohl etwas mit geholfen haben, sie in Ruf zu setzen. D[octor]. *Perkins* muß damit viel Geld verdient haben, welches ihm jedoch kein rechtschaffner Arzt beneiden wird. 6 Nicht identifiziert. 7 Lübeckischer (norddeutscher) Schilling. 8 Fußnote der Hrsg.: Er hat aber auch vorhin, ehe sie so gemein wurden, einen Reichsthaler dafür genommen...

Anwendung der Metallnadeln nach Perkins

Die Art wie ich sie gewöhnlich gebraucht und mit dem meisten Glücke wider Schmerzen und Entzündungen angewandt habe, ist diese: daß ich mit der Spitze der Nadel von dem angegriffenen Theil nach andern mehr muskulösen Theilen in kürzerem und längerem Abstande, so wie es nöthig ist, streiche.[1] [6]

Zuweilen wird der Schmerz mit großer Leichtigkeit vertrieben, wenn man das Instrument von dem schmerzenden Theil nach den Extremitäten ziehet.

In einigen wenigen hartnäckigen Zufällen[2] kann es nothwendig seyn, mit den Instrumenten so lange zu streichen, bis daß sie eine Röthe und einen geringen Grad von Entzündung zuwege bringen. ...

Will man ein Kopfweh vertreiben, so muß der leidende Theil vom Puder und Pomade gereinigt, und die Haare von einander getrennt seyn, und die Instrumente von dem Hinterhaupt in den Nacken geführt werden.

Zuweilen vertreibt man den Schmerz, wenn man bloßerdings auf die Stirne, auf das Hinterhaupt oder die Herzgrube[3] wirkt.

Quelle: Herholdt u. Rafn, Hrsg., 1798, S. 5–6. 1 Fußnote der Hrsg.: Man siehet schon daß dieser Unterricht höchst mangelhaft ist... 2 Symptomen. 3 Oberbauch, Hypochondrium.

Zeugnis einer «Radikalkur»

Ich *Joshua Bottum* von Plainfield in der Landschaft Windham, in den Staaten von Connecticut, bezeuge, daß ich in 4 Monaten von rheumatischen Schmerzen in meinem Arm, welche Schmerzen mir öfters äußerst beschwerlich waren, geplagt worden.

Da ich oft, von der wunderbaren Wirkung von D[octor]. *Perkins* Metallinstrumenten, gehört hatte, aber diese Methode Schmerzen zu heben, demjenigen zufolge [15], was seine Feinde davon erzählt hatten, kein Vertrauen setzte, so versäumte ich, seine Mittel zu gebrauchen, bis ohngefähr den 15. Julius, da ich

20. Der Perkinismus in Aktion
Karikatur von J. Gillray (1801)
[aus: Holländer, 1905, Tafel VIII]

selbst die Operation an meinem schmerzenden Arm, ohngefähr 6 Minuten lang, anstellte, und der Schmerz zu meiner äußersten Verwunderung gänzlich aufhörte, auch seitdem nicht wieder gekommen ist.

Ich habe allen Grund zu glauben, daß eine Radikalkur bloßerdings durch diese einzige Operation vollführt worden.

Plainfield, den 5. August 1796. *Joshua Bottum.*

Quelle: Herholdt u. Rafn, Hrsg., 1798, S. 14–15.

Hufelands Ablehnung des Perkinismus als Scharlatanerie

Ich möchte wohl meine Herren Kollegen bitten, sich dem *Perkinisiren* nicht zu rasch zu ergeben, weil das Ding einer Charlatanerie[1] weit ähnlicher sieht als einer Realität ... [385]

Wie können zwey Nadeln, eine von Messing und eine von Eisen, durchs Bestreichen, Schmerzen, Lähmung, Entzündungen und Gott weiß was alles, heilen? *Galvanismus*[2] kanns nicht seyn, denn Messing und Eisen sind gerade die am wenigsten dazu tauglichen Metalle. – *Elektrizität*[3] kanns auch nicht seyn, denn wer hat je mit Metallen (den stärksten Leitern) und Menschenhaut Elektrizität erregt? Soll es *Magnetismus*[4] seyn, dann könnte es blos der animalische sein; aber bekanntlich ist dieser noch eine blos hypothetische Kraft, und wenigstens wird das Magnetisiren nach den bisherigen Erfahrungen weit kräftiger durch gesunde Fingerspitzen als durch Metallnadeln bewirkt. Es bleibt also weiter nichts übrig, als die ganze Wirkung *mechanisch* zu erklären. Es ist also das bloße Streichen, Kratzen, Kitzeln, und was man sonst mit einer Nadel für Sensation erregen kann, was hier hilft.

Quelle: Hufeland, 1798, S. 383–385. 1 Siehe →*Quacksalber.* 2 Siehe →*Galvanismus.* 3 Siehe →*elektrische Medizin.* 4 Siehe →*mineralischer* bzw. →*tierischer (= animalischer) Magnetismus.*

Sechster Teil
Prophylaxe und Erziehung: sozialmedizinische Aspekte

Diätetik

Anleitung zum gesunden Leben

In der antiken Medizin bildete die Diätetik zusammen mit der Chirurgie und der medikamentösen Behandlung die drei Säulen der medizinischen Therapie. Diätetik (von griech. diaita = Lebensweise) umfaßte jedoch viel mehr als nur die Ernährungslehre. So stellen die hippokratischen Schriften die Verhütung von Krankheiten durch eine gesunde Lebensführung als oberste Maxime dar. Nach der Systematik von Galen (2. Jh. n. Chr.) ging es dabei um die «sechs nicht natürlichen Dinge» (*sex res non naturales*), die der Mensch durch sein Verhalten im Sinne der gesunden Harmonie der natürlichen Dinge (*res naturales*) prophylaktisch gegen die Krankheitsursachen (*res contra naturam*) zu bewahren hat: Licht und Luft, Essen und Trinken, Bewegung und Ruhe, Schlafen und Wachen, Stoffwechsel und Ausscheidungen und schließlich die Gemütsbewegungen (Affekte). Diese Lehre war im Mittelalter für die arabische Medizin ebenso zentral wie für die Medizin in den Klöstern und Universitäten des Abendlandes. Ihr Einfluß blieb auch in der Medizin der Neuzeit ungebrochen – bis hin zur Naturheilbewegung des 19. und zur Präventivmedizin des 20. Jahrhunderts. Im 18. Jahrhundert verbinden zahlreiche Ärzte die traditionellen diätetischen Regeln mit spezifischen Zielsetzungen der Aufklärung, wie derjenigen der →*Erziehung und Korrektur* oder der →*psychischen Kur*, die mit Johann Georg Zimmermann auch als «Diät für die Seele» zu verstehen ist. Enge Beziehungen zur Diätetik haben auch die Vorstellungen von der →*Lebenskraft* sowie die →*Wasser- und Badekuren*.

Literatur: Benzenhöfer u. Bruch (Hrsg.), 1995; von Engelhardt, 1996.

Lob des Rheinweins

Der Rheinwein macht durch seine angenehme Säure Appetit zum Essen, widersteht dem Scorbute und der gallichten Schärfe[1], bewahrt das Blut für[2] der Fäulniß, geht gut durch den Urin wieder ab, stärket durch sein flüchtiges Wesen, und befördert die unmerkliche Ausdünstung. Wie ihm nun dieses unter den gesundesten Weinen den vornehmsten Platz verschafft: so hat ihn sein angenehmer Geruch, Geschmack und Farbe, einen fast allgemeinen Beyfall erworben, und gemacht, daß er häufig nach Frankreich, Engelland und andere fremde Länder verführt[3] wird. Wenn er bey den Wechselfiebern[4] an guten Tagen getruncken wird, so dient er nicht nur die verlohrnen Kräfte zu ersetzen, sondern schafft auch, indem er die Ausdünstung erhält, einen noch grössern Nutzen.

Quelle: Krüger, 1763, S. 257; Johann Gottlob K. (1715–1759), Medizinprofessor in Halle, ab 1759 in Helmstedt. 1 Die «Schärfen» im Blut wurden gemäß der zeitgenössischen Humoralpathologie als schädliche Materie *(Materia peccans)* angesehen. 2 Vor. 3 Exportiert. 4 Malariaerkrankungen.

Wein für die Gesundheit von Klosterjungfrauen

Inzwischen hielt ich es vor[1] viel zuträglicher, so wohl was die Gesundheit derer Closter-Jungfrauen, als auch was den Nutzen des *Convents* anbelanget, wenn diejenige, so die Aufsicht über den Keller hat, [45] auch darauf Aufsicht hätte, daß sie gute starcke Weine anschaffte, welche der brennenden Hitze derer Hundstage[2] Widerstand zu thun, und auszuhalten vermögend wären, und daß sie dieselbigen alsdenn erst mit einer gebührlichen und zulänglichen Menge Wasser vermischten, wenn man sich ihrer zum Trincken bedienen wolte, wie man denn solches in verschiednen Stifften also in Gewohnheit hat. Auf diese Weise würden die Geistlichen Jungfrauen sich bey gleichmässigerer und beßerer Gesundheit befinden, und [45] der Apotheker, welcher dem Closter sonst bedient zu seyn pfleget, würde mit seinen Waaren wenigern Abgang haben.

Quelle: Kloster-Medicus, 1740, S. 44f.; anonymer Verfasser und Übersetzer. 1 Für. 2 Vom 23. Juli bis 23. August, wenn die Sonne in der Nähe des Hundssterns (Sirius) steht.

Regeln zur Verhütung von «hitzigen Fiebern»

Wer vor einem hitzigen Fieber verschonet zu bleiben wünschet, der befleißige sich erstlich eines nüchtern und mäßigen Lebens, vermeide alle Berauschung und unordentliches Essen und Trincken, so wird er zu dem nothwendigsten Praeservativ[1], welches ein andächtig Gebet zu Gott[2] ist, allezeit bereit und geschickt seyn. Zum andern vermeide er alle hefftige Gemüths-Bewegungen und darunter sonderlich Zorn, Furcht und Schrecken. Drittens suche er nicht, aus Neugierigkeit, oder ohne Noth, dergleichen Krancken oder auch Verstorbenen zu nahe zu kommen; Wer aber Beruffs halber ihnen beystehen muß, der befleißige sich im Sprechen allezeit den Speichel aus zuspucken, oder auch denselbigen gar zu locken, darzu man Myrrhen oder Bibernel-Wurtzel[3] [sic!] in den Mund nehmen kan, das Verschlucken des Speichels aber in denen Krancken-Stuben ist sehr schädlich. Wer sich an das Tobacks-Rauchen gewöhnet hat, dem kan es keinen geringen Vortheil bringen, wenn er, nach der Besuchung eine Pfeiffe schmauchet[4]; in denen Krancken Stuben aber ist der Dampf denen Patienten nicht zuträglich und das über Gewohnheit geschehene Rauchen, mehr schädlich als nützlich.

Quelle: Storch, 1741, aus der «Vorrede»; Johann S., latinisiert «Pelargus» (1681–1751), ab 1708 praktizierender Arzt, später Stadtphysikus in Eisenach, ab 1742 in Gotha tätig. 1 Verhütungsmittel. 2 Das «Gottvertrauen» wurde traditionell – bis ins 19. Jahrhundert hinein – als wichtiges Prophylaktikum insbesondere gegen Infektionskrankheiten von den Ärzten angesehen. 3 Das Harz von *Commiphora*-Arten spielt seit dem Altertum als sog. *Myrrha* eine große Rolle in der Medizin; die Wurzeln der *Pimpinella saxifraga L.* (Bibernellwurzel) wurden seit der Antike bis ins 20. Jahrhundert hinein vielseitig als Arzneimittel angewandt. 4 Als Methode des hygienischen Räucherns zum Schutz vor (damals noch hypothetischen) krankmachenden Stoffen wird das Rauchen zwar empfohlen, als gewohnheitsmäßiges Genußmittel jedoch abgelehnt.

Diätetische Gesundheitsregel

Diese diätetische Gesundheitsregel ist von einem holländischen Schriftsteller entlehnet, und ich setze sie in ihrer Muttersprache her, weil sie darinn natürlicher lautet:

Halt Kop en Voeten warm,
Stopt niet tho veel in den Darm,
Halt ock de Achterpoort oopen,
So dörf gy nig nahn Doctoor loopen.[1]

... [8] Wir ... werden aus dem bisher Angeführten gar leichte einsehen können, wie nöthig und nützlich es sey, daß der Kopf warm gehalten, und vor aller Erkältung bewahret werde. Wissen wir, daß durch die Erwärmung desselben das ganze Gehirn, woraus alle mögliche bewegende und lebende Nerven entspringen, in ihrer Wärme erhalten, und dadurch in ihrer lebenden und bewegenden Kraft unterstützet werden können, so wird uns die schädliche Folge des Gegentheils sogleich in die Augen leuchten: daß nemlich durch die anhaltende Erkältung das Gehirn gleichsam erstarren[2], und der Hauptursache des Lebens dadurch Abbruch geschehen müsse; denn eben in der Absicht ist das Gehirn so gut bedeckt, und so sorgfältig verwahret, damit es vor äusserlicher Gewalt und Verwahrlosung so viel möglich möchte gesichert seyn.

Quelle: Heins, 1766, S. 1–8; Anton H. (geb. 1716), Arzt in Leipzig. 1 Etwa: «Haltet Kopf und Füße warm, stopft nicht zu viel in Euren Darm, haltet auch das Hintertürchen offen, so müßt Ihr nicht zum Doktor laufen.» 2 Hier kommt noch die traditionelle →*Humoralpathologie* zum Ausdruck, wonach im Gehirn der kalte und feuchte Schleim (gr. *phlegma*) gebildet wird, der dann durch feuchte Kälte von außen zu einer besonderen Krankheitsquelle wird.

Kritik der «Modecuren»

Wenn vernünftige Liebhaber und Bewunderer der Allmacht Gottes, die Gegenwart der Natur und die großen Werke des großen Schöpfers betrachten, und darüber Essen und Trinken vergessen können, so glauben jene[1], daß es rathsamer und klüger gehandelt sey, dieselbe durch Kauen, durch Essen und Trinken [218] zu erforschen, und genau zu untersuchen. Aber wozu möchte man fragen: dienet diesen die Abwechslung der Jahreszeiten? Wenn sie selbst darauf antworten sollten, so würden sie gestehen, daß es ihnen einerley sey, in welcher Abtheilung des Jahres sie leben, wenn sie nur haben und genießen können. ... [219]

Hierin kann man also der Natur zu Hülfe kommen, wenn man das etwa Mangelnde zu ersetzen, das Ueberflüßige zu vermindern, und die Zusätze zurückzuhalten, das Stockende zu bewegen, und dem Flüchtigen oder Antreibenden etwas Einhalt zu thun suchet. Dieses geschicht, durch Mäßigung[2] der Affecten, durch Bändigung der Begierden, durch Beobachtung der besten Diät, durch Abwechslung der Arbeit und der Ruhe zuerst, und dann, wann es Noth thut, durch den Gebrauch einiger weniger Medicamente.

Quelle: Heins, 1767a, S. 217–219. 1 Gemeint sind in diesem Kontext besonders die Anhänger der damals modischen «Frühlingskur». 2 Der klassische Ansatz der Diätetik besteht in der «Mäßigung», der Herstellung des «Mittelmaßes», des ausgewogenen «Temperaments» durch das galenistische Prinzip der Gegensteuerung (*contraria contrariis*).

Warnung vor dem Mittagsschlaf

Diese Aufmerksamkeit, welche die Personen, so viel studiren, anwenden müssen, die Feuchtigkeiten von dem Kopfe weg zu lenken, muß sie abhalten, sich des Nachmittags dem Schlafe zu überlassen, der diese Wirkung[1] hervorbringt. Hat man sich einmal daran gewöhnet, und man kann nicht widerstehen, so muß man ihn so kurz machen als möglich ist; man muß Augusten[2] nachahmen, dessen Beyspiel ich den Gelehrten schon verschiedene mal vorgeleget habe: wenn er schläfrig wurde, *so ruhete er einen Augenblick, blieb angezogen, deckte blos seine Füße zu und hielt die Hand vor das Gesicht.* Ehe man einschläft, muß man auch die Halsbinde und die Strumpfbänder locker machen.

Quelle: Tissot, 1769, S. 161. 1 Eine solche Wirkung des vermehrten Blutzuflusses ins Gehirn ist besonders bei Gelehrten zu vermeiden, da sie ohnehin unter der Blutfülle im Kopf zu leiden haben. 2 Augustus, röm. Kaiser.

Über die Entbehrlichkeit von Nachtmützen und Perücken

Diese Maschinen halten den Kopf warm. Der Kopf wird nicht warm gehalten, ohne daß mehr Blut dahinströmt als sonst. Je mehr Blut nach dem Kopf zuströmt, je mehr werden die innern Gefäße und das Hirn selbst geschwächt. Das giebt also Anlagen zu Schlagflüssen[1] und Fehlern der Sinne und des Verstandes. ... [72]

Mit einem Worte der Kopf muß immer kalt und die Beine warm gehalten werden. Das ist eine von den wichtigsten Regeln der Diätetik. ... [73]

Wer aber unter der Nachtmütze alt geworden ist, thut am besten dabey zu bleiben und keine Experimente zu machen.

Quelle: Tode, 1785–1789, 1. Bd., S. 69–73; Johann Clemes T. (1736 bis 1805), Medizinprofessor, Schriftsteller und Philanthrop in Kopenhagen.
1 Plötzlicher Befall eines Körperorgans (Hirn, Herz, Nerven, Lunge), z.B. Hirnschlag oder Schleimschlagfluß der Lunge (Lungenödem).

Frankreich als Quelle moralischer und physischer Übel

Meine Hauptabsicht war[1], so viel es immer möglich seyn konnte, französischen Leichtsinn, und Ehestands-Unsitten aus deutschen Haushaltungen zu verdrängen, und eben dadurch standhaftere Gesundheit und männlichere Sitten einzuführen.

Lasset uns sehen, deutsche Mitbrüder! was der Schwindelgeist der neuen Gesetzgeber [7] in Frankreich[2], mit der Herabsetzung des Ehestandes zum blosen bürgerlichen Kontrakt, für sittliche Mißgeburten von Eheleuten und Kindern ausbrüten wird; was wird die Menschheit durch die Religion dieser philosophischen Deliranten gewinnen? was wird aus den Kindern solcher ungebundenen Ehestandspachter[3] werden? wie ist es möglich, daß der Staat die Kindererziehung von 28 Millionen Menschen übernehmen, und zum Besten des Vaterlandes besorgen könne? sind nicht eben deswegen die meisten uneheliche[n] Kinder verdorbene Menschenpflanzen, weil bei ihrer Erziehung die Einwirkung der ehelichen Harmonie und freundschaftlichen Sorgfalt mangelt? ...

O Frankreich! O unseliges Frankreich! wie übel hast du mit den Sitten und der Gesundheit deiner deutschen Nachbarn gewirthschaftet! – deutsche [11] Eltern schickten ihre männliche Jugend in deinen Schoß, um sich in Wissenschaften, in der feinern Lebensart, in Sprachkenntniß zu bilden, und du belohnest das Zutrauen redlicher Eltern leider! gar oft damit, einen faden gecken[4], einen mürben Wollüstling, einen Vergifter deutscher Mädchen, einen Religionsspötter, einen philosophischen Witzling, einen Verächter altdeutscher Tugend und Redlichkeit rückzusenden.

Quelle: Mai, 1794, S.6–11; Franz Anton M. (1742–1814), Professor für Geburtshilfe in Heidelberg, patriotischer Katholik, Propagandist einer autoritären medizinischen Volksaufklärung. 1 Es handelt sich hier im «Vorbericht» um eine vorausgeschickte Zusammenfassung der Abhandlung. 2 Mai zeigt sich hier als entschiedener Gegner der Französischen Revolution. 3 Ehestandspächter. 4 So im Original.

Diätetische Regel für den Koitus von Eheleuten

Ohne starken Affekt kann der Coitus nicht statt finden, wenigstens nicht bei den Mannspersonen ... [363] Zu grose Anstrengung und zu lange Unterhaltung des Afekts schadet. ... Daher, das der Coitus den ledigen Leuten mehr schadet, als verheirateten, weil der Afekt zu vor zu stark ist und gar zu lange dauert, weil das Herz schon zu sehr gezabelt hat, bis endlich die Gelübte Gehör giebt ... Eheleuten [sic!] sollten sich daher billig dran gewönen, den Coitus die Woche 1 oder 2 mal zur bestimmten Zeit zu pflegen, etwa den [sic!] Sontagsmorgens, weil man denn nicht viel drauf arbeitet, und eine Stund darauf schlafen kann. Morgens deswegen, weil der Körper des Abends zu schwach ist, und die Strabaz nicht aushalten kann. ...

Alle unnathürliche Lagen und Stellungen fordern eine heftigere Anstrengung beim Coitus und schaden daher, ammeisten schadet, stando[1] das Werk zu verrichten. Man glaubt gewöhnlich, diese gäbe keine Kinder, es ist aber falsch. Hallers Schwiegervater[2] zeigte seine Tochter in einem öffentlichen Auditorium und sagte: hanc stante feci.[3]

Quelle: Wedekind, 1789/90, S.362f.; Georg Christian Gottlieb W. (1761–1831), ab 1787 Medizinprofessor in Mainz, Anhänger der Ideale der Französischen Revolution. 1 Im Stehen. 2 Hermann Friedrich Teichmeyer (1685–1746), ab 1717 Professor in Jena. 3 Ich habe sie im Stehen gemacht.

Gegen das Küssen unter Männern

Jedoch ich komme zu den Küssen, die mir noch vielmehr verhaßt sind[1]: zu den Männerküssen, das heißt: zu denen die eine Mannsperson der andern gibt, entweder aus Freundschaft zumal *à la Gethsemane*[2], oder aus Höflichkeit, oder bey andern Gelegenheiten, zumal beym Zechen. ... so wie die Dünste[3] hinauf in die Zirbeldrüse steigen, wird die Seele ein wahres Herzensbrüderchen. ... [152] Und dann glaubt man wieder einen Riesenschritt zur Glückseligkeit des Menschengeschlechts, zur Vereinigung aller Religionen gethan zu haben, und träumt, daß der Kuß des Friedens von der Punchbolle[4] über alle fünf Theile der Welt verbreitet wird. ... [159]

Überhaupt wird ein jeder, der da fühlt was ein Kuß, ein rechter Kuß ist, und wie sehr dies Heiligthum der Liebe entweihet wird, wenn man es ungeliebten Lippen reicht, dazu beytragen, daß dies hie und da so weit eingerissene Männerküssen aus der Mode komme.

Quelle: Tode, 1785–1789, 3. Bd., S. 151–153. 1 Als die Küsse Neuvermählter in der Öffentlichkeit. 2 Judaskuß. 3 Von Wein und Punch. 4 Bolle = (engl.) Bowle.

Wasser- und Badekur

Heilsames Wasser als «Universalmedizin»

Die Geschichte der Heilquellen und Badekurorte von der Antike bis heute dokumentiert die große Bedeutung der Wasserheilkunde für die Medizin. Das Wasser spielt hierbei die Rolle eines Arzneimittels, ob es nun in der Trinkkur innerlich oder durch Baden äußerlich angewandt wird. Im ausgehenden Mittelalter und in der frühen Neuzeit waren bereits zahlreiche auch heute noch bekannte Kurorte und «Gesundbrunnen» in Betrieb, wie z.B. Pyrmont oder Aachen. Im frühen 18. Jahrhundert setzte eine wissenschaftliche Analyse des Wassers und verstärkte Lobpreisung seiner Wirkung durch die Ärzte ein, wobei in erster Linie der berühmte Medizinprofessor Friedrich Hoffmann aus Halle sowie die «schlesischen Wasserdoktoren» Johann Sigmund Hahn und Söhne zu nennen sind. Frisches Wasser wird zu einem Universalheilmittel erklärt, das so verschiedene Krankheiten wie Skorbut, →*Hypochondrie* und Hysterie heilen sollte. In der Wasserkur fließen die Idee von der Heilkraft der Natur (*physis*) und das Konzept der →*Diätetik* zusammen. Sie inspirierte im 19. Jahrhundert – angesichts der therapeutischen Hilflosigkeit der akademischen Medizin – die Naturheilbewegung, deren Hauptsäule die Kaltwasserkur von Vinzenz Prießnitz bis Sebastian Kneipp darstellte. Vor allem gegen →*Nervenkrankheiten*, insbesondere die «Neurasthenie», sollte die Hydrotherapie als eine Methode der «Abhärtung» helfen.

Literatur: Krizek, 1990; Porter, 1990; Rothschuh, 1983.

Die kalten Bäder in der Kulturgeschichte

Die Kunst des kalt Badens ist gewißlich zu erst von dem gemeinen Volk erfunden worden, welches es zur Erhaltung ihrer Gesundheit, und sich selbst wider die Kälte zu stärken, gebrauchet, wie andere Thiere thun. Ferner verbesserten es die Priester, indem sie es zu geistlicher Eintauchung anwendeten, die Geister dadurch zu reinigen, und sie dadurch ruhiger und munterer zur Andacht zu machen. Die ägyptischen und griechischen Medici merkten an, wiefern es zu der Cur vieler [b2] Krankheiten beytrage, davon der Hippocrates die Lähmnisse (Paralyses), Krampfzuckungen (Convulsiones) hypochondrische und Gichtschmerzen etc. erwehnet. ...

Die englische Nation hat ... entdecket, daß die Doppelglieder (*Rachitis*) und Flußschmerzen (*dolores rheumatici*) dadurch curiret werden. Einige gebrauchen es im Winter, wie die Römer. In Staffordshire zu Willowbridge ... gehen [sie] ins Wasser mit ihren Hemden, und wenn sie heraus kommen, so ziehen sie sich in ihren nassen Hemden an, die sie den ganzen Tag tragen, und loben es sehr, die Schweislöcher zu verschliessen, und sich kühle zu erhalten ...[1]

Quelle: Floyer, 1749, aus: Die *Dedication* «Dem Hochlöblichen Königlichen Collegio Medicorum in London», Widmung vom 6. Oktober 1702; John F. (1649–1734), Arzt in Lichfield (England). 1 Die kulturhistorische «Überdeterminierung» der Vorstellung von der Heilkraft des frischen Wassers wird hier prägnant skizziert.

Die kräftigende Wirkung des frischen (kalten) Wassers

Das gemeine frische Wasser hat die Kraft in viel Cörper hinein zu dringen ... denn weiles schwer und flüßig, das ist, in beständiger Bewegung, so drückt es an die Sachen, welche es berührt, und da es ungemein *subtil*[1], kan es sich desto füglicher in die mit viel leichtern Luft erfüllten Zwischen-Räumgen der [2] Körper[2] hinein schleichen, und zwar besser, als einige andre sonst bekannte flüßige Materie[3] ... Daher ist es nun auch unter allen flüßigen Cörpern am geschicksten, sich in die *subtil*sten[4] Aedergen, Zäsergen[5] und Nerven des menschlichen Leibes, ja gar in die kaum durchs Vergrößerungs-Glaß sichtbaren Gefäßgen und *Fibras* der Haare, Nägel und Beine[6] hinein zu begeben, und darinnen zu bewegen. ... so ist das Wasser dasjenige, dessen wir uns am füglichsten zu Anfüllung unsers Cörpers und Erhaltung seines natürlichen Zustandes, ja bey jungen Leuten auch zum Wachsthum, vor andern bedienen können und sollen ...

Quelle: Hahn, 1754, S. 1 f.; Johann Sigmund [Siegemund] H. jun. (1696–1773), wie sein Vater Stadtarzt in Schweidnitz (Schlesien). 1 Der Ausdruck «subtil» verweist im 18. Jh. auf den sehr feinen, unsichtbaren Grenzbereich zwischen Körper und Seele, Materie und Geist hin («Nervengeist», «[magnetisches] Fluidum», «Nervensaft» etc.). 2 Gemäß dem iatromechanischen Konzept (nach Boerhaave, Fr. Hoffmann u. a.). 3 Hahn bezieht sich hier ausdrücklich auf Bier und Wein. 4 Hier wie bei entsprechenden anderen Wörtern sind in vielen Texten aus der ersten Hälfte des 18. Jh.s die lateinischen Wortstämme gegenüber den deutschen Endungen hervorgehoben. 5 Fäserchen. 6 (Harte) Knochen.

Waschen mit warmem Wasser schädlich

... das warme [Wasser] trocknet die Haut aus, verderbet die subtilsten Gefäßgen, macht die Nerven memmisch, die *Fibras* schwach, daß sie wie die mit warmem begossenen Kräuter und zarten Bäumgen verwelcken, oder sonst Schaden leiden[1]; vornemlich aber ist solches dem Haupte[2], wo die Zusammenkunft aller äusserlichen Sinnen ist, gar nicht zuträglich.

Quelle: Hahn, 1754, S. 79. 1 Nach dem Motto: gegen «Verzärtelung», für «Abhärtung». 2 Wegen der drohenden Überhitzung des Gehirns ist ein kühler Kopf zu bewahren. (Vgl. →*Hypochondrie:* «Gelehrtenkrankheit»)

Regenwasser ist am subtilsten

Es sind aber unter allen Wassern die Regen-Wasser die aller*subtil*esten[1] und gelindesten, welche gleichsam von der Natur vermittelst der Sonnen-Hitz *destilli*ret werden, und derowegen schicken sie sich auch am besten zum Wachsthum der Pflantzen und Kräuter, zum kochen, zum waschen, zu *Extrahi*rung derer Saltze, auch zu Erweichung einiger harten Sachen, zum Exempel des Stockfisches, welcher wenn er in Regen-Wasser öffters geleget wird, sehr schön und weich wird, und sich zum kochen am besten schicket. ... [281] Damit man aber des Regen-Wassers sich auch mit Nutzen in der *Medicin* bedienen könne, so ist nöthig daß man solches verwahre in irrdischen oder glässer[n]en wohl zugeschlossenen Gefässen, und von der freyen offenen Lufft bewahre, und daß man solches nicht unter den Dächern von den Rinnen, wobey sich allerhand Unrath mit *meli*ret[2], sondern unter dem freyen Himmel auffange. ... [282] Und weil die Sonnen-Wärme in den heissen Tagen, die *subtil*sten Theilgen aus denen Flüssen, in die Höhe ziehet und in Dämpffe verwandelt, welche die *materiam* des Regen-Wassers geben, so bleiben die gröbern und härtern zurücke.

Quelle: Hoffmann, 1715, S. 280–281. 1 Je subtiler, d.h. feinstofflicher oder «geistiger» das Wasser, um so heilkräftiger scheint es zu sein. 2 Sich untermischt.

Literatur: I. W. Müller, 1991, S. 245f.

Wie reines Wasser als «Universalkraft» wirkt

Nachdem wir also der Wasser unterschiedene Natur, Art und Eigenschafft wohl durchsuchet haben, so müssen wir nun ... zeigen, wie in einem gesunden und reinem [sic!] Wasser eine *Universal*-Krafft in allen [287] Kranckheiten, sonderlich dieselben zu *praecavi*ren[1], enthalten sey. Wir setzen aber zum voraus, als eine allgemeine Sache gleichsam zum Grund, daß das Leben und Daurung unsers verweßlich Cörpers, durch den *perpetui*rlichen[2] Umlauff des Geblüthes, und der Säffte, auch durch die allerkleinesten Röhrigen, geschehe und unterhalten werde. ... Es bestehet nemlich des Menschen Geblüth aus unterschiedlichen Theilen: einige sind hart und fest; einige dünne und flüssig. ... Nebst dem so besteht das Geblüth aus allerhand schwefelichen, saltzigen, hitzigen-schleimigen auch irrdischen Theilgen, welche mit Feuchtigkeit vermischet in der Wärme gar [288] leicht in eine Fäulniß und Gestanck gerathen. Damit nun solches verhindert werde, muß das Geblüth in *continui*rlicher *Circulation* und Bewegung seyn. Und weil die *solid*en und harten Theilgen des Geblüthes nichts besser von einander treibet, und durch die engen *Tubulos*[3] des Cörpers beweget, als die feuchte und flüssige *Substantz* des Bluts: So siehet man gar leicht und deutlich, wie das Element des Wassers das vornehmste *Ingrediens*[4] des Geblüthes, und wie höchst-nöthig solches sey zu Unterhaltung des Lebens und Gesundheit.

Quelle: Hoffmann, 1715, S. 286–288. 1 Zu verhindern. 2 Dauernden. 3 Röhrchen; Hoffmann vertritt ein mechanistisches Modell der Physiologie. 4 Bestandteil.

Wasser als «Universalmittel» gegen alle Krankheiten

Zuletzt ist noch übrig/ daß ich zeige/ wie das Wasser sey ein *Universal*-Mittel/ welches bey allen Menschen und bey allen Kranckheiten bequem zu gebrauchen. Die so genannten *Sanguinei*[1] und die ein schwammig Fleisch und kleine *vasa* haben bekommen davon einen leichten und freyen Durchfluß des Geblüths/ welches sonst gar leicht bey dergleichen *subjectis* stocket. Bey denen *cholericis*[2] temperiret[3] das Wasser das hitzige *ebulliante*[4] Geblüth/ und weil es die *transpiration* befördert/ so macht es daß die schwehren hitzigen Theilgen durch die eröffnete *poros* heraus gehen. Vornehmlich aber bekommet das Wasser wol denen *Melancholicis* und *phlegmaticis*, weil es das dicke/ schwehre und zähe Blut und Feuchtigkeit *diluir*et [308] und flüßig machet. Nächst dem so ist das Wasser allem Alter *convenable*. ... Bey gantz alten Leuten aber/ ereignen sich solche Kranckheiten/ die aus einer grossen Verstopffung der *viscerum*[5] herrühren/ da gewiß nichts bessers als warmes und kaltes Wasser ist in *quantit*ät gebrauchet. Was vor grosse Ungemach die Frauen wenn die *Menses*[6] nicht recht von statten gehen/ und wenn die *haemorrhoides* nicht recht fliessen/ die Männer ausstehen müssen/ lehret die tägliche Erfahrung. Diese so nützlichen *excretiones* aber/ werden durch den Gebrauch eines guten Wassers am besten in Stand gebracht.

Quelle: Hoffmann, 1715, 307–308. 1 Sanguiniker, nach humoralpathologischer Auffassung Menschen mit zuviel Blut. 2 Choleriker leiden an zuviel (gelber) Galle. 3 Temperieren: In die richtige Stimmung versetzen, hier: beruhigen. 4 Schäumendes, blasenbildendes Blut. 5 Eingeweide. 6 Menstruation(en).

Beispiel einer Trinkkur gegen Skorbut

Ein Mann von etlich dreyssig Jahren/ *temperamenti cholerici*[1], war jährlich mit *Scorbut*[2] also geplagt/ daß viel fressende Geschwüre am Zahn-Fleisch/ im Munde/ an Händen und Füssen/ ja fast am gantzen Leibe an ihm ausschlugen/ und von keiner *Medicin* bißher einige Linderung bekommen konte. Diesem *recommendir*te[3] ich vor 5. Jahren den Brunnen vor der Quelle zu trincken und zwar mit solch gutem Erfolg/ daß aller *Scorbut* verschwande/ etliche [55] Jahre ihn gantz in Ruhe liesse/ nachgehends aber/ wann er sich meldete/ nur gering erschiene und noch bis *dato* von nur wenigem Gebrauch des Brunnens in kurzter Zeit wieder seinen Abschied nimmt. Woraus zu schliessen/ daß er die *Salia scorbutica dilui*re[4] und durch gehörige *Colatoria*[5] ausführe.

Quelle: Storch, 1727, S. 54f. 1 Mit cholerischem (gelbgalligem) Temperament. 2 Der →*Skorbut* oder Scharbock – im 20. Jahrhundert als Vitaminmangelkrankheit erkannt – wurde erstmals durch den paradigmatischen Therapieversuch des schottischen Schiffsarztes James Lind 1747 mit Zitrusfrüchten wirksam (insbesondere prophylaktisch) behandelbar. 3 Verordnete. 4 Zu übersetzen: daß er die skorbutischen Schärfen verdünne. 5 Lat. *colatus* = rein, geläutert; hier: Reinigungen (?).

Vielfältige Anwendungen der Dampfbäder

Herr Hofm. Marcard[1] bedient sich einer Maschine, die viel von der Struktur einer gewöhnlichen Theemaschine, nur oben eine gebogene Röhre hat, vermitttelst welcher man den Dampf auf einzelne Theile leiten kan. Er braucht nach Umständen den Dampf von Wasser mit wohlriechenden Kräutern gekocht, von Wasser mit Eßig gemischt, ... oder mit den Ingredienzen zum Salmiakgeist[2] verbunden.

Ein Dampfbad hub schnell einen unüberwindlichen, örtlichen Schmerz im Unterleibe, – brachte angeschwollene Drüsen[3] am Halse und an den Kin[n]backen, auch an den Brüsten zum Sinken, – und beförderte den Fortlauf der Milch bey Neuentbundenen, wenn sie stockte. Wenn man vermittelst der Saugmaschinen[4] [745] keine Milch hervorlocken konnte, so tröpfelte sie durch die Hülfe des Qualms freywillig aus den Brüsten in das zum Dampfen untergesezte Gefäß. Die weiße Geschwulst[5] der Gelenke ist oft durch Dampfbäder gehoben[6] worden. Einmal half man noch mit dem Dampfbade, als schon die Amputation beschlossen war. Bey mancherley Zufällen der geilen Seuche[7], hat man den Qualm sehr nüzlich gefunden; Verhärtungen, selbst Knochenauswüchse sind damit gehoben worden. Bey der Phimosis[8] bewies er sich sehr kräftig.

Quelle: Gesner, 1778–1788, 4. Bd., S. 744f.; Johann August Philipp G. (1738–1801), Arzt und medizinischer Schriftsteller in Erlangen. 1 Heinrich Matthias Marcard (1747–1817), herzogl. Leibarzt in Oldenburg, ab 1809 Badearzt («Brunnenarzt») in Bad Pyrmont. 2 Ammoniumchlorid, vom 16. bis 19. Jh. ein wichtiges Arzneimittel. 3 Lymphdrüsenschwellungen. 4 Milchpumpen zur Anregung der Milchproduktion bei der Wöchnerin. 5 Gelenkergüsse. 6 Behoben. 7 Syphilis. 8 Vorhautverengung.

Die «glückliche» Trinkkur nicht mit Purgieren einleiten

Die Nothwendigkeit sich [818] zu dem innerlichen Gebrauch recht anzuschicken, und zugleich die Absicht und den Zweck derselben, erkennet man am besten, wenn man die Art und Weise ansiehet, wie die getrunckene[n] Wasser uns nützliche Dienste thun. Denn man trincket nicht darum eine so grosse Menge Wasser in den Leib hinein, daß sie sollen bey uns bleiben; sondern sie sollen durch den gantzen Leib gehen und in alle Säffte eindringen, und so dann durch alle geöffnete *emunctoria*[1], oder von der Natur zum Ausgang der überflüßigen unnützen und schädlichen Theile angewiesene Oerter, wiederum weggehen. ... [821]

Wenn überhaupt hefftige Purgir-Artzneyen[2] zur [822] Vorbereitung auf eine glückliche Cur undienlich sind, so muß man sie mit besonderm Rechte für höchstschädlich erklären, wenn sie Leuten gegeben werden die mit dem *malo hypochondriaco und hysterico*[3] behafftet sind. Denn da diese Leute gemeiniglich auch mit Verstopffungen geplaget werden: so ist ein gemeiner Irrthum, daß man ihnen mit Purgieren helffen will, und weil man mercket, daß ihnen mit einer geringen dosi nicht allemal wol beyzukommen ist, giebet man sie, den vermeinten Zweck zu erhalten, fein starck. Da aber aller dieser Mittel ihre Art ist, daß sie nicht anders würcken, als damit, daß sie, vermöge ihres scharffen und angreiffenden Saltzes, Krampff und Zusammenziehen erregen; und doch solcher Leute ihre gantze Qual von *spasmis* herkömmt: so thut der Medicus mit seiner Artzney anders nichts, als daß er Ubel[4] ärger machet, und diese an sich schon empfindliche[n] Theile noch mehr erreget.

Quelle: Hoffmann, 1717, S. 817–822. 1 Körperhöhlen, in denen etwas ausgeschieden wird; von lat. *emungo* = ausschneuzen. 2 Abführmittel; von lat. *purgo* = rein machen. 3 Hypochondrisches bzw. hysterisches «Übel» (lat. *malum*); siehe →*Hypochondrie* und →*Hysterie*. 4 Das Übel.

Zur Trinkkur in Karlsbad

Das Carls-Bad[1] soll zum Exempel dienen, wie die warme Brunnen zu brauchen seyn. ... Den Anfang zum Trincken machet man gemeiniglich [833] gar frühe um 5. oder 6. Uhr, nachdem der Leib durch den Schlaff genugsam ist erquicket worden. Und ist dieses die allerbequemeste Zeit, weil man darauf zu sehen hat, daß das Wasser seine Würckung durch den Stuhlgang und Schweiß gegen die Mittags-Mahlzeit vollenden könne. Solche Leute, die wegen gewisser Zufälle nicht auf seyn können, mögen gantz wohl das Trincken im Bette verrichten, wovon sie noch diesen Vortheil haben, daß die Wärme des Bettes den Schweiß befördert: die andern aber können dabey entweder spatziren gehen, oder stille sitzen, wie es ihnen beliebig ist. Jedoch wird bey einem oder dem andern Patienten bemercket, daß die Wasser besser fortgehen, wenn sie dabey stille sitzen, als wenn sie stehend oder herumgehend trincken. Die Ursache mag wohl seyn, weil beym Sitzen der Unterleib einiger massen zusammen gedrucket, folglich auch der Magen etwas gepresset, und das Wasser, bey vermehrtem *motu peristaltico*[2] des Magens und der Gedärme, zugleich fortgetrieben wird. [834] Es scheint auch das Stillsitzen um deßwillen rathsam zu seyn, weil der Umgang des

Geblüthes gleichmäßiger bleibet, und die *Transpiration* weniger verhindert wird.

Quelle: Hoffmann, 1717, S. 831–834. 1 Karlsbad als traditionsreiches «Warmbad» (alkalische Glaubersalzquellen) wurde im frühen 18. Jh. als Kurort ausgebaut und vor allem durch seine Trinkkuren gegen Erkrankungen der Verdauungsorgane berühmt. 2 *Motus peristalticus:* peristaltische Bewegung.

Warnung der Badegäste vor «Kopfarbeit» und «Liebesgrillen»

Gleichwie aber nicht allein die *alterationes*[1] und Leidenschafften des Gemüths höchst-schädlich sind: also halte ich auch bey solcher Zeit gar nicht dienlich wenn das Gemüth mit tieffen Nachsinnen, meditiren und ernsthafften Sachen ermüdet wird. ... [929] Weil nun dergleichen Gemüths-Arbeit auch den Leib, sonderlich aber den Magen und die Digestion, schwächen, welche doch beym Gebrauch der Wasser so viel als möglich zu conserviren: so ist nicht dienlich sondern vielmehr höchst-schädlich, wenn man bey dieser Cur viel studieret, schreibet und mit dem Kopffe arbeitet[2]: welche Lehre ich vornehmlich denen recommendiren muß, so bey voller Amts-Verrichtung den Brunnen sich lassen an auswertige Oerter bringen, um sich desselben zu Hauß zu bedienen. *Auch keine Liebes-Grillen hegen.*[3] Dieweil aber unter die Gemüths-Unruhe auch die Venerischen Begierden[4] zu zehlen sind, und solche dem Leibe nicht wenigen Schaden [930] zufügen, und den Puls und die Circulation des Geblüts, wie andere *affectus animi*[5], verändern, so muß man dieselben auch hierbey einstellen, und sein Gemüthe, bevorab wenn die *sensus*[6] von denen *obiectis externis* solten moviret[7] werden, gegen solche Begierden in gute und vernünfftige Verfassung setzen.

Quelle: Hoffmann, 1717, S. 928–930. 1 Veränderungen, Aufregungen. 2 Hoffmann spielt hier auf die «Gelehrtenkrankheit» als Form der →*Hypochondrie* an. 3 Im Original als marginale Zwischenüberschrift. 4 Geschlechtstrieb, sexuelle Lust. 5 Seelische Affekte. 6 Sinne, Sinnesorgane. 7 Von den äußeren Objekten erregt.

Erziehung und Korrektur

«Aufzucht» und «Orthopädie» der Kinder

Im 18. Jahrhundert rückten Kinder, «Irre» und «wilde Völker» zunehmend in den Blickwinkel der Medizin der Aufklärung. Man kümmerte sich nun um jene Sorte von Menschen, die sich – verglichen mit dem gebildeten erwachsenen Europäer – auf einer primitiven, «tierischen» Stufe der Entwicklung befanden und unvernünftig bzw. ungebildet oder roh erschienen, was sich auch im Begriff der →*Rasse* widerspiegelte. Durch Erziehung sollen sie zur Vernunft gebracht und damit zu zivilisierten, vollwertigen Menschen gemacht werden. Eine «natürliche» Erziehung sollte im Sinne der klassischen →*Diätetik* eine gesunde und harmonische Entwicklung garantieren. Dabei verglich man Kindererziehung gerne mit der Aufzucht von Pflanzen. So wurde das an einem Pflock befestigte Bäumchen zum Sinnbild der «Orthopädie», die gemäß dem Pariser Arzt Nicolas Andry (1658–1743) die Aufgabe hatte, die Haltungsfehler der Kinder zu vermeiden bzw. zu korrigieren. Die «physische Erziehung» des Kindes war engstens verknüpft mit seiner moralischen und ging die Eltern ebenso wie die Lehrer, Ärzte und Seelsorger an. Die «Gesundheitskatechismen» der Zeit verdeutlichen, wie sehr diätetische Regeln den Charakter von Glaubenssätzen annahmen. Die grundlegende Bedeutung dieses Konzepts von Erziehung und Korrektur zeigt sich vor allem auch am Umgang mit den «Irren» in den neueingerichteten Irrenhäusern im ausgehenden 18. Jahrhundert, die mit «physischen» (somatischen) und «moralischen» (geistig-psychischen) Mitteln gleichermaßen traktiert wurden.

Literatur: Kunze, 1971; Schott, 1993c.

Die Kinder als «zarte Pflanzen»

Deine Kinder, die zarten Pflanzen, die kostbaren Pfänder, die dir Gott anvertrauet hat, verdienen deine *ganze Aufmerksamkeit*, christlicher Landmann. Lehre du sie in deinem Hause frühzeitig *Gott kennen*, und *Gutes thun*; es kommt *Alles auf die Eindrücke* an; und wie man sie gewöhnt: *was die Kinder sehen und hören, das drückt sich ein, das ahmen sie nach.*[1] Du hast dafür zu sorgen, daß in einem *gesunden Leibe* eine *gesunde Seele* wohne. Gewöhne deine Kinder *von Jugend* auf zur *Arbeit*; erhalte sie immer nach dem Maaß ihrer Kräfte in einer gewissen *Thätigkeit*: Müssiggang lehrt viel Böses.

Quelle: Ernesti in: Schlosser, 1800, S. 186f.; Johann Heinrich Martin E. (1652–1729), Pädagoge und Philologe in Leipzig, ab 1684 Rektor der Thomasschule, ab 1691 Professor für Poesie an der Universität; Johann Georg S. (1739–1799), Jurist und Schriftsteller, mit der Schwester Goethes von 1773 bis zu deren Tod 1777 verheiratet. 1 Gemäß dem philosophischen Konzept des Sensualismus und Empirismus (John Locke u.a.), das für die Anthropologie der Aufklärung fundamental war.

Erziehung der Kinder gemäß ihrem «natürlichen Triebe»

Man gewöhne die Kinder alles vertragen zu können, doch so daß sie sich an nichts so stark gewöhnen, daß sie es nicht unterlassen könten. Man lasse sie mehr ihrem natürlichen Triebe[1] folgen, als sorgfältig ausgekünstelten Regeln, und untersage ihnen nur offenbar schädliche Sachen. Diesem zu Folge ist nichts schädlicher, als die Kinder immer warm zu halten: sie gar nicht barfus gehen zu lassen, und ihnen immer eine Mütze aufzusetzen, damit sie das bisgen Verstand nicht erfrieren. ... [48] Daß ein kalter Trunk, wenn man sich sehr erhitzt hat, höchst schädlich sey, ist nicht nur aus der Erfahrung klar, sondern man kan auch die Ursache gar leicht begreiffen. Das Blut, welches häuffig in die Adern des Magens hineingetrieben wird, fängt an von der Kälte zu gerinnen ... und die Gefässe des Magens werden stark zusammen gezogen: und dadurch entsteht eine Entzündung des Magens ... [49] Vor allen Dingen lasse man dem Triebe der Natur sich beständige Bewegung zu machen seinen Lauf: man bediene sich der Arzeneyen nur wenn man es nicht Umgang haben[2] kan. Mit einem Worte, man verzärtle sie in keiner Sache, überlasse ihre Gesundheit mehr der Natur als der Kunst, man zwinge sie so wenig als möglich, und suche ihnen Verstand, Tugend und Manieren mehr durch Exempel, als durch strenge Sittenlehren beyzubringen. Dieses ist der Weg, welchen man zu gehen hat, wenn man der Nachwelt gesunde und vernünftige Kinder hinterlassen will.

Quelle: Krüger, 1751, S. 47–49; Johann Gottlob K. (1715–1759), ab 1751 Professor der Medizin und Philosophie in Helmstedt. 1 Analog der Wachstumskraft eines Pflanzensprößlings. 2 Umgehen.

Ein «Gesundheitskatechismus» zu Kopfbedeckung und Haarkämmen

Ist es gut, daß man den Kindern durch Mützen und Hute [sic!] *die Köpfe bedeckt und warm hält?* Nein, es ist nicht gut; durch die Haare ist der Kopf hinlänglich geschützt und erwärmt.
Schaden diese Kopfbedeckungen? Ja, die Kinder werden dadurch dumm und einfältig, und sie bekommen Ungeziefer und Grind[1], Flüsse[2], Kopf-, Ohren- und Zahnschmerzen. ... [27]
Wie müssen die Haare gehalten werden? Sie müssen von der Stirn zurückgekämmt, und nicht in einen Zopf gebunden, sondern sie müssen rund und frey den Kopf umgeben und schützen.
Müssen die Kinder ihre Haare oft kämmen? Ja, sie müssen sie mehreremahle des Tages in Ordnung kämmen; das Ungeziefer wird dadurch verhütet, und es macht heiter und munter.

Quelle: Faust, 1794, S. 26f.; Bernhard Christoph F. (1755–1842), ab 1788 Leibarzt in Bückeburg, Philanthrop, verfaßte zahlreiche Schriften zur Hygiene und Diätetik. 1 Borkiger Ausschlag (auf behaartem Kopf). 2 Schwer abgrenzbarer Sammelbegriff für alle möglichen katarrhalischen, rheumatischen, Flüssigkeit absondernden Erkrankungen; hier wohl Schnupfen gemeint (Synonyme: «Hauptfluß», «Hirnfluß», «Nasenfluß»).

Zur «Leibesstellung der jungen Mädchen»

In welcher Leibesstellung die jungen Mägdchen nähen, lesen, an Tapeten arbeiten sollen, u.s.w.

Man darf nicht leiden, daß die Mägdgen anders als in einer geraden Stellung nähen oder lesen, sie müssen ihre Arbeit und

21. *Diätetische Tafelfreuden*
Krüger, 1751, Frontispiz

ihr Buch zu ihren Augen führen, und ihre Augen nicht zu ihrer Arbeit, oder zu ihrem Buche, ohne welches sich ihre Leibesgestalt unfehlbar wölben muß.

Es siehet nichts heßlicher, als eine junge Person, welche gebückt bey ihrem Buche, oder bey ihrer Arbeit sitzet, an statt daß sie dieselben ihrem Kopfe gleich halten soll, indem sie die Ellenbogen sanfte in die Seiten setzet, und sie vorwärts beuget, um die Arme zu derjenigen Höhe steigen zu lassen, welche sich für die Augen schicket.

Quelle: Andry, 1744, S. 118, hierzu Abb. 24; Nicolas A. (1658–1742), bekannter Pariser Medizinprofessor.

Krumme Schenkel wieder gerade machen

Viele Kinder haben krumme Schenkel und Beine. Diese Ungestalt kömmt öfters davon, daß man die Kinder allzuzeitig gehen läßt, und ehe ihre Schenkel genug Festigkeit erlanget haben, die Last des Körpers zu tragen. Bey manchen Kindern werden diese Theile zeitiger, und bey manchen später feste. Die Väter und Mütter müssen Acht darauf haben, ehe sie ihre Kinder allein, und ohne sie zu führen, gehen lassen. Vornehmlich muß man vermeiden, die Töchter den Reverenz[1] machen zu lassen, ehe sie das fünfte Jahr ihres Alters erreichet haben.

Wenn ein Kind zu gehen anfängt, und die Schenkel allzuschwach für den Körper sind, so siehet man das Kind, wie es suchet, wenn es stehet, seine Knie eines gegen das andre zu lehnen, um sich zu erhalten. Alsdenn maß man es vom gehen [277] abhalten, und es, so viel als man kann, sitzend halten, bis seine Schenkel stärker geworden; sonst werden sie sich nach und nach krümmen; dann wie ein Bogen krumm, und endlich dermaassen ungestalt werde, daß sie nicht wieder gerade werden können.

Also wird das beste seyn, wenn man des Kindes Knie nur das geringste von der Welt einwärts biegen siehet, es aufs geschwindeste von Gehen abzuhalten, und wenn, aus Mangel dieser Vorsicht, der Schenkel bereits gekrümmet ist, so muß man so geschwind, als möglich, eine kleine Schiene von Eisen über die hohle Seite des Schenkels legen; dann eine Binde von Leinwand über die Schiene und den buckelichten Ort des Schenkels wickeln. Man muß diese Binde alle Tage ein wenig schärfer zuziehen, bis sie

22. *Richtige und falsche Lesehaltung*
Andry, 1744, Abb. zu S. 118

den Ort zulänglich niederdrückt, der den Buckel machet, und damit diese Drückung keinen Schaden thue, so muß man über den Theil des Verbands, der über dem bucklichten Orte des Schenkels ist, ein Bäuschgen legen. Mit einem Worte, man muß sich in diesem Falle, den Schenkel wieder gerade zu machen, verhalten, als wie man sich verhält, den Stamm eines jungen Baumes wieder gerade zu machen [siehe Abb. 25].

Quelle: Andry, 1744, S. 276–277. 1 Ehrerbietung gegenüber höherstehenden Personen (z.B. der «Knicks» von Kindern gegenüber Erwachsenen), die in bestimmten rituellen Formen der Verbeugung – insbesondere im zeitgenössischen Frankreich – praktiziert wurde.

Sogar «widerborstige» Augenbrauen müssen korrigiert werden

Wir haben ... gesaget, daß die Haare der Augenbramen[1] auf die Art liegen sollen, daß sie von der Nase gegen die Schläfe, und nicht von den Schläfen gegen die Nase gehen. Wenn sich das Gegentheil befindet, so kann man sich nicht geschwind genung bemühen, einer solchen Ungestalt[2] zu steuern. So bald als mann [sic!] wahrnimmt, daß ein Kind solche widersinnig-gedrehten Haare hat, so muß man sie ohne Unterlaß von der Nase an bis gegen die Schläfe mit den Fingern streichen, und alle Tage ohne Ermüden fortfahren. Man muß auch auf ebendieselbe Art mit einer kleinen weichen Bürste darüber hinfahren [348], dergleichen man sich zum Abreiben der Zähne bedient.[3] Es ist kein ander Mittel, als dieses; es ist auch so sicher als einfältig; allein es erfordert ein langes Anhalten[4]. Die Wurzeln der Augenbramen, und die Hö[h]len, in welchen diese Wurzeln hangen, sind bis zu den sechs oder sieben[5] ersten Monaten nach der Geburt ungemein zarte. Also muß man diese Zeit in Acht nehmen. Sie werden der Bewegung der Finger so wohl, als der kleinen Bürste ohne grosse Mühe nachgeben, und sich nachdem Sinne gewöhnen, den man haben wird; allein ich wiederhole es, man muß lange damit anhalten, und diese Sorge den Ammen nicht überlassen.

Quelle: Andry, 1744, S. 347f. 1 Augenbrauen. 2 «Ungestalt» als Resultat einer Fehlentwicklung ist hier der zentrale Begriff. 3 Die Zahnbürste, hier als «orthopädisches» Mittel angewandt, wurde im 18. Jh. eingeführt. 4 Durchhalten. 5 Druckfehler im Original («sie-sieven»).

23. Symbol der «Orthopädie»
Andry, 1744, Abb. zu S. 277

Onanie und Hurerei

Gegen «Modelaster» und «tierische Begierde»

Wir begegnen hier einem Sonderkapitel der traditionellen →*Diätetik*, und zwar jenen beiden «nicht natürlichen Dingen», welche die Körperausscheidungen und die Affekte betreffen. Die Onanie (vor allem beim männlichen Geschlecht) wurde seit der Antike als äußerst krankmachend eingeschätzt, da der Kardinalsaft Schleim (griech. *phlegma*) aus Gehirn und Rückenmark im Übermaß abfließe und deshalb in erster Linie zu →*Nervenkrankheiten* führe. Zugleich wurde die Onanie gerade im 18. Jahrhundert zu einem Sonderproblem des aufklärerischen Konzeptes von →*Erziehung und Korrektur*. Die Warnungen vor den gesundheitlichen Folgen der «Selbstbefleckung» waren von Ratschlägen begleitet, wie das «Modelaster» überwunden werden könne. Auch hier griffen die Autoren auf den bewährten Kanon der Diätetik zurück. Bei der Auseinandersetzung mit der Prostitution bzw. den Bordellen beklagten sie zwar das Ausleben der «tierischen Begierde» entgegen der Menschenwürde, sorgten sich jedoch in der Praxis mehr um die bedrohlichen Geschlechtskrankheiten («venerische Übel»). Wenn auch grundsätzlich aus moralischen Erwägungen die Prostitution nach Meinung der Ärzte überhaupt verboten sein sollte, plädierten doch einige für eine kontrollierte Zulassung der «Hurerei» in «Staatsbordellen», in denen die Medizinalbehörden die hygienischen Standards kontrollieren und sichern könnten. Bei den «venerischen Übeln» war jedoch – wie bei manch anderen →*ansteckenden Krankheiten* – wegen der im 18. Jahrhundert noch unbekannten Erreger die Abgrenzung einzelner Krankheiten – z.B. Syphilis versus Gonorrhoe – unsicher und umstritten.

Literatur: Feustel, 1993; Lütkehaus, 1992; Schechtsche, 1996.

Die Selbstbefleckung als schlimmstes Laster

Kein Laster, keine Gewohnheitssünde konnte je unter dem ganzen Heer menschlicher Leidenschaften auf die Gesundheit des ganzen Körpers, auf das Wohl unserer Nachkommenschaft, auf das Beste des Vaterlandes mehr wüthen, als die bezaubernde Wollust der Selbstbefleckung, diese Pest[1] unseres Jahrhunderts, dieses verabscheuungswürdige Modelaster auf hohen Schulen und in Seminarien. Diese einheimische Feindin der menschlichen reifenden Jugend, ist um so gefährlicher, [80] je entzückender dieselbe in ihrem Genuß alle Vergnügen der übrigen Sinnlichkeit weit übersteiget, und je tiefer sie die Grundfeste der Gesundheit erschüttert; dieses Laster, welches zu nennen schon jedem vernünftigen und ehrbaren Menschen ein Greuel seyn sollte, ist meistens die Geburt der Irreligion, der Unwissenheit in der Naturlehre des menschlichen Körpers, des in allen Füllen gestiegenen Luxus, der Weichlichkeit, des Müßiggangs, der falschen Aufklärung, der Sittenlosigkeit der Dienstboten, der vernachläßigten moralischen Erziehung der Kinder ... [92]

Nun wissen wir aber aus der Naturlehre des menschlichen Körpers, aus den Bestandtheilen des männlichen Saamen und den leider untrüglichen Erfahrungen der geheim mit sich selbst sündigenden Wollüstlingen, daß nichts so sehr die Grundfeste der Verdauung erschüttert, nichts so sehr die Nerven- und Lebenskräften [sic!] zerrüttet[2], nichts so sehr dem Blut, dieser vorzüglichen Quelle des Lebens und der Gesundheit, alles geistige, nährende, alles elektrische[3] raubet, als die leidige Gewohnheit, seinen Saamen, ohne dem Zweck der Natur treu zu bleiben, aus blosem Wollustshang, durch schändliche Handgriffe zu verschütten. ... [116]

Deutscher hoffnungsvoller Jüngling! bist du annoch frei von dem leidigen Modelaster unseres Jahrhunderts, o so bewache mit Vernunft und Religion alle deine äusserlichen und innerlichen Sinne, daß dich diese verführerische Sirene[4] nicht bezaubere, und in Abgrund stürze. ... Bewahre deine Zeugungskräften [sic!] [117] auf die Freuden eines gesunden Ehebettes. Spare deinen Saamen zum Besten einer gesunden Bevölkerung und des Vaterlandes. – Warest du aber so unglücklich, guter Jüngling! deine blühende Jugend mit diesem Zauberbecher zu vergiften, dein Selbstmörder[5] zu werden, dich um die Freuden einer gesegneten Eheverbindung zu bringen; o so zerreisse ohne Verzug die Fesseln dieser Leibeigenschaft, höre die Stimme der Natur...

Quelle: Mai, 1794, S. 79–117. 1 Der Pestbegriff wird gerade auch auf soziale Phänomene angewandt, bis hin zur Charakterisierung des Faschismus als «emotionale Pest» durch Wilhelm Reich. 2 Die traditionelle Auffassung, daß die Onanie den Säftehaushalt im Sinne der Humoralpathologie störe, wird hier durch die zeitgenössische Nervenpathologie im Sinne der →*Nervenkrankheiten* erweitert. 3 Anspielung auf die Theorie der «tierischen Elektrizität» im Sinne des →*Galvanismus.* 4 Nach der griech. Mythologie betörende Lockvögel. 5 Es geht hier wie im zeitgenössischen Diskurs allgemein um die Onanie der jungen Männer. Deren «Selbstmord» impliziert eine schwere Schädigung des Staates bzw. Volkes und ist deshalb besonders verwerflich.

Das Erscheinungsbild des Onanisten

Schrecklich ist das Gepräge, was die Natur einem solchen Sünder aufdrückt! Er ist eine verwelkte Rose, ein in der Blüthe verdorrter Baum, eine wandelnde Leiche. Alles Feuer und Leben wird durch dieses stumme Laster getödtet, und es bleibt nichts als Kraftlosigkeit, Unthäthigkeit, Todtenblässe, Verwelken des Körpers und Niedergeschlagenheit der Seele zurück. Das Auge verliert seinen Glanz [547] und seine Stärke, der Augapfel fällt ein, die Gesichtszüge fallen in das Länglichte, das schöne jugendliche Ansehen verschwindet, eine blassgelbe bleyartige Farbe bedeckt das Gesicht.[1] Der ganze Körper wird krankhaft, empfindlich, die Muskelkräfte verlieren sich, der Schlaf bringt keine Erholung, jede Bewegung wird sauer ... Knaben, die Genie und Witz hatten, werden mittelmässige oder gar Dummköpfe; die Seele verliert den Geschmack an allen guten und erhabnen Gedanken; die Einbildungskraft ist gänzlich verdorben. Jeder Anblick eines weiblichen Gegenstands erregt in ihnen Begierden, Angst, Reue, Beschämung und Verzweiflung [548] an der Heilung des Uebels macht den peinlichen Zustand vollkommen.

Quelle: Hufeland, 1797b, S. 346–348. 1 Hufeland entwirft hier das klassische Erscheinungsbild des (männlichen) Onanisten.

Kennzeichen der «zu weit getriebenen Onanie»

Krämpfe, Lendendarre[1], Stumpfheit der Sinne, Blödigkeit des Verstandes, Gleichgültigkeit gegen das andere Geschlecht u. d. gl. sind Folgen und Kennzeichen der zu weit getriebenen Onanie.

Quelle: Metzger, 1785, S. 62. 1 *Tabes dorsalis* = Rückenmarksschwindsucht (damals nicht als Spätfolge der Syphilis erkannt).

Die «moralische Onanie»

Es giebt noch eine Art Onanie, die ich die *moralische Onanie* nennen möchte, welche ohne alle körperliche Unkeuschheit möglich ist, aber dennoch entsetzlich erschöpft. Ich verstehe darunter die Anfüllung und Erhitzung der Phantasie mit lauter schlüpfrigen und wollüstigen Bildern, eine zur Gewohnheit gewordene fehlerhafte Richtung derselben. ... ein fortdauerndes Reizfieber, was um so mehr schwächt, [350] je mehr es immer Reizung ohne Befriedigung ist. Man findet diesen Zustand bey Wollüstlingen, die sich endlich zwar zur körperlichen Keuschheit bekehren, aber sich durch diese geistige Wollust zu entschädigen suchen ... ferner im religiösen Coelibat, wo diese Geistesonanie sogar den Mantel der brünstigen Andacht annehmen und sich hinter heilige Entzückungen verstecken kann, und endlich auch bey ledigen Personen des anderen[1] Geschlechts, die durch Romanen [sic!] und ähnliche Unterhaltungen ihrer Phantasie jene Richtung und Verderbnis gegeben haben ...

Quelle: Hufeland, 1797b, S. 349f. 1 Des weiblichen Geschlechts: gerade das Romanelesen erscheint hier als Quelle der «Geistesonanie».

«Beste Rathschläge» zur Bekämpfung der Onanie

1. Jünglinge, die Onanie treiben, dürfen nie allein sein, sondern immer in Gesellschaft, oder unter Aufsicht.
2. Sie müsen stets eine Beschäftigung haben, worzu eignes Intresse sie leidet.
3. Erzieher müsen in Ihnen das Feuer der Ehre, wenn sie auch etwas übertrieben ist, anzufachen suchen: Dies ist ein sehr wirksames Mittel.

4. Sie dürfen nicht allein schlafen, sondern neben ihren [sic!] Erzieher. [370]
5. Das Bett mus hart sein, sie müsen auf Madrazen schlafen und gewönt werden, die Hände nie unter der Deke zu haben (Gelegenheit macht Diebe).[1]
6. Ein Paar leinerne Unterhosen, die recht eng sind, sind sehr gut.
7. Gleich nach dem Erwachen muß er aus dem Bett, schlechterdings darf er sich in keinen 2ten Schlaf einlassen.

Quelle: Wedekind, 1789/90, S. 369f. 1 Diese Regel hat sich bis in unsere Zeit erhalten.

Gegen «Staatsbordelle»

Die Frage also: *Ist die Regierung befugt Bordelle zu privilegieren?* muß aus folgenden Gründen mit Nein beantwortet werden:

1. Weil der Geschlechtstrieb, als ein zur *Erhaltung des Menschengeschlechts, zur Erhöhung der Menschenwürde bestimmter Trieb, dem Zwecke der Menschheit untergeordnet seyn muß,* so ist es folglich Erniedrigung, Beleidigung der Menschheit, denselben zum bloßen Werkzeug sinnlicher Lust, wider seinen eigentlichen Zweck[1], zu entweihen.

2. Weil es Verletzung der Menschheit ist, eine Person (einen Menschen, in Absicht auf seine Zeugungskräfte) die selbstständiger Zweck [20] ist, als bloßes Mittel für einen sinnlichen Zweck, zur Stillung einer thierischen Begierde zu gebrauchen.

Quelle: Freudenberg, 1796, S. 19f. 1 Der Zweck des Geschlechtstriebes ist demnach die Fortpflanzung, das untergeordnete Mittel die Wollust, die niemals zum Selbstzweck werden dürfe.

Öffentliche Bordelle versus Winkelhurerei

Es scheinet daher, daß ein in großen und üppigen Städten unter strenger Aufsicht der Polizei geduldetes öffentliches Bordell ein kleineres Uebel[1] ist als die Winkelhurerei. Für diese Behauptung führt *Frank*[2] ... an:

«Diejenigen, welche kein Weib ernähren können, und gleichwohl wider das bessere Zureden ihres Gewissens, gegen alle moralische Beweggründe, und bevorstehende Civilstrafen, ihre Leidenschaften nicht bändigen wollen, oder bei einer besonderen Temperamentsanlage[3], ohne Folgen nicht so leicht mögen, durch eine gewisse freilich nur ab*gedrungene* Zulaßung ungebilligter, und so viel möglich eingeschränkter Ausschweiffungen, durch Errichtung solcher öffentlicher Häuser zu verleiten, wenigstens der Unschuld zu schonen, das Band der Ehe zwischen [24] andern zu respectiren ...»[4]

Wenn es viele junge Männer giebt, die kein Weib ernähren können, so giebt es hingegen auch ein große Anzahl eben solcher, die mit öffentlichen Buhlerinnen mehr verschwenden, als sie die Unterhaltung einer Frau kosten würde. Sind daher nicht grade die öffentlichen Bordelle die Ursache, daß so viele junge Männer nicht heirathen, und eben so viele Mädchen unbemannt und der Verführung um so leichter ausgesetzt bleiben? Bordelle sind die Gelegenheiten, daß der Jüngling die blos thierische Liebe früher, als die edlere kennen lernt, daß er, wenn er lange genug mit feilen Dirnen ausgeschweift hat, bei unschuldigen [25] Weibern und Mädchen das mit Kunst zu erreichen sucht, was ihm dort für Geld dargeboten wurde...

Quelle: Freudenberg, 1796, S. 23–25; Pseudonym für Johann Gottfried Flittner (1770–1828), Arzt und Schriftsteller. 1 Gegenüber der «venerischen Seuche», d.h. Syphilis; siehe →*venerisches Übel.* 2 Johann Peter Frank (1745–1821), Verfasser einer vielbändigen «Medicinischen Polizey», Begründer der Sozialmedizin. 3 (Humoralpathologische) Konstitution. 4 Frank begründet hier die «Doppelmoral» sozialmedizinisch: Das voreheliche Ausleben des Geschlechtstriebes beim Mann sei quasi biologisch notwendig (nach dem gängigen Motto: «sich die Hörner abstoßen»).

Gegen das Gift der Bordelle hilft nur die Erziehung

... ich glaube zur Behauptung berechtigt zu seyn: daß die *Obrigkeit ein Gift aus ihrem Staatskörper treibt, wenn sie weder Staatsbordelle authorisirt, noch Privatbordelle duldet* ... [79]

Durch Strafgesetze werdet Ihr freilich nie ein unzüchtiges Volk zur Keuschheit zwingen; es würde Eure Befehle spotten. Verbesserte Erziehung ist nur allein das Hülfsmittel den Hang zur Sinnlichkeit unmittelbar anzugreifen und allmählig auszurotten;[1] aber was hilft alle bessere Erziehung der aufblühenden Generation, wenn sie in der wirklichen Welt tausend Anreize zum Laster findet, wenn ein giftiger Hauch die schönen Früchte in einem Augenblick welket, wovon der Erzieher den Keim im jugendlichen Herzen mit Jahre langer Sorgfalt pflanzte und pflegte?

Quelle: Freudenberg, 1796, S. 78f. 1 Der «Hang zur Sinnlichkeit» wird als «Gift» verteufelt und dessen Ausrottung empfohlen – der entscheidende Ausgangspunkt der sich etablierenden (bürgerlichen) Sexualmoral.

Aus der Berliner Bordell-Ordnung von 1792

Verordnung wider die Verführung junger Mädchen zu Bordels und zur Verhütung der Ausbreitung venerischer Uebel de dato Berlin, den 2. Februar 1792 ... [126]

[Erstens] Darf niemand ein Bordel anlegen, und für Lohn Hurerey treibende Dirnen halten, ohne sich vorher dazu bei dem Polizeydirektorio gemeldet und schriftliche Erlaubniß erhalten zu haben. Wer dawider handelt, soll, nebst gänzlicher Aufhebung solcher seiner Wirthschaft, mit ein- bis zweyjährigen Zuchthausstrafe belegt werden. ... [130]

Verspürt nun eine Hure an sich, daß sie angesteckt ist; so muß[1] sie niemanden mehr zum Beischlaf zulassen, sondern sofort sowohl ihrem Wirth, als dem Wundarzt des Reviers, solches anzeigen, worauf unverzüglich für ihre Heilung gesorgt werden soll. Unterläßt sie dieses; so soll sie nach ihrer völligen Heilung, das erstemal mit dreimonatlicher Gefängniß- im Wiederholungsfall aber mit sechsmonatlicher Zuchthausstrafe, nebst Willkommen und Abschied, bestraft werden. ... [141]

Ueber diese Heilungskasse[2] wird ordentliche genaue Rechnung gehalten, und aus derselben soll jede inficirte Lohnhure sofort in die Charite[3], ohne einige weitere ihr oder ihrem Wirthe abzufordernde Kosten, aufgenommen, gründlich kurirt, bis dahin ordentlich verpflegt, und nach ihrer völligen Herstellung, ohne sie, wie bisher geschehen, auf einige Monate ins Arbeitshaus[4] zu bringen, entlassen werden ...

Quelle: Freudenberg, 1796, S. 125–142. 1 Das bedeutet: darf. 2 Wie zuvor erläutert: aus Beitragszahlungen der Bordellbetreiber. 3 Berliner Charité. 4 Analog der Gruppe der «Irren» wurde auch die der Prostituierten aus den Arbeitshäusern als sozialen Disziplinierungs- und Sicherungseinrichtungen herausgenommen, um sie dem (oft nicht weniger harten) Regime der Ärzte anzuvertrauen.

Plädoyer gegen die bevorstehende Einrichtung von Staatsbordellen

Doch hat unser Regent[1] herrliche Absichten bei Anlegung dieser saubern Institute. Ich kenne sie: – man sieht Anstalten der Art für *mala necessaria*[2] an – denn 1.) die Venus[3] soll nicht mehr, wie bisher, so schädlich seyn – 2.) der Kindermord[4] soll vermindert werden: 3.) die Ehen sollen gesicherter seyn, und fremde Weiber nicht, mit Horatz[5] zu reden, permoliret[6] werden. Herrliche und trefliche Absichten – ich gestehe es – alleine das erreicht man auf andern Wegen eher, als durch Anlegung öffentlicher Bordelle. – Bordelle sind ein unreines von der Moral verworffenes, das Uebel nicht aus dem Grunde heilendes, denn nur in etwas linderndes Pflaster: geht tiefer Doctoren! – Spürt dem Unrath nach – zapft und leitet den ab, dann schließt sich die Wunde, die wüste Eyternbeule[7] von selbsten – das Pflaster ist dann entbehrlich.

Quelle: «Staatsbordelle», 1787, S. 16; die Initialen «H. B.» des Herausgebers konnten nicht entschlüsselt werden. 1 Nicht zu identifizieren. 2 Notwendige Übel. 3 Als Ursache des «venerischen Übels» (Syphilis). 4. Gemeint: Kindsmord (von Neugeborenen). 5 Horaz (65–8 v. Chr.), röm. Dichter. 6 Lat. *permolo* = zermahlen, hier: beschlafen; Horaz (Serm. L. 1.2) wird in diesem Kontext zitiert: «Non alienas permolere uxores» (l.c., S. 10). 7 Als Metapher für das soziale Geschwür.

Scheintod und Lebensrettung

Die Angst, lebendig begraben zu werden

Der Scheintod ist ein immer wiederkehrendes Thema in der Kulturgeschichte. Er bot reichhaltigen Stoff für religiöse Betrachtungen, Märchen und Legenden. Scheintote – z.B. Gehenkte – spielten in der neuzeitlichen Medizin eine makabre Rolle: Sie traten bei geplanten Sektionen sozusagen als Spielverderber auf, wenn sie unter dem Seziermesser eines Anatomen wieder zum Leben erwachten. Sammlungen von Fallberichten – einschließlich solcher aus der frühen Neuzeit mit z. T. legendärem Inhalt – kursierten im 18. Jahrhundert und erhitzten die

Gemüter. Die Angst des Publikums, bei lebendigem Leibe begraben zu werden, verband sich mit dem Anliegen der philanthropischen Ärzte, den betroffenen Menschen vor einer solchen Grausamkeit zu schützen. Die Problematik des Scheintodes betraf auch bestimmte Unfallopfer, insbesondere (scheinbar) Ertrunkene. Es ist bemerkenswert, daß im ausgehenden 18. Jahrhundert erstmals eine Lebensrettungsgesellschaft in England gegründet wurde, die sich Ärzte in anderen Ländern zum Vorbild nahmen. Bei der Erweckung vom Scheintod wurden Erste-Hilfe-Maßnahmen und Methoden der Reanimation eingesetzt, die grundsätzlich z. T. heute noch praktiziert werden.

Literatur: Koch, 1990; Patak, 1967;

Versuchte Sektionen erwecken zum Leben

Ein vornehme Frau in Spanien, die einen Anfall von Mutterwürgung[1] (*de suffocation hysterique*) bekommen hatte, ward, ohne daß man ihr weiter helfen konnte, für todt gehalten, und man ließ einen berühmten Zergliederer kommen, der sie öffnen sollte, weil man vielleicht die Ursache ihres Todes gern erkünden wollte. Bey dem zweyten Schnitt mit dem Messer kam sie wieder zu sich selbst, und gab durch das Geschrey, welches ihr das unglückliche Werkzeug abzwang, offenbare [214] Kennzeichen ihres Lebens von sich. Dieses traurige Schauspiel verursachte bey den Anwesenden eine so große Bestürzung, und einen solchen Abscheu, daß dieser Arzt genöthiget ward, ... nicht allein aus der Stadt, ... sondern auch so gar aus der Provinz wegzugehen ...

Quelle: Bruhier, 1754, S. 214; Jean Jacques B. (gest. 1756); der Text wurde dem Traktat «De causis mortis ...» (Venedig 1615) des Venezianer Arztes Dominicus Terillus (Anfang 17. Jh.) entnommen. 1 (Hypothetischer) Gebärmutterkrampf (*suffocatio uteri*), der traditionell als →*Hysterie* definiert wurde.

Ein scheintoter Gehenkter entkommt den Anatomen

Sein[1] Herr Vater hatte einen lüderlichen Kutscher, der bey einer Schlägerey, die er zu Lion[2] an einem übel berüchtigten Orte bekam, einen Menschen um das Leben brachte. Er ward den Augenblick in Verhaft genommen, und zum Strange verdammet, welches denn auch geschahe. Da nun die Wundärzte der Stadt seinen Körper erhalten hatten um an demselben eine Zergliederung[3] vorzunehmen, so ward derselbe in eine Kammer gebracht, und daselbst auf einem Tische hingeleget. Als sie hierauf den andern Morgen kamen, um ihn zu zergliedern: so fanden sie ihn daß er in den Camin pissete, und ließen ihn fortgehen.

Quelle: Bruhier, 1754, S. 621; diese Fallgeschichte übernahm Bruhier wahrscheinlich von Camille Falconet (1671–1762), Sproß einer traditionsreichen französischen Arztfamilie. 1 D.h. Falconets. 2 Lyon. 3 Wundärzte führten zu Übungszwecken gerne Sektionen durch.

Schwängerung einer Scheintoten

Ein junger Herr von Adel ward dazu gezwungen, daß er ohne den dazu nöthigen Beruf in einen geistlichen Orden treten, und also ein trauriges Schlachtopfer des Ehrgeizes seines Vaters abgeben mußte. Nachdem er sein Gelübde abgeleget, jedoch die geistlichen Orden noch nicht empfangen hatte: so that er eine Reise, und fand in einem Gasthofe, wo er abstieg, den Herrn und die Frau in der größten Betrübniß. Sie hatten ihre einzige Tochter verloren, deren Schönheit sehr groß war, welcher Vortheil sie nebst ihrem Reichthum hatte hoffen lassen, daß sie dieselbige vortheilhaft würden anbringen[1] können. Weil [63] diese Tochter erst den folgenden Tag beerdiget werden sollte: so bat man den Mönch, daß er sie die Nacht über bewachen möchte. Das was er von ihrer Schönheit gehöret hatte, reizete seine Neubegierde, daß er das Gesichte der für todt gehaltenen Person aufdeckete, in welchem er, anstatt solches durch die Todesangst ungestalt zu finden, reizende Annehmlichkeiten fand, welche nicht allein machten, daß er die Heiligkeit seiner Gelübde vergaß, sondern auch bey ihm die traurigen Gedanken erstickten, welche der Tod natürlicher Weise erwecket, und ihn bewogen, daß er sich bey der todten Person eben die Freyheiten nahm, welche ein Ehebindniß bey deren Leben vor erlaubt hätte machen können. So bald solches geschehen, erwog er die Häßlichkeit seiner That, und da er sich wegen seines begangenen Verbrechens schämte: so reisete er den andern Morgen schleunig fort. Weil nun der Schlaf des

Mädgens beständig fortwährete: so machte man Anstalt, ihr die letzte Ehre zu erweisen. Als man sie aber zu Grabe trug: so merkte man einige Bewegung in dem Sarge. Man eröffnete ihn; fand das Mädgen auferwacht; legte sie daher wieder in ein Bette; und sie ward wieder gesund[2] ... [64]

Nach verflossenen neun Monaten brachte sie ein Kind zur Welt, das so schön war, als der Gott, der es gebildet hatte, und das Mädgen, welches ein Spott der Stadt, wo sie wohnte, und eine Schmach der Aeltern geworden war, ward in ein Kloster gestecket.[3]

Quelle: Bruhier, 1754, S. 62–64. 1 Verheiraten. 2 Entsprechende Geschichten werden aus dem 17. Jh. häufiger berichtet. Sie stoßen im 18. Jh. auf eine gewisse Skepsis, obwohl man ihnen «nicht allen Glauben ganz und gar absprechen» wolle, wie in einer Fußnote angemerkt wird. (S. 62) 3 Die Geschichte findet schließlich ihr *happy end:* Der Kindsvater entdeckt das Mädchen und ehelicht sie.

Tracheotomie und künstliche Beatmung

Wir können hieraus[1] schließen 1) daß das Einhauchen in den Mund der Gehangenen eine sehr gute Art ist, sie wieder lebendig zu machen; 2) daß wenn man nicht durch dieses Mittel seinen Endzweck erreichet, man alsdenn bey ihnen die Operation der Tracheotomie vornehmen, und [619] durch den gemachten Einschnitt in die Lungen Luft hineinblasen kann; 3) daß man nicht nachlassen muß[2], wenn gleich dieses Mittel etliche mahl umsonst versuchet wird ... 6) daß man genugsamen Grund hat, zu glauben, es sey ein sehr kräftiges Mittel die Erhenkten wieder in das Leben zurück zu bringen, wenn man ihnen Luft in das Blut brächte, welche vermittelst eines Röhrgens in irgend eine Blutader könnte hineingeblasen werden. ... [620] ich kenne aber aus dieser ursache so wohl, als wegen der Leichtigkeit sie zu finden, und wegen der Größe des Canals keine, die dazu bequemer wären, als die äußeren Blutadern des Halses.[3]

Quelle: Bruhier, 1754, S. 618. 1 Bezogen auf die zuvor geschilderten Hundeversuche bei der Royal Society. 2 Darf. 3 Aus heutiger Sicht eine absolut lebensbedrohliche Methode!

Methoden zur Lebensrettung von scheinbar Ertrunkenen

Nach einigen Versuchen von kurzer Dauer hält man diejenigen, deren Lebenslicht ausgelöschet zu seyn scheint, für völlig todt, und läßt sie liegen; sonderlich, wenn sie lange Zeit, als z. E.[1] etliche Stunden im Wasser geblieben sind. Man giebt sich auch bey diesem letzten Umstande nicht einmal die Mühe, das geringste zu ihrem Besten zu versuchen. ... [788]

Eines von den Mitteln, deren man sich bey wieder zurecht gewordenen Ertrunkenen bedienet hat, hat auch darinne bestanden, daß man sich eines Strohhalmes, oder einer kleinen Röhre bedienet [789] hat, um ihnen warme Luft in den Mund, oder in die Gedärme zu blasen. In diese letzten hat man sie auch mit gutem Erfolge, vermittelst eines Blasebalges gebracht. Man kann sich auch dazu einer Sprütze bedienen. ...

Was aber vielleicht das allerbeste seyn dürfte, ist dieses, wenn man in die Gedärme den Tobacksrauch aus einer Pfeife hinein bliese. Einer von unseren Akademisten[2] ist Zeuge gewesen, was dieser Rauch bey einem Ertrunkenen für eine geschwinde und glückliche Wirkung gethan hat. Eine zerbrochene Pfeife kann anstatt der Röhre dienen, durch die man den Rauch in den Körper hineinblasen kann, den man aus der ganzen Pfeife sauget.[3]

Quelle: Bruhier, 1754, S. 783–789; Auszug aus «Herrn Reaumürs Vorschlag wie denjenigen zu helfen sey, die man ertrunken zu seyn glaubet.» René Antoine F. Reaumur (1683–1757), französischer Arzt und Naturforscher. 1 Zum Exempel. 2 Pariser Akademie der Wissenschaften. 3 In einer Fußnote wird auf die damals praktizierten Rauchklistiere und diesbezüglichen Spezialinstrumente verwiesen.

Scheintod durch Blitzstrahl

Im Julius[1] wurde zu Rahnenwerder, einem Dorfe in der Neumark [des] Arenswaldschen Kreises[2], ein Bauersmann, der ins Feld auf seinen Acker gegangen war, von einem Blitzstrahl getroffen. Man hielt ihn für todt. Nach drey Tagen, da man nicht die geringsten Spuren seines Wiederauflebens bemerkte, sollte die Leiche beygesetzt werden. Der Scheintodte wurde wirklich zu Grabe getragen. Es ist aber hier Gebrauch, am Grabe noch einmal den Sargdeckel abzunehmen, und die Leiche den

Umstehenden zu zeigen. Bey dem Abnehmen des Sargdeckels bemerkte man, daß die Leiche einen Finger bewegte. Man ward darauf aufmerksam; klopfte am Sarge, rührte den Leichnam an, und nach wenigen Augenblicken kehrte der Todte völlig ins Leben zurück. Der Bauersmann soll noch leben und nach wie vor seine Arbeiten verrichten.

Quelle: Köppen, Hrsg., 1800, S. 29. 1 Im Jahr 1797. 2 In der Neumark Brandenburg, in der Nähe von Stettin.

Ein scheintoter Knabe

In Wien starb[1] der eilfjährige Sohn eines Pförtners. Als er schon einige Tage dem Scheine nach todt gelegen hatte, und Anstalten zu seinem Begräbniß gemacht wurden, machte der Knabe im Sarge unvermuthet die Augen auf, und rief: Mutter, Koffee [sic!]! Er soll noch leben.

Quelle: Köppen, Hrsg., 1800, S. 32. 1 Im Jahr 1791.

Die englische Gesellschaft zur Rettung Scheintoter

Es ist bereits ein Zeitraum von 20 Jahren seit der Errichtung der Societät[1], der Gesellschaft zur Rettung Scheintodter in England verflossen. ... [19] Noch immer herrscht die abgeschmackte und verderbliche Vorstellung in aller ihrer Kraft, da man annimmt, der Tod erfolge in dem Moment als das Athemholen nachlasse. Unbesonnenheit und Ignoranz, die stets das Vorurtheil zum Begleiter hatten, hören nicht auf das Menschengeschlecht zu verderben. Der Mensch ist immer noch der Henker seines unschuldigen Bruders, und noch werden eine Menge Opfer dem schrecklichen Tode, dem Tode in der Gruft geweiht. – Es gewährt der Gesellschaft ein unaussprechliches Vergnügen, daß sie nun im Stande ist, ihre Beweise für einen eben so interessanten, als sonderbaren Gegenstand mit denen der andern Nationen zu vereinigen, nämlich viele Menschen, die scheintodt waren, wurden durch sie wieder ins Leben gebracht. ... [20] Diese menschenfreundliche [21] Gesellschaft zur Rettung Scheintodter hat seit 1774–1776 zweytausend einhundert und siebenzig Menschen dem Tode entrissen.

Quelle: Köppen, Hrsg., 1800, S. 17–21. 1 Royal Human Society.

Zum Stiftungsfest der «Humanitäts-Societät» 1796

Erhaben und rührend ist die Feyer des jährlichen Stiftungsfestes, wo die Listen der Retter und Geretteten öffentlich verlesen, die Rechnungen vorgelegt, und die Prämien bestimmt werden. Das Stiftungsfest am 22sten Julius 1796, war besonders glänzend. Es wurden Gesänge auf den erhabenen Gegenstand der Menschenrettung gesungen, begleitet von der herrlichsten Musik. Und welch ein Schauspiel !! Es erschien eine zahlreiche Procession von Männern, Weibern und Kindern, die allesammt der Humanitäts-Societät ihr Leben verdankten, in verschiedenen Truppen. Jeder Trupp hatte seine Fahne mit einer Inschrift. Auf der ersten Fahne standen die Worte *Dank dem höchsten Wesen*; auf der zweyten: *Erweckung*. Darauf folgten die zur Rettung Verunglückter von der Gesellschaft verordneten Aerzte, darauf die Lebensretter unter Anführung von D. Lettson[1]; darauf [23] ein Trupp mit einer Fahne und der Inschrift: *Göttliche Barmherzigkeit*, dann einer mit der Inschrift: *Humanität*, auf der lezten Fahne las man die Worte: *Wiederkehr ins Leben.*

Quelle: Köppen, Hrsg., 1800, S. 22f.; der Bericht wurde von Christian August Struve (1767–1807) verfaßt, einem Arzt in Görlitz, bekannt durch die Publikation von populären medizinischen Ratgebern.

1 John Coakley Lettson (1744–1815), angesehener Arzt in London, Philanthrop, Gründer der «Royal Human Society».

Siebenter Teil
Zur Kehrseite der «Medizin der Aufklärung»

Dämonologie

Der traditionelle Geister- und Teufelsglaube und seine Kritik

Die Dämonologie ist eine wichtige Grundlage der religiösen Heilkunde. Daß Schmerzen und Krankheiten durch («böse») Dämonen, «Plagegeister», verursacht werden, entspricht einer archetypischen Vorstellung, die uns bereits in den frühen Hochkulturen (z.B. Mesopotamien) entgegentritt und zu allen Zeiten ihre Wirkung entfaltete. In Renaissance und früher Neuzeit versuchten Naturforscher und Ärzte, die Dämonologie naturphilosophisch von ihrem «abergläubischen» Ballast zu befreien. Freilich waren die dämonologischen Implikationen im wissenschaftlichen Diskurs der frühen Neuzeit gerade beim Schlüsselbegriff der →*Imagination* weiterhin spürbar – es sei hier nur an Begriffe wie «Elementargeister» (Paracelsus), «krankmachende Idee» (van Helmont) oder «Nervenspiritus» erinnert. Freilich lebte der alte Geister- und Teufelsglaube weiter und wurde selbst von kritischen Gelehrten nicht gänzlich verworfen. Bis weit ins 18. Jahrhundert blieben Hexerei und Schadenszauber ein verbreiteter Diskussionsgegenstand. Die vorliegenden Texte zeigen allgemein, wie sehr sowohl gelehrte Welt als auch Alltagsleben in der ersten Hälfte des 18. Jahrhunderts noch dämonologisch «infiziert» waren und mit welchen Problemen ein Wegbereiter der Aufklärung wie Christian Thomasius (1655–1728) zu kämpfen hatte. Die medizinische Bedeutung von →*Besessenheit und Exorzismus* soll an einem historischen Fallbeispiel dargestellt werden.

Literatur: Gräße, 1843; Müller-Jahncke, 1985; Petzold, 1990.

Die Bergmännlein als Geister

Die Berg-Männlein sind böse Engel/ welche in angenommenen Leibern und sonderlich Bergmannsgestalt/ durch Göttliche Zulassung in denen Schächten die Leute zu äffen/ erscheinen. … Zwar führen diejenigen/ so in denen Schachten arbeiten selbsten diesen Nahmen/ daß sie Bergmänner oder Männlein genennet werden[1]/ welches aber hieher nicht gehöret. Sonst aber haben unsere Berg-Männlein noch andere Nahmen mehr/ man nennet sie Berg-Gespenster/ Erd-Männergen [9]/ Zwerglein/ Erd-Kobold/ die Griechen nennen sie Erd-Teuffel/ die sich unter der Erden aufhalten die Teutschen aber/ die Wichtelein/ Bergmännlein Schrötlein/ ... [10]

Die Erste und allergröbste Meinung ist des *Paracelsi*[2], welcher diesen Männlein recht irrdische Leiber zueignet/ welche mit den [sic!] menschlichen Leibe ziemlich übereintreffen sollen/ indem er vielleicht auf diesen Schluß/ welchen man aus seinen weitläufftigen *Discours* leicht heraus ziehen kan/ verlassen: welche uns in die Augen und Sinnen fallen/ aus Blute bestehen/ und endlich sterben/ die sind fleischlich oder leiblich[3]. Nun aber sind diese Bergmännlein also beschaffen: Darumb müssen sie einen rechten natürlichen Leib haben. Denn von diesen Bergmännlein schreibt er ausdrücklich: Sie haben Fleisch und Blut wie die Menschen. Und bald darauf: [11] Sie sterben ab nach langen [sic!] Leben. ... Der Nachsatz aber in angeführter Schluß-Rede taugt gantz nichts/ es sey denn/ daß es zuvor bewiesen werde/ daß solche Männlein Fleisch und Blut haben/ und sterben können/ davon aber *Paracelsus* geschwiegen/ und auch wohl ewig schweigen wird/ weil er ihnen wohl schwerlich wird zur Ader gelassen/ oder gar einen *anatomi*ret/ oder ihn zu Grabe getragen haben[4]. ... [37]

... diejenigen Waffen[5] [gegen die Geister] ... sind/ der Glaube/ das Wort Gottes/ die Erinnerung seines [38] Beruffs/ das Gebet/ und die Engel-Wache/ welches alles/ wenn es unsers Vorhabens wäre/ wir hie weitläufftig wiederholen könten. Denn die Geister müssen auch mit geistlichen Waffen/ dergleichen diese sind/ vertrieben werden/ wenn wir mit diesen wohl versehen seyn/ so können wir nicht alleine wider alle Anläuffe des Teufels/ sondern auch wider diese Berg-Gespenster zu allen zeiten bestehen.

GOTT allein die Ehre.

Quelle: Rumpelius, 1702, S.8–38; Autor nicht identifiziert. Der Text zeigt die bis ins 18. Jahrhundert hineinreichende Schubkraft des Paracelsismus. 1 Auf die Bergleute («Knappen») in der frühen Neuzeit konnten aufgrund ihrer geringen Körpergröße und äußeren Erscheinung leicht Vorstellungen von Zwergen und Kobolden projiziert werden. 2 Der Originaltext verweist an dieser Stelle auf die (pseudo)paracelsische Schrift «De Occulta Philosophia» (Sudhoff-Ausgabe der Sämtlichen Werke, 1. Abt., Bd. 14, S. 513–544), die jedoch auch anderen («echten») Texten entspricht. 3 Nach Paracelsus haben die Bergmännlein im Gegensatz zum Menschen keine unsterbliche Seele. 4 Daß die Bergmännlein «Fleisch und Blut» haben, bedeutet bei Paracelsus, daß sie als Elementargeister erdgebunden («viehisch») sind und keinen himmlischen oder «englischen» Anteil haben. 5 Waffen gegen die Geister müssen – auch nach Paracelsus – selbst geistiger («geistlicher») Art sein, damit sie wirken.

Viehpest durch «zauberische Künste» hervorgerufen?

... gleichwie in andern gemeinen *morbis sporadicis*[1] des Viehes offtmahls Küh-Aertzte/ Quacksalber/ und dergleichen Gesindel diesen oder jenen *morbum* des Viehes/ bey dem tummen Bauers-Volcke vor etwas behextes beständig auszugeben pflegen/ und damit bey selbigem mit ihrer *absurden* und betrügerischen *Medication* vor allen andern vollkommenen *Ingress* finden mögen ... [68] Also halte ich auch davor/ daß offtermals die Hencker[2] und anderes dergleichen Gesindel das gemeine und unvorsichtige Volck entweder aus *eigenem Irrthum*/ oder aber vielmehr aus *Vorsatz und Leichtfertigkeit*[3] bereden/ diese und dergleichen *epidemi*sche Seuchen *dependi*ren[4] von einer Hexerey oder Bezauberung/ um nur von der Einfalt des Pöbels zu *profiti*ren/ und selbigen dahin zu *disponi*ren/ daß er sie zu *curation*[5] solches Ubels mit gnugsamer Belohnung dinge/ als worinnen sie allein Meister zu seyn/ die Einfältigen vorlängst beredet haben. ... [65]

Was nun aber diese itzige Vieh-Pest insonderheit anbetrifft/ so wird wohl meines Erachtens niemand mit Grunde erweisen können/ daß dieses Unheil in unserm Schlesien durch eine dergleichen Menschlich-teufflische Boßheit zu erst erreget/ oder auch nachgehends *effective* vermehret worden/ weil doch dieselbige nach der oben *recensi*reten *Historie* offenbahrlich *per Contagium*[6] mit dem *infici*reten Polnischen Viehe zu uns überbracht[7]/ zeither überall auf gleiche Weise weiter und weiter fortgeschleppet ... worden.

Quelle: Kanold, 1713, S. 67f.; Johannes K. (1679–1729), Breslauer Arzt, der durch epidemiographische Beschreibungen von zeitgenössischen Pestepidemien bekannt wurde. 1 Nichtepidemische Krankheiten. 2 In der Volksmeinung wurden Henkern bzw. Körperteilen von Hingerichteten therapeutische Fähigkeiten bzw. Eigenschaften zugeschrieben (vgl. Angstmann, 1926). Dies wurzelt kulturhistorisch im religiösen Opferkult. 3 Betrug und Selbstbetrug (psychologisch: Suggestion und Autosuggestion) gehen bei den Quacksalbern Hand in Hand. 4 Ableiten von. 5 Heilung. 6 Kontagium bedeutet in vorbakteriologischer Zeit der hypothetische Ansteckungsstoff, der eine Seuche überträgt. 7 Ein in der Seuchengeschichte üblicher Projektionsmechanismus: Hier wird als Quelle des Unheils nicht der Teufel in Schlesien, sondern das polnische Vieh ausgemacht.

Hexereien haben natürliche Ursache

Es ist aber nichts, welches mehr erhärtete, daß alles dasjenige, was die Teuffel, oder die so genannte[n] Hexen in dem menschlichen Leibe zu wege bringen, durch natürliche Mittel geschehe, und aus natürlichen Ursachen herkomme: Denn alle die Kranckheiten, so durch natürliche Ursachen und Kräffte *curir*et werden, müssen nothwendig in dem menschlichen Leibe durch natürliche Mittel[1] erwecket seyn.

Quelle: Webster, 1719, S. 435; John W. (1610–1682), englischer Geistlicher, Naturphilosoph und Arzt, publizierte 1677 die Schrift «Displaying of Supposed Witchcraft», die mehrere Auflagen erlebte und 1719 von Thomasius ins Deutsche übersetzt wurde. 1 Die klassische Position der «Magia naturalis», wodurch der Bereich der «übernatürlichen» Krankheiten und Heilmittel tendenziell minimiert wird.

Ablehnung des Teufelsglaubens

Ich bleibe ... dabei, daß ich nicht glaube, daß iemahls [35] der Teufel mit denen Hexen *Pacta*[1] gemachet, sich mit ihnen vermischet, noch sie auf den Blockers-Berg[2] geführet habe, ich glaube auch nicht, daß ihm GOTT solches zulasse, noch die Krafft gegeben, daß er dergleichen Dinge vermittelst seiner natürlichen Kräffte thun könne. ... [36]

Ich glaube, daß alle die andern Historien, die ausser der heiligen Schrifft von der Erscheinung der Geister oder Gespenster handeln, entweder gantz falsch, oder doch mit vielen fabelhafften Umbständen ausgeschmückt seyn. Dergestalt, daß z. E. unter

24. Aufklärerische Karikatur zum Hexenwahn

Webster, 1719, Frontispiz

Legende:

«Hier siht mann Sonnenklar, daß Hexen in der Welt,
Da eines Träumers Kopff wohl tausend in sich hält.»

hunderten zum wenigsten neun und neuntzig gantz falsch, die hundertste aber nach Gelegenheit mit zwey Drittel, oder auch wohl drey Viertel falschen Umbständen gezieret sey. Ich glaube, daß diejenigen, so selbige erdichtet, solches entweder aus einer gut-gemeynten *Intention* und so genandten *pia Fraude*[3] (davon in *Jure Canonico* mehr nachzusuchen) gethan; oder aus offenbar böser *Intention* und Spitz-Büberey, Hurerey, Diebstahl und andere dergleichen gottlose Thaten, ohngehindert auszuüben, andere aber aus Einfalt und Leichtgläubigkeit dieselbe weiter fortgepflantzt [...]. [37]

Ich glaube daß der Teufel ein Geist[4] sey, der noch heute zu Tage in vielen Menschen böses würcke ....

Quelle: Thomasius, in : Webster, 1719, S. 34–37; Christian T. (1655 bis 1728), Jurist und Philosoph, war ab 1694 Professor in Halle. Er gilt als ein wichtiger Wegbereiter der deutschen Aufklärung. 1 Der Teufelspakt definierte die «Hexen» als solche. 2 Blocksberg ist der volkstümliche Name für den Versammlungsplatz der Hexen, zumeist auf den Brocken bezogen. 3 *Pia fraus* (lat.) heißt frommer Betrug. 4 Diese Art Vergeistigung der Teufelsgestalt verlegt den Handlungsort in das geistige bzw. psychische Innenleben des einzelnen, ohne daß die Realität des «Bösen» als solche geleugnet würde.

Thomasius über die eingebildete Geisterseherei

Gleichwie nun die bißher angeführte *specimina*[1] sattsam zeigen, daß *Beaumont* ein ehrlicher Mann gewesen, der alles herausgesagt wie es ihm um das Hertze war, und daß man ihme wohl Glauben beymessen könne, daß alles dasjenige, was er von sich meldet, daß er die Geister so vielmahl gesehen und gehöret habe würcklich und in der That also in seinem Gehirn, oder *glandula pineali*[2], oder deutlicher und vernünfftiger zu reden, in seiner Einbildung[3] also vorgegangen sey; also ist auch seines Orts nicht zu verwundern, daß er dasjenige, was er gerne wolte, daß die Leute von ihm glauben solten, andere Leute geglaubet ....

Quelle: Thomasius, in: Beaumont, 1721, Vorrede. Die englische Originalausgabe von Beaumonts vielbeachteter Schrift erschien in London 1705. 1 Insbesondere die von Beaumont zuvor geschilderten persönlichen Erfahrungen. 2 Zirbeldrüse; nach Descartes Wohnsitz der Seele. 3 Nur die psychische Realität der Einbildung, nicht die Realität der Geister wird hier anerkannt: ein klassisches Argument der späteren medizinischen Psychologie bis hin zur Psychoanalyse.

Teufel und Gespenster sind nur Einbildungen

Wenn sich ... einer einen verstorbenen Menschen oder den Teufel einbildet: so ist zwar das Bild des Verstorbenen oder des Teufels vor seinen Augen; aber der Verstorbene oder der Teufel selbst ist nicht da; der Verstorbene [60] sowohl, als der Teufel sind abwesend. Was soll ich aber erschrecken vor dem bloßen Bilde, welches mir meine Einbildung[1] vormachet? Warum soll ich mich fürchten vor dem Verstorbenen, oder vor dem Teufel, die doch abwesend sind? Die Furcht erwecket nur unsere *Seelenkraft zu erdichten*, daß sie zu diesem Bilde noch schrecklichere Sachen hinzudichtet und solche vergrößert. Man sage und erkläre, daß die Einbildungskraft nicht nur in einem, sondern in allen *fünf Sinnen* des Leibes entwerfe, was sie vorstellet, und daß diese Wirkungen der Einbildungskraft außer ihr kein Daseyn haben. Ist man einmal dieser Wohlthat[2] theilhaftig geworden, so wird man alle die Räthsel von Hexen und Gespenstern, von Geistern und Vampyren, u.s.w. aufgelöset finden ... Auf diese Weise werden die Geister und Gespenster sammt den Truten[3] und Hexen gewiß entweder gar verschwinden, oder doch unendlich vermindert werden.

Quelle: Einzinger, 1775, S. 59f.; Johann Martin Maximilian E. von Einzing (1725–1798), ab 1760 «öffentlicher Notar» in München. 1 Bei der Entzauberung der Geisterseherei spielt der Begriff der Einbildung eine zentrale Rolle. 2 Die Nichtigkeitserklärung der gefürchteten Geister wird als Wohltat empfunden. 3 Die weibliche Trute (mhd.), Trud, Drud wird zu den gespenstischen Wesen der Mare und Alpdrücker gerechnet (männliches Pendant: «Truder, Trudner»).

Besessenheit und Exorzismus

Massenexorzismus als Heilspektakel: der Fall Joseph Gaßner

Die Dämonologie spielt in der gesamten Medizingeschichte eine fundamentale Rolle: Sie verhält sich als Kernstück der religiösen Heilkunde komplementär zur empirisch-rationalen (Schul-)Medizin. Die Besessenheit mit bösen Geistern oder gar dem Teufel erschien im christlichen Abendland vor allem im Mittelalter als eine wichtige Krankheitsursache, die durch Exorzismus zu beseitigen war und vor der man sich durch Gegenstände (z.B. Amulette) oder Rituale (z.B. Gebete) zu schützen hatte. Nicht nur im Bereich der katholischen Kirche fungierten Geistliche qua Amt als Exorzisten. Im Kontext der Gegenreformation legte die katholische Kirche im Rituale Romanum von 1614 enge Kriterien für die (echte) «Besessenheit» fest. Freilich wurde es nicht von allen Priestern, die sich als Heiler betätigten, beachtet. So trat der Jesuitenpater Joseph Gaßner um 1775 als Massenexorzist auf. Da nach seiner Meinung *alle* Krankheiten ausnahmslos vom Teufel und seinen Heerscharen verursacht würden, sei der Exorzismus dementsprechend das Allheilmittel. So veranstaltete er in Süddeutschland seine eindrucksvollen Spektakel, die Tausende von Menschen anzogen. Die erhaltenen Protokolle von Augenzeugen lassen erkennen, daß Gaßner keinerlei Auswahl unter den Heilsuchenden traf, die unter den verschiedensten Symptomen litten, deren Krankheitswert aus heutiger Sicht in der Regel nicht mehr diagnostiziert werden kann. Gaßners Exorzieren erinnert an kathartische Verfahren der modernen Psychotherapie, welche das Erbe religiöser Heilmethoden z.T. übernommen hat. Gleichwohl wird der (religiöse) Exorzismus auch heute noch praktiziert.

Literatur: Ernst, 1972; Meissner, 1984; Meissner, 1985; Hanauer, 1985.

25. *Der Exorzist Gaßner in Aktion*

Gaßner, 1775, Frontispiz; Kupferstich aus Augsburg, ca. 1770

Gaßners These: Der Teufel kann die natürlichen Krankheiten nachahmen

Gleichwie der Satan alle Menschen an der Seele pflegt anzufechten, also kan er auch alle Menschen ohn Unterschied des Geschlechts oder Stands anfechten am Leib, durch Nachahmung der natürlichen Krankheiten.[1] Daher kommt es, daß so viele Menschen unheylbare Krankheiten haben, obwohl sie alle mögliche natürliche Hülfsmittel von denen Arzneyverständigen gebraucht, weil nemlich sehr oft die Krankheit entweder nicht natürlich, oder weil bey dem Natürlichen etwas Unnatürliches sich vereiniget findet. Dessentwegen aber will ich nicht verstanden werden, als wann es keine natürliche Krankheiten geben sollte, sondern nur andeuten, daß sehr oft Unnatürliche vom bösen Geist gemacht werden, durch eine pur lautere Versuchung[2], welche man natürlich zu seyn vermeinet, und zwar auf dreyerley Weise, erstlich *Physice*[3], oder durch würkliche Schmerzen, auf eine dem Teufel bekannte Weise, *applicando activa passivis*[4]. Zweytens *imaginative*[5] durch eingebildeten [sic!] Schmerzen, da der böse Feind in der Phantasie oder Einbildungskraft, als wie bei einem traumenden Schmerzen vorstellen kan, als wenn sie würklich wären, da sie in der That keine sind. Drittens *per naturam*[6], oder daß er natürliche Feuchtigkeiten, Flüß, Geblüt, [21] und andere Sachen also weißt, Vermög seines beybehaltenen Verstands, von einem Ort zu dem andern zu führen, wodurch das Uebel zugleich natürlich, aber auf- und von unnatürlicher Kraft ist verursacht worden; in welchen Fällen kein pur natürliche Arzney vollkommene Hülf leisten kan, sondern sind auch geistliche Mittel zu gebrauchen.

Quelle: Gaßner 1774, S. 20. 1 Nachahmung als teuflische Verstellung. 2 Versuchung durchaus im Sinne der ursprünglichen Bedeutung von «Suggestion» als teuflischer Einflüsterung (vgl. Schott, 1984, S. 106). 3 Somatisch. 4 Quasi als Infektion. 5 Die →*Imagination* impliziert traditionell dämonologische Vorstellungen. 6 Dieser Mechanismus bedeutet, daß tendenziell alle Krankheiten vom Teufel verursacht sind und dementsprechend durch Exorzismus zu heilen sind.

Gaßners Exorzismus eines Anfallsleidens am 14. Februar 1775

Anna Maria Weichantin von Goßmannsdorf bey Ochsenfurth bekame das Hinfallende[1] seit einem Jahr fast alle Tag eine Viertelstund lang. Sobald Herr Gaßner das *Praeceptum*[2] machte *p. v. Praecipio in nomine Jesu Christi, ut morbus caducus se ostendat,*[3] fiele die Patientin auf die Erde, warfe sich während des *Paroxismi*[4] ausserordentlich hin und her, und schluge mit den heftigsten Antrieben um sich. *Ad Praeceptum, cesse haec agitatio,*[5] befand sie sich in ihrem sonstig gesunden Stand. Hr. Gaßner befahle, daß sie den *Paroxismum* kniend, ohne mehr rückwarts zu fallen, bekommen solle. Auch dieses geschahe; die Patientin vertriebe sich nach Weisung des Herrn Gaßners den *Paroxismum* von selbsten[6], erhielte den Priesterlichen Seegen, und hatte sich wohl.

Als Gezeugen sind unterzeichnet F. L. G, zu Oetting, Soetern. Freyherr von Adelmann. Dr. Steinmann, Hofrath und Medicus zu Ellwangen. Doctor Weinhart.

Quelle: Merkwürdige Heilungen, 1775, S. 5 f.; es handelt sich um die Herausgabe von namentlich unterzeichneten Protokollauszügen zu Gaßnerschen Kuren in Ellwangen, «um dem Publico die wahr Vorgänge darzulegen». 1 Fallsucht, quasi epileptische Anfälle. 2 Exorzistische Befehlsformel. 3 Ich befehle im Namen Jesu Christi, daß sich die Fallsucht zeige. 4 Krampfanfall. 5 Auf Befehl, beende dieses Treiben. 6 Gaßner fördert bei Patienten das Sich-Selbstexorzieren aus eigener Erfahrung.

Gaßner «zitiert» Teufel und Krankheit, eine Behandlung am 21. April 1775

Anastasia Stroblin von Eichstett eine Frau von ohngefehr 50 jahren sahe einige stund vorhero denen Exorzismen zu,[1] schüttelte dabey aber oft den Kopf, und zwar in einer stund gar hundertmal; wurde annebst vor[2] eine besessene gehalten, da sie nun vor H. G.[3] niederkniete, verrichtete er mit *handauflegung*[4] das gewöhnliche gebett in der still über sie, sagte hierauf: Im Nahmen Jesu sollst du dich zeigen. Sie bewegete darauf das Haupt; fuhre zurück mit einem geschrey.

H. G. befahle: es soll kommen in rechten arm. Hirauf geriehte *der rechte arm in bewegung*. H. G.: Es soll kommen in den *anderen arm*. auch hier äußerte sich die befohlene würckung. H. G. sagte ferner: *Agitetur in toto corpore*.[5] auch hierauf erfolgte die bewegung, welche an Kopf am stärcksten ware, wobey sie ungemein starck schnaufte. Auf das Praeceptum aber: cessent agitatione;[6] hörte alsbald alles auf. da inszwischen H. G. neben sie mit einem Herrn redete, sagte die Person zu ihm: du stinckst. H. G. gab ferner dieses Praeceptum: *Agitetur ista creatura*.[7] hierauf schlaget sie ungestüm hinter sich und vor sich mit den armen.

Auf ein abermahliges Praeceptum: Agitetur brachium dextrum; streckte sie den rechten arm aus, der so steif und starr befunden wurde, das er nicht konnte gebogen werden[8]: Einer der umstehenden Herrn, dem der vortheil bewußt war, wie man auch des stärcksten Manns hand einbiegen könne, versicherte es an dieser Person, konnte es aber nicht zu wege bringen. Auf das wort cesset[9] aber war alles augenblicklich vorbey. ... [138]

H. G. befragte den teuffel, wie er heiße? *antwort*: Lucifer. H. G.: bist du so ein vornehmer kerl? *antwort*: ja: desto böser geht mirs. H. G. aus welchem Chor bist du? *antw.*: aus dem Obersten. H. G. aus welcher Hierarchie? Sie schrie überlaut: aus dem wo der Michel ist: Ist gar ein heißer kerl. H. G. Wie lang bist du schon in dieser Person? *antw.* 22 Jahr. H. G. wie viel seyend bey dir? *antw.* 666.[10] H. G. beschwure den höllischen geist durch das heilige Evangelium, die heilige Evangelisten und Apostel, auch alle heilige gottes, er soll die wahrheit bekennen. die Person schrie: heis, heis, heis. – H. G. verlangte wieder durch die hlgste[11] dreyfaltigkeit die wahrheit. sie schrie hell auf: Ey! – Ey! sechzig hundert Millionen. H. G. sagte: du lügengeist! ich befehle dir durch die eingefleischte wahrheit, welche nicht lügen weder betrügen kan, daß du mir die reine wahrheit sagest. ... [139]

Nachem H. G. die Patientin zum Vertrauen aufgemundert, machte er einen zimmlich anhaltenden Exorzismum über sie: worunter die Patientin den mund aufsperrte, solchen wiederschlos; und mit dieser abwechslung eine zeit lang fortfuhr. jedesmal, da sie den mund eröffnet hatte, merckte man ein aushauchen aus demselben, und eine kleine bewegung mit den fingern: Er fragte sie, wie sie sich befände. si antwortete: gut. Worauf er einen abermaligen Exorzismum über sie machte: und nach diesem ihr verschiedene lehrstück und ermahnungen ertheilte. Nach dieser ermahnung schüttelte die Person wieder den kopf. da nun jederman glaubte, die operation wäre zu end gegangen, sagte H. G. selbst, er habe hier *etwas vergessen,* nämlich sie anzulehren und *zu ermahnen, das sie selbst den teuffel vertreiben soll.*[12] Er machte demnach einen abermaligen kurzen Exorzismum über sie, befahl, sie solle selbst das Übel vertreiben .... [140]

H. G. citirte abermal die krankeit. sie fieng an rückwärts zu sinken: aber auf das zuruffen des H. G. sie soll wiederstand thun, kniete sie wieder aufrecht vor ihm.

Auf befragen des H. G., wie es ihr wäre, sagte sie: Es ist mir ganz wohl. hierauf ermahnte sie H. G. nochmals, und exorzierte sie: wobey sie wieder eine zeit lang starck aushauchte.

H. G. fragte sie noch einmal, wie es ihr nun wäre? sie antwortete wieder, es sey ihr ganz wohl. hierauf machte H. G. den letzten Exorzismum, seegnete sie und entliese sie.

Quelle: Staatsbibliothek Bamberg, Msc. Hist. 168, S. 3–7; zit. nach Meissner, 1985, S. 137–140. 1 Das Miterleben des Exorzismus bei anderen wirkte suggestiv verstärkend. 2 Für. 3 Herr Gaßner. 4 Gaßner bevorzugte bestimmte Handgriffe (z.B. Stirn-Hinterhaupt-Griff). 5 Er möge im ganzen Körper umgetrieben werden. 6 Die Bewegungen sollen aufhören. 7 Diese Kreatur soll erfaßt werden. 8 Der Armbeugetest wird noch heute in der heutigen (Schau-)Hypnose angewandt. 9 Entweiche, höre auf. 10 Diese Zahl gilt traditionell als teuflisch. 11 Heiligste. 12 Die Anleitung zum Selbstexorzismus ist typisch für Gassner (siehe auch obiger Text) und entspricht späteren Methoden der Psychotherapie (z.B. Selbsthypnose, Autogenes Training).

Mesmers naturalistische Interpretation der Gaßnerschen Wunderkuren

Ein gewisser ehrlicher, aber allzueifriger Geistlicher[1], brachte, in den Jahren 1774 und 1775 in dem Regensburger Kirchsprengel, bey mehreren Kranken die an den Nerven litten, Wirkungen hervor, welche in den Augen der uneingenommensten aufgeklärtesten Personen dieser Gegend übernatürlich schienen. Sein Ruf verbreitete sich biß nach Wien[2], und da war man in zwo

Parthien getheilt. Die eine gab alles für Betrügereyen und Blendungen aus, die andere für Wunder der göttlichen Allmacht.[3] Beyde irrten und mich lehrte, von der Zeit an, meine Erfahrung, daß dieser Mann nichts als bloßes Werkzeug der Natur[4] war. Sein Stand [30] und ein glückliches Ungefähr, vereinigten in ihm gewisse natürliche Verbindungen, daß Er die periodische Zufälle dieser Krankheiten erwecken konnte, ohne die wirkende Ursache zu kennen. Man sahe das Aufhören der Anfälle als vollendete wirkliche Curen[5] an, und die Zeit allein konnte dem Publicum seinen Irrthum benehmen.

Als ich gegen das Ende 1775 Jahrs nach Wien zurück reisete,[6] gieng ich durch München. Hier hatten Ihro Durchlaucht der Churfürst von Bayern die Gnade, mich über diese Materie zu fragen. Sie wollten wissen: Ob ich Ihnen diese angebliche Wunder erklären könnte? Ich machte auch vor seinen Augen Versuche,[7] welche Ihm alle Vorurtheile benahmen, und nicht den geringsten Zweifel, gegen die von mir behauptete Wahrheiten[8] übrig liessen, und kurz darauf erwieß mir, die Münchner Akademie der Wissenschafften, die Ehre, mich unter ihre Mitglieder aufzunehmen.[9]

Quelle: Mesmer, 1781 [Reprint], S. 29f.; zu Mesmer siehe →*tierischer oder animalischer Magnetismus.* 1 Gaßner. 2 Mesmer lebte seinerzeit in Wien und gehörte der damals wissenschaftlich führenden Medizinischen Fakultät an. 3 Scharlatane und Wunderheiler stellen in der Medizingeschichte «Mischpersonen» dar. 4 Die Dämonologie wird naturphilosophisch uminterpretiert. 5 Die wirksame Heilung durch Gaßners Methode wird in Frage gestellt. 6 Mesmer befand sich auf seiner aufsehenerregenden Demonstrationsreise, auf der er seine Entdeckung des tierischen Magnetismus bekanntgab. 7 Durch verschiedene «magnetische Manipulationen». 8 Die Wahrheit des «tierischen Magnetismus». 9 Mesmers einzige Mitgliedschaft zu einer wissenschaftlichen Akademie. Schon bald darauf lehnte die *scientific comunity* die Begründung seines Heilkonzeptes als rein spekulativ ab.

Sterzingers Kritik der Gaßnerschen Kuren

Das Reiben des Exorzisten am Cingulum[1], das starke Drücken auf des Patienten Kopf und zwar mit der rechten Hand an der Stirn, mit der linken am nervosen [sic!] Teile des Genickes[2], die Betastungen an den Pulsadern, das Rütteln, die verschiedenen Stellungen und dergleichen mehr physikalische Vorkehrungen, die ich alle mit Augen gesehen habe, geben mir Anlaß zu glauben, daß entweder eine *Magnetische, Electrische oder Sympathetische Kraft*[3] die Wirkungen hervorbringe, und zwar um so leichter, weil die *Einbildungskraft*[4] des Patienten ohnehin auf das stärkste bewegt wird, theils durch den gepredigten und eingeprägten *Glauben,* theils durch den herrschenden Ton und scharfes *Commando*[5], theils durch das übermäßige *Vertrauen* auf den heiligen Mann, theils durch die ganz gewiß eingebildete *Hoffnung auf Genesung* und dergleichen andere reizende Vorbildungen, die fähig genug sind, die Phantasie in Verwirrung zu setzen und die Lebensgeister zu bewegen... Was immer es nur sein mag, wodurch Herr Gaßner seine Patienten bald krank, bald gesund machen kann, so bleibe ich in meiner Meinung fest, daß alles ganz naürlich hergehe. *Gott thut es nicht; der Teufel kann es nicht; also thut es die Natur.*[6]

Quelle: Sterzinger, 1775, S. 61–63, zit. n. Meissner, S. 70; Ferdinand S. (geb. 1721), katholischer Theologe und Mitglied des Theatinerordens, Münchner Professor für Kirchengeschichte und Kirchenrecht war Gaßners gewichtigster Gegner (s. Fieger, 1907). 1 Schärpe. 2 Gaßners beliebter Stirn-Hinterhaupt-Griff. Die «Druckprozedur» (Freud) spielt später bei der hypnotischen bzw. kathartischen Methode eine Rolle. 3 Sterzinger zählt hier die subtilen, quasi physikalischen Kräfte auf, die im →*mineralischen und* →*tierischen Magnetismus* sowie in der →*elektrischen Medizin* eine Rolle spielten. 4 Vgl. hierzu den Schlüsselbegriff →*Imagination.* 5 Eine solche autoritäre Einwirkung des Heilers finden wir später ebenso im Mesmerismus und Hypnotismus. 6 Religiöse und dämonologische Vorstellungen werden naturphilosophisch bzw. «physikalisch» entzaubert, eine für die Aufklärung typische Strategie, die auch Mesmer verfolgt.

Mit Mesmer gegen Gaßners abergläubische Praxis

Der Aberglauben verbreitet sich. Der gemeine Mann sauget die schädlichsten Begriffe von der Macht des Teufels hinein. Je mehr die Macht des Teufels erhoben wird, ... desto tiefer wird die Macht des allerhöchsten Gottes herunter gesetzt. Der Teufel verursachet fast alle menschliche Krankheiten. Er hat die Gewalt, mit dem Menschen zu thun, was er will; ihm zu schaden, wo er kan ... [622]

Hr. Gaßner jagt oft den Teufel in den curirten Körper des Menschen hinein, nachdem er ihn ausgetrieben hatte.[1] So trat ohngefähr eine vornehme Person in das Operationszimmer, da Herr Gaßner gerade vorher einen Preßhaften[2] von seinen vorgeblich teuflischen Krankheiten befreyet, und den Teufel selbst aus dessen Leibe schon allerdings verjagt hatte. Diesem ansehnlichen Fremden zu gefallen, und ihm einen Spaß zu machen, ruft Hr. Gaßner den Preßhaften wieder, nahm nochmal die Cur vor. Der arme Kranke mußte im Namen Jesu wiederum alle Krankheitsumstände bekommen, von welchen er gerade vorher im Namen Jesu befreyet war. So dient dann dem Herrn Exorcisten der Namen Jesu zugleich, wenn er den Teufel aus einem Körper hinaustreiben, und wenn er ihn wieder hinein zaubern will. ... Welcher Schade für den größten Theil der Landeseinwohner, den gemeinen Mann! – – Kan ein weiser regierender Landesfürst ferner noch gleichgültig seyn?[3] ... [624]

Ueberhaupt scheint das Gassenrische Spielwerk seine Periode[4] erreicht zu haben, nachdem Herr Doctor Mesmer von Wien durch verschiedene Versuche die Entdeckung gemacht zu haben glaubt, daß nicht nur er, sondern sehr viele und fast die meisten Menschen von Natur aus eine magnetische oder doch eine mit den [sic!] Magnet analogische Kraft besitzen, (Hr. D. Mesmer nennt sie einen *Magnetismum animalem*) wodurch nicht nur alles das, was Hr. Gaßner macht, auf eine weit einfachere Art, und mit einem weit größern Erfolge zuwege gebracht wird. ... Der Paroxismus[5] kömmt augenblicklich bey Herrn Mesmer, wie bey H. Gaßner. Hingegen hat aber Herr Mesmer viele Gaßnerische Teufel ausgetrieben, die ganz natürliche histerische [sic!][6] Krankheiten waren, und viele Personen vom Grunde aus curirt, die nach der Gaßnerischen Cur recidiv[7] wurden. Hr. D.[8] Mesmer hat keiner Seegensprüche, Exorcismen und Benedictionen[9] nöthig, und machet eben so auffallende Curen ...

Quelle: Allgemeine deutsche Bibliothek. 27. Bd. Berlin; Stettin: Nicolai, 1775, S. 621–624. 1 Üblicherweise lautet der Vorwurf, daß die Teufel zuerst eingejagt, bevor sie ausgetrieben würden. 2 Preßhaft bedeutet krankhaft, entstellt von pressen = martern, grausam behandeln. 3 Diese «politische Frage» wird bereits in der Überschrift aufgeworfen, vgl. a.a.O, S. 620. 4 Hier: Periode = Ende. 5 Künstlicher (therapeutischer) Anfall, bei Mesmer auch als «heilsame Krise» bezeichnet. 6 Siehe hierzu →*Hysterie*. 7 Rückfällig, wieder krank. 8 Herr Doktor. 9 (Priesterliche) Segnungen.

Exorzismus auch bei eingebildeter Besessenheit

Man muß ... den eingebildeten Besessenen[1] die Meynung, daß sie besessen seyn, nicht bestreiten, und noch viel weniger ihnen mit Gewaltthäthigkeiten begegnen; man muß sie in ihrer Meynung lassen, aber auch darinnen nicht stärken. Man muß sie, gleich den wahrhaft Besessenen[2], zu dem Exorcisten führen, zu welchem sie das Vertrauen haben, und glauben, daß sie von ihm werden kurirt werden. Es liegt auch nichts daran, auf was für eine Art dieser Exorcist die eingebildete besessene Person kurirt; wenn nur die Einbildung gehoben wird, und sonst kein Aberglauben oder andere Mißbräuche mit unterlaufen. Hernach aber muß auch ein Arzt[3] gebraucht werden, der das Geblüt reiniget, die Säfte im Leibe verdünnert, und das Gemüth aufheitert; damit nicht die vorige Einbildung über kurz oder lang wieder zurück kehre.

Quelle: Einzinger, 1775, S. 57. 1 Die «eingebildete Besessenheit» ist heute noch eine Herausforderung für die Psychiatrie. 2 Interessanterweise wurde hier noch ein Rest von Dämonologie anerkannt, der schließlich ab der Mitte des 19. Jahrhunderts völlig aufgegeben wurde. 3 Nach der psychischen oder geistigen Kur folgt die körperliche durch den Arzt, die humoralpathologisch begründet ist.

Magische Künste

Traditionelle Praktiken «geheimer Wissenschaften»

In Renaissance und früher Neuzeit erlangten Alchimie und Astrologie eine besonders große Bedeutung für die Medizin. Gegenüber der mittelalterlichen →*Dämonologie* propagierten die Naturforscher und Ärzte nun eine «natürliche Magie» (*Magia naturalis*), eine Magie also, die von der Natur selbst bewirkt werde und nicht «übernatürlich» vor sich gehe. Paracelsus wollte erklärtermaßen mit diesem naturphilosophischen Ansatz im Hinblick auf Krankheit und Heilung sowohl die Zeichen der Natur lesen lernen, als auch auf alchimistischem Wege neue wirksame Arzneien («Arcana») herstellen. Dementsprechend erschienen die «magischen Künste» einem geheimen Wissen zu entspringen, das sich nur dem Erfahrenen und Eingeweihten erschloß. Die Schubkraft des Paracelsismus reichte bis ins 18. Jahrhundert, wo immer noch sympathetische und magnetische Kuren an der Tagesordnung waren – bis hin zum →*mineralischen* und →*tierischen Magnetismus* zur Zeit der Französischen Revolution. Die hier zitierten Texte verweisen auf jene «Kehrseite der Aufklärung», in der sich Traditionen der wissenschaftlichen Medizin und der Volksmedizin wechselseitig beeinflußten. Gegenüber den wissenschaftlichen Fortschritten in Medizin und Naturforschung erscheinen jedoch die Konzepte der «natürlichen Magie» obsolet, wenngleich sie im Kontext der romantischen Naturphilosophie im frühen 19. Jahrhundert noch einmal stark beachtet und z. T. erforscht wurden.

Literatur: Daxelmüller, 1993; Meinel, Hrsg., 1986.

Das «Subjekt» der «magischen Krankheiten», der böse Blick

*Mag*isch nenne ich sie[1], weil sie nicht auf ordentliche Weise in die Menschlichen leiber hinein kommen, auch nicht von lautern natürlichen Ursachen entstehen, sondern von den Zauberern und Hexen aus Neid und rachgierigem Gemüthe beygebracht werden. Dahero werden sie auch Kranckheiten aus Zauberey genennet, denn βασκαινειν heisset so viel als mißgönnen, daher *Fascinatio*[2] und *Fascinum*, (die Verzauberung und Zauberey,) *derivi*ret[3] werden. Das *Subjectum*[4] ist der gantze Menschliche Leib, eines [107] jedweden Alters, so wohl der Männliche, als Weibliche, wenn ihn GOtt nicht in seinen Schirm und Schutz nimmet. Denn wenn der vorhanden ist, so kan die Zauberey keinen Schaden zufügen, oder dem Menschlichen Leibe nachtheilig seyn.

Es sind aber absonderlich diejenigen der Verzauberung unterworffen, deren Leibes-Gestalt ziemlich zart, der Geist schwach, und das Gemüthe furchtsam ist, sintemahl die Furcht die Geister faul und zitternd machet, damit sie der Hexen Geiste desto eher gehorchen, absonderlich wenn die zärtere Gestalt denen Ausflüssen und *Impressionibus*[5] des Leibes leichtlich weichet. ... [108]

Daß nun mit den Augen Verzauberungen beygebracht werden können, solches bezeuget die traurige Erfahrung zur Gnüge. Denn ob gleich die Gesicht-Strahlen aus denen Augen nicht heraus gehen, so fliessen doch die *Effluvia*[6] heraus, welche, wenn sie aus Neid und Mißgunst entstehen, und durch die *Intention* auf ein gewisses *Objectum* gerichtet werden, ihre schädliche Gewalt daselbsten ausstreuen. Es giebt auch Menschen, deren Leiber mit so grosser *Malignit*ät behafftet sind, daß, so sie schon keine Gemeinschafft mit dem [109] Satan, und keine *Intention* zu schaden haben, doch ihre *Effluvia* denenjenigen, so bey ihnen stehen, den größten Schaden zufügen... Darum lassen die *Chirurgi* nicht einen jeden Menschen die Wunden beschauen, sintemahl sie *observi*ret, daß durch die bösartigen Ausflüsse der Augen[7] die Zusammenheilung sehr verhindert worden.

Quelle: Martius, 1724, S. 106–109; Johann Nicolas M. (Lebensdaten unbekannt), promovierte 1700 in Halle mit der Diss. «De magia naturalis ...», später berühmter praktischer Arzt in Braunschweig. 1 Die magischen Krankheiten. 2 Die *fascinatio* wird in Ficinos Schrift am Modell der Liebeskrankheit erläutert. 3 Abgeleitet. 4 Der (sichtbare) Mensch wird bereits von Paracelsus als «Subjekt» des Makrokosmos verstanden, der insofern magischen Einflüssen unterworfen ist. 5 «Ausflüsse» bedeuten hier «effluvia», siehe unten. «Impressiones» bedeuten Eindrücke, Einflüsse von außen, von der Geister- bzw. Sternenwelt. 6 Die «Effluvia» als «Ausdünstungen» oder «Ausflüsse» spielen in der Theorie der magischen Wechselwirkungen noch Anfang des 18. Jahrhunderts eine zentrale Rolle. 7 Der «böse Blick» ist noch heute ein aktuelles Thema ethnomedizinischer Forschung.

Die Chiromantie als medizinische Semiotik

Von der *Linea Vitali[s]*.

Die Lebenslinie wird also genennt, weil sie das Herz und die Lebensgeister angehet. Sie schlinget sich um den Ballen des Daumen herum und wird vor gut gehalten, wenn sie lang, ganz stark und lebhafter Farbe ist; so bedeutet sie ein gesundes Herz, genugsame *Spiritus vitales* oder Lebensgeister oder Lebenskräfte[1], und einen frischen Muth. Denn dieses folget bey guter Gesundheit aus reinem Geblüt.

Wo sie durchschnitten ist, da bedeutet es Krankheit, jedoch ohne besondere Lebensgefahr. Kinder, die im fünften oder sechsten Jahr viel an Krankheiten ausstehen müssen, werden am ingeniösesten[2]. Die Kinderkrankheiten, als Pocken, Grind[3], Krätze[4], Masern und dergleichen sind nach Gelegenheit eines jeden Natur entweder mit starken oder mit schwachen Durchschnitten gezeichnet, nachdem einer viel oder wenig ausgestanden hat.

Wo sie zerbrochen ist, in demselbigen Jahre deutet es Krankheiten an der Brust an, und wo die Aeste des Bruchs einander nicht entgegen stehen, da stehet es desto gefährlicher ums Leben. Da brauche man fein vorher herzstärkende Sachen.

Am schlimmsten und gefährlichsten ist es, wenn *Vitalis*[5] in beyden Händen sehr kurz ist, und gehet ohne bettlägerige Krankheit nicht ab. ... [4]

Die böse Krankheit oder fallende Sucht (*Epilepsiam*)[6] habe ich meistentheils mit starken Brüchen und Durchschnitten in der *Vitali* bezeichnet gefunden, da ist auch die Farbe in den Lineamenten[7] nicht recht lebhaft gewesen. Wo sie denn fast durch und durch so schlecht aussiehet, da wird wohl schwerlich eine Cur recht anschlagen, daß einer gänzlich davon befreyet würde. Ich habe etliche Kinder und schwangere Weiber also gezeichnet daran sterben sehen. ...

Wo *Vitalis* von der Kopflinie abgerissen ist, daß ein Raum dazwischen erscheinet, das ist bey Manns- und Weibspersonen ein Zeichen [5] der angeerbten Geilheit[8]: denen schwangern Weibern über dieses, daß es ihnen wohl zwey oder dreymal unrichtig gehet, doch können sie noch wohl etliche gesunde Kinder gebähren.

Soror vitalis[9], ja alle *Martial*-Linien bedeuten ein stark Herz und frischen Muth: sind sie zu stark roth, so ist das Gemüth auch hitzig und jachzornig[10] [jähzornig].

Quelle: «Schauplatz», 1770, S.2–5; vgl. hierzu Abb. 1 Der «Spiritus vitalis» ist ein wichtiger Begriff der Alchimie, der im 18. Jh. vom Begriff der →*Lebenskraft* abgelöst wird. 2 Am begabtesten; hier wird implizit die These von der «kreativen Krankheit» vertreten. 3 Schorfiger Hautausschlag. 4 Juckender Hautausschlag verschiedener Ätiologie. 5 D.h. Linea vitalis. 6 Fallsucht, «Morbus caducus», «Epilepsia» gehört traditionell zu den wichtigsten Krankheiten. 7 Handlinien. 8 Körperliche (sexuelle) Stärke, nicht nur im Sinne von «Wollust». 9 Soror (lat.) = Schwester. 10 Jähzornig.

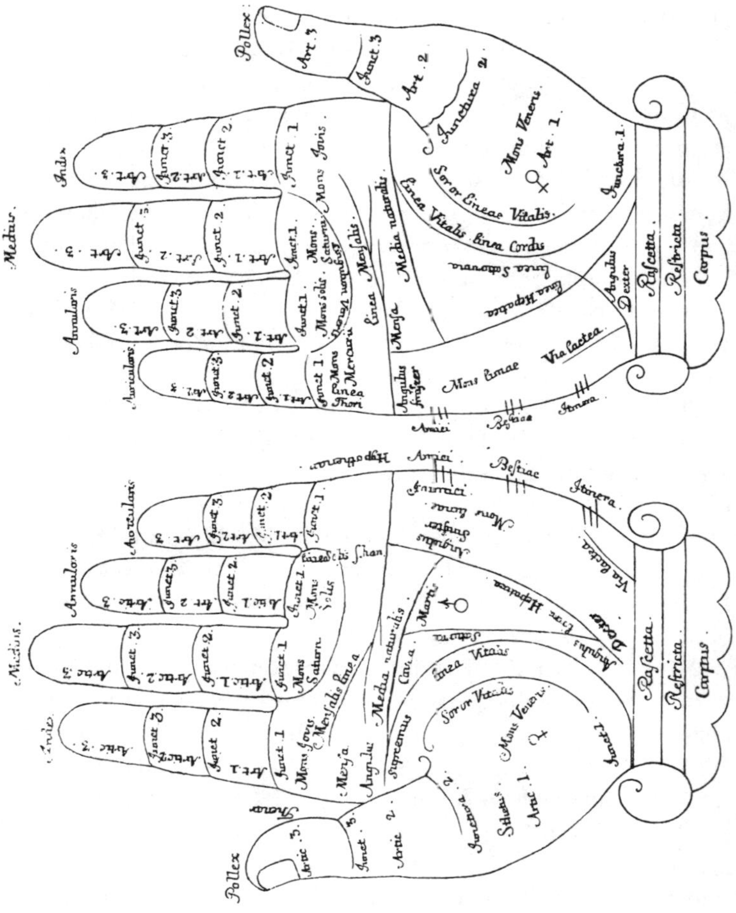

26. Schematische Zeichnung zur Handlesekunst
«Schauplatz», 1770, Tab. I

Magisches (sympathetisches) Rezept gegen das «Podagra»

Nehmet eine gute Hand voll Köngiskertzen-Kraut[1], ein Stück Kreide, so groß als ein [212] Ey, stosset so zu Pulver, kochet beydes untereinander in einem Fischtigel, in solchem Wasser, darinnen die Schmiede das Eisen ableschen, eine halbe Stunde: Alsdenn, wenn es verschlagen, so setzet die Füsse hinein, wie in ein ander Fuß-Bad, und bähet[2] sie darinnen. Hernach macht ein Loch in die Erde, giesset das Wasser, samt dem Kraut und der Kreide darein, und scharret wieder zu: Wenn es verweset und verfaulet, so vergehet auch das *Podagra*[3].

Quelle: Philotechnus, 1724, S. 211f.; siehe Martius, 1724. 1 Verbascum, eine Krautdroge, die schmerzlindernd wirken sollte und u.a. bei Hämorrhoidalleiden angewandt wurde. 2 Badet. 3 Gicht, Gichtschmerzen, «Zipperlein» (am großen Zeh).

Transplantatio als magnetische Kur gegen das Podagra

Wie man das *Podagram Magneticè, & per Transplantationem*[1] curiren soll.

Wann das *Podagra* aus den *Spiritibus*[2] entsprungen/ da solle man mit einem Scheer-Messer des *Patient*en Haar von beyden Schenckeln/ und die Nägel von Füssen und Händen abnehmen/ welches zu seiner sonderbahren Zeit und nach den [sic!] Mond geschehen muß. Alsdenn soll man gehen zu einen [sic!] Paxel-Baum[3] oder Eich-Baum/ und darinn ganß tieff ein Loch hinein bohren/ biß in die Mitten des Kerns/ darein solle man die Haare und Nägel thun/ und das Loch mit einem zugespitzten Zapffen von bemeldtem Baum und Ast genommen/ und auf das feste verschlagen/ und mit einem Beul[4] vergleichen/ alsdenn mit Küh-Mist verschmieren: Wann das *Podagra* in drey Monathen nicht wiederkommt/ so ist der Baum kräfftig genug zum *attrahi*ren[5]...

Quelle: «Geheimnisse», 1722, S. 64f.; es handelt sich um eine volkstümliche Sammlung sympathetischer bzw. magnetischer Kuren. 1 Transplantatio morborum = «magnetische» Krankheitsübertragung als sympathetische Kur. 2 Aus den (Lebens-)Geistern. 3 Buche? 4 Beil. 5 Der Baum hat dann magnetische (Heil-)Wirkung.

Beispiele für traditionelle magische Zaubertricks

Vor[1] die hefftigen Zahn-Schmertzen soll man eines Menschen Zahn an den Halß hängen; desto eher aber werden die Schmertzen vergehen, wenn man eine durchlöcherte Bohne, worinn eine Lauß gestecket, und mit Wachs die Löcher wieder vermachet sind, darzu thut, in ein seiden Läpgen gewickelt und angehänget ... [270]

Wenn einem von bösen Leuthen die Mannheit genommen ist,[2] daß er seinem Weibe nicht ehelich beywohnen kan, so lasse er sein Wasser durch ihren Trau-Ring, so wird er davon befreyet.

Wenn man einen wahren Magnet[3] seinem schlaffenden Ehe-Weib unwissend unter das Haupt legt, so soll sie, wen sie keusch[4] ist, ihren Mann gar freundlich *embrassi*ren[5]: wo nicht, soll sie, als wenn sie ausgestoßen würde, aus dem Bette springen. *Si fabula vera.*[6]

Quelle: Mizaldus, 1724, S. 266–270: siehe Martius, 1724; Antonius Mizaldus = Antoine Mizauld (1510–1578), berühmter Arzt in Paris, Vertreter der astrologischen Medizin. 1 Für bzw. gegen. 2 Hier offenbar ein Impotenz-Zauber gemeint, ein häufig diskutiertes Thema der frühen Neuzeit. 3 Wirklicher (Eisen-)Magnet. 4 Treu. 5 Umarmen. 6 Wenn die Fabel stimmt.

Plädoyer für die Ausrottung von Aberglauben und Schwärmerei

Da so viele hundert Millionen Menschen durch Aberglauben und Schwärmerey ihr Leben, ihre Seelen, ihr Vermögen verlohren haben, da noch jetzt so viele dadurch an Seele und Vermögen verarmen, da noch jetzt durch den einzigen Aberglauben: man könne das Feuer versprechen[1], in einem Tage viele Tausende unglücklich werden, so ist es die Schuldigkeit eines jeden Erdenbürgers, auf Mittel zu denken, wie dieses Ungeheuer, diese Lernäische Schlange[2] vertilget und ausgerottet werde. ... [145] Man würde vielleicht seine Absicht noch schneller erreichen und bald die vortreflichste Wirkung sehen, wenn man die Bücher eines Jugels, Schwedenborgs, Jacob Böhmens[3] und tausend anderer alchymystischen[4] und mystischen Schriftsteller [146] ausrottete, wenn man den Bänkelsängern und Taschenspielern ihr Gewerb untersagt, wenn Gesellschaften von Schwärmern zerstöret, den Schwärmern öffentlich zu reden oder zu schreiben untersagt würde, wenn man sie um mehrerer Sicherheit willen in Verwahrungshäuser[5] brächte, wenn man wirkliche Betrüger öffentlich beschimpfte, wenn hauptsächlich würdige Prediger unabläßig die Gefahren auf den Canzeln schilderten, wenn dem Bürger, dem Landmanne solche Bücher in die Hände gegeben würden, wo dergleichen Betrügereyen aufs deutlichste auseinander gesetzt sind. Wenn in den Zeitungen alles weggelassen würde, was selbst entfernt Veranlassung zum Aberglauben geben kann, wenn übernatürlich scheinende Begebenheiten von erfahrnen, geschickten, einsichtsvollen Männer untersuchet und das furchtsame Volk öffentlich darüber belehret würde.

Quelle: Stoll, 1786, S. 144–146; Johann Gottlieb S., Philosoph, keine biographischen Daten bekannt. 1 Hier: Feuerzauber als gefürchtete Praxis der Schwarzen Magie. «Versprechen» kann sowohl «anhexen» wie «weghexen» (bannen) bedeuten. 2 Hydra von Lerna (gr. Mythologie). 3 Kaspar Jugel (geb. 1581), landwirtschaftlicher Schriftsteller, Wegbereiter der Hausväterliteratur; Jakob Böhme (1575–1624), schlesischer Theosoph und Mystiker; Emanuel von Swedenborg (1688–1772), schwedischer Naturforscher, Theosoph und Visionär. 4 Diese ungewöhnliche Schreibweise rückt – wenngleich orthographisch bzw. etymologisch sicherlich inkorrekt – wissenschaftshistorisch zutreffend die Alchimie in die Nähe der Mystik. 5 Erst gegen Ende des 18. Jh.s differenzieren sich aus den allgemeinen Verwahranstalten unterschiedliche Institutionen der Medizin, des Strafvollzugs und der Armenfürsorge, wie Arbeits-, Zucht-, Armen- und Irrenhäuser.

Erzeugung der Liebe zwischen Eheleuten, «die miteinander nicht wohl leben»

Zwey Eheleute/ von guten Familien beyde/ heurathen mit einander/ er auß Liebe zu ihr/ sie hingegen ohne Liebe/ und gezwungen von ihren Elteren: Die Ehe war unglückseelig für beyde/ dieweil weder er/ viel weniger sie etwas von der Zärtlichkeit der Liebe könnten geniessen. Die Freunde suchen Mittel diesem Unheil abzuhelffen/ und erforscheten endlich folgendes:

Man grabte im Vollmond die jenige Knaben-Wurtzel/ wo immerdar Männlein und Weiblein bey einander stehen/ das Männlein[1] gabe man ihr in die Speise/ die sie sonst gern zu sich nahme zu essen/ und heimblich zu geniessen/ er aber mußte die Wurtzel deß Weibleins[2] in einem Feygelblauen[3] Tüchlein von Seiden bey sich tragen/ wie dann geschehen/ und sie ihn dermassen hernach geliebt hat: daß sie ihn fast nicht aus den Augen lassen können/ und jährlich ihn mit einem Kind erfreuet hat.

Ein gleiches geschicht auch/ wann Beyden heimblich das *Sympathetis*che Pulver beygebracht wird. Item die Wurtzel einer weissen Lilien in dem Tag und der Stund deß *Planet Venus*, ... also das Hertz und Niern einer Turtel-Tauben etc.

Quelle: «Misch-Masch», 1715, S. 45; kein Autor genannt. 1 Knabenwurzel = Knabenkraut: Als Knabenkraut Männlein wurden die Orchis-Arten mit hodenförmigen Wurzelknollen bezeichnet, bis zum 18. Jahrhundert waren die entsprechenden Orchis-Drogen als Aphrodisiaka beliebt. 2 Als Knabenkraut Weiblein wurde die *Gymnadenia conopea* (Große Händelwurz) bezeichnet. Ihre Wurzelknollen glichen angeblich dem weiblichen Genitale, weshalb sie als Aphrodisiakum für das weibliche Geschlecht benutzt wurde. 3 Veilchenblauen.

Dreckapotheke

Tierische und menschliche Substanzen als Heilmittel

Zur «Dreckapotheke» werden jene →*Arzneimittel* gezählt, die tierische oder menschliche Substanzen enthalten, in denen («geistige») Heilkräfte stecken sollten, die im Sinne der →*magischen Künste* auf kranke bzw. verletzte Körperteile übertragen werden konnten. In früher Neuzeit hatten solche «sympathetischen» (oder «magnetischen») Kuren Hochkonjunktur, wie z.B. zahlreiche Rezepturen der berühmten Waffensalbe belegen, die aus -zig Ingredienzen bestand, darunter z.B. auch «Moos vom Schädel eines Verurteilten». (Hiermit wurde freilich die blutige Waffe gesalbt, nicht die Wunde!) Überhaupt spielte die «Mumia» als heilkräftiger «Balsam» bei Paracelsus eine große Rolle. Wenngleich solche magischen Arzneimittel im Verlaufe des 18. Jahrhunderts an Bedeutung verloren, blieben viele weiterhin noch apothekenüblich. So konnte man z.B. noch im 18. Jahrhundert «Mumia» («Totenpech», mit ägyptischen Mumienteilen) als Arzneimittel in der Apotheke kaufen – ein traditioneller Exportartikel der Araber. Der Begriff der Dreckapotheke stammt von dem Eisenacher Arzt Christan Franz Paullini, der 1696 den Bestseller «Heylsame Dreck-Apotheke, wie nemlich mit Koth und Urin fast alle ... Kranckheiten ... curiret worden» veröffentlichte, eine weitere Auflage folgte 1714. Manche Mittel der Dreckapotheke, z.B. das Trinken körpereigenen Urins, werden in der Ethno- bzw. Volksmedizin bis heute angewandt.

Literatur: Müller-Jahncke u. Friedrich, 1996; Schneider, 1965.

Urin und Kot gegen «Ohrenklingeln»

Hieronymus Lotz zu Grüningen[1] brauchte *Geiß-* und *Tauben-Koth* mit *Ziegen-Urin* [55] erweicht, und Wicken davon ins Ohr gestopfft. Traun [?] beyderley Koth, wie auch *Katzen- Hirsch- Hasen- Eselinnen- Wildschwein-* und *Knaben-Urin* zählet *Macasius*[2] zusammen unter die Artzneyen, so dem Gehör dienen. Wolffs-Urin in die Ohren geträpffelt, benimmt die Wehen, tödtet die Würm[3], und heylt die Geschwäre: *D.* Hieronymus Weißbrod[4], nahm Wolffs Fett, vermischte es mit Haselstaudenöhl, und that 4. oder 5. Gran vom *Mercurio dulci*[5] dazu, womit er die Ohrenwürm heraußlockte. Jener Capuciner nahm den *Urin* von einer *Eselin,* so zum erstenmahl gebohren hatte, von einem *Hasen,* so ein Männlein war, und von einem *Wolff,* oder, in Mangel des letzten, von einer gantz *weissen Ziegen.* Diß mischte er zusammen, machte es in einem Löffel über Kohlen etwas warm, thät noch etliche Tropffen destillirt Kümmelöhl dazu, und tröpffelte es laulicht und langsam in die Ohren. Warhafftig kein unebener Rath. ... [56] Noch jüngst rieth ich einem armen Dienst-Magdlein, nach vorhergehender *Purgation*[6], bloßen *Ziegen-Urin* Morgens und Abends laulicht ins Ohr tröpffeln zu lassen, und unter Speisen offt Wiesenkümmel mit zu essen, wovon sich das Zischen und Sausen bald verlohr. ... *Herman Kelcker*[7] nahm etwas *Esels-koth,* zerließ solchen in Rosen-Honig, und tröpffelte es laulicht in die Ohren, wovon sich das Klingen verlohr.

Quelle: Paullini, 1734, S. 54–56. 1 Nicht identifiziert. 2 Wahrscheinlich Johann Georg Macasius (gest. 1653), Arzt in Zwickau. 3 Zur «Wurmpathologie» siehe →*Ursache und Entstehung von Krankheiten.*

4 Nicht identifiziert. 5 Quecksilberchlorid, Kalomel: galt im 18. Jh. als hervorragendes Blutreinigungs- und Abführmittel. 6 Reinigung, Abführung. 7 Nicht identifiziert.

Hundsdreck gegen Blutung

Für das Bluten der Wunden

Nehmet weissen Hunds-Dreck/ welcher sauber abgedörret und zu reinem Pulver gemacht ist/ 3. Loth[1]/ thut darzu gepulverten Mastix[2] und rothen Bolum[3]/ jedes ein Loth/ streuet dieses Pulver in die Wunden es stellet[4] sich zur Stund.

Es seyn mir etliche wackere *Chirurgi* bekannt/ welche dieses Pulver immer im Vorrath haben. So habe ich auch gesehen/ daß gebrandter Pferd-Mist das fliessende Blut gestellet.

Quelle: Hauß-Artzney-Büchlein, 1734, S. 25; es handelt sich hier um eine Sammlung von Rezepten sympathetischer Kuren, die aus «geheimen Schrifften» von Ärzten («gelehrter Medicorum») entnommen wurden. 1 Ursprünglich 1/32 Pfund. 2 Gummiartiger Harz des Mastix-Baumes. 3 *Bolus* (lat.): Tonerde. 4 Stillt.

Maikäfer-Präparat gegen die Tollwut

Sobald sie [die «Mayenwürmer», Maikäfer] nach Hause gebracht worden, muß ihnen lebendig, doch ohne sie zu berühren, der Kopf mit einer Scheere über ein Glas, worinn reines Honig, abgeschnitten, weggeworfen, der Körper aber in den Honig gelegt werden, sodann wird das Glas zugebunden, und an einen frischen temperirten Ort gesetzt. Sollte das Honig etwa nach einiger Zeit sehr eintroknen, so wird etwas frisches hinzugethan, und wieder an einen frischen temperirten Ort gesetzt, allwo es 2 bis 3 Jahre aufbehalten, und im erforderlichen Falle, nach folgendem Recept, mit Nutzen angewendet werden kann. Bey Abschneidung des Kopfes der Würmer muß man wohl Acht haben, daß die fließende Materie, die sich dabey zeiget, [15] nicht verlohren gehe, sondern zugleich mit in das Honig komme, weil solches zu dem wirkenden gehöret. Wenn Würmer[1] eingelegt werden sollen, so müssen auf ein Berliner Quart Honig, 200 Stücke von der schwarzen, oder 175 Stücke von den goldfärbigen genommen werden. ... [17]

Wenn nun ein Mensch, der von einem tollen Hunde gebissen worden, auf vorhin bestimmte Art eine Portion einnimmt; so muß er sich, sowohl des Essens 24 Stunden, als auch des Trinkens 12 [18] Stunden enthalten; ist der Durst nach 12 Stunden stark, so kann man ihm etwas Flieder-Thee oder Hollunderblüthen-Thee zu trinken geben, in Ermangelung des Flieders aber auch ordinairen Thee.

Quelle: J. C. Schäffer, 1778, S. 15- 18. 1 D.h. Maikäfer.

Quacksalber

Kurpfuscher und Marktschreier machen Ärzten Konkurrenz

«Quacksalber» wird etymologisch abgeleitet vom mittelniederländischen «quakken» (= quaken, prahlen) und «salven» (= salben) und bedeutet soviel wie marktschreierischer Drogenhändler und Heiler. Im 18. Jahrhundert bezeichnete «quacksalbern» die Anwendung unseriöser Heilmethoden schlechthin. Hierzu zählten sowohl die Geschäfte der «Theriakkrämer», die ihre wunderbaren Allheilmittel anpriesen, als auch die der chirurgisch tätigen Handwerker, die ihre Spezialoperationen in der Öffentlichkeit zelebrierten. Typisch für das Auftreten der Quacksalber war ihre wirkungsvolle Dramaturgie auf öffentlichen Plätzen zu bestimmten Anlässen wie z.B. Messen. Besondere Attraktionen stellten für das Publikum die Operationen von Stein- und Bruchschneidern, Starstechern (Okulisten) und Zahnreißern (Dentisten) dar (siehe →*Chirurgie* und →*Starstich*). Der Vorwurf der Kurpfuscherei, der gegen bestimmte Operateure sowohl von akademisch ausgebildeten Ärzten als auch von Handwerkschirurgen und Barbieren erhoben wurde, war häufig von standespolitischem Konkurrenzdenken motiviert. Der berühmte Fall des Doktor Eisenbarth (1663–1727) zeigt, wie ungerechtfertigt solche Vorwürfe gegen solche Wanderchirurgen sein konnten. Viele der «Handwerkschirurgen» (Sander) besaßen einen hervorragenden Leistungsstandard und sicherten die Gesundheitsversorgung insbesondere der Landbevölkerung und ärmerer Bevölkerungsschichten.

Literatur: Fenouillat, 1991; Porter, 1989; Probst, 1992; Sander, 1989.

Begriffliche Definition

Agyrta[1], Circumforaneus, Circulator[2], ein Storger[3], Quacksalber, Marcktschreyer, Land- und Leut-Betrüger, Schlangenfänger, Wurm-Krämer, der auf den Märckten herumziehet, und seine quacksalberischen Artzneyen mit vielem Schreyen und Aufschneiden dem ihn angaffenden Volcke anpreiset: In Summa, jeder Pfuscher, welcher wider Wissen und Gewissen die Medicin *exerci*ret, die Leute um das Geld, öfters auch um das Leben bringet. Von allen Profeßionen machen sich die desperatesten Kerl, die mit ihrer erlernten Kunst und Wissenschaft nicht fortkommen können, weiter nichts anzufangen wissen, und die auf das gottloseste gelebet haben, zu Medicis, als entlauffene Apotheker, Barbierer, Bader-Jungen, Feld-Scheerer, unwürdige Pfaffen, alte Weiber, sowol vornehme, als gemeine Eseltreiber, Hencker und Henckers-Geschmeiß, und viele andere, so in diese Rolle gehören, nach den bekannten Versen:

Ein *jeder Idiot* verlangt ein Artzt zu seyn,
Ein Priester, Jude, Mönch, und was nur sonst den Schein,
Vom alten Weibe hat, ein Kaufmann, Gerber, Bauer,
Ein Becker, Pferde-Schmidt, ein jeder loser Lauer,
Ja selbst der Hencker auch, die Säugamm, der Soldat,
Und wer nur sonsten wo eine Apothekgen hat.

Quelle: Zedler, Bd 1, 1732, Sp. 846; Johann Heinrich Z. (1706–1763), Leipziger Verleger und Buchhändler, Herausgeber wichtiger Nachschlagewerke. 1 In diesem Kontext heißt es: «Das Wort *Agyrta* kommt her von ἀγυρέω, *populum congrego,* das Volck zusammenhäuffen.» Sonst wird auch ein Taschen-Spieler und Planeten-Leser darunter verstanden. 2 *Circumforaneus,* circulator (lat.) = Marktschreier. 3 Storger = betrügerischer Landfahrer. Die aufgeführten Begriffe wurden weitgehend synonym gebraucht.

Der «Pfuscher» als ungebildeter Nachahmer der Ärzte

Pfuscher (medicinische). Die Aertzte können so wohl durch Verschreibung der Recepte in die Apothecken, als auch durch eigene Verfertigung ihrer Artzneyen zur Ausbrütung der medicinischen Pfuscher Gelegenheit geben. Das erste geschiehet, wenn man bey der Signatur[1] unnöthiger Weise die eigentliche

Würckung der verordneten Artzney angiebet, als wodurch die Provisores und Apotheckergesellen von dessen Gebrauche unterrichtet, und zur Nachäffung der Curen angereitzet werden; das letztere ereignet sich, wenn man seinen Stössern[2], Laboranten und Bedienten aus gar zu grosser Gemächlichkeit die gäntzliche Ausarbeitung der Artzneyen unter die Hand giebet, oder wohl gar bey weitläuftiger Praxis, wo keine Universität ist, in Ermangelung der Studenten, durch eben dieselben die Austheilung der Artzneyen muß verrichten, und auch wohl einige Krancke mit besuchen lassen. Über dieses giebet man auch die Deutschen Artzneybücher als eine unglückselige Qvelle [sic!] der medicinischen Pfuscherey an, woraus so viele ungelehrte Idioten das Wasser auf ihre Mühle leiteten, und nachgehends bey dem gemeinen Manne das Ansehen eines Kunstverständigen vorstelleten, in der That aber nur bloße Windmüller[3] wären. Wie weit dieses Vorgehen statt habe, wollen wir hier nicht untersuchen, sondern nur so viel sagen, daß viele gemeine Aertzte [1713] und Heilmänner zu curiren pflegen, welche wohl niemahls Deutsche Artzneybücher gelesen, sondern ihre Pfuscherey von ihrem Vater und Großvater als erblich erlernet haben...

Quelle: Zedler, Bd. 27, 1741, Sp. 1712–1713. 1 Aufschrift, Etikett auf einer Arznei. 2 Apothekergehilfen, welche die Arzneisubstanzen in einem Mörser zerkleinern. 3 Scherzhaft für Windbeutel, Aufschneider.

Geiz und Unbarmherzigkeit der Ärzte führen zur «gemeinen Pfuscherei»

Die *Medici* [sind] selbst Schuld daran, und zwar a) in Ansehung ihres Geitzes. b) Hochmuths und c) Unbarmhertzigkeit. Wenn *Medici* die Freyheit haben, ihre eigene *Medicamenta* zu machen und zu [298] *dispensi*ren[1], so solten sie billig dasjenige, was Hochfürstl. Eisenach. *Medicinal*-Ordnung ... gedencket, beobachten. «Endlich auch da (durch *Privat-dispensi*ren) die *Medici* Anlaß haben, hierdurch denen Armen mehr Gutes zu thun, indem sie solchen nicht allein das *Consilium* ohne Entgeld, sondern auch die *Medicamenta*, wo nicht gar umsonst, doch in leidlichen [sic!] Preiß geben, auch zugleich hierdurch den Mißbrauch, daß die Armen und *Plebeji*, aus Scheu der vielen Kosten in der Apotheke, die *Medicos* verlassen, und sich an die *Empiricos*[2] zu ihren [sic!] höchsten Schaden hängen, verhüten.»

Wo diser richtige Satz nicht beobachtet wird, da ist der erste Grundstein zur schädlichen Pfuscherey gelegt. Der Geitz der *Medici* will viel einnehmen ... Die Unbarmhertzigkeit spricht: Wenn der Baur nicht einen Gülden oder Thaler geben will, so mag er hingehen, ich kan mich mit so groben Leuten nicht placken[3]. Ist aber ein *Medicus* mit wenigen [sic!] zufrieden, so folgt solches desto öffters: und *tracti*ret man den gemeinen Mann freundlich, so gewinnet man sein Vertrauen und das Allmosen vor einen Armen, ersetzt der höchste Gott mit reichen [sic!] Segen.

Quelle: Storch, 1744, S. 297f. 1 Dispensieren = Arzneimittel (kommerziell) veräußern. 2 Etwa zu übersetzen als Erfahrungsheilkünstler, im Gegensatz zu den akademischen Ärzten. 3 Plagen.

Warnung vor der Selbst-Kur

Eine Selbst-Cur[1] heisset: Wenn ein, eine Kranckheit befürchtender, oder von einer Kranckheit würcklich angegriffener Mensch sich unterstehet, ohne Anfragen bey einem vernünftigen *Medico*, Theils, um Ersparung einiger Kosten, Theils aber, aus eingebildeter Klugheit und Geschicklichkeit, sich selbst zu helffen und zu *curir*en; Sofern aber [273] ein solcher Mensch, die *Medicin* nicht gründlich versteht und darzu keinen ordentlichen Beruf hat, so kan eine solche Selbst-Cur, an ihm oder den seinigen, gar leicht ein Selbst-Mord werden oder heissen. ...

Man stelle sich vor: Es hänge ein geladen Schieß-Gewehr[2] an einem Hacken, und jemand anders kommt darüber und schießt sich selbst tod, oder es gehe jemand mit solchem Gewehr unvorsichtig um, und schiesse einen andern, auch wol ein unschuldig Kind, tod: ob solches nicht ein unruhig und schweres Gewissen mache. ... Wer nun, in Ansehung der *Medicin*, betrachtet [274], daß er in der Selbst-Cur, erstlich aus den Schrancken seines Berufs schreitet, einen andern, aus Vorwitz, in sein Amt greift: hernach ein *Medicament*, dessen Würckung er nicht verstehet, zu unrechter Zeit, einnimmt oder den Seinigen giebt, und damit sich selbst oder die Seinigen ums Leben bringt, die doch, auf eine andere und sichere Art, hätten erhalten werden können. Wer dieses alles, sage ich, betrachtet, kan der auch wol ohne Gewissens-Beängstigung bleiben, wenn die Sache unglücklich ausläuft?

Quelle: Storch: 1744, S. 272–276. 1 Die Selbsttherapie der Kranken war dem Ärztestand traditionell suspekt. Zwei Ansätze der Selbstbehandlung jedoch spielen in der Medizingeschichte eine gewisse Rolle: zum einen, wenn sich Ärzte ihren eigenen Untersuchungs- und Behandlungsmethoden – z. T. in einer experimentellen Forschungssituation – als Objekt unterziehen; zum anderen, wenn sie ihren Patienten bestimmte Methoden der Selbstbehandlung vorschlagen. (Vgl. Schott, 1995) 2 Die Metapher vom Schießgewehr taucht in den Krankheitstheorien der Neuzeit immer wieder auf, insbesondere um die selbstverursachte bzw. -verschuldete Krankheit zu illustrieren. In diesem Sinne benutzte bereits Paracelsus die Metapher von der «Büchse», die gegen ihren Besitzer losgeht. (Vgl. Schott, 1993a)

Über das Gebaren des «falschen Arztes»

Der falsche Arzt ... hat keine andere Absicht, als durch die Ausübung der Artzneykunst sich zu bereichern. Weder der Werth des Erkenntnisses, welches diese Kunst voraussetzt, noch das Vergnügen der Tugend, das Elend des Nebenmenschen zu erleichtern [LVIII], haben für ihn einigen Reiz, vielmehr siehet er diese als phantastische Begriffe an. ... [LXII] In allen Gesellschaften wird er seine Geschiklichkeit und die Grösse der Männer, von welchen er seine Künste erlernt, anrühmen, und solche mit dem Beyfall und Zeugnissen von Leuten von Stande, angesehenen Hofleuten, Officieren mit grossen Titeln oder den reichsten Bürgern erweisen, seine Reden wird er mit Griechischen und Lateinischen Kunsttermen auszieren, deren Wahl ihm keine besondere Mühe macht, wenn sie nur unverständlich sind ... er ergreift [LXIII] jeden Anlaß, in das Haus der Kranken einzuschleichen, und macht sich sodann der natürlichen Ungedult des Kranken zu nuze, den bisherigen Arzt verdächtig zu machen, und mit einem verworrenen Geschwäz, welches durch die Vermischung verschiedener Sprachen, dem Kleid des Harlequins gleichet, ... das ganze Zutrauen des Kranken auf sich zu ziehen, und ihn nach seinen Mitteln ... lüstern zu machen.

Quelle: «Memorial», 1768, S. LVII-LXIII; diese Denkschrift für «Gesellschaften und Schulen der Artzneykunst in Italien» erschien anonym, ebenso bleibt der Übersetzer des italienischen Originaltextes ungenannt.

Ein Quacksalber vertreibt Würmer aus Zähnen

Der Quacksalber warf Tollkrautskörner[1] aufs Feuer, leitete den Rauch davon, vermittelst einer kleinen Röhre, in die Hohlung des Zahnes, und der Schmerz hörte augenblicklich auf. Dieser Charlatan ließ unter den Mund des Kranken ein Gefäß mit Wasser halten, um damit, wie er sagte, die Würmer[2] aufzufangen, welche bey dem Gebrauche dieses Mittels aus dem Zahne fallen würden. Als ich diese Geschichte vernommen hatte, fand ich Gelegenheit, einen dieser Würmer habhaft zu werden, wickelte ihn sorgfältig in Seide ein, und sendete ihn dem Herrn von Leeuwenhoek[3] nach Delft in Holland. Dieser Wurm kam lebendig und wohlbehalten an. Herr Leeuwenhoek untersuchte ihn, und fand, daß er ganz eigentlich einer von denenjenigen sey, die sich im Käse erzeugen, wenn er zu stinken anfängt. ... [10] Es ist dahero mehr als wahrscheinlich, daß, ohnerachtet der Rauch von Tollkrautskörnern das Uebel mag vertrieben haben, der Charlatan diese Würmer muß mit sich gebracht, und sie schiklich ins Wasser haben fallen lassen.

Quelle: Schäffer, 1757, S. 9f. 1 Tollkraut, Bilsenkraut, Teufelskraut, Saugift, Zahnkraut u.a. = *Hyoscyamus*; seit der Antike als Zauber- und Heilkraut bekannt, im 18. Jh. waren u.a. die Samen apothekenüblich. 2 Zur «Wurmpathologie» siehe →*Ursache und Entstehung von Krankheiten.* 3 Antoni van Leeuwenhoek (1632–1723), Pionier der →*Mikroskopie.*

Anhang

Nachwort

... laß mich Nervenbehagen nennen, was du Engel nennst. ... Glaube mir, unsere moralische und politische Welt ist mit unterirdischen Gängen, Kellern und Cloaken miniret, wie eine große Stadt zu seyn pflegt, an deren Zusammenhang, und ihrer Bewohnenden Verhältniße wohl niemand denkt und sinnt; nur wird es dem, der davon einige Kundschaft hat, viel begreiflicher, wenn da einmal der Erdboden einstürzt, dort einmal ein Rauch aus einer Schlucht aufsteigt, und hier wunderbare Stimmen gehört werden.

Goethe in einem Brief an Lavater
vom 22. Juni 1781

Die hier versammelten Textauszüge stammen fast alle aus Schriften, die von 1700 bis 1799 in deutscher Sprache – in originaler oder übersetzter Fassung – erschienen sind. Gibt es vorherrschende Leitideen, politische Ereignisse, gesellschaftliche Zustände, herausragende Denker, geniale Naturforscher, die es erlauben, diesen Zeitabschnitt als ein besonderes «Zeitalter» zu deklarieren? Blicken wir in die einschlägigen kultur- und wissenschaftshistorischen Darstellungen, so erscheint in der Regel die *Aufklärung* als Inbegriff des 18. Jahrhunderts und Markenzeichen einer «erfolgreichen Philosophie» (Mittelstraß, 1980, S. 215). Trotz aller damit verbundenen und insbesondere für die Medizin bedeutsamen Neuerungen auf theoretischem, praktischem und gesundheitspolitischem Gebiet ist die Ära der «modernen» Medizin unter der Vorherrschaft von (exakten) Naturwissenschaften und Biologie – vor allem Bakteriologie und Darwinismus – noch lange nicht angebrochen. Es sei z.B. daran erinnert, daß erst die Einführung der Inhalationsnarkose im Jahr 1846 und die spätere Entdeckung der Welt der Mikroben, insbesondere der Bakterien, zwei bis drei Jahrzehnte später die moderne Chirurgie ermöglichte.

Die Medizin im 18. Jahrhundert zeichnet sich – im Gegensatz zur «modernen» ab der Mitte des 19. Jahrhunderts – dadurch aus, daß sie kein verbindliches Dogma, kein vorherrschendes Heilkonzept, kein einheitliches Menschen- und Weltbild besitzt. Unser Buchtitel *Der sympathetische Arzt* verweist auf den medizinischen Schlüsselbegriff der Sympathie, der von «Korrespondenzen» zwischen einander ähnlichen oder ähnlich gemachten Naturdingen ausgeht: Wechselwirkungen zwischen Organen, zwischen Wunde und Heilkraut, zwischen Gestirnen und menschlichen Organen und schließlich auch zwischen Menschen, insbesondere zwischen Arzt (z.B. als Magnetiseur) und Patient (als Magnetisiertem). Die lange Tradition von (natürlicher) Magie, Alchimie und Naturphilosophie durchzieht noch spürbar das gesamte 18. und frühe 19. Jahrhundert. Die Adjektive *magisch, magnetisch* und *sympathetisch* werden dabei synonym gebraucht. Der sympathetisch kurierende Arzt trat insofern in die Fußstapfen der früheren ärztlichen Magier, Naturphilosophen und Alchimisten. Es ist deshalb nicht weiter erstaunlich, daß Samuel Hahnemann den Mesmerismus (im 18. Jahrhundert nur «animalischer» oder «tierischer Magnetismus» genannt), den er auch selbst als Arzt praktiziert, als eine die Homöopathie ideal ergänzende Heilmethode hinstellt: Die Kombination beider sei «erst die möglich vollkommenste Art, kranke Menschen herzustellen», notiert er 1842 (vgl. Eppenich, 1994), also fast fünf Jahrzehnte nach seiner ersten Formulierung des grundlegenden *Simile*-Prinzips von 1796, die wir in diesem Band zitieren. Kann man beim 18. Jahrhundert überhaupt von einer Epoche sprechen? Wie wir sehen werden, haben dies die allermeisten Medizinhistoriker versucht.

Das 18. Jahrhundert in der Medizinhistoriographie

Enthusiastisch eröffnete der Botaniker und Arzt Kurt Sprengel (1766–1833) in seinem monumentalen *Versuch einer pragmatischen Geschichte der Arzneykunst* im Jahre 1828 den entsprechenden Band: «Kein Zeitalter ist dem achtzehnten Jahrhundert zu vergleichen, wenn von allgemeiner Verbreitung hellerer Ansichten über Religion und Sittlichkeit, über Menschenrechte und Verhältnisse bürgerlicher Gesellschaften die Rede ist, oder wenn man die unerhörten Fortschritte bedenkt, welche gerade *die* Kenntnisse und Wissenschaften gemacht haben, die am meisten in das praktische Leben eingreifen.» (Sprengel, 1828, 1. Abt., S. 3) Die Strahlkraft dieses einzigartigen Zeitalters wird eindringlich beschworen und vor allem mit der klassischen Lichtmetaphorik aufgeladen: «Im achtzehnten Jahrhundert ... verbreitete sich eine solche Masse von Licht über die Gegenstände des menschlichen Wissens, und es nahmen, wenn man Spanier und Türken abrechnet, vom Polarkreise bis nach Sicilien, alle europäische Nationen so lebhaften Antheil daran, dass der Kampf der Mächte der Finsternis vergeblich und die Wuth der geistlichen und weltlichen Zwingherrschaft ohnmächtig werden musste.» Schließlich erscheint der absolutistische Monarch als majestätische Lichtquelle: «Vor allem strahlt die Sonne des Jahrhunderts, der Schutzgeist seiner Völker, der unsterbliche Friedrich, mit so mildem und wohlthätigem Glanze, wie er nie von einem Throne ausging.» (S. 4f.)

Das «Licht der Aufklärung», durchaus auch in anderen Ländern Europas bemerkbar, leuchtete in Sprengels Perspektive nirgends heller als in Deutschland. Bevor er die medizinischen Entdeckungen, Schulen, Krankheitsbilder und Fachgebiete in den jeweiligen Kapiteln im einzelnen darstellt, schildert er den «Geist der Philosophie des achtzehnten Jahrhunderts». Diese Anordnung unterstreicht die wegweisende Bedeutung dieses «Geistes» für die Medizin, wobei dessen nationale Heimstatt von vornherein klar ist: «Deutschland war in diesem Jahrhundert der Hauptsitz der Philosophie.» (S. 11) Leibniz, Christian Wolff und Kant erscheinen als unüberbietbares Dreigestirn, während Frankreich «bey dem ausgearteten Charakter der Nation» eine «in jeder Hinsicht verderbliche Richtung» genommen habe: Sprengel wirft den Protagonisten, etwa den Enzyklopädisten, Sittenlosigkeit, Atheismus und Materialismus vor. (S. 26) Gleichwohl ist seine umfassende und höchst materialreiche Abhandlung international angelegt und referiert die einzelnen Wegmarken der europäischen Medizingeschichte des 18. Jahrhunderts ausführlich und umfassend.

Nach meinem Eindruck verblassen gegenüber Sprengels üppigem Panoramabild alle späteren medizinhistorischen Darstellungen: Sie erscheinen als schwacher Aufguß, selektive Wiedergabe einzelner Unterpunkte oder raffende Kurzfassung seines Werkes. Dies gilt insbesondere für den 1884 veröffentlichten *Grundriß der Medizin* von Heinrich Haeser (1811–1884), der ebenfalls seinen Ausführungen zur Medizingeschichte einen kurzen Abschnitt zur Philosophie voranstellt und dabei Leibniz als Ausgangspunkt des Idealismus hervorhebt, um zugleich den französischen Materialismus und die in seinem Sinne tätigen Vertreter der «Aufklärung» (von Haeser in Anführungszeichen gesetzt) herabzuwürdigen. Kant wird der Naturphilosophie des 19. Jahrhunderts zugeschlagen, welche allerdings «auf die Bearbeitung der Natur- und Heilkunde verhältnismässig nur geringen Einfluss ausgeübt» habe. (Haeser, 1884, S. 333)

Im Unterschied zu diesen älteren medizinhistorischen Darstellungen rücken nun im Lehrbuch von Meyer-Steineg und Sudhoff (1928) «Systembildung», medizinische Lehren und Schulen sowie Heilkonzepte in den Mittelpunkt der Betrachtung. Das Panorama schnurrt auf wenige Leitfiguren zusammen, die von nun an zum Kanon der Medizingeschichtsschreibung gehören. Nicht «Aufklärung» ist hier der Leitbegriff – das Wort kommt kein einziges Mal vor – sondern «System». Ähnlich erscheint in Garrisons *Introduction to the History of Medicine* (1929) das 18. Jahrhundert als «Zeitalter der Theorie und Systeme» (*The Age of Theories and Systems*). Garrison begnügt sich mit werkbiographischen Abrissen zu bedeutenden Autoren auf den einzelnen Gebieten der Medizin und Naturforschung, von Linné und Blumenbach bis hin zu Rush und Pinel. Der Begriff der Aufklärung (*Enlightenment*) spielt hierbei ebenfalls keine Rolle, ebensowenig wird dem philosophischen Werk von Leibniz und Kant eine Bedeutung für die Medizin zugeschrieben.

Paul Diepgen dagegen hat in seiner *Geschichte der Medizin* (1951) die «Heilkunde im Zeichen der Aufklärung (ca. 1740 bis ca. 1830)» thematisiert. Die Kantsche Philsosophie sei von «größtem Einfluß auf das Denken der deutschen Ärzte» geworden (S. 9), während die Schellingsche Naturphilosophie «der Medizin keinen wesentlichen Fortschritt gebracht und sie in vielem gehemmt» habe. (S. 12) In dieser Fortschrittsperspektive wird die romantische Naturphilosophie des frühen 19. Jahrhunderts einfach der «Aufklärung» subsumiert. Noch konsequenter übergeht Erwin Ackerknecht in seiner *Kurzen Geschichte der Medizin* (1967) die naturphilosophisch ausgerichtete Medizin des frühen 19. Jahrhunderts. Er betont, daß «die am meisten charakteristischen medizinischen Fortschritte des 18. Jahrhunderts ... direkt in Verbindung mit der Philosophie der Aufklärung» stünden (S. 121), ohne freilich Leibniz und Kant zu nennen. Statt dessen zählt er die Fortschritte der Medizin auf, die sie der Aufklärung zu verdanken hatte, insbesondere in Psychiatrie, Krankenhauswesen und öffentlicher Gesundheitspflege. Die für die Medizin fruchtbare Aufklärung betreffe jedoch nur die zweite Hälfte des 18. Jahrhunderts, während in dessen erster Hälfte noch das 17. Jahrhundert, «oft auf niedrigerem Niveau», fortgelebt habe. (S. 1)

Die pauschale Redeweise vom «Jahrhundert der Aufklärung» hat sich inzwischen in der Medizinhistoriographie eingebürgert. So versuchte der Medizinhistoriker Gunter Mann in seinem programmatischen Artikel *Medizin der Aufklärung* diese grundsätzlich zu definieren. Sie lasse sich «als Epoche, von bestimmten Ideen geprägt, begreifen». Seine Formel lautet: «Medizin der Aufklärung ..., das ist Wirkung, Umsetzung bestimmten philosophischen, theologischen Denkens. Medizin ist dabei Mittel vielfältiger Aktionen, die sich in allen Bereichen des menschlichen Lebens auswirken.» (Mann, 1966, S. 73) Er verweist auf die Bedeutung der Physikotheologie für die Naturforschung, die Rolle der Pädagogik für die Sozialmedizin, die Entdeckung der Frau, des Kindes, des Krüppels oder des Geisteskranken als Objekte der Medizin, die Einrichtung von «Aufklärungsuniversitäten», wissenschaftliche Gesellschaften etc. Er läßt die «Umgrenzung der deutschen Periode» mit Leibnizens Vorschlägen zu einer öffentlichen Gesundheitspflege beginnen und mit Johann Peter Franks *Medicinischer Polizey* enden. Als wichtige Repräsentanten der Epoche werden zudem Thomasius, Christian Wolff, Kant, Rousseau und Linné genannt.

Wenngleich Gunter Mann zugibt, daß sich nicht alle medizinischen Ereignisse im 18. Jahrhundert einer «Medizin der Aufklärung» zuordnen lassen und «Periodenbereiche» sich auch überschneiden können, so blickt er insgesamt doch «auf etwas eigenständig Gewordenes, Durchdrungenes und Geformtes». Seine Einstellung ist insofern typisch für die zeitgenössische Medizinhistoriographie, als er die Medizin im 18. Jahrhundert tendenziell als fleischgewordene Philosophie versteht und die jeweiligen medizinhistorischen Abrisse mit einer entsprechenden Präambel einleitet. (Vgl. z.B. Jetter, 1991; Seidler, 1993). Beispielhaft hierfür ist die Dissertation über *Die physische Erziehung der Kinder* (Kunze, 1971), in der im Ausgang von den «Elementen der Medizin der Aufklärung», d.h. den medizinischen Systemen sowie den pädagogischen und diätetischen Konzepten, die Gesundheitserziehung im populären Schrifttum der «philosophischen Ärzte» untersucht wird. Inbesondere die Literaturwissenschaft interessiert sich seit geraumer Zeit für diese «philosophischen Ärzte» und ihre Begründung einer neuen Anthropologie, wobei sie – ausgehend von der literarischen Darstellung der Melancholie, etwa in Adam Bernds *Eigener Lebens=Beschreibung* (1742) – vor allem das von Karl Philipp Moritz herausgegebene *Magazin zur Erfahrungsseelenkunde* (1783–1793) ins Blickfeld rückt (vgl. Schings, 1977; Davies, 1997).

In seinen vielfach rezipierten *Konzepten der Medizin* verzichtet Rothschuh (1978) als erster grundsätzlich auf eine zusammenfassende Darstellung des 18. Jahrhunderts unter einer einzigen Überschrift. Überhaupt gibt er weitgehend den Versuch einer chronologischen Epocheneinteilung der Medizingeschichte zugunsten einer systematischen Einteilung medizinischer Lehren auf. So gelingt es ihm im Gegensatz zu fast allen anderen medizinhistorischen Gesamtdarstellungen, die problematische Etikettierung einer Epoche zu vermeiden und die Synchronizität unterschiedlicher Perspektiven, wie die «iatrochemische», die «iatrodynamistische» oder die «iatromorphologische», hervorzuheben (die Gefahr des Schematismus soll hier außer Betracht bleiben). Interessanterweise orientiert sich Wolfgang Eckart in seinem aktuellen Lehrbuch *Geschichte der Medizin* (1994) zwar stark an Rothschuhs *Konzepten*, folgt aber zugleich strikt der herkömmlichen Epocheneinteilung: *Die Medizin im Jahrhundert der*

Aufklärung ist das betreffende Kapitel zum 18. Jahrhundert überschrieben. Konsequent wird nun zunächst der Aufklärungsbegriff in seinen verschiedenen Bereichen durchdekliniert, ehe dann die Medizin mit ihren Konzepten, klinischen Schulen und Einrichtungen der öffentlichen Gesundheitspflege zur Darstellung gelangt. Die Etikettierung des «Jahrhunderts der Aufklärung» ist – lehrbuchmäßig simpel – mit den entsprechenden Schlagwörtern umrissen: «Autonomie des Denkens», «Vernunft als letzte Instanz», «philosophisches» und «pädagogisches Jahrhundert» etc.

Kürzlich veröffentlichte Fritz Hartmann (1997) schließlich eine ausführliche Studie zur *Medizin der Aufklärung*, wobei er das gesamte Inventar der Medizingeschichtsschreibung vorstellte und die «Entwicklungsgeschichte der Medizin der Aufklärung» entlang der Galerie ihrer maßgeblichen Köpfe rekapitulierte. Seine am Aufklärungsbegriff orientierte Epocheneinteilung ist bemerkenswert: Das 16. und frühe 17. Jahrhundert von Paracelsus bis Harvey bezeichnet er als eine «Medizin einer Voraufklärung»; Sydenham, Boyle und Leibniz versteht er als Zeugen für die «Medizin der Frühaufklärung»; die «Medizin zur Hochzeit der Aufklärung» verlegt er in die Jahrzehnte um 1800, mit Frank, Hufeland und Pinel als «Klassiker einer aufgeklärten und aufklärenden Medizin» (S. 57). Als «dritte Aufkärung» nach der antiken von Xenophanes bis Sokrates und derjenigen des 18. Jahrhunderts von Leibniz bis Johann Peter Frank bezeichnet Hartmann die «Aufklärung der Aufklärer» durch Nietzsche und Freud im ausgehenden 19. und frühen 20. Jahrhundert. Hartmann hat hiermit noch einmal den Rahmen abgesteckt, in dem heute üblicherweise die *Ideengeschichte* der Medizin im 18. Jahrhundert diskutiert wird. Die medizinhistorischen Detailstudien heben je nach Themenstellung unterschiedliche Aspekte hervor. (Vgl. z.B. Probst, 1980)

Seit ein bis zwei Jahrzehnten gewinnt die *Sozialgeschichte* – als «Geschichte von unten», «Körper-» und «Alltagsgeschichte» (vgl. z.B. Beutelspacher, 1986) sowie «Frauengeschichte» – auf medizinhistorischem Feld zunehmend an Boden. (Die vehemente Kritik der Sozialhistoriker an der überwiegend ideengeschichtlich orientierten Medizingeschichtsschreibung soll hier nicht näher erörtert werden.) Ausgangspunkt dieses Forschungsansatzes war Michel Foucaults *Geburt der Klinik*, die bereits 1963 in französischer Originalfassung erschien und seither die Forschungen zur Sozialgeschichte der Medizin nachhaltig beeinflußt. Das 18. Jahrhundert erscheint in dieser Perspektive als Zeitalter der beginnenden «Medikalisierung» der Gesellschaft: als Prozeß wachsender medizinischer Kontrolle der Patienten und zunehmender ärztlicher Professionalisierung (vgl. u.a. Huerkamp, 1985; Loetz, 1993). Auch hier ist von «Aufklärungsmedizin» und «Aufklärungsärzten» die Rede (vgl. Loetz, 1993, S. 73ff.). Während in den ideengeschichtlichen Darstellungen Verwissenschaftlichung und konkrete Institutionalisierung der Medizin hervorgehoben werden, sind es in den sozialhistorischen Studien medizinische Vergesellschaftung und administrative Disziplinierung. Der «Fortschritt», ob (wissenschaftlich-anthropologisch) positiv oder (sozialkritisch) negativ gefaßt, ist für beide Deutungen der Medizin im 18. Jahrhundert zentrale Denkfigur.

In ihrem kürzlich erschienenen brillanten Büchlein *The Enlightenment* hat die Historikerin Dorinda Outram (1995) für einen neuen und unvoreingenommenen Zugang zur «Aufklärung» plädiert. In ihrem Eingangskapitel *What is Enlightenment?* referiert sie kurz und bündig die Begriffsgeschichte, wobei sie vor allem auf Horkheimer und Adornos *Dialektik der Aufklärung* (1947) eingeht. Diese seien, wie eine Generation später der optimistischere Habermas, davon überzeugt gewesen, daß die Aufklärung keine abgeschlossene historische Epoche sei, sondern im guten wie im bösen immer noch die Gegenwart beeinflusse und unvollendet sei. Neuerdings, so Outram, hätten sich die Historiker eher der Sozialgeschichte der Ideen zugewandt als dem Standardensemble der «großen Denker». Aufklärung sei eben nicht länger mehr als Einheitsphänomen anzusehen: Es gebe nicht nur erhebliche nationale, regionale und konfessionelle Unterschiede, vielmehr müsse man überhaupt von verschiedenen «Aufklärungen» (*Enlightenments*) ausgehen, die etwa von Männern und von Frauen, von Weißen und von Eingeborenen unterschiedlich erfahren würden. Insbesondere weist Outram die populäre These vom Umschlagen der Aufklärung in den politischen Terror (während der Jakobinerherrschaft der Französischen Revolution) zurück und empfiehlt statt dessen, die starken regionalen Unterschiede in den Aktivitäten von aufklärerischen Bewegungen in Europa zu berücksichtigen. (Qutram, 1995, S. 114ff.) Dieser neue Ansatz hat in der Medizinhistoriographie bislang keine Entsprechung gefunden. Die vorliegende Textsammlung zielt – ohne Vorgabe einer eigenen theoretischen Begründung und Zielsetzung – in ähnliche Richtung.

Die Elektrizität als Jahrhundertereignis

Kein Ereignis beleuchtet das «Zeitalter der Aufklärung» so mächtig wie das Aufkommen der Elektrizität in der ersten Hälfte des 18. Jahrhunderts, bei der sich «Erfindung» und «Entdeckung» kaum voneinander unterscheiden lassen. Ohne die Konstruktion technischer Apparaturen, nämlich der Elektrisiermaschine und der Leidener Flasche, hätte diese funkensprühende Naturkraft kaum hervorgelockt und entdeckt werden können. «Blitz», «Funken», «Erleuchtung», «Strahl» oder «Erschütterung» beschreiben nicht nur die sinnliche Wahrnehmung der maschinell durch die Reibung erzeugten Elektrizität, sie sind zugleich Metaphern für die mentale Wahrnehmung dieses künstlich provozierten Naturphänomens. Blitzartig kommt es zu neuer Naturerkenntnis, zur Aufklärung in unmittelbarem Sinn: zur Erleuchtung, wie sie im englischen, französischen oder italienischen Begriff für Aufklärung noch anklingt: *Enlightenment, Lumières, Illuminismo.* Entzücken, Erstaunen und Erschrecken sind untrennbar mit dem ursprünglichen Erlebnis der Elektrizität verbunden. So schreibt der Regensburger Arzt Johann Gottlob Schäffer im Jahre 1752 enthusiastisch: «Scheinet es nicht, geneigter Leser, als wenn wir jetzo in einem electrischen Seculo lebten? ... Ja, es scheinet nicht nur, sondern ist in der That wahr, die Luft, die Menschen und fast alle Weltkörper, sind zu mancher Zeit electrisch.» Hier haben wir das Schlagwort: «electrisches Seculum», elektrisches Jahrhundert. Die Durchflutung der Körper mit diesem «electrischen Feuer» (Schäffer, 1766, Vorrede zur 1. Ausg.) war sichtbar, spürbar, mitteilbar.

Der Mensch erlebt sein Eingewobensein in die Natur neuartig; Himmel und Erde, durch Gewitterwolken und Blitze miteinander verbunden, werden zu erfahrbaren und technisch reproduzierbaren Sensationen. Benjamin Franklin, der erfolgreiche Erfinder des Blitzableiters, wird zur Leitfigur einer wissenschaftlich wie politisch einzigartigen Epoche: «Ich meyne», schreibt Schäffer weiter, «daß zu der Zeit, wenn eine oder mehrere Wetterwolken sich über unserem Horizonte befinden, auch alle Körper in den Zustand können gesetzet werden, daß sie eben so Feuerfunken von sich geben, und andere Körper an sich ziehen; als sonsten die electrische Maschine allein zu thun pfleget.» Wohl kein anderes Ereignis hat die Medizin im 18. Jahrhundert – und nicht nur diese – so stark geprägt und verändert wie die Elektrizität: von der experimentellen Physiologie bis hin zum Galvanismus und der Hinwendung zum Nervensystem als Leitorgan des menschlichen Organismus. Zugleich bahnte sie neuen Heilsystemen, insbesondere animalischem Magnetismus und Brownianismus, den Weg. Die Elektrizität wird zum neuen Hauptelement einer «Physik», einer somatischen Medizin, die der «Moral» als psychischer Medizin gegenübergestellt wird. Sie bildet selbstverständlich nur *ein* Element der Medizin, wenn wir an die vielfältigen Konzepte, Medizinschulen und staatlichen Einrichtungen denken. Aber sie ist für Ärzte wie Laien *das* neue Ereignis schlechthin, *das* Faszinosum.

Merkwürdigerweise nimmt die Medizinhistoriographie von diesem Jahrhundertereignis bis heute wenig Notiz. Die «elektrische Medizin» des 18. Jahrhunderts wird in den meisten Darstellungen übergangen, allenfalls stößt Galvanis Lehre von der «tierischen Elektrizität» auf Interesse, die freilich nur *einen*, wenn auch wichtigen Ausläufer der «elektrischen Medizin» darstellt. Warum ist dies so? Die Erklärung liegt nahe: Wer die «Medizin der Aufklärung» primär vom ideellen Einfluß der Philosophie ableitet, mißt dem körperlich spürbaren Einfluß der elektrischen Materie weniger Bedeutung zu. Nur so läßt sich erklären, daß zwar Leibniz und Kant als Kronzeugen für die Medizingeschichte bemüht werden, aber Musschenbroek, der Erfinder der Leidener Flasche, oder Franklin, der frühe Elektrotechniker, kaum beachtet werden. Ich möchte mit diesen Überlegungen die «Medizin der Aufklärung» nicht in eine «Medizin der Elektrizität» umbenennen, sondern lediglich darauf hinweisen, daß die elektrische Medizin, wie sie im ersten Drittel des 18. Jahrhunderts auftauchte, für die weitere Entwicklung der Medizin in diesem Jahrhundert eine kaum zu überschätzende Rolle spielte.

Warum konnte die Elektrizität zum Schlüsselereignis werden? Ich behaupte: Weil sie alte Traditionen mit neuen Erfahrungen verknüpfen konnte, weil sie Resultat einer neuen Apparatetechnik war, welche der Natur eine Urkraft entlocken konnte. Die Elektrizität führte nicht nur zu einer neuen Naturerkenntnis, sie konnte auch therapeutisch eingesetzt werden. Die Naturforscher und Ärzte waren ebenso herausgefordert wie Schausteller und Laienheiler. Denn elektrische Experimente konnten in idealer Weise nicht nur zur Kur krankhafter Übel angewandt werden, sondern auch zur gesellschaftlichen Belustigung dienen. Vor allem aber – ideengeschichtlich vielleicht der Hauptgrund für die Attraktivität der elektrischen Experimente – verschmolz im elektrischen Geschehen das Erleben der natürlichen Magie mit der technischen Manipulierbarkeit einer physikalischen Kraft. Magie, Naturwissenschaft und Technik geronnen zu einer Einheit. So dürfen wir die religiöse Ergriffenheit und den inszenierten Zauber nicht vergessen, die mit dem Erzeugen und Übertragen elektrischer Funken einhergingen. Mit dem Aufblitzen des «elektrischen Feuers» schien der Okkultismus, die *Philosophia occulta* – so das 1533 erschienene gleichnamige Werk des alchimistischen Arztes Agrippa von Nettesheim – , die Suche nach der verborgenen Natur endlich eine Antwort gefunden zu haben. Nicht die völlig neue Sicht der Dinge war das Entscheidende, sondern die überraschende Antwort auf eine immer wieder gestellte Anfrage an die Natur. Im Grunde schien die Sehnsucht der Alchimisten in Erfüllung gegangen zu sein: die Sehnsucht nach Erkenntnis «im Lichte der Natur» und nach der künstlichen Erzeugung einer äußerst subtilen Heilkraft, eines *arcanum* (Paracelsus). Nur so läßt sich die breite aufflammende Begeisterung für die Elektrizität verstehen.

Der «animalische Magnetismus», wie ihn der Wiener Arzt Franz Anton Mesmer um 1775 inaugurierte, ist nach meiner

Einschätzung als wichtigste Spielart der elektrischen Medizin zu begreifen. Ohne Elektrizität wäre sicherlich kein Mesmerismus zustande gekommen. Dieser potenzierte nur noch einmal die elektrischen Phänomene und therapeutischen Szenarien. Gerade die Praktiken des Mesmerismus illustrierten dem Publikum die mentale Macht, welche die elektrische Medizin auf Menschen im ausgehenden 18. Jahrhundert ausübte: Die Mesmersche Metaphorik vom «Fluidum», «Lebensfeuer», «Lichtstoff» etc. belegt seine Herkunft von der elektrischen Medizin und entspricht dem Empfinden eines kraftvollen Strömens des «Lebensgeistes», der «Blitzmaterie, ... welche sich während der Magnetisation in mich ergießt». (vgl. Barkhoff, 1994, S. 220) «Aufklärung», die gewöhnlich in Anlehnung an Kant als das Vernünftigmachen des Unvernünftigen verstanden wird und in gewisser Weise philosophisch-pädagogisch eindimensional erscheint, erhält im elektrischen Kontext eine aufregende Zweidimensionalität: Aufklärung ist zunächst die funkelnde, prickelnde Erfahrung eines «Lebensfeuers», das die Atmosphäre blitzartig erhellt; und sie ist zugleich die Erkenntnis naturgesetzlicher Abläufe, die der Mensch in seinen Dienst stellen kann, mit dem Blitzableiter zum Schutz vor dem brandgefährlichen Einschlag oder mit der Elektrisiermaschine zum heilsamen Elektrisieren. *Enlightenment, Lumières, Illuminismo* folgt eben noch einer anderen Philosophie als derjenigen, die als Aufklärungsphilosophie unter dem Primat der Vernunft bezeichnet wird: nämlich einer Naturphilosophie, *philosophia* im Paracelsischen Sprachgebrauch. Nur im Spannungsfeld beider «Philosophien» kann die Medizin im 18. Jahrhundert zutreffend dargestellt werden. Zumeist unterschlägt die Medizinhistoriographie, ob nun ideen- oder sozialgeschichtlicher Couleur, mit ihrem eindimensionalen Begriff der Aufklärung deren naturphilosophisches Erbe.

Gleichzeitigkeit von «Paradigmen»: Betrug als Wahrheit – oder umgekehrt?

Ein Werk, das Wissenschaftshistoriographie seit mehr als 30 Jahren prägt, ist *Die Struktur wissenschaftlicher Revolutionen* von Thomas S. Kuhn (1962). So aufschlußreich auch die Lehre vom revolutionierenden «Paradigmenwechsel» für das Verständnis der ideologischen Verbindlichkeit der «normalen Wissenschaft» sein mag, so wenig trägt sie zum Verständnis der hier dargestellten Verhältnisse im 18. Jahrhundert bei. Neue Einstellungen und Erkenntnisse traten damals nämlich neben althergebrachte, ohne diese von heute auf morgen zu verdrängen. Die eingangs zitierte Fachliteratur der Medizingeschichte will diesen historiographisch schwerverdaulichen Komplex kaum wahrhaben. Durchweg wird die Medizin im 18. Jahrhundert – zumindest in dessen zweiter Hälfte – auf den Generalnenner der Aufklärung und des wissenschaftlich wie gesellschaftlichen Fortschritts getrimmt. Sie stehe, so die allgemeine Auskunft, unter der Botmäßigkeit einer (aufklärerischen) Philosophie, der sie zu ihrem eigenen Nutzen und Frommen gehorche. Wenn man jedoch das beharrliche Weiterleben der Humoralpathologie und ihrer Krankheitsbilder wie Hypochondrie und Melancholie ins Auge faßt, lange nachdem Cullens Nervenpathologie mitsamt dem Begriff der Neurose bereits begründet war; wenn man der Einbildungskraft der Schwangeren auch noch gegen Ende des 18. Jahrhunderts eine Mißbildung des Föten trotz fortschreitender Erkenntnisse der Entwicklungsgeschichte zutraut; wenn weiterhin die ausführenden und ableitenden Therapiemaßnahmen trotz der vom Paracelsismus angebahnten «chemischen Medizin» größte Popularität genießen – so fällt es schwer, an blanke Epochenschwellen, Paradigmenwechsel, eindeutige revolutionäre Abbrüche und Umbrüche in der historischen Realität zu glauben.

Die Gleichzeitigkeit betrifft nicht nur alte und neue Konzepte der Medizin, sondern auch die Widersprüchlichkeit neuer Heilsysteme im medizinischen Alltag. Als Beispiel seien animalischer Magnetismus und Brownianismus genannt. Während das erstere

System in der Tradition der magisch-sympathetischen Heilkunde steht, folgt zweite dem Prinzip der gegenläufigen Therapie *contraria contrariis curantur.* Hier stehen sich homöopathischer und allopathischer Ansatz gegenüber, um bekannte Ausdrücke aus einer späteren Zeit anzuführen. Werden beide Systeme gleichermaßen von der Philosophie gestützt? Wie nah bzw. fern stehen sie jeweils dem Vernunftbegriff oder dem pädagogisch-philanthropischen Impetus des aufgeklärten Absolutismus? Nach meinem Eindruck hat die Philosophie weniger die beiden Systeme beeinflußt als umgekehrt die Systeme die Philosophie. Weder Mesmer noch Brown haben einen Herzensphilosophen, dessen Lehre sie anzuwenden versuchen. Eher läßt sich der Niederschlag ihrer Ideen bei Philosophen (und Literaten) wiederentdecken, vor allem im Kontext der romantischen Naturphilosophie. Hier soll keineswegs die Bedeutung des philosophischen «Zeitgeistes» für die beiden Systembegründer abgestritten werden. So fühlte sich Mesmer der Aufklärung und den republikanischen Idealen der Französischen Revolution verpflichtet. Aber nicht eine dezidiert philosophische Lehre führt ihn zur «Entdeckung des tierischen Magnetismus», sondern seine Zugehörigkeit zur damals wissenschaftlich führenden Wiener Medizinischen Fakultät sowie seine ärztlichen Heilversuche mit der Elektrizität und seine in damaliger Zeit nicht ungewöhnliche Verehrung der Newtons. Die von Mesmer geschaffene Doppelbödigkeit seines animalischen Magnetismus, nämlich einerseits magisch-sympathetische Heilmethoden nachzuahmen und zugleich moderne physikalische Gesetzmäßigkeiten und neurophysiologische Wirkungsmechanismen zu postulieren, ist charakteristisch für seine Zeit. Dämonologie und Neurophysiologie, magisch-magnetische und psychisch-spirituelle Kuren schlossen sich keineswegs im Bewußtsein der damaligen Akteure aus. Auch deshalb wird die Elektrizität so sensationell empfunden, weil sie an unheimliche Zauberpraktiken der Vergangenheit erinnert – und solche neuerdings ermöglicht. Die Elektrizität vertreibt nicht *per se* den Spuk okkulter Szenarien, sondern läßt diesen häufig erst richtig aufleben. So vereinigen sich im 18. Jahrhundert Aufklärung und Betrug, Erkenntnis und Illusion, Zukunft und Vergangenheit in illustrer Weise.

Als Muster für diese Gemengelage sei hier Friedrich Schillers unvollendeter Roman *Der Geisterseher* angeführt. Mathias Mayer (1996) hat in seinem Nachwort von der «unterhöhlten Aufklärung» gesprochen: «In Frage stand nicht weniger als die Rehabilitation des Okkulten, des Übernatürlichen, das nicht dem erkennenden Auge, sondern nur der inneren Erleuchtung zugänglich sein sollte.» Damit habe Schiller ein Phänomen zur Darstellung gebracht, «das in allen Schichten und auf allen Ebenen der Reflexion die Zeitgenossen elektrisierte» (S. 119f.), nämlich die «Nachtseite der Aufklärung» mit Cagliostro als ihrem Protagonisten. Gerade der Widerspruch zur «taghellen Aufklärung» erzeuge «den Genuß des Grauens» durch einen solchen «Schauer-» bzw. «Geheimbundroman». (S. 224f.) Dieser sei nun deshalb von herausragender Bedeutung, weil er auf das «Selbstverständnis der Aufklärung» abziele, nämlich auf die «Unterscheidbarkeit von Wahrheit und Betrug». (S. 232) Genau diese werde durch Schillers *Geisterseher* in Frage gestellt, in dessen Zentrum «die Unsicherheit, zwischen Aufklärung und Betrug unterscheiden zu können», die «Verschränkung von Lüge und Licht», stehe. So führe Schiller eher die «Ohnmacht» der Aufklärung als deren «Apotheose» vor, ja, er male «sozusagen den Teufel an die Wand des 18. Jahrhunderts, ohne ihn bannen zu können». (S. 237f.) So sei die «Unsicherheit der Grenze zwischen Aufklärung und Betrug ... umso irritierender, als sie den Aktionsraum des Bösen schier unübersehbar macht».

Die Schlüsselszene für eine zutreffende Deutung stellt m. E. die elektrische Inszenierung der doppelten Geistererscheinung dar. «Wir fanden, als wir in den Saal zurückkamen, mit einer Kohle einen weiten Kreis beschrieben, der uns alle zehn bequem fassen konnte. Rings herum an allen vier Wänden des Zimmers waren die Dielen weggehoben, daß wir gleichsam auf einer Insel standen. ... Er [der Sizilianer] hieß uns einander die Hände reichen und eine tiefe Stille beobachten ... Auf einmal empfanden wir alle zugleich einen Streich wie vom Blitze, daß unsere Hände auseinander flogen; ein plötzlicher Donnerschlag erschütterte das Haus, die Schlösser klangen, alle Türen schlugen zusammen, der Deckel an der Kapsel fiel zu, das Licht löschte aus, und an der entgegenstehenden Wand über dem

Kamine zeigte sich eine menschliche Figur, in blutigem Hemde, bleich und mit dem Gesicht eines Sterbenden.» (Schiller, 1787/88, S. 27f.) Kurz danach die zweite Erscheinung unter ähnlichen Begleitumständen: «... ein Blitz erleuchtete das Zimmer, und eine andere *körperliche* Gestalt, blutig und blaß wie die erste, aber schrecklicher, erschien an der Schwelle».

Die Enttarnung des Sizilianers als «Taschenspieler» und die Aufklärung der Geistererscheinungen als Betrug führen jedoch nicht zur Aufdeckung der «Wahrheit», sondern verstricken den Prinzen noch tiefer in die finstere Intrige, die für das Opfer immer undurchsichtiger und auswegloser wird. So können Elektrisiermaschine und Zauberlaterne zwar vordergründig die Geistererscheinungen als Gaukelei aufklären, liefern den Prinzen aber um so unentrinnbarer dem Zugriff einer geheimen und zugleich unheimlichen Organisation aus: «Nachdem man den Altar weggeräumt und die Dielen des Saals aufgebrochen, entdeckte man ein geräumiges Gewölbe, worin ein Mensch gemächlich aufrecht sitzen konnte, mit einer Türe versehen, die durch eine schmale Treppe nach dem Keller führte. In diesem Gewölbe fand man eine Elektrisiermaschine, eine Uhr und eine kleine silberne Glocke, welche letztere, so wie die Elektrisiermaschine, mit dem Altar und dem darauf befestigten Kruzifixe Kommunikation hatte. Ein Fensterladen, der dem Kamine gerade gegenüber stand, war durchbrochen und mit einem Schieber versehen, um, wie wir nachher erfuhren, eine magische Laterne in seine Öffnung einzupassen, aus welcher die verlangte Gestalt auf die Wand über dem Kamin gefallen war.» (S. 33) Der «Streich wie vom Blitze», der die Menschenkette durchzuckte, bevor der erste Geist an der Wand erschien, erweist sich somit als ein elektrisches Experiment, das seinerzeit auch zur Belustigung von Salongesellschaften veranstaltet wurde (vgl. Priestley, 1772, S. 363ff.): «Das Kruzifix war der Konduktur, und Sie [als einer in der Menschenkette] empfingen den Schlag, als ich es mit der Hand berührte.» (S. 44)

Schillers *Geisterseher* kann nicht nur als ein literarischer Schlüsseltext des 18. Jahrhunderts gelten, sondern zugleich auch als ein wissenschaftshistorischer. Er beschreibt eine vertrackte Situation, in der physische Wahrnehmungen und psychische Einsichten, die der Dämonologie bzw. Magie verhaftet waren, sich nun rein physikalisch bzw. physiologisch im Zeichen der neuen Erkenntnisse erklären lassen – und gerade mit dieser «Aufklärung» den Menschen über die wahren Motive und bösen Absichten der Zauberer bzw. technischen Künstler im unklaren lassen. Der Ahnungslose wird somit durch Pseudo-Aufklärung hinters Licht geführt: Erhellung bedeutet dann – dem Opfer und möglicherweise auch dem Täter unbewußt – Verdunkelung. Schiller habe den Teufel an die Wand des 18. Jahrhunderts gemalt, ohne ihn bannen zu können, heißt es bei Mayer. In der Tat: Die von der «Zauberlaterne» an die Wand projizierten Geister erscheinen deshalb so bedrohlich real, weil sie nur dem Augenschein nach als Ergebnis einer technisch raffinierten Demonstrationskunst zu erkennen sind, der Geist der Drahtzieher aber unsichtbar aus dem Verborgenen agiert und unerkannt bleibt.

Waren die neuen Botschaften von Medizin und Naturforschung für die «ahnungslosen» Zeitgenossen nicht ähnlich beunruhigend? Glichen sie nicht der von Schiller beschriebenen wissenschaftlichen Aufklärung der Geistererscheinungen, um gerade durch ihre «Wahrheit» den Beobachter zu blenden und hinters Licht zu führen? Nehmen wir z.B. den Streitfall des animalischen Magnetismus: Mesmer konnte, wie er behauptete, durch sein angebliches magnetisches Fluidum Menschen magnetisieren und damit heilen. Die königliche Untersuchungskommission in Paris jedoch befand, daß Mesmer lediglich mit Hilfe der Einbildungskraft seiner Klientel die erstaunlichen Phänomene erzielen könne. Die vermeintlich einfach zu begreifende «Einbildungskraft» aber war auch Ende des 18. Jahrhunderts noch eine letztlich unbestimmbare und zum Teil unheimliche Größe, wenn wir uns an die Imaginationslehre der frühen Neuzeit erinnern. So erklärte man empirisch Bekanntes – nämlich Manifestationen bei Magnetisierten – mit psychophysiologisch Unbekanntem – nämlich der «Einbildungskraft».

Übernehmen Elektrisiermaschine und Zauberlaterne (*laterna magica*) in Schillers Roman nicht dieselbe Funktion wie die Einbildungskraft im Urteil der Untersuchungskommission? Letztere scheint die Ursache der magnetischen Phänomene aufklären zu können, tatsächlich jedoch verschleiert sie den wahren Ursprung, der im Dunkeln bleibt. Stellt eine solche Erhellung nicht eine Verdunkelung dar? Das Ineinsgehen von Erhellen und Verdunkeln läßt den Beobachter an der Wirklichkeit seiner Wahrnehmungen, an der «Wahrheit», zweifeln. Letztlich wird er im unklaren darüber gelassen, ob das, was er oder auch ein anderer sieht, tatsächlich «scheint» oder nur den falschen Anschein davon weckt. Franz Anton Mesmers Gleichnis vom schlafenden Volk kann dies verdeutlichen: «Nehmen wir ein Volk an, welches, wie einige Thiere, beim Untergang der Sonne nothwendig einschliefe, und vor ihrem Aufgange nicht wieder erwachte: Einem solchen Volke würde natürlich nur das Daseyn der am Tage sichtbaren Gegenstände begreiflich seyn. Würde dasselbe nun benachrichtigt, daß einige Menschen unter ihm, die in jener Ordnung des Schlafs durch Krankheit gestört des nachts aufgewacht wären, und in einer unendlichen Entfernung unzählige leuchtende Körper, gleichsam neue Welten gesehen hätten; so würde es diese ohne Zweifel, ihrer so wunderbar abweichenden Ideen wegen, für Träumer halten.» (Vgl. Schott, 1994, S. 143) Die «Wahrheit» ist eben den aufgeklärten Zeitgenossen nicht mehr zu vermitteln.

Wohltun und Quälen – Dialektik der Medizin?

Das wirkungsvollste Buch zum Aufklärungsbegriff stellt ohne Zweifel *Die Dialektik der Aufklärung* von Horkheimer und Adorno (1947) dar, worin beide die «Selbstzerstörung der Aufklärung», den «Rückfall von Aufklärung in Mythologie» eindringlich analysiert haben: «Wir hegen keinen Zweifel», so heißt es in der Vorrede, «daß die Freiheit in der Gesellschaft vom aufklärenden Denken unabtrennbar ist. Jedoch glauben wir, genauso deutlich erkannt zu haben, daß der Begriff eben dieses Denkens, nicht weniger als die konkreten Formen, die Institutionen der Gesellschaft, in die es verflochten ist, schon den Keim zu jenem Rückschritt enthalten, der heute überall sich ereignet. Nimmt Aufklärung die Reflexion auf dieses rückläufige Moment nicht in sich auf, so besiegelt sie ihr eignes Schicksal.

Indem die Besinnung auf das Destruktive des Fortschritts seinen Feinden überlassen bleibt, verliert das blindlings pragmatisierte Denken seinen aufhebenden Charakter, und darum auch die Beziehung zur Wahrheit.» (Horkheimer/Adorno, 1947, S. 3) Die bittere Konsequenz lautet: «die vollends aufgeklärte Erde strahlt im Zeichen triumphalen Unheils». (S. 7) Allerdings haben sich Horkheimer und Adorno über die besondere Rolle von Medizin und Gesundheitswesen nicht ausgelassen. Ich möchte im folgenden versuchen, vom Eindruck der Textsammlung auszugehen, um eine *Dialektik der Medizin* – angeregt, aber keineswegs abgeleitet von Horkheimer und Adorno – aufzuspüren.

In der menschlichen Vorstellung bringen Götter aus unterschiedlichen Motiven im Laufe der Kulturgeschichte immer wieder Heil und Unheil über die Menschheit. So wurde z.B. der Ausbruch einer Seuche häufig als Strafe («Plage») Gottes interpretiert. Zugleich aber konnte auch die plötzliche Errettung aus der Not, z.B. das Verschwinden einer Seuche, auf das heilende Eingreifen Gottes bzw. der Heiligen zurückgeführt werden. Gerade in den mythischen Gestalten der Heilgötter, etwa der Himmelsgöttin Sachmet, begegnet uns die Dialektik von Kränken und Heilen. Es entspricht der antiken Auffassung, daß wer töten kann, auch die Macht hat zu heilen. Ein bekanntes Beispiel hierfür ist die Schlange, die in den Mythen zahlreicher Völker einerseits wegen ihres Giftes gefürchtet wird, andererseits als Sinnbild des Lebens und Symbol der Heilkraft, insbesondere beim Asklepioskult der Griechen, gilt.

Der Zusammenhang von Heilen und Vernichten wird als Problematik in der Geschichte des Tier- und Menschenversuchs besonders deutlich, von dem alexandrinischen Arzt Herophilos (3. Jh. v. Chr.) bis zu den KZ-Versuchen im 20. Jahrhundert. Selbstverständlich sind die sozial- und wissenschaftshistorischen Situationen, zwischen denen mehr als 2000 Jahre liegen, kaum miteinander zu vergleichen. Gleichwohl scheint sich die Motivation der handelnden Ärzte zu entsprechen: Um wichtige physiologische Erkenntnisse zu gewinnen oder effiziente Heilmittel zu entwickeln, können grausame Tier- oder Menschenversuche gerechtfertigt erscheinen. Ich habe den Eindruck, daß vor allem der Tierversuch im 18. Jahrhundert in der physiologischen Forschung einen zuvor kaum vorstellbaren Gipfelpunkt erreicht. Es sei hier vor allem an die häufig durchgeführte Vivisektion von größeren Säugetieren (Kaninchen, Hund, Schaf) erinnert, um etwa die Funktion der Nerven zu studieren. Um bestimmte Erkenntnisse zu gewinnen, die Lust am Experimentieren und Demonstrieren zu befriedigen, wurde das Tier geopfert.

Die Redewendung «Bös muß Bös vertreiben» verweist auf das therapeutisch «Böse», die notwendige Bosheit vieler Heilmethoden. Ich erinnere an die therapeutische Flagellation, die angeblich heilsame Wirkung des Auspeitschens oder Verprügelns, das z.B. – mit Ruten und Brennesseln – noch in einem Buch von 1767 gegen das «Nachtwandeln» empfohlen wird (vgl. Bilguer, 1767, S. 773; Text siehe oben, S. 130f.). Physische (somatische) Behandlung und moralische (psychische) Einwirkung sind hier kaum voneinander zu unterscheiden. Nicht zuletzt können wir dies bei der physischen Erziehung des Kindes sowie beim Umgang mit Irren ablesen, wobei Zwangsmaßnahmen wie Festbinden oder Schlagen neben ihrer psychischen (d.h. pädagogischen) Wirkung auch aus rein medizinischen Gründen – im Sinne der Humoralpathologie oder des Brownianismus – als heilsam angesehen wurden.

Wohltun und Quälen sind auch in der heutigen Medizin oft nicht eindeutig voneinander abzugrenzen. Nicht nur verspürt der Patient die ärztlich vorgenommene Wohltat mitunter am eigenen Leibe als Qual. Mehr noch: Der Arzt darf, ja muß den Kranken sogar vorsätzlich quälen, wenn dies durch den höheren Zweck der Besserung geheiligt wird. Diese ärztliche Verbesserung der Kranken, die zugleich ihre verderbliche Zurichtung bedeuten kann, läßt sich gerade im 18. Jahrhundert besonders eindrucksvoll studieren. Ein markantes Beispiel bietet der «Tranquillizer» – damals auf deutsch als «Beruhiger» bezeichnet, heute noch als «Zwangsstuhl» bekannt – , den der berühmte amerikanische Arzt und Philanthrop Benjamin Rush um 1800 als angeblich fortschrittliches Instrument für die Irrenbehandlung empfahl: «Der Beruhiger hat viele Vorzüge vor der Zwangsjacke oder dem Zwangshemde. Er hemmt den Andrang des Bluts gegen das Gehirn, er vermindert die Muskelkraft überall gleichmäßig, ... begünstigt die Anwendung des kalten Wassers und des Eises auf den Kopf, und des warmen Wassers auf die Füße ...; er setzt den Arzt in den Stand, Puls zu fühlen, und ohne irgend eine Störung zur Ader zu lassen ...» Zugleich werden von fast allen zeitgenössischen Psychiatern die positive Wirkung des Beruhigers gelobt, die zur Unterwerfung des Tobsüchtigen führe und ihn «geweckt, ruhig, besonnen, folgsam» mache (Schott, 1990, S. 22f.).

Die Medizin und ihre Einrichtungen tragen gerade im 18. Jahrhundert zunehmend dazu bei, Menschen zu erzieherischen Zwecken in bestimmten Räumen einzuschließen. Die Erziehung der «ungezogenen» Kinder, die Nacherziehung der unvernünftigen («irren») Kranken – selbst Sigmund Freud wird seine Psychoanalyse noch als eine «Nacherziehung» bezeichnen – oder die Veredelung «roher» Menschenschichten und -rassen benötigen vor allem auch ärztliche Philanthropen, spezielle Krankenanstalten und detaillierte Medizinalordnungen. Eine solche pädagogische Fixierung im sozialen Raum, die dem Frankschen Begriff der *Medizinischen Polizei* Ende des 18. Jahrhunderts durchaus entspricht, hat Georg Christoph Lichtenberg (1742–1799) treffend mit der Metapher vom Korb beschrieben: *Man muß die Kinder in einen Korb sperren, aber ihnen den Korb so angenehm machen als möglich, das heißt, wer ein großer Violinspieler werden soll, muß täglich 8 Stunden geigen von der Zeit an, da er eine Geige halten kann, u.s.w. Das ist der Korb, aus dem er nicht darf, allein darin muß ihm alles sehr erleichtert werden.* (Lichtenberg, 1789/1793)

Ziel ist die Herstellung einer nützlichen, vernünftig funktionierenden Existenz, die ihre qualvolle Vorgeschichte vergessen hat und ihre gegenwärtige Peinigung nicht mehr als solche empfindet. Trotz aller Künste von Ärzten, Lehrern und Priestern, ihren Schutzbefohlenen «alles» sehr zu «erleichtern», wie Lichtenberg es formulierte, kommt die historische Wahrheit offenbar immer wieder an den Tag. Die sporadische «Wiederkehr des Verdrängten» (S. Freud) straft den «Fortschritt» durch «Aufklärung» Lügen: im individuellen Erleben von Krankheiten ebenso wie im gesellschaftlichen Erleben von Katastrophen. Ist nun jenseits der quasi hypnotischen Ruhigstellung der Menschen, der «modernen Krankheit», die Friedrich Nietzsche in seiner Abhandlung *Zur Genealogie der Moral* (1887) aufs Korn nahm, noch so etwas wie eine «große Gesundheit» möglich? Im Lichte der *Dialektik der Aufklärung* erscheint seine Vision allerdings illusionär: «Wer unmittelbar, ohne rationale Beziehung auf Selbsterhaltung dem Leben sich überläßt, fällt nach dem Urteil von Aufklärung wie Protestantismus ins Vorgeschichtliche zurück. Der Trieb als solcher sei mythisch wie der Aberglaube; dem Gott dienen, den das Selbst nicht postuliert, irrsinnig wie die Trunksucht. ... der Fortschritt ... hat den Selbstvergessenen des Gedankens wie den der Lust mit Fluch belegt.» (Horkheimer/Adorno, 1947, S. 30) Die Befreiung von diesem «Fluch» – einschließlich der Befreiung von der oben beschriebenen «Dialektik der Medizin» – ist erst dann denkbar, wenn sich alle Beteiligten von der Hybris des Machen- und Messen-Könnens von Gesundheit und «lebenswertem Leben» verabschieden.

Quellenverzeichnis

[Abhandlung] Abhandlung von Naturalien-Cabinetten, oder Anleitung wie Naturalien-Cabinette eingerichtet, die natürlichen Körper gesammelt, aufgehoben und conserviret werden müssen. Aus dem Lateinischen übersetzt, und mit Anmerkungen herausgegeben von C. v. M. Leipzig: Kraus, 1771.

Andry, Charles François und Michel Augustin Thouret (1785): Beobachtungen und Untersuchungen über den Gebrauch des Magnets in der Arzneykunst. Aus dem Franz. übers. Leipzig: Weidmanns Erben u. Reich, 1785.

Andry, Nicolas (1744): Orthopädie oder Kunst, Bey den Kindern die Ungestaltheit des Leibes zu verhüten und zu verbessern. Alls durch solche mittel, welche in der Väter und Mütter, und aller der Personen Vermögen sind, welche Kinder zu erziehen haben. [Franz. Originalausg. Paris 1741] Berlin: Rüdiger, 1744. Reprint Stuttgart 1987.

[Anonymus, 1775] Politische Frage: Ob ein weislich regierender Landesfürst über die Gaßnerischen Curen seiner Unthertanen noch länger gleichgültig sein kann. In: Allgemeine deutsche Bibliothek, 27. Bd. Berlin; Stettin: Nicolai, 1775.

[Arzt, 1775–1777] Der philosophische Arzt. [Verf.: Melchior Adam Weikard] Erstes Stück: Frankfurt; Hanau; Leipzig 1775. Zweytes Stück: Berlin; Leipzig 1775. Drittes Stück: Berlin; Leipzig 1776. Viertes u. letztes Stück: Berlin; Leipzig 1777.

Auenbrugger, Leopold (1761/1843): Neue Erfindung mittelst des Anschlagens an den Brustkorb, als eines Zeichens, verborgene Brust-Krankheiten zu entdecken. Im lat. Original hrsg., übers. u. mit Anmerkungen versehen von S. Unger. Begleitet mit einem Vorworte von Joseph Škoda. Wien: Wallishauser, 1843. [Lat. Erstausgabe 1761]

Autenrieth, J.F.H. (1796): Bemerkungen über die wahrscheinlichen Ursachen der verschiedenen Formen des gelben Fiebers. Anhang zu Rush, 1796 [siehe unten].

Batsch, A.I.G.C. (1790): Versuch einer Arzneymittellehre nach den Verwandtschaften der wirkenden Bestandtheile. Jena: Akadem. Buchhandlung, 1790.

Beaumont, Johann (1721): Historisch-Physiologisch- und Theologischer Tractat Von Geistern/ Erscheinungen, Hexereyen und andern Zauber-Händeln [...] Aus der Englischen Sprache in die Teutsche [...] übersetzt von Theodor Arnold. Nebst einer Vorrede Des Herrn [...] Thomasii [Christian Thomasius]. Halle: Neue Buchhandlung, 1721.

Beddoes, Thomas (1794): Medicinische Schriften. Erstes Bändchen aus dem Englischen. Enthaltend Bemerkungen über die Natur und Heilart des Steins, Scharbocks, der Schwindsucht, Catarrhen und Fieber. Leipzig: Weygand, 1784.

Bilguer, Johann Ulrich (1767): Nachrichten an das Publikum in Absicht der Hypochondrie. Oder Sammlung verschiedener, und nicht sowohl für die Aerzte als vielmehr für das ganze Publikum gehörige die Hypochondrie, ihre Ursachen und Folgen betreffende Schriftstellen, und daraus gezogener Beweis, daß die Hypochondrie heutiges Tages eine fast allgemeine Krankheit ist, und daß sie eine Ursache der Entvölkerung abgeben kann. Kopenhagen: Rothe, 1767.

Blumenbach, Johann Friedrich (1782): Handbuch der Naturgeschichte. Zweyte durchgehends verbesserte Ausgabe. Göttingen: Dieterich, 1782.

Blumenbach, Johann Friedrich (1786): Geschichte und Beschreibung der Knochen des Körpers. Göttingen: Dieterich, 1786.

Blumenbach, Johann Friedrich (1789): Anfangsgründe der Physiologie. Aus dem Lateinischen übersetzt, und mit Zusätzen vermehrt von Joseph Eyerel. Wien: Wappler, 1789.

Blumenbach, Johann Friedrich (1791): Über den Bildungstrieb. Göttingen: Dieterich, 1791.

Boerhaave, Hermann (1751): Kurtze doch gründliche Abhandlung von Augenkranckheiten, und deroselben Cur [...] nach der neuesten Göttingischen Lateinischen Auflage in das Teutsche übersetzt von Gabriel Friedrich Clauder. Nürnberg: Ender u. Engelbrecht, 1751.

Boerhaave, Hermann (1763): Kurtze Lehr-Sätze von Erkennung und Heilung der Krankheiten nebst dessen Buch von denen Artzeney-Mitteln welche einer jeden Krankheit mitbeygefüget sind. Aus dem Lateinischen übersetzt und mit einigen Anmerkungen versehen. Berlin: Haude u. Spener, 1763.

Boerhaave, Hermann (1765): Wichtige Abhandlung vom Krebs und Kranckheiten der Knochen aufs neue überstzt und mit vielen Anmerckungen versehen. Frankfurt am Main: Garbe, 1765.

Bolten, Johann Christian (1751): Gedancken von psychologischen Curen. Halle: Hemmerde, 1751.

Brambilla, J.A. (1786): Verfassung und Statuten der josephinischen medizinisch chirurgischen Akademie sammt der Ordnung bei Beförderung zu Magistern und Doktoren der Chirurgie. Wien 1786.

Brehmen, Johann Adam (1773): Geistliche Betrachtungen und Reden bey dem Krankenbette nebst einer Anleitung was ein Prediger in Ansehung des Krankenbettes zu beobachten [...] Dritte und [...] verm. Aufl. Jena; Leipzig: Gollner, 1773.

Brown, John (1798): System der Heilkunde. Nach der letztern vom Verfasser sehr vermehrten und mit Anmerkungen bereicherten englischen Ausgabe seiner *Elements of Medicine* übersetzt [...] von C. H. Pfaff. Zweyte nach der neuesten Ausgabe von Dr. Beddoes verbesserte und vermehrte Aufl. Kopenhagen: Proft und Storch, 1798.

Bruhier d'Ablaincourt, Jacques Jean (1754): Abhandlung von der Ungewißheit der Kennzeichen des Todes, und dem Misbrauche, der mit übereilten Beerdigungen und Einbalsamirungen vorgeht. Aus dem Französischen übersetzet und mit Anmerkungen und Zusätzen vermehret herausgegeben von Johann Gottfried Jancke. Leipzig u. Kopenhagen: Roth, 1754.

Budaeus, Gottlieb (1731): Miscellanea Medico-chirurgica, Practica et Forensica, Welche Allerhand Medinischen und chirurgische Casus, Relationes Judicia, Consilia, Responsa &c. in sich halten [...]. Leipzig; Görlitz: Laurentius, 1731.

Buffon, Georges-Louis Leclerc von (1752/1754): Allgemeine Historie der Natur nach allen ihren besonderen Theilen abgehandelt; nebst einer Beschreibung der Naturalienkammer Sr. Majestät des Königes von Frankreich. Mit einer Vorrede Herrn Doctor Albrecht von Haller. Hamburg u. Leipzig: Grund u. Holle; Zweyter Theil 1752; Zweyten Theils zweyter Band 1754.

Camper, Peter (1792): Über den natürlichen Unterschied der Gesichtszüge in Menschen verschiedener Gegenden und verschiedenen Alters [...]. Übers. von S. Th. Sömmerring. Berlin: Voss, 1792.

Cheselden, W. (1790): Anatomie des menschlichen Körpers aus dem Englischen übersetzt von August Ferdinand Wolff nebst einer Vorrede von J. Fr. Blumenbach [Engl. Ausgaben 11713–121784]. Göttingen: Dieterich, 1790.

Clossius, Carl Fri[e]drich (1797): Über die Enthauptung. Tübingen: Heerbrandt, 1797.

Créve, Carl Caspar (1793): Beiträge zu Galvanis Versuche über die Kräfte der thierischen Elektrizität auf die Bewegung der Muskeln. Frankfurt; Leipzig: Stahel, 1793.

Cullen, William (1784): Anfangsgründe der praktischen Arzneywissenschaft. Dritter Theil, welcher die Nervenkrankheiten enthält. Leipzig: Fritsch, 1784.

Cullen, William (1785): Anfangsgründe der praktischen Arzneywissenschaft. Vierter Theil, welcher die Gemüthskrankheiten und Cachexien enthält. Leipzig: Fritsch 1785.

Danz, Ferdinand Georg (1793): Semiotic oder Handbuch der allgemeinen Zeichenlehre zum Gebrauche für angehende Wundärzte. Leipzig: Crusius, 1793.

Eberti, Johann Caspar (1706): Eröffnetes Cabinet Deß Gelehrten Frauen-Zimmers/ Darinnen Die Berühmten dieses Geschlechtes umbständlich vorgestellet werden. Frankfurt; Leipzig: Rohrlachs Wittib und Erben, 1706.

Einzinger von Einzing, Johann Martin Maximilian (1775): Dämonologie, oder Systematische Abhandlung von der Natur und Macht des Teufels, von den Kennzeichen, eine verstellte oder eingebildete Besitznehmung des Teufels von einer wahren am leichtesten zu unterscheiden, sammt den natürlichsten Mitteln, die meisten Gespenster am sichersten zu vertreiben, dem Gaßnerischen Teufelssysteme entgegengesetzt [o.O, o.V.], 1775.
Eisenbarth, Johannes Michael (1713): Dissertatio solemnis chirurgica de optima lithotomiam administrandi ratione [...] Halle: Zahnius, 1713 [siehe Hasenbach, 1984, S. 68–102].
Eschenmayer, C.A. (1797): Ueber die Enthauptung gegen die Sömmerringische Meinung. Tübingen: Heerbrandt, 1797.
Faust, Bernhard Christoph (1794): Gesundheits-Katechismus zum Gebrauche in den Schulen und beym häuslichen Unterrichte. Bückeburg: Althans, 1794. (Faksimile mit e. Nachw. von Martin Voge, 1925)
Floyer, Johann (1749): ΨΥΧΡΟΛΟΥΣΙΑ Oder, Versuch, zu beweisen, daß kaltes Baden gesund und nützlich sey; In einigen Briefen herausgegeben. Aus dem Engl. ins Hochdeutsche übersetzt von Johann Caspar Sommer. Breslau; Leipzig: Pietsch, 1949.
Forster, Georg (1877): Georg Forster's Briefwechsel mit S. Th. Sömmerring. Hrsg. von Hermann Hettner. Braunschweig: Vieweg, 1877.
Franklin, Benjamin (1758/1983): Briefe von der Elektrizität. Übers. und mit Anmerkungen versehen von Carl Wilcke. [Nachdruck von «Des Herrn Benjamin Fränklins Briefe von der Elektrizität», Leipzig 1758]. Eingeleitet u. erläutert von John Heilbron. Braunschweig; Wiesbaden: Vieweg, 1983.
Freudenberg, Julius Augustus [eigentl. Johann Gottfried Flittner] (1796): Ueber Staats- und Privatbordelle, Kuppelei und Konkubinat nebst einem Anhang über die Organisirung der Bordelle in alten und neuen Zeiten. [Selbstverlag] 1796.
[Gall, 1798:] Des Herrn Dr. F. J. Gall Schreiben über seinen bereits geendigten Prodromus über die Verrichtungen des Gehirns der Menschen und Thiere an Herrn Jos. Fr. von Retzer. In: Gall, 1979, S. 47–59.
[Gall, 1979] Franz Joseph Gall: 1758–1828, Naturforscher und Anthropologe. Ausgewählte Texte, eingel., übers. und kommentiert von Erna Lesky. Bern; Stuttgart; Wien: Huber, 1979.
Galvani, Luigi (1793): [Aloysi Galvani] Abhandlung über die Kräfte der thierischen Elektrizität auf die Bewegung der Muskeln nebst einigen Schriften der H.H. Valli, Carminati und Volta über eben diesen Gegenstand. Eine Übersetzung herausgegeben vom D. Johann Mayer. Prag: Calve, 1793.
Gaßner, Johann Joseph (1774): Nützlicher Unterricht wider den Teufel zu streitten: oder Beantwortung der Fragen: I. Kan der Teufel dem

Leib der Menschen schaden? II. Welchen am mehresten? III. Wie ist zu helfen? Kempten: Saller, 1774.

Gaßner, Johann Joseph (1775) = 8. Aufl. von Gaßner, 1774.

[Gebete] Christliche Gebete und Geistliche Betrachtungen, Welche so wohl heb-Ammen, als auch Schwangere, Gebährende und Wöchnerinnen in allerhand Fällen nützlich anwenden können. Aus bewährten Geist-reichen Autoribus zusammen getragen. [Anhang zu Storch, 1747]

[Geheimnisse] Hundert Acht und Dreißig Gantz Neu-entdeckte Geheimnüsse Oder Sonderbare [...] Secrete, Von allerhand Magischen/ Spagyrischen/ Sympathetischen und Antipathetischen Kunst-Stücken [...] Frankfurt; Leipzig: Hagen, 1722.

Gesner, Johann August Philipp (1778–1782): Die Entdeckungen der neuesten Zeit in der Arzneygelahrtheit. 1. Bd 1778; 2. Bd.1782; 3. Bd.1786; 4. Bd.1788. Nördlingen: Beck, 1778–1782.

Gmelin, Eberhard (1787): Ueber Thierischen Magnetismus. In einem Brief an Herrn Geheimen Rat Hoffmann in Mainz. Tübingen: Heerbrandt, 1787.

Gmelin, Eberhard (1793): Untersuchungen über den thierischen Magnetismus und über die Einfache Behandlungsart, ihn nach gewissen Regeln zu leiten und zu handhaben. Heilbronn; Rothenburg ob der Tauber: Claß, 1794.

Goethes Werke, IV. Abtheilung: Goethes Briefe, 7. Bd. Weimar: Böhlau, 1891.

Hahn, Johann Siegemund (1754): Unterricht von Krafft und Würckung des frischen Wassers in die Leiber der Menschen besonders der Kranken bey dessen innerlichen und äusserlichen Gebrauch ... Breslau; Leipzig: Pietsch, 1754.

Hahnemann, Samuel (1796): Versuch über ein neues Princip zur Auffindung der Heilkräfte der Arzneisubstanzen, nebst einigen blicken auf die bisherigen. [Erstveröffentl. in Hufelands Journal der praktischen Arzneikunde, 2. Bd., 3. Stück, 1796] In: Samuel Hahnemann: Kleine medicinische Schriften. Hrsg. von Ernst Stapf. 1. Bd. Dresden; Leipzig: Arnold, 1829, S.135–198.

Haller, Albrecht von (1759–1776): Anfangsgründe der Phisiologie [sic!] des menschlichen Körpers. Aus dem Lateinischen übers. von Johann Samuel Hallen. 1. Bd.1759; 2. Bd.1762; 3. Bd.1766; 4. Bd.1768; 5. Bd.1772; 7. Bd.1775; 8. Bd.1776. Berlin: Voß.

Haller, Albrecht von (1782): Vorlesungen über die gerichtliche Arzneiwissenschaft. Aus einer nachgelassenen lateinischen Handschrift übersetzt. Erster Band. Bern: neue typographische Gesellschaft, 1782.

[Hauß-Artzney-Büchlein] Ein ganz neues sehr nützliches Hauß-Artzney-Büchlein/ Vor allerhand inn- und äusserliche Gebrechen deß

Menschlichen leibs. Aus gelehrter Medicorum in Schwaben und anderer hoher Personen geheimen schrifften heraus gezogen. Augsburg: Schmidt, 1734.
Heberden, William (1840): Ärztliche Schriften. Übers. von J. K. F. Trautner. Nürnberg: Bauer und Raspe, 1840.
Heins, Anton (1766): Der patriotische Medicus. Zweyten Bandes erster Theil. Hamburg: Beneken, 1766.
Heins, Anton (1767a): Der patriotische Medicus. Zweyten Bandes Zweyter Theil. Leipzig; Frankfurt: Dodsley u. Moser, 1767.
Heins, Anton (1767b): Der patriotische Medicus. Zwote verbesserte Aufl. Leipzig; Frankfurt: Dodsley u. Moser, 1767.
Heinsius, Johann August (1776): Beyträge zu denen Versuchen, welche mit künstlichen Magneten in verschiednen Krankheiten angestellt worden. Leipzig: Jacobäer, 1776.
Heister, Lorenz (1719): Chirurgie, in welcher alles/ was zur Wund-Artzney gehöret/ nach der neuesten und besten Art/ gründlich abgehandelt/ und [...] die neuerfundene und dienlichste Instrumenten [...] deutlich vorgestellet werden. Nürnberg: Hoffmann, 1719. Reprint Leipzig 1981.
Heister, Lorenz (1749): [Lavrentii Heisteri] Compendium Anatomicum d.i. Kurtzer Begriff derjenigen Kunst, welche von denen Theilen des menschlichen Cörpers, und anderer Thiere, nebst derselben künstlichen Zerlegung, handelt. Nach der neuesten fünften Lateinischen Auflage [...] dargestellet von Gabr[iel] Fried[rich] Claudern. Nürnberg: Weber, 1749.
Heister, Laurentius [Lorenz] (1753): Medicinische Chirurgische und Anatomische Wahrnehmungen. Nebst Kupfern und gedoppelten Registern. Rostock: Koppe, 1753.
Heister, Laurentius [Lorenz] (1770): Medicinische Chirurgische und Anatomische Wahrnehmungen. Nebst Kupfern und gedoppelten Registern Zweyter Band Zum Druck befördert durch Wilhelm Friedrich Cappel. Rostock: Koppe, 1770.
Herholdt, J. P. u. C. G. Rafn (Hrsg.) (1798): Von dem Perkinismus oder den Metallnadeln des D. Perkins in Nordamerika nebst Zeugnisse und Versuchen Kopenhagener Aerzte. Aus dem Dänischen übersetzt von Johann Clemens Tode. Kopenhagen: Brummer, 1798.
Herz, Marcus (1791): Versuch über den Schwindel. Zweyte umgeänderte u. vermehrte Auflage. Berlin: Voss, 1791.
Herz, Marcus (1798): Etwas Psychologisch-Medizinisches. Moriz Krankengeschichte. Journal der practischen Arzneykunde und Wundarzneykunst 2 (1798), S.259–339. Zit. n. Marcus Herz: Philosophisch-medizinische Aufsätze. Mit einem Nachw. hrsg. von Martin L. Davies. St. Ingbert: Röhrig, 1997, S.60–84 (Kleines Archiv des 18.Jahrhunderts; 29).
Hoffmann, Friedrich (1715): Gründliche Anweisung Wie ein Mensch

Vor dem Frühzeitigen Tod und allerhand Arten Kranckheiten Durch ordentliche Lebens-Art sich verwahren könne. Halle: Renger, 1715.

Hoffmann, Friedrich (1717): Gründliche Anweisung wie ein Mensch Durch vernünfftigen Gebrauch der mineralischen kalten und warmen Gesund-Brunnen, Insonderheit des Carls-Bades Seine Gesundheit erhalten/ und sich von schweren Kranckheiten befreyen könne. Dritter Theil. Frankfurt; Leipzig: Renger, 1717.

Holländer, Eugen: Die Karikatur und Satire in der Medizin. Stuttgart: Enke, 1905.

Honczky, J. (1787): Über die neuere Geschichte der Chirurgie in den K.K.Staaten. Eine Rede, gehalten am 8ten November 1787, als die k.k.Josephinische medicinisch-chirurgische Akademie zu Wien den Gedächtnistag ihrer Stiftung und Übersetzung zum zweytenmale feyerte. Wien 1787.

Hufeland, Christoph Wilhelm (1797a): Ueber die Natur, Erkenntnismittel und Heilart der Skrofelkrankheit. Eine von der Kaiserlichen Academie der Naturforscher gekrönte Preisschrift. 2. Aufl. Jena: Academische Buchhandlung, 1797.

Hufeland, Christoph Wilhelm (1797b): Die Kunst das menschliche Leben zu verlängern. Jena: akademische Buchhandlung, 1797.

Hufeland, Christoph Wilhelm (1798): Ein paar Worte über den sogenannten Perkinismus und seine Anwendung. In: Kleine medizinische Schriften. 2. Bd. Berlin: Reimer, 1823.

Hunter, John (1780): Natürliche Geschichte der Zähne und Beschreibung ihrer Krankheiten in zween Theilen. Aus dem Engl. übers. Leipzig: Weidmanns Erben und Reich, 1789.

Ideler, Karl Friedrich (1796): Über die Krisis der Krankheiten. Hrsg. von [Ernst Benjamin Gottlieb] Hebenstreit. Übersetzt von einem prakticirenden Arzte in Breslau. Breslau: Korn, 1796.

Jenner, Edward (1800): Fortgesetzte Beobachtungen über die Kuhpocken. Mit einigen Anmerkungen aus dem Englischen übers. von G. F. Ballhorn. Hannover: Ritscher, 1800.

Jugler, Johann Heinrich (1799): Preisschrift über die von der Churfürstlichen Akademie nützlicher Wissenschaften zu Erfurt aufgegebene Frage: Ist es nothwendig und ist es möglich, beide Theile der Heilkunst, die Medicin und die Chirurgie, sowohl in ihrer Erlernung als Ausübung, wieder zu vereinigen? Welches waren die Ursachen ihrer Trennung, und welches sind die Mittel ihrer Wiedervereinigung? [...] Erfurt: Beyer und Maring, 1799.

Juncker, Johann (1753): Conspectus chemiae theorico-practicae. Vollständige Abhandlung der Chemie [...] Zur wohlgegründeten und nützlichen Anwendung in der Apothekerkunst, andern Künsten und Handwercken, der Hauswirthschaft und gemeinen Leben [...] zweyter theil. Halle: Waisenhaus, 1750.

Kanold, Johann (1713): Historische Relation Von der Pestilentz des Horn-Viehes/ Welche Anno 1711. und 1712. In Schlesien [...] und andern Ländern starck grassiret. Breslau: Fellgiebel, 1713.

[Kloster-Medicus] Der sorgfältige Kloster-medicus oder Gründlicher Unterricht, Auf was Weise die geistlichen Jungfrauen in denen Ordens-Gestifften Den edlen Schatz ihrer Gesundheit glücklich erhalten und für Kranckheiten sicher bewahren können. Aus dem Französ. ins Deutsche übers. Leipzig; Lauba: Schill, 1740.

Köppen, Heinrich Friedrich (Hrsg.) (1800): Achtung den Scheintodten. Zum Besten der Menschheit herausgegeben von Heinrich Friedrich Köppen. Zweyter Theil. Halle: «bei dem Herausgeber», 1800.

Kratzenstein, Christian Gottlieb (1746): Physicalische Briefe. Dritte und vermehrte Auflage. Halle: Hemmerde, 1746.

Krüger, Johann Gottlob (1743): Vom Caffee, Thee Und Toback. Halle: Hemmerde, 1743.

Krüger, Johann Gottlob (1745): Zuschrifft An seine zuhörer Worinnen Ihnen seine Gedanken von der Electricität mittheilet [...] Neue und mit Anmerckungen vermehrte Auflage. Halle: Hemmerde, 1745.

Krüger, Johann Gottlob (1751): Diät oder Lebensordnung. Halle: Hemmerde, 1751.

Krüger, Johann Gottlob (1763): Diät oder Lebensordnung. Zweyte Aufl. Halle: Hemmerde, 1763.

Krüger, Johann Gottlob (1765): Träume. Dritte verm. Aufl. Halle: Hemmerde, 1765.

Leake, John (1778): Anleitung zu der Verhütung und Heilung der chronischen Krankheiten des weiblichen Geschlechts. Aus dem Engl. übers. Leipzig: Weidmanns Erben und Reich, 1778.

Leeuwenhoek, Antoni van (1719): Epistolae Physiologicae Super compluribus Naturae Arcanis. Delft 1719. Aus dem Lateinischen übers.u. komm. von Klaus Meyer, Soest 1996; Typoskript.

Linné, Carl von (1776): Auserlesene Abhandlungen aus der Naturgeschichte, Physik und Arzneywissenschaft. Leipzig: Böhme, 1776.

Linné, Carl von (1783): Abhandlung über die Schädlichkeit der Insekten, aus des Ritter Karl von Linné Amoenitat. Academ. Aus dem Lat. mit vielen Anmerckungen übers. Salzburg: Mayer, 1783.

Mai [May], Franz Anton (1794): Medicinische Fastenpredigten oder Vorlesungen über Körper- und Seelen-Diätetik zur Verbesserung der abgearteten Ehestandssitten, der ehelichen Gesundheit und Kindererziehung des deutschen Vaterlandes. Zweiter Theil. Mannheim: Schwand u. Götz, 1794.

Martius, Johann Nicolai (1724): Unterricht Von der Magia Naturali Und derselben Medicinischen Gebrauch auf Magische Weise, wie auch bezauberte Dinge zu duriren; [Angehängt:] Ein Neu-eröffnetes Kunst-Cabinet [von Germanus Philotechnus] und Antonius Mizaldus [Antoine

Mizauld]: Hundert Nützliche, curieuse und angenehme Kunst-Stücke [centuriae secretorum, dt.]. Frankfurt; Leipzig: Nicolai, 1724.
[Meier, Christian Daniel von:] Gott, der Mensch und die Natur, ein philosophisches Gemählte einer Somnambule. London 1788. [1. Aufl u. d. T. «Auszug aus dem Tagebuch einer magnetischen Kur», Frankfurt am Main; Leipzig 1787].
Meiners, C. (1788): Ueber den thierischen Magnetismus. Lemgo: Meyer, 1788.
[Memorial] (1768): Memorial von einem Italienischen Arzte den preiswürdigen Gesellschaften und Schulen der Arztneykunst [sic!] in Italien vorgelegt über die Nothwendigkeit und Art, die Arztneykunst von der greulichen Krankheit der Charlatanerie zu heilen. Ins Deutsche übersetzt. Zürich: Füeßlin, 1768.
Merkwürdige Heilungen und Facta / welche sich zu Ellwangen bey dem Hochehrwürdigen Herr Johann Joseph Gaßner [...] in dem jahr 1775. zugetragen. In: Gassneriana 7, I.
Mesmer, Franz Anton (1781): Abhandlung über die Entdeckung des thierischen Magnetismus. Aus dem Französischen übersetzt. Karlsruhe 1781. Reprint Tübingen: edition diskord, 1985.
Metzger, Johann Daniel (1785): Grundsätze der allgemeinen Semiotik und Therapie. Ein Lehrbuch. Königsberg: Hartung, 1785.
[Misch-Masch] Sympathetisch- und Antipathetischer Misch Masch. Das ist: Ein Compendium Magisch-Sympathetisch- und Antipathetischer Arcanitaeten/ Wider Die Zauberer/ Hexen/ Unholden/ und Truten [...] Frankfurt; Leipzig; Regensburg: Bruckmayer, 1715.
Moesen, J. C. W. (1771): Verzeichnis einer Samlung von Bildnissen, grőstentheils berühmter Aerzte; [...] diesem sind verschiedene Nachrichten und Anmerkungen vorgesetzt, die so wohl zur Geschichte der Arzeneygelahrtheit, als vornehmlich zur Geschichte der Künste gehören. Berlin: Himburg, 1771.
Morgagni, Johann Baptista (1771–1776): Von dem Sitze und den Ursachen der Krankheiten welche durch die Anatomie sind erforscht worden. Aus dem Lateinischen übersetzt. 1. Buch 1771; 2. Buch 1772; 3. Buch 1773; 4. Buch 1775; 5. Buch 1776.
[Neubestimmung] Die Neubestimmung des Menschen: Wandlungen des anthropologischen Konzepts im 18. Jahrhundert. Hrsg. von Bernhard Fabian, Wilhelm Schmidt-Biggemann und Rudolf Vierhaus. München: Kraus, 1980 (Studien zum achtzehnten Jahrhundert; Bd.2/3, S.115–282).
Nicolai, Ernst Anton (1745): Die Verbindung der Musik mit der Artzneygelahrtheit. Halle: Hemmerde, 1745.
Nicolai, Ernst Anton (1751): Gedancken von den Würckungen der Einbildungskraft in den menschlichen Körper. Zweyte vermehrte Aufl. Halle: Hemmerde, 1751.

Otten, Carl Johann August (1846): Kurze Abhandlung Daß das viele Zureden und Strafen strafen der Geistlichen in gefährlichen Krankheiten, furchtsamen Kranken nachtheilig sey. Löwen; Leiden: «Auf Kosten guter Freunde»; 1746.

Paullini, Christian Frantz (1700): Philosophischer Feyerabend. In sich haltende Allerhand anmuthige / seltene / curieuse / so nütz als ergetzliche auch zu allerhand nachtrücklichen Discursen anlaßgebende Realien und merckwürdige Begebenheiten [...]. Franckfurt am Mayn: Knochen, 1700.

Paullini, Christian Franz [hier: Kristian Frantz Paulini] (1734): Neu-Vermehrte/ Heylsame Dreck-Apotheke, Wie nemlich mit Koth und Urin Fast alle/ ja auch die schwerste/ gifftigste Kranckheiten, und bezauberte Schäden vom Haupt biß Füssen, inn- und äusserlich, glücklich curiret worde; [...] Und mit dem Andern Theil vermehrt. Frankfurt am Main: Knochen 1734.

Petraeus, August (1701): Curiose Gedanken von der Lüsternheit Der Schwangern-Weiber und vom Brechen. [Zus. mit Bernhard Albinus: Von der Entzückung Oder Hinfallung.] Aus dem Lat. übers. vom M.M. Dresden; Leipzig: Miethen, 1701.

Pfaff, C.H. (1795): Über thierische Elektricität und Reizbarkeit. Ein Beytrag zu den neuesten Entdeckungen über diese Gegenstände. Leipzig: Crusius, 1795.

Pinel, Philipp (1799): Philosophische Nosographie oder Anwendung der analytischen Methode in der Arzneykunde. [...] aus dem Französischen übers., und mit Anmerkungen versehen von J. Alexander Ecker. Erster Theil. Tübingen: Cotta, 1799.

Pinel, Philipp (1800): Philosophische Krankheits-Lehre des Bürgers Pinel. aus dem Franz. übers. Zweyter Theil. Kopenhagen: Proft u. Storch, 1800.

Priestley, Joseph (1772): Geschichte und gegenwärtiger Zustand der Elektricität, nebst eigenthümlichen Versuchen. Nach der zweyten vermehrten u. verbesserten Ausgabe aus dem Englischen übersetzt von Johann Georg Krünitz. Berlin; Stralsund: Lange, 1772. Reprint Hannover 1983.

Pyl, Johann Theodor (Hrsg.) (1783–1793): Aufsätze und Beobachtungen aus der gerichtlichen Arzeneywissenschaft. Sammlung 1–8. Berlin: Mylius, 1783–1793. Erste Sammlung 1783; 2. Samml. 1784; 3. Samml. 1785; 6. Samml. 1789; 7. Samml. 1791.

Rahn, Johann Heinrich (1790): Physische Abhandlungen von den Ursachen der Sympathie, von dem Magnetismus und Schlafwandeln. Hrsg. von Johan Weise. Leipzig: Jacobäer, 1790.

Reil, Johann Christian (1794): Ueber das Gemeingefühl. In: J.C. Reil's kleine Schriften wissenschaftlichen und gemeinnützigen Inhalts. Halle: Curt, 1817, S.34–112.

Reil, Johann Christian (1795): Von der Lebenskraft. Eingeleitet vom Herausgeber [Karl Sudhoff]. Leipzig: Barth, 1910 (Klassiker der Medizin; Bd.2).

Reil, Johann Christian (1799): Ein Beitrag zur medicinischen Zeichenlehre. Archiv für die Physiologie 3 (1799), S.105–148.

Rousseau, Jean Jacques (1781): Botanik für Frauenzimmer in Briefen an Frau von L. Aus dem Franz. übers. Frankfurt u. Leipzig: o.V., 1781.

Rousseau, Jean Jacques (1791): Emil oder über die Erziehung. Vierter Theil. Aus dem Französ. übers. von C.G. Cramer. Braunschweig:: Schulbuchhandlung, 1781 (Allgemeine Revision des gesammten Schul- und Erziehungswesens von einer Gesellschaft practischer Erzieher. 15. Theil. Hrsg. von J.H. Campe, Wien und Braunschweig 1791).

Rübel, Johann Friedrich (1766): Das Wahre Porträt eines geschickten und erfahrenen Medici, Chirurgi, und einer Hebamme, abgeschildert von Johan Friedrich Rübel. Frankfurt u. Leipzig: Eßlinger, 1766.

Rumpelius, Johann Heinrich (1702): Curiöser Tractat Von denen Geistern/ so in Bergwercken erscheinen/ Oder von so genannten Berg-Männlein/ Aus dem Lateinischen ins Teutsche übersetzt Von M. M. Dresden; Leizig: Miethen, 1702.

Rush, Benjamin (1796): Beschreibung des gelben Fiebers/ welches im Jahre 1793 in Philadelphia herrschte. Aus dem englischen übersezt [...] von P. Fr. Hopfengärtner und J. F. H. Autenrieth. Tübingen: Cotta, 1796.

Ruysch, Frederik (1701): Thesaurus anatomicus, Bd.1. Amsterdam: Jansonius-Waesbergius, 1701.

Schaarschmidt, Samuel (1750): Theoretische und Practische Abhandlung von Venerischen Krankheiten. Nebst vollständigem Register herausgegeben und vermehret von Ernst Gottfr. Kurella. Berlin: Schütze, 1750.

Schäffer, Jacob Christian (1757): Die eingebildeten Würmer in Zähnen. Nebst dem vermeynthlichen Hülfsmittel wieder dieselben. Regensburg: Zunkel, 1757.

Schäffer, Jacob Christian (1778): Abbildung und Beschreibung des Mayenwurmkäfers als eines zuverlässigen Hülfsmittels wider den tollen Hundebiß. Regensburg: Montag, 1778.

Schäffer, Johann Gottlieb (1765): Geschichte des grauen Staares und der neuen Operation solchen durch Herausnehmung der Crystalllinse zu heylen nebst einigen daraus gefolgerten und erörterten Fragen. Regensburg: Montag, 1765.

Schäffer, Johann Gottlieb (1766): Die Electrische Medicin oder die Kraft und Wirkung der Electricität in dem menschlichen Körper und dessen Krankheiten besonders bey gelähmten Gliedern aus Vernunftgründen erläutert und durch Erfahrungen bestätiget. [1. Aufl. Regenburg 1752] Regensburg: Montag, 1766.

[Schauplatz] Neueröffneter Schauplatz geheimer philosophischer Wissenschaften, darinnen sowol zu der Chiromantie, Metoposcopia, Physiognomia [...] gehörige Anleitung gegeben, als auch eine gründliche Nachricht von den verborgenen Wirkungen des Magnets und der Wünschelruthe ertheilet wird. Regensburg: Montag, 1770.

Scheuchzer, Johann Jacob (1720): ΛΟΙΜΟΓΡΑΦΙΑ Massiliensis. Die in Marseille und Provence eingerissene Pest-Seuche. Zürich: Bodmer, 1720.

Scheuchzer, Johann Jacob (1721): Von der Marsilianischen Pest-Seuch. Erste Zugab [...] Verteutscht Durch Joh. Jacob Scheuchzer. Zürich: Bodmer, 1721.

Schiller, Friedrich (1780): Versuch über den Zusammenhang der thierischen Natur des Menschen mit seiner geistigen. Stuttgart: Cotta [1780]. Faksimiledruck nach der Originalausgabe mit einem Nachwort von J. Oeschger. Ingelheim am Rhein: Boehringer, 1959.

Schings, Hans-Jürgen (1977): Melancholie und Aufklärung: Melancholiker und ihre Kritiker in Erfahrungsheilkunde und Literatur des 18. Jahrhunderts. Stuttgart: Metzler, 1977 («Der philosophische Arzt. Anthropologie, Melancholie und Literatur im 18. Jahrhundert», S. 11–40).

Schlosser, J. G. (1800): Catechismus der Sittenlehre für den Landmann nach den Bedürfnissen der Zeit. Mit einem Anhange zur Kindererziehung und zur feineren Bildung des Landvolks von Johann Heinrich MARTIN Ernesti. Koburg; Leipzig: Sinner, 1800.

[Schreiben] Einiger Medicorum Schreiben/ Von Der in Preussen An.1708. in Dantzig An.1709. in Rosenberg An.1708. und in Fraustadt An.1709 Grassireten Pest [...]. Breslau: Fellgiebel, 1711.

Soemmerring, Samuel Thomas (1784): Über die körperliche Verschiedenheit des Mohren vom Europäer. Mainz [o.V.] 1784.

Soemmerring, Samuel Thomas (1788): Vom Hirn und Rückenmark. Mainz: Winkopp, 1788.

Soemmerring, Samuel Thomas (1796): Über das Organ der Seele. Königsberg: Nicolovius, 1795.

Spallanzani, Lazzaro (1785): Versuche über das Verdauungs-Geschäfte des Menschen und verschiedener Thier-Arten nebst einigen Bemerkungen des Herrn Senebier. Übers. [...] von Christ. Friedr. Michaelis. Leipzig: Dyk, 1785.

[Staatsbordelle] Von Staatsbordellen. Erstes Stück. Herausgegeben vom H. B. Frankfurt; Leipzig: [o.V.] 1787.

Stahl, Georg Ernst (1734): Gründlicher Bericht Von seinen Balsamischen Blut-reinigenden und confortirenden Pillen, Wie auch Auf sonderbahres Verlangen, Von des rothen Fluß-Magen- und Stein-Pulvers, zuverläßiger sonderbaren Würckung und rechtem Gebrauch. 2. Aufl. Berlin: Rüdiger, 1734.

Stark [Starke], Johann Christian (1784): Geschichte eines glücklich vollbrachten Kaiserschnitts bei der Fr. von L*** zu Weimar den 18ten Decemb. 1783. Jena: Cuno, 1784.
Sterzinger [Ferdinand]: Die aufgedeckten Gaßnerschen Wunderkuren. Aus authentischen Urkunden beleuchtet, und durch Augenzeugen bewiesen. 1775. In: Gassneriana 3, I.
Störck, Anton (1764): Abhandlung; worinn erwiesen wird, daß der Schierling (Cicuta) nicht nur innerlich ganz sicher gegeben werden könne, sondern auch zugleich ein sehr nützliches Mittel in vielen Krankheiten sey, welche bisher für unheilbar ausgegeben worden. Aus dem Lateinischen übers. von Ludewig Jakob Heyden. Wien: Trattner, 1764.
Störck, Anton (1776): Medicinisch-praktischer Unterricht für die Feld- und Landwundärzte der österreichischen Staaten. Zwey Theile. Wien: Trattner, 1776.
Stoll, Johann Gottlieb (1786): Etwas zur richtigen Beurtheilung der theosophie, Cabbala, Magie und anderer geheimer übernatürlicher Wissenschaften. Hrsg. von Johann Gottlieb Stoll. Leipzig [o.V.] 1786.
Storch, Johann (1727): Historisch- und Practische Observationes Von dem Liebensteiner Sauerbrunnen [...] mit noch einigen Anmerkungen [...] vermehret. Meiningen: Hassert, 1727.
Storch, Johann (1735): Theoretisch- und Practische Abhandlung von Kranckheiten, denen vornehmlich Soldaten unterworfen seyn [...] Eisenach; Naumburg: Grießbach, 1735.
Storch, Johann (1741): Nöthiger Unterricht Wie man sich bey grassierendem Fleck- und Hitzigen Fiebern zu verhalten hat [...] Eisenach; Naumburg: Grießbach, 1741.
Storch, Johann (1744): Schuldige Pflicht eines Physici gegen sein ihm anvertraute Patienten, wie er selbige in der Diaet und Verhalten, solcher gestalt unterricht und warnet, daß sie nicht durch ungegründete und mehr schädliche als nützliche Selbst- oder verbotene Pfuschers-Curen sich ums Leben und Gesundheit bringen [...] Gotha: Mevius, 1744.
Storch, Johann (1747): Unterricht Vor Heb-Ammen, Nach der neuesten Accoúchers und selbst eigener Erfahrung entworfen [...] Welcher als das Ite Volumen zu einem bald folgenden Opere casuali practico De Morbis Mulierum betrachtet werden kann; Deme ein Gebet-Buch in Geburts-Fällen Und Eine Instruction vor Wart-Weiber mit angefüget ist. Gotha: Mevius [1747]. (= «Von den Krankheiten der Weiber», 1. Bd.)
Storch, Johann (1748): Von den Kranckheiten der Weiber: IIter Band, [...] Welche den Jungfernstand betreffen. Gotha: Mevius, 1748.
Storch, Johann (1750): Vter Band Von Weiber-Krankheiten, [...] Wel-

che ordentliche und schwere Geburten betreffen [...] Gotha: Mevius, 1750.
Storch, Johann (1751): VIter Band Von Weiber-Kranckheiten [...] so die Wöchnerinnen und Kindbetterinnen betreffen [...] Gotha: Mevius, 1751.
Storch, Johann (1751): VIIter Band Von Weiber-Kranckheiten [...] so die stillenden Weiber und Säug-Ammen betreffen. Gotha: Mevius, 1751.
Tissot, Samuel Auguste (1769): Von der Gesundheit der Gelehrten. Aus dem Franz. übersetzt. Leipzig: Müller, 1769.
Tissot, Samuel Auguste (1770): Von den Krankheiten vornehmer und reicher Personen. Neue verbesserte Aufl. Frankfurt u. Zürich, Felßecker, 1770.
Tode, Johann Clemens (1785–1789): Der unterhaltende Arzt über Gesundheitspflege, Schönheit, Medicinalwesen, Religion und Sitten. 1. Bändchen 1785; 2. 1785; 3. 1786; 4. 1789. Kopenheagen; Leipzig: Faber u. Nitschke.
Unzer, Johann Christoph (1775): Beschreibung eines mit den künstlichen Magneten angestellten medicinischen Versuchs. Hamburg: Herold, 1775.
Webster, Johann [John] (1719): Untersuchung Der Vermeinten und so genannten Hexereyen, Worinnen zwar zugegeben wird, daß es an mancherley Betrug und Aeffereyen nicht fehle auch, daß viele Persohnen von ihrer Melancholischen Phantasie offt gewaltig hinters Licht geführete werden [...] Dabey auch die Wahrheit, daß es allerdings Engel und Geister, wie nicht weniger Erscheinungen gebe, eröffnet [...]. Aus d. Engl ins Teutsch übersetzt und nebst einer Vorrede des [...] Thomasii [Christian Thomasius]. Halle: Neue Buchhandlung, 1719.
Wedekind, Georg Christian Gottlieb (1789/90): Die Diätetikvorlesung von 1789/90. In: Martin Weber: Georg Christian Gottlieb Wedekind: 1761–1831. Werdegang und Schicksal eines Arztes im Zeitalter der Aufklärung und der Französischen Revolution. Mit einem Anhang [...]. Stuttgart; New York: G. Fischer, 1988 (Soemmerring-Forschungen; Bd. 4), S. 281–416.
Weikard, Melchior Adam: siehe «Arzt», 1775–77.
Whytt, Robert: Beobachtungen über die Natur, Ursachen und Heilung der Krankheiten, die man gemeiniglich Nerven-hypochondrische und hysterische Zufälle nennet. Mit... Anmerkungen über die Sympathie der Nerven. Übers. aus dem Englischen nach der 2. Aufl. Leipzig 1766.
Wienholt, A.: Beitrag zu den Erfahrungen über den thierischen Magnetismus. Zweite verb. Ausg. Hamburg: Hoffmann, 1787.
Withering, Wilhelm [William] (1786): Abhandlung vom rothen Fingerhut und dessen Anwendung in der praktischen Heilkunde vorzüglich

bey der Wassersucht und einigen andern Krankheiten. Aus dem Engl. von Christian Friedrich Michaelis. Leipzig: Müller, 1796.
Wolff, Caspar Friedrich (1764): Theorie von der Generation, in zwo Abhandlungen erklärt und bewiesen. Berlin: Birnstiel, 1764. [Reprographischer Nachdruck Hildesheim 1966]
Woodville, Wilhelm (1800): Geschichte einer Reihe von Kuhpocken-Impfungen, in einem kurzen Auszuge aus dem Englischen übers. von G.F. Ballhorn. Hannover: Ritscher, 1800.
[Zedler, Johann Heinrich:] Grosses vollständiges Universal Lexicon aller Wissenschaften und Künste, welche bißhero durch menschlichen Verstand und Witz erfunden und verbessert worden [...], 64 Bde. u. 4 Supplement-Bde. Halle; Leipzig: Zedler, 1732–1754 (Bd. 1: 1732; Bd. 2: 1732; Bd. 19: 1739; Bd. 27: 1741; Bd. 57: 1748).
Zimmermann, Johann Georg (1777a): Von der Einsamkeit. Frankfurt; Leipzig [o.V.] 1777.
Zimmermann, Johann Georg (1777b): Von der Erfahrung in der Arzneykunst. Neue Auflage. Zürich: Orell, Geßner, Füeßlin, 1777.
Zimmermann, Johann Georg (1783): Vom Nationalstolze. Vierte, um die Hälfte vermehrte, und durchaus verbesserte Aufl. Frankfurt; Leipzig [o.V.] 1783.
Zimmermann, Johann Georg (1788): Ueber Friedrich den Grossen und meine Unterredungen mit ihm kurz vor seinem Tode. Wien; Ofen: Diepold, 1788.

Literaturverzeichnis

Ackerknecht, Erwin (1967): Kurze Geschichte der Medizin. Durchgesehene Ausgabe der 1. Aufl. Stuttgart: Enke, 1967.

Angstmann, Else (1928): Der Henker in der Volksmeinung. Seine Namen und sein Vorkommen in der mündlichen Volksüberlieferung. (Teuthonista; Beih. 1) Reprographischer Nachdruck der 1. Aufl. Halle an der Saale 1928. Tübingen: Niemeyer, 1972.

Barkhoff, Jürgen (1994): Darstellungsformen von Leib und Seele in den Fallgeschichten des Animalischen Magnetismus. In: Der ganze Mensch. Anthropologie und Literatur im 18. Jahrhundert. DFG-Sympsion 1992. Hrsg. von Hans-Jürgen Schings. Stuttgart: Metzler, 1994, S. 214–241.

Baur, Susan: Die Welt der Hypochonder. Über die älteste Krankheit der Menschen. Aus d. Amerikanischen von Annette Charpentier. München: Deutscher Taschenbuch Verlag, 1994.

Bayr, Georg (1989): Hahnemanns Selbstversuch mit der Chinarinde im Jahre 1790: Die Konzipierung der Homöopathie. Heidelberg: Haug, 1989.

Beck, Lutwin (Hrsg.) (1986): Zur Geschichte der Gynäkologie und Geburtshilfe. Aus Anlaß des 100jährigen Bestehens der Deutschen Gesellschaft für Gynäkologie und Geburtshilfe. Berlin [...]: Springer, 1986.

Benz, Ernst (1971): Theologie der Elektrizität. Zur Begegnung und Auseinandersetzung von Theologie und Naturwissenschaft im 17. und 18. Jahrhundert. Mainz 1971 (Abhandlungen. Geistes- u. Sozialwissenschaftliche Klasse, Akademie der Wissenschaften u. der Literatur. Mainz. 1970, Nr. 12).

Benzenhöfer, Udo u. Gisela vom Bruch (Hrsg.) (1995): Johann Georg Zimmermann: Von der Diät für die Seele. Hannover. Laurentius, 1995.

Beutelspacher, Martin (1986): Kultivierung bei lebendigem Leib. Alltägliche Körpererfahrungen in der Aufklärung. Weingart: Drumlin, 1986.

Bradbury, S. (1967): The Evolution of the microscope. Oxford; London; Edinburgh [...]; Pergamon, 1967.

Brazier, Mary A. B. (1984): A History of Neurophysiology in the 17th and 18th Centuries. From Concept to Experiment. New York: Raven Press, 1984.

Brugger, Claudia Maria u. Hermann Kühn (1979): Sektion der menschlichen Leiche. Zur Entwicklung des Obduktionswesens aus medizinischer und rechtlicher Sicht. Mit einem Geleitwort von Wilhelm Doerr. Stuttgart: Enke, 1979 (Medizin und Recht; Bd. 7).

[Brunonianism] Brunonianism in Britain and Europe. Ed. by W.F. Bynum and Roy Porter. London: Wellcome Institute, 1988 (Medical History; Suppl. 8).

Carlson, Eric T. and Meribeth M. Simpson (1970): Perkinism vs. mesmerism. Journal of the History of the Behavioral Sciences 6 (1970), S. 16–24.

Clarke, Edwin u. Kenneth Dewhurst (1972): An illustrated history of brain functions. Berkeley: University of California, 1972 [dt. «Die Funktionen des Gehirns ... » München: Moos, 1973].

Davies, Martin L. (1997): Nachwort. In: Marcus Herz: Philosophisch-medizinische Aufsätze. Hrsg. mit e. Nachwort von Martin L. Davies. St. Ingbert: Röhrig, 1997 (Kleines Archiv des achtzehnten Jahrhunderts; 29), 102–110.

Daxelmüller, Christoph (1993): Zauberpraktiken. Eine Ideengeschichte der Magie. Zürich: Artemis & Winkler, 1993.

Diepgen, Paul (1951): Geschichte der Medizin. Die historische Entwicklung der Heilkunde und des ärztlichen Lebens. 2. Bd., 2. Hälfte: Von der Medizin der Aufklärung bis zur Begründung der Zellularpathologie (ca. 1740–ca. 1858). Berlin: de Gruyter, 1951.

Dougherty, Frank W. P. (1990): Buffons Bedeutung für die Entwicklung des anthropologischen Denkens im Deutschland der zweiten Hälfte des 18. Jahrhunderts. In: Mann/Dumont, Hrsg., 1990 [s.u.], S. 221–279.

Du Bois-Reymond, Emil (1848): Untersuchungen über thierische Elektricität. 2 Bde. Berlin: Reimer, 1848.

Duden, Barbara (1987): Geschichte unter der Haut. Ein Eisenacher Arzt und seine Patientinnen um 1730. Stuttgart: Klett-Cotta, 1987.

Eckart, Wolfgang (1994): Geschichte der Medizin. 2., komplett überarb. Aufl. Berlin; Heidelberg; New York [...]: Springer, 1994.

Ego, Anneliese (1991): «Animalischer Magnetismus» oder «Aufklärung». Eine mentalitätsgeschichtliche Studie zum Konflikt um ein Heilkonzept im 18. Jahrhundert. Würzburg: Königshausen & Neumann, 1991 (Epistemata: Reihe Literaturwissenschaft; Bd. 68).

Eich, Wolfgang (1986): Medizinische Semiotik (1750–1850). Ein Beitrag zur Geschichte des Zeichenbegriffs in der Medizin. Freiburg i. Br.: Schulz, 1986 (Freiburger Forschungen zur Medizingeschichte; N.F.; 13)

Elshout, Antonie M. (1952): Het Leidse kabinet der anatomie uit de achttiende eeuw. De betenkenis van een wetenschappelijeke collectie als cultuurisch monument. Diss. Leiden 1952.

Engelhardt, Dietrich von (1996): Gesunde Lebensführung als Präven-

tivmedizin. Antike Diätetik im Ausgang von Galen. In: Meilensteine der Medizin. Hrsg. von Heinz Schott. Dortmund: Harenberg, 1996, S. 107–113.
Eppenich, H. (1994): Samuel Hahnemannn und die Beziehung zwischen Homöopathie und Mesmerismus. Klassische Homöopathie (KH) 38 (1994), S. 153–160.
Ernst, Cécile (1972): Teufelsaustreibungen. Die Praxis der Katholischen Kirche im 16. und 17. Jahrhundert. Bern; Stuttgart; Wien: Huber, 1972.
Etymologisches Wörterbuch des Deutschen. 2. Aufl. Durchgesehen u. ergänzt von Wolfgang Pfeifer. Berlin: Akademie Verlag, 1993.
Feldt, Heinrich (1990): Der Begriff der Kraft im Mesmerismus. Die Entwicklung des physikalischen Kraftbegriffes seit der Renaissance und sein Einfluß auf die Medizin des 18. Jahrhunderts. Med. Diss. Bonn 1990.
Fenouillat, Nadine (1991): Médecins et charlatans en Angleterre (1760–1815). Bordeaux: Presses Universitaires de Bordeaux, 1991.
Feustel, Gotthard (1993): Käufliche Lust. Eine Kultur- und Sozialgeschichte der Prostitution. Leipzig: Edition Leipzig, 1993.
Fieger, H. (1907): P. Ferdinand Sterzinger. Bekämpfer des Aberglaubens und Hexenwahns und der Gaßnerischen Wunderkuren. München: Oldenbourg, 1907.
Fischer-Homberger, Esther (1970): Hypochondrie. Melancholie bis Neurose. Krankheiten und Zustandsbilder. Bern; Stuttgart; Wien: Huber, 1970.
Fischer-Homberger, Esther (1979): Krankheit Frau und andere Arbeiten zur Medizingeschichte der Frau. Bern; Stuttgart: Huber, 1979.
Fischer-Homberger, Esther (1983): Medizin vor Gericht. Gerichtsmedizin von der Renaissance bis zur Aufklärung. Bern; Stuttgart; Wien: Huber, 1983.
Fout, John C. (Hrsg.) (1992): Forbidden History. The State, Society, and the Regulation of Sexuality in Modern Europe. Essays from the *Journal of the History of Sexuality*. Chicago; London: University of Chicago, 1992.
Garrison, Fielding H. (1929): An Introduction to the History of Medicin with medical chronology, suggestions for study and bibliographic data. 4th ed., reviese and enlarges. Philadelphia; London: Saunders, 1929.
Geyer-Kordesch, Johanna u. Annette Kuhn (Hrsg.) (1986): Frauenkörper – Medizin – Sexualität: auf dem Weg zu einer neuen Sexualmoral. Düsseldorf: Schwann, 1986 (Geschichtsdidaktik: Studien und Materialien; Bd. 31).
Gräße, Johann Georg Theodor (1843): Bibliotheca magica et pneumatica oder wissenschaftlich geordnete Bibliographie der wichtigsten in das Gebiet des Zauber-, Wunder-, Geister- und sonstigen Aber-

glaubens vorzüglich älterer Zeit einschlagenden Werke. Zusammengestellt ... von Johann Georg Theodor Gräße. Photomechanischer Nachdruck der Ausgabe Leipzig 1843. Hildesheim: Olms, 1960.

Haeger, Knut (1988): The illustrated history of surgery. London: Starke, 1988.

Haeser, Heinrich (1884): Grundriss der Geschichte der Medicin. Breslau: G. Fischer, 1884.

Hagner, Michael (1993): Vom Seelenorgan zum Gehirn. Die Lokalisation der geistigen Eigenschaften im Geflecht der Wissenschaften vom Menschen. Habil.schrift Göttingen 1993.

Hagner, Michael (1995): Vom Naturalienkabinett zur Embryologie. Wandlungen des Monströsen und die Ordnung des Lebens. In: Der falsche Körper. Beiträge zu einer Geschichte der Monstrositäten. Hrsg. von Michael Hagner. Göttingen: Wallstein, 1995, S.73–107.

Hanauer, Josef (1985): Der Teufelsbanner und Wunderheiler Johann Joseph Gaßner (1727–1779). In: Beiträge zur Geschichte des Bistums Regensburg 19 (1985), S.303–545.

Hannaford, Ivan (1996): Race. The History of an Idea in the Western World. Baltimore; London: Johns Hopkins University, 1996.

Harig, Georg (Hrsg.) (1990): Chirurgische Ausbildung im 18.Jahrhundert. Hrsg. von Georg Harig. Husum: Matthiesen, 1990 (Abhandlungen zur Geschichte der Medizin und der Naturwissenschaften; H. 57).

Hartmann, Fritz (1997): Medizin der Aufkärung. In: Wissenschaft und Aufklärung. Hrsg. von Rainer Enskat. Opladen: Leske + Budrich, 1997, S. 31–73.

Hasenbach, J. (1984): Steinschneider, Wundärzte, Heilkräuter. München; Bern; Wien: Zuckerschwerdt, 1984.

Heilbron, J.L. (1979): Electricity in the 17th and 18th centuries. A study of early modern physics. Berkeley; Los Angeles; London: University of California Press, 1979.

Heniger, Johannes (1973): Leeuwenhoek, Antoni van. In: Dictionary of Scientific Bibliography. Vol. 8. New York: Scribner's Sons, 1973, S.126–130.

Henkelmann, Thomas (1981): Zur Geschichte des pathophysiologischen Denkens. Johan Brown (1735–1788) und sein System der Medizin. Berlin; Heidelberg; New York: Springer, 1981.

Hess, Volker (1993): Von der semiotischen zur diagnostischen Medizin. Die Entstehung der klinischen Methode zwischen 1750 und 1850. Husum: Matthiesen, 1993 (Abhandlungen zur Geschichte der Medizin und der Naturwissenschaften; H. 66).

Horkheimer, Max und Theodor W. Adorno (1947): Dialektik der Aufklärung. Philosophische Fragmente. Frankfurt a. M.: Fischer Taschenbuch, 1980 (Bd. 6144).

Huerkamp, Claudia (1985): Der Aufstieg der Ärzte im 19. Jahrhundert. Vom gelehrten Stand zum professionellen Experten: Das Beispiel Preußens. Göttingen: Vandenhoeck & Ruprecht, 1985 (Kritische Studien zur Geschichtswissenschaft; Bd. 68).

Jacobi, Ursula Isabell (1995): Der Hochpotenzstreit. Von Hanemann bis heute. Stuttgart: Wiss. Verl.-Ges., 1995 (Heidelberger Schriften zur Pharmazie- und Naturwissenschaftsgeschichte; Bd. 12).

Jetter, Dieter (1991): Geschichte der Medizin. Einführung in die Entwicklung der Heilkunde aller Länder und Zeiten. Stuttgart; New York: Thieme, 1991.

Kämpf, Klaus (1988): A.W. Otto (1786–1845) und sein «Museum Monstrorum» Breslau 1841. Teratologie als Vorstufe einer Entwicklungsgeschichte. Med. Diss. Köln, 1988.

Kaiser, Wolfram: Johann Gottlob Krüger (1715–1759) und Christian Gottlieb Kratzenstein (1723–1795) als Begründer der modernen Elektrotherapie. In: Zahn-, Mund- und Kieferheilkunde 65 (1977), S. 539–554.

Knapp, Vincent J. (1989): Disease and Its Impact on Modern European History. Lewiston; Queenston; Lampeter: Melles, 1989 (Studies in health and human services; v. 10).

Koch, Tankred (1990): Lebendig begraben: Geschichte und Geschichten vom Scheintod. Leipzig: Edition Leipzig, 1990.

Krizek, Vladimir: Kulturgeschichte des Heilbades. Stuttgart [u.a.]: Kohlhammer, 1990.

Kümmel, Werner Friedrich: Musik und Medizin. Ihre Wechselbeziehungen in Theorie und Praxis von 800 bis 1800. Freiburg; München: Alber 1977 (= Freiburger Beiträge zur Wissenschafts- und Universitätsgeschichte; Bd. 2).

Kuhn, Thomas S. (1962): Die Struktur wisssenschaftlicher Revolutionen. 2. revidierte und ... ergänzte Aufl. Frankfurt a. M: Suhrkamp Taschenbuch Verl., 1976 (stw; 25).

Kunze, Lydia (1971): «Die physische Erziehung der Kinder»: Populäre Schriften zur Gesundheitserziehung in der Medizin der Aufklärung. Med. Diss. Marburg 1971.

Leibbrand, Annemarie u. Werner (1972): Formen des Eros. Kultur- und Geistesgeschichte der Liebe. Bd. 2: Von der Reformation bis zur «sexuellen Revolution». Freiburg; München: Alber, 1972.

Lersch, B.M. (1896): Geschichte der Volksseuchen nach und mit den Berichten der Zeitgenossen mit Berücksichtigung der Thierseuchen. Berlin: Karger 1896.

Lichtenberg, Georg Christoph (1789/1793): [Aphorismus in:] Gesammelte Werke. Hrsg. u. eingel. von Wilhelm Grenzmann. 1. Bd. Wormerveer: Meijer, 1949, S. 309.

Loetz, Francisca (1993): Vom Kranken zum Patienten. «Medikalisierung» und medizinische Vergesellschaftung am Beispiel Badens 1750–1850. Stuttgart: Steiner, 1993 (Medizin, Gesellschaft und Geschichte; Beih. 2).

Long, Esmond R. (1965): A History of Pathology. New York: Dover, 1965.

Lütkehaus, Ludger (1992): O Wollust, o Hölle: die Onanie, Stationen einer Inquisition. Frankfurt a.M.: Fischer Taschbuch-Verl., 1992.

Mann, Gunter u. Franz Dumont (Hrsg.)(1990): Die Natur des Menschen. Probleme der Physischen Anthropologie und Rassenkunde (1750–1859). Stuttgart; New York: G. Fischer, 1990 (Soemmerring-Forschungen; Bd.6).

Mann, Gunter (1966): Medizin der Aufklärung: Begriff und Abgrenzung. Medizinhistorisches Journal 1 (1966), S. 63–74.

Mayer, Mathias (1996): «Nachwort» zu Schiller (1787/88), siehe unten.

Meinel, Christoph (1986): Die Alchemie in der europäischen Kultur- und Wissenschaftsgeschichte. Wiesbaden: Harassowitz, 1986 (Wolfenbütteler Forschungen; Bd. 32).

Meissner, Beate (1984): Die Heilmethode des Exorzisten Johann Joseph Gassner. Eine Urform der Psychotherapie? Psychol. Diplomarbeit. Freiburg 1984.

Meissner, Beate (1985): Urformen der Psychotherapie – Die Methoden des Exorzisten Johann Joseph Gassner (1727–1779). In: Zeitschrift für Parapsychologie und Grenzgebiete der Psychologie 27 (1985), S.181–208.

Meyer-Steineg, Th. und Karl Sudhoff (1928): Geschichte der Medizin im Überblick mit Abbildungen. 3., durchgesehene Aufl. Jena: G. Fischer, 1928.

Michalak, Michael (1990): Das homöopathische Arzneimittel: von den Anfängen zur industriellen Fertigung. Stuttgart: Wiss. Verl.-Ges., 1991. (Heidelberger Schriften zur Pharmazie- und Naturwissenschaftsgeschichte; 5)

Mittelstraß, Jürgen (1980): Aufklärung. In: Encyclopädie Philosophie und Wissenschaftstheorie. Bd. 1. Hrsg. von Jürgen Mittelstraß. Mannheim; Wien; Zürich: B.I.-Wissenschaftsverl., 1980, S. 213–218.

Müller, Ingo Wilhelm (1991): Iatromechanische Theorie und ärztliche Praxis im Vergleich zur galenistischen Medizin (Friedrich Hoffmann – Pieter van Foreest, Jan van Heurne) Stuttgart: Steiner, 1991 (= Historische Forschungen; Bd.17).

Müller-Jahncke, Wolf-Dieter (1985): Astrologisch-magische Theorie und Praxis in der Heilkunde der frühen Neuzeit. Stuttgart: Steiner, 1985 (Sudhoffs Archiv; Beih. 25).

Müller-Jahncke, Wolf-Dieter u.Christoph Friedrich (1996): Geschichte der Arzneimitteltherapie. Unter Mitarbeit von Julian Paulus. Stuttgart: Dt. Apotheker-Verl., 1996.

Münchow, Wolfgang (1984): Geschichte der Augenheilkunde. 3. erg. u. überarb. Aufl. Stuttgart: Enke, 1984.
Neuburger, Max (1926): Die Lehre von der Heilkraft der Natur im Wandel der Zeiten. Stuttgart: Hippokrates, 1926.
Nüßgens, Zita (1986): Augenarzt und Staroperation in Bühnenwerken des 18. und 19. Jahrhunderts. Herzogenrath: Murken-Altrogge, 1986 (Studien zur Medizin-, Kunst- und Literaturgeschichte; Bd. 14).
O'Dowd, Michael J. and Elliot E. Philipp (1994): The History of Obstetrics and Gynaecology.. With a foreword by J.J. Sciarra. New York; London: Parthenon, 1994.
Patak, M. (1967): Die Angst vor dem Scheintod. Med. Diss. Zürich 1967.
Penso, Giuseppe (1981): La conquête du monde invisible: parasite et microbes à travers les siècles. Paris: Dacosta, 1981.
Petzold, Leander (1990): Kleines Lexikon der Dämonen und der Elementargeister. München: Beck, 1990 (Beck'sche Reihe; 427).
Porter, Roy (1989): Health for sale: quackery in England 1660–1850. Manchester [u.a.]: Manchester University Press, 1989.
Porter, Roy (Ed.) (1990): The Medical History of Waters and Spas. London: Wellcome Institute for the History of Medicine, 1990 (Medical History; Suppl. No. 10).
Priestley, Joseph (1772): Geschichte und gegenwärtiger Zustand der Elektricität nebst eigenthümlichen Versuchen. Nach der zweyten ... Ausgabe aus dem Englischen übers. und mit Anmerkungen begleitet von Johann Georg Krünitz. Berlin; Stralsund: Lange, 1772.
Probst, Christian (1980): Das Menschenbild der praktischen Medizin im 18. Jahrhundert, gezeigt an Beispielen der Iatromechanik und des Epidemismus. In: Deutschlands kulturelle Entfaltung. Die Neubestimmung des Menschen. Hrsg. von Bernhard Fabian [...] München, Kraus, 1980 (Studien zum achtzehnten Jarhundert; Bd. 2/3), S. 155–170.
Probst, Christian (1992): Fahrende Heiler und Heilmittelhändler: Medizin von Marktplatz und Landstraße. Rosenheim: Rosenheimer Verlagshaus, 1992.
Quen, Jaques M. (1975): Case studies in nineteenth century scientific rejection: mesmerism, perkinism, and acupuncture. Journal of the History of the Behavioral Sciences 11 (1975), S. 149–156.
Qutram, Dorinda (1995): The Enlightenment. Cambridge: Cambridge University Press, 1995 (new approaches to european history; 6).
Radl, Albert: Der Magnetstein in der Antike: Quellen und Zusammenhänge. Stuttgart: Steiner, 1988 (Bothius; 19).
Ridder, Paul (1993): Chirurgie und Anästhesie. Vom Handwerk zur Wissenschaft. Stuttgart: Hirzel; Stuttgart: Wiss. Verl.-Ges., 1993.
Riedel, Wolfgang (1984): Die Anthropologie des jungen Schiller. Zur

Ideengeschichte der medizinischen Schriften und der «Philosophischen Briefe». Würzburg: Königshausen und Neumann, 1985 (= Epistemata: Reihe Literaturwissenschaft; Bd.17).
Robertson, K.B. u. J.D.W. Tomlinson (1992): The Fabric of the Body. European Traditions of Anatomical Illustrations. Oxford: Clarendon, 1992
Roelcke, Volker (1997): Die «Entdeckung» der Zivilisationskrankheiten. Natur, Kultur und Zivilisationskritik in der Geschichte der Psychiatrie und Psychotherapie, 1790–1914. Habil.-Schrift Bonn 1997.
Rosenmeyer, Thomas G. (1986): ΨΑΝΤΑΣΙΑ und Einbildungskraft. Zur Vorgeschichte eines Leitbegriffs der europäischen Ästhetik. Poetica 18 (1986), S.197–248.
Rothschuh, Karl Eduard (1953): Geschichte der Physiologie. Berlin; Göttingen; Heidelberg: Springer, 1953.
Rothschuh, Karl Eduard (1960): Von der Idee bis zum Nachweis der tierischen Elektrizität. Sudhoffs Archiv 44 (1960), S.25–44.
Rothschuh, Karl Eduard (1978): Konzepte der Medizin in Vergangenheit und Gegenwart. Stuttgart: Hippokrates, 1978.
Rothschuh, Karl Eduard (1983): Naturheilbewegung, Reformbewegung, Alternativbewegung. Stuttgart: Hippokrates, 1983.
Sander, Sabine (1989): Handwerkschirurgen. Sozialgeschichte einer verdrängten Berufsgruppe. Göttingen: Vandenhoeck & Ruprecht, 1989 (= Kritische Studien zur Geschichtswissenschaft; Bd.83).
Schechtsche, Michael (1996): Ein «dunkler Drang aus dem Leibe»: Deutungen kindlicher Onanie seit dem 18. Jahrhundert. Zeitschr. für Sexualforschung 9 (1996), S.1–22.
Scheler, Max (1926): Wesen und Formen der Sympathie. Studienausgabe, nach der 3. Aufl. 1926. Hrsg. von Manfred F. Frings. Bern, München: Francke, 1974.
Schiller, Friedrich (1787/88): Der Geisterseher. Aus den Memoiren des Grafen von O**. Hrsg. von Mathias Mayer. Stuttgart: Reclam, 1996 (Universal-Bibliothek Nr. 7435).
Schings, Hans-Jürgen: Melancholie und Aufklärung: Melancholiker und ihre Kritiker in Erfahrungsheilkunde und Literatur des 18. Jahrhunderts. Stuttgart: Metzler, 1977.
Schneider, Wolfgang (1965): Über Paullinis Dreckapotheke. Veröffentlichungen der Internationalen Gesellschaft für Geschichte der Pharmazie 26 (1965), S.131–138.
Schneider, Wolfgang (1985): Geschichte der Pharmazie. Stuttgart: Wissenschaftliche Verlagsgesellschaft, 1985 (= Wörterbuch der Pharmazie; Bd.4).
Schott, Heinz (1982): Die Mitteilung des Lebensfeuers. Zum therapeutischen Konzept von Franz Anton Mesmer (1734–1815). Medizinhistorisches Journal 17 (1982), S.195–214.

Schott, Heinz (1984): Die «Suggestion» und ihre medizinhistorische Bedeutung. In: Bausteine zur Medizingeschichte. Heinrich Schipperges zum 65. Geburtstag. Hrsg. von Eduard Seidler u. Heinz Schott. Stuttgart: Steiner, 1984 (Sudhoffs Archiv; Beih. 24), S.111–121.
Schott, Heinz (1985): Franz Anton Mesmer und die Geschichte des Mesmerismus. Beiträge zum intern. wissensch. Symposion ... 1984 in Meersburg. Hrsg. von Heinz Schott. Stuttgart: Steiner, 1985.
Schott, Heinz (1987): Heilkräfte aus der Maschine: Elektrische und magnetische Kuren im 18. Jahrhundert. Gesnerus 44 (1987), S.55–66.
Schott, Heinz (1988): Zum Begriff des Seelenorgans bei Johann Christian Reil (1759–1813). In: Gehirn – Nerven – Seele. Anatomie und Physiologie im Umfeld S. Th. Soemmerrings. Hrsg. von Gunter Mann und Franz Dumont. Stuttgart; New York: G. Fischer, 1988 (= Soemmerring-Forschungen; Bd.3)
Schott, Heinz (1990): Heilkonzepte um 1800 und ihre Anwendung in der Irrenbehandlung. In: Vom Umgang mit Irren. Beiträge zur Geschichte psychiatrischer Therapeutik. Hrsg. von Johann Glatzel, Steffen Haas und Heinz Schott. Regensburg: S. Röderer, 1990, S. 17–35.
Schott, Heinz (1992): Sympathie als Metapher in der Medizingeschichte. Würzburger medizinhistorische Mitteilungen 10 (1992), S.107–127.
Schott, Heinz (1993a): Die Heilkunde des Paracelsus im Schnittpunkt von Naturphilosphie, Alchemie und Psychologie. In: Resultate und Desiderate der Paracelsus-Forschung. Hrsg. von Peter Dilg und Hartmut Rudolph. Stuttgart: Steiner, 1993 (Sudhoffs Archiv; Beihefte; 31).
Schott, Heinz (1993b): Die Chronik der Medizin. Dortmund: Harenberg, 1993.
Schott, Heinz (1993c): Das Arzt-Patienten-Verhältnis zwischen Aufklärung und Romantik. In: Medizin, Gesellschaft und Geschichte. Jahrbuch des Instituts für Geschichte der Medizin der Robert Bosch Stiftung. Bd.12. Stuttgart: Steiner, 1994, S.9–20.
Schott, Heinz (1994): Subjekt als Objekt der Forschung: Zwischen Mesmerismus und Psychoanalyse. Karl-Sudhoff-Gedächtnisvortrag. Nachrichtenblatt der Deutschen Gesellschaft für Geschichte der Medizin, Naturwissenschaft und Technik 44 (1994), 134–144.
Schott, Heinz (1995): Die Bedeutung des ärztlichen Selbstversuchs in der Medizingeschichte. In: Der verwundete Heiler. Homöopathie und Psychoanalyse im Gespräch. Hrsg. von Reiner G. Appell. Heidelberg: Haug, 1995, S.13–33.
Schrenk, Martin (1973): Über den Umgang mit Geisteskranken. Die Entwicklung der psychiatrischen Therapie vom «moralischen Regime» in England und Frankreich zu den «psychischen Curmethoden» in Deutschland. Berlin; Heidelberg; New York: Springer, 1973.

Seidler, Eduard (1993): Geschichte der Medizin und der Krankenpflege. 6., neubearb. und erw. Aufl. Stuttgart; Berlin; Köln: Kohlhammer, 1993.
Skopec, Manfred (1990): Das Ringen um die Einheit von Medizin und Chirurgie am Beispiel des Wiener Josephinums. In: Harig (Hrsg.), 1990 [s.o.], S.137–148.
Snorasson, E. (1974): C.G. Kratzenstein [...] and his experimental Studies on Electricity during the Eighteenth Century. Odense: University Press, 1974 (Acta historica scientiarum naturalium et medicinialium; 29).
Sprengel, Kurt (1828): Versuch einer pragmatischen Geschichte der Arzneykunde. Fünften Theils erste Abtheilung: Geschichte der theoretischen Arzneykunde im achtzehnten Jahrhundert. Zweyte Abtheilung: Geschichte der praktischen Arzneykunde im achtzehnten Jahrhundert. Halle: Gebauer, 1828.
Starobinski, Jean (1960): Geschichte der Melancholiebehandlung von den Anfängen bis 1900. Documenta Geigy: Acta psychosomatica, Nr.4, Basel 1960.
[Sterben] Das große Sterben: Seuchen machen Geschichte [Ausstellung, Deutsches Hygiene-Museum Dresden, 1995/96] Hrsg. von Hans Wilderotter [...] Berlin: Jovis, 1995.
Stille, Günther (1994): Der Weg der Arznei: von der Materia medica zur Pharmakologie. Der Weg von Arzneimittelforschung und Arzneitherapie. Mit Beitr. von M.H. Bickel und H. Göing. Karlsruhe: Braun, 1994.
Suzuki, Akihito (1995): Dualism and the tranformation of psychiatric language in the seventeenth und eighteenth centuries. History of Science 33, 1995, 417–447.
Tasche, Wilhelm (1989): Die Anatomischen Theater und Institute der deutschsprachigen Unterrichtsstätten (1500–1914). Med. Diss. Köln, 1989.
Turner, Gerard (1989): The Great Age of the Microscope. The Collection of the Royal Microscopical Society through 150 Years. Bristol; New York: Hilger, 1989.
Vöttinger-Pletz, Patricia (1990): Lignum sanctum: zur therapeutischen Verwendung des Guajak vom 16. bis 20.Jahrhundert. Frankfurt a. M.: Govi, 1990.
Wolff, Jacob (1907): Die Lehre von der Krebskrankheit von den ältesten Zeiten bis zur Gegenwart [Erster Teil]. Jena: G. Fischer, 1907.
Wolf-Heidegger, G. u. Anna Maria Cetto (1967): Die anatomische Sektion in bildlicher Darstellung. Basel; New York: Karger, 1967.
Wunderlich, Peter (1990): Das Collegium medico-chirurgicum zu Dresden (1748–1814). In: Harig, G. (Hrsg.), 1990 [s.o.], S.181–191.
Züllig, Sergio (1971): Luigi Galvani (1732–1789), der Entdecker der Bioelektrizität. Med. Diss. Basel 1971

Namenregister

Kursiv gestellte Seitenzahlen bei Personennamen verweisen auf Texte des Betreffenden oder auf Illustrationen in seinem Werk.

Sachregister

BIBLIOTHEK DES 18. JAHRHUNDERTS

Julie de Lespinasse

Briefe einer Leidenschaft

1773–1776

Übersetzt und herausgegeben von Johannes Willms.
1997. 540 Seiten mit einer Abbildung als Frontispiz. Leinen

Andrea von Dülmen (Hrsg.)

Frauenleben im 18. Jahrhundert

1992. 436 Seiten mit 5 Abbildungen. Leinen

Doris Posselt (Hrsg.)

Die Große Nordische Expedition von 1733 bis 1743

Aus Berichten der Forschungsreisenden Johann Georg Gmelin
und Georg Wilhelm Steller.
1990. 408 Seiten mit 82 Abbildungen und zwei Routenkarten. Leinen

Henri Sanson

Tagebücher der Henker von Paris

Zwei Bände.
Herausgegeben von Eberhard Wesemann und Knut-Hannes Wettig.
1989. Zusammen 1016 Seiten mit 44 zeitgenössischen Abbildungen.
Leinen

Lawrence Sterne

Das Leben und die Ansichten Tristram Shandys

Mit einem Nachwort von Walther Martin
und Anmerkungen von Jürgen Ronthaler.
1990. 640 Seiten mit zwölf zeitgenössischen Abbildungen. Leinen

VERLAG C.H.BECK MÜNCHEN